KANGZHAN
DAHOUFANG
GONGYESHI ZILIAO
CONGKAN
QIKANWENXIAN

抗战大后方工业史资料丛刊

期刊文献

张守广 编

河南大学出版社
·郑州·

图书在版编目(CIP)数据

抗战大后方工业史资料丛刊. 期刊文献/张守广编. —郑州:河南大学出版社,2018.12
ISBN 978-7-5649-3600-6

Ⅰ.①抗… Ⅱ.①张… Ⅲ.①工业史－史料－中国－现代－丛刊 Ⅳ.①F429.06－55

中国版本图书馆CIP数据核字(2018)第289327号

责任编辑	胡玲霞　展文婕
责任校对	何　新
封面设计	马　龙

出　版	河南大学出版社		
	地址:郑州市郑东新区商务外环中华大厦2401号　邮编:450046		
	电话:0371－86059701(营销中心)　网址:www.hupress.com		
排　版	郑州市今日文教印制有限公司		
印　刷	河南省诚和印制有限公司		
版　次	2019年12月第1版	印　次	2019年12月第1次印刷
开　本	787mm×1092mm　1/16	印　张	27.25
字　数	475千字	定　价	98.00元

(本书如有印装质量问题,请与河南大学出版社营销部联系调换)

抗战大后方工业史资料丛刊
编纂委员会

顾　问：张海鹏
主　编：翁有为　陈广胜
副主编：潘　洵　曹必宏　张守广
编　委（以姓氏拼音为序）：
　　　　曹必宏　陈谦平　陈广胜
　　　　高士华　高　佳　黄道炫
　　　　江　沛　刘志英　牟　莉
　　　　潘　洵　唐伯友　汪朝光
　　　　翁有为　张守广　赵国壮

总　　序

"抗战大后方工业史料丛刊"是一套具有重要学术价值和出版意义的丛刊。中华民族自近代以降饱受外强掠夺摧残,日本在全面侵华时更是直欲吞并灭亡我中国。因彼时日本为一现代化工业强国,我中国为一以传统农业经济为主之弱国,故日寇能长驱直入我国境之内;但因其为小国,我中国为大国,以其之力,虽可逞凶于一时,终不可能实现吞并之臆想,盖我中国仍有相当广阔纵深之战略大后方也。整体观之,抗战时期是近代中华民族复兴道路上具有重大和关键意义的历史转折时期,抗战是鸦片战争以来中国人任人宰割的屈辱历史抗争中第一次全面的、全民族的英勇抗争。中华民族在暴日全面侵略下,不畏强暴,奋起自卫,在大片领土被日军铁蹄践踏、国土沦陷的危难情况下,形成了以国民革命军作战战场为正面战场,以中国共产党领导的八路军、新四军作战战场为敌后游击战场,以广阔的大西南、大西北为坚强抗战的大后方的中国抗战战略大格局。在这样一种抗战格局和战争状态之下,中华民族拼死抗争,与日寇进行了一场民族生死大搏斗。经过坚强不屈的抗战,到1945年8月,中华民族最终打败了怀有吞并中国进而侵略全世界野心的日本法西斯侵略者,得以摆脱近代以来所遭受的几被亡国灭种之屈辱大劫,赢得了近代以来中华民族争取民族独立斗争中第一次全面的、伟大的胜利。这一胜利,是中华民族走向复兴之路的重要历史转折。而中华民族在十四年全面抗战中,之所以能够顽强地坚持下来,除了中华民族坚强不屈的战斗精神、中国共产党领导的抗日根据地的伟大斗争、正面战场的持续抵抗外,从某种意义上说,就是有大西南、大西北广阔、坚强的大后方这个民族复兴的基地支撑,就是有大后方工农业经济力量的支撑。而在近代的战争中,如果没有工业的支撑,进行一场持续十四年的大规模战争,是不可想象的。正是抗战开始后从内地迁移到西南、西北的现代工业以及抗战期间兴建的工业,为抗战期间的中国军事行动、政治行动、城市发展和农村生活,提供了重要的保证和支撑。就此而言,组织编纂、出版"抗战大后方工业史料丛刊"无疑是具有重大历史意义的。

正是这套丛刊历史内容的重要性,决定了其出版的重要价值。本丛刊的编纂队伍,主要集合了西南地区专门研究抗战大后方的专家和中国第二历史档案馆专门研究国民政府档案的专家。这是一支很有学术造诣和资料编纂经验的学术队伍,队伍中的专家们以自己所长从事这项大后方工业史料编纂工作,确是再恰当不过了,这就保证了本丛刊编纂工作的顺利开展及进行。本丛刊从编纂设计和分类看,涵盖了大后方工业的重要方面,如"工厂内迁""工业科技""工业金融""手工业""民生公司工矿企业""资源委员会""工业调查"等。这些分类,有的以资料来源划分,有的以资料所反映的历史事件的发生来划分,有的以工业行业归属来划分,有的以资料所属单位来划分。对于这些资料的编纂分类,我们不强求一律的模式,主张根据各具体书稿的内容和资料特色加以确定。其资料来源主要是当时的报纸、杂志、时人著述、档案和后人所做的口述。这些资料分散、分藏各处,尤其是档案等资料,由于年代久远,更是亟须进行抢救性收集、整理。无疑,把这些资料予以系统的分类收集、整理、编纂与出版,是一件十分重要和必要的基础性工作,不仅对于研究抗战大后方工业史,而且对于整个大后方历史的研究以及抗日战争史的研究,都是十分重要的基础性工作,是必须给予高度重视并立即实施的。这就使抗战大后方研究和史料整理的专家们与有志、有兴趣于这一项目的出版单位河南大学出版社历史性地走到了一起,来共同致力于这一事业。

河南大学出版社有深厚的学术底蕴和坚实的编辑力量,其第一任总编辑、著名历史学家朱绍侯先生长期在这里工作,由此形成了特别重视学术出版的良好传统和学风,策划出版过不少具有重大历史价值和出版意义的丛刊、丛书、全集等大型学术类、资料类图书,在学界产生了重要而广泛的影响。河南大学出版社这次出版这套丛刊,第一辑为张守广教授承担的《抗战大后方工业史资料丛刊·期刊文献》,已为本丛刊获批为国家出版基金资助出版项目,即将付梓公开出版,本丛刊的其他各辑,亦相继编纂而成。需要补充的是,这里所列的丛刊的内容,绝非全部,还有一些重要的内容,由于条件尚不成熟,暂时还未列入其中,如从地理范围上说西北大后方的工业史料、西南大后方云贵等省份的工业史料,如从工业分类上说与战争紧密相连的军事工业史资料及与人民生活密切相关的面粉工业史资料,以及中共抗日根据地首府延安特区的工业史资料,等等,均还未被纳入到我们的编纂项目中。我们认为,本丛刊是一个连续开放的项目体系,这些重要的内容,会随着本项目的实施与推进,逐步进入本项目的编纂体系中。

我们感到，这是一套有着重要历史内容和鲜明资料特色的丛刊，它的编纂成功与出版，不仅对抗战大后方研究和抗战历史的研究具有重大价值，而且对于我们弘扬抗战精神和在新的国内外形势下国家工业体系的建构与发展，也具有重要的借鉴与启示价值。

抗战大后方工业史资料丛刊编纂委员会
2019.6.6

凡 例

一、本丛刊内容以抗战大后方工业史资料为范围，以当时的报纸、杂志、著作、档案、日记为主体史料，在极其需要的情况下补充少量的口述史料，分辑编纂整理。

二、本丛刊史料收录方式为选编，所录史料根据内容需要可作必要之节略，凡节略处均有说明。每一史料篇后均注明其出处、时间等具体信息。

三、本丛刊标题后附上的时间和各篇文献出处的时间，均统一采用公元纪年，而不用民国纪年。正文（包括表格）中时间年月的表述，均照录原资料，保持原文献风貌，不做校改。

四、本丛刊编纂整理时将繁体字改为简体字，但有引起歧义者和某些人名，保留原资料中的繁体字样式。

五、本丛刊排版格式为横排，凡原资料中因竖排关系而有"见左下""左列""如左"等表达方式者，均予保留。

六、本丛刊编纂整理时，对明显的错别字、衍字、漏字进行校改，错字、别字之后用"〇"订正，衍字在原字上用"〈〉"标示，漏字用"【】"校补；对破损、缺漏、模糊无法辨识者用"□"标识；对俗体字、异体字进行径改，如将"部份"的"份"径改为"分"，"澈底"的"澈"径改为"彻"，"那末（这末）"的"末"径改为"么"，"凭藉"的"藉"径改为"借"，诸如此类，此处不再一一列举。

七、本丛刊部分资料口语化现象比较突出，甚至有些句子表达不合现代汉语语法规范，如在《抗战大后方工业史资料丛刊·期刊文献》一书中，第一三一页第一行"资本总额约三四千万元。商店约三千家左右"；第一七四页第三行"全体同人们"；第一〇四页第一段百分比数字的表示，多处前面的数字有"百分之"三字，后面的则省略了。

若干源自外文的名词也没有统一规范的译名，如在《抗战大后方工业史资料丛刊·期刊文献》一书中，第一二二页第十八行中发电量的单位是"基隆瓦德",十九行中的则是"基罗瓦德",而第一二六页第二十四行的则是"启罗瓦克"。

诸如此类的情况,此处不再一一列举,在不影响文意理解的前提下,整理时为保持原文献风貌,还原史料价值,均不进行校改。

八、关于标点符号的处理,本丛刊只在非修改原资料标点不可的情况下,才考虑修改,通常情况,仍以尊重原资料标点为原则。

九、对本丛刊资料中数字问题的处理,做如下说明:

(一)为方便阅读,本丛刊资料表格中的数字,均采用阿拉伯数字表示。由于不少表格中的数字数值大、数位多,受版面尺寸限制,表格中的数字均不采用三位分节法。

(二)原资料正文中的绝大多数数字都是采用三位分节法的汉字数字表示的,故将少数没有采用三位分节法的汉字数字均径改为三位分节法表示,不再用校对符号标示;少数阿拉伯数字,也径改为三位分节法汉字数字,不再用校对符号标示。

(四)正文和表格资料中的数值统计有误差的,均照录原资料,不做校改标注说明。

十、本丛刊按辑编纂,不同辑的可能同时出版,亦可能因情况不同而先后出版。

起例发凡,理当敬慎。文献整理的过程,具体而微,难以一概而论。本凡例尚需在整理文献资料的实践中不断改进,以臻完善。

目 录

前言 ……………………………………………………………（ 1 ）

综合资料

后方工业鸟瞰（一九四三年五月）…………………… 经济部统计处（ 3 ）
有关内迁厂矿、发展工业及开发矿产部分
　　——对中国国民党第六次全国代表大会报告（一九三八年至一九四五年）
　　……………………………………………………… 行政院工作报告（ 18 ）
有关战时工业生产部分——对中国国民党第六次全国代表大会
　　报告（一九四四年至一九四五年）…………… 行政院工作报告（ 36 ）
中国工业化及其前途（一九四四年三月）………………………许德珩（ 42 ）
我国战时工业生产的回顾与前瞻（一九四五年五月）…………李紫翔（ 67 ）
大后方战时工业鸟瞰（一九四五年十二月）……………………李紫翔（ 88 ）
工业的大西迁（一九四五年十二月）……………………………李紫翔（ 92 ）
大后方工业的发展（一九四五年十二月）………………………李紫翔（ 96 ）
大后方工业资本的重估（一九四六年一月）……………………李紫翔（101）
大后方的国营工业（一九四六年二月）…………………………李紫翔（107）
大后方的民营工业（一九四六年二月）…………………………李紫翔（113）
抗战时期之后方工业（一九四六年）……………………………林穆光（119）
西南工业统计资料（一九四六年十二月）………… 西南实业协会资料室（134）

国家资本厂矿

两年半创办重工业之经过及感想（一九三九年五月）…………钱昌照（141）
抗战时期资源委员会工作概况（一九三八年至一九四五年）…………（147）
论官僚资本（一九四六年一月）…………………………………吴大琨（156）

民 营 工 业

战时后方民营工业动员（一九四三年五月七日）………… 林继庸（161）
如何解决当前工业问题（一九四四年四月）…………… 章乃器（167）
发展工业之我见（一九四四年四月）………………………… 胡厥文（170）
我们怎样来克服工业界目前的难关（一九四四年四月）…… 吴羹梅（171）
慰问湘桂后撤厂矿员工书（一九四五年一月）
　　………………………… 迁川工厂联合会等五工业团体（174）
中国工业界的企望（一九四六年一月）……………………………（176）

各 省 工 业

经济部西北工业考察团报告节略（一九四三年二月）……… 林继庸（187）
抗战以来四川之工业（一九四三年十二月）………………… 李紫翔（198）
抗战以来四川之矿业（一九四三年十二月）………………… 雷宝华（231）
四川工业建设中的几个根本问题（一九四四年三月）……… 李紫翔（237）
省营公司发展声中的川康兴业公司（一九四四年九月）…… 杨及玄（253）
抗战结束期之四川工业（一九四五年十月）………………………… 刘敏（268）
四川战时工业统计（一九四六年一月）……………………… 李紫翔（279）
胜利前后的重庆工业（一九四六年十二月）………………… 李紫翔（292）

著 名 人 物

当代中国实业人物志·林继庸………………………………… 徐盈（307）
当代中国实业人物志·卢作孚………………………………… 徐盈（313）
当代中国实业人物志·翁文灏………………………………… 徐盈（319）
当代中国实业人物志·范旭东………………………………… 徐盈（324）
当代中国实业人物志·吴蕴初………………………………… 徐盈（330）
当代中国实业人物志·吴任之………………………………… 徐盈（336）
当代中国实业人物志·孙越崎………………………………… 徐盈（342）
当代中国实业人物志·钱昌照………………………………… 徐盈（347）
当代中国实业人物志·刘鸿生………………………………… 徐盈（352）
当代中国实业人物志·颜耀秋………………………………… 徐盈（356）
当代中国实业人物志·支秉渊………………………………… 徐盈（360）
当代中国实业人物志·李承干………………………………… 徐盈（366）

当代中国实业人物志·胡厥文 ……………………………… 徐盈(372)
当代中国实业人物志·李烛尘 ……………………………… 徐盈(376)
当代中国实业人物志·束云章 ……………………………… 徐盈(380)

工 业 复 员

当前的经济复员问题(一九四五年十月) …………………… 施复亮(387)
四川工业复员问题(一九四六年一月) ……………………… 刘敏(400)

后记 ……………………………………………………………………(415)

前　言

抗战时期的大后方工矿业,是以原本缺乏工业基础的西南为重心,以西南、西北为主要地域范围的抗战大后方勉力支撑正面战场持久抗战,直到取得最后胜利的现代经济力量。同时,由于民族资本自身力量本来就异常薄弱,经过如此一番大规模剧烈战争的消耗,其结果是后方民营工业,基本上耗尽了所有的物力、财力。而国家资本,由于在战争中能够在一定程度上配合战时的需要,又得到整个大后方,也即当时整个国家的物力、财力、人力的支持而得到快速的发展,战后更通过接收敌伪产业而进一步壮大。这样,国家资本前后只用了大约十年的时间,就基本上控制了中国早期现代经济的主要部门,从而在国民经济中牢牢占据了主导地位。这种状况的出现,是伴随抗日战争的历史进程而发生的"中国经济史上划时代的变动"[1]中至关重要的一环。这个巨大变动对此后中国经济发展乃至于历史演变的进程产生了重大而深远的影响。

有关抗战大后方工业史的研究在近二三十年取得了一系列进展,但迄今为止,还缺乏一个较为系统、全面的资料汇编。我们编辑这部书,就是想在这方面做一点工作。实际上,有关抗战大后方工业史的历史资料异常丰富,既有丰富的档案、报刊文献,又有兼具学术性、资料性的相关记述。抗战时期后方经济学界和工业界对于大后方工业史资料也是非常重视的。如中国工业经济研究所,在一九四三年就曾计划编纂《中国现代工业史》,其《编纂缘起》中说:"我国今后将向工业化途程,急起直追,已为必然之趋势。而工业之发展,须有完整之史籍,借以检讨既往,策励来兹,自亦了无疑义。同人等有鉴于此,爰不

---

[1] 高叔康:《十年来之经济政策》,谭熙鸿主编:《十年来之中国经济》上册,中华书局一九四八年版,第 A1 页。

揣谫陋,有编纂中国现代工业史之举。"①其具体计划,一方面是搜集书籍、档案资料及各省各业各厂及从业人员的相关材料,另一方面是整理编纂大纲。为求速达目的,当时还曾经考虑先出版《战时后方工厂史》及《工业界人物志》两种专著,供社会参考。不知道是何原因,后来没有了下文。不过,尽管中国工业经济研究所的研究计划没有能够实现,但相关的论述还是陆续出了不少,如陈禾章、沈雷春和张韵华编著的《中国战时经济志》(中国金融年鉴社一九四一年版)、林继庸著的《民营厂矿内迁纪略》(新新出版社一九四二年版)、傅润华与汤约生主编的《陪都工商年鉴》(文信书局一九四五年版)、中国工程师学会编的《中国工程师学会三十周年纪念册·三十年来之中国工程》(京华印书馆一九四六年版)、徐盈著的《当代中国实业人物志》(中华书局一九四八年版)、谭熙鸿主编的《十年来之中国经济》(中华书局一九四八年版),以及翁文灏、李紫翔等人的大量相关论述等。这些论述和资料,为我们重新认识和深入研究抗战大后方工业提供了重要的历史依据。

林继庸是抗战初期沿海民营厂矿内迁的重要组织者之一,有"迁厂之父"之称,所著《民营厂矿内迁纪略》的"最大特长",被认为"可以'详'与'真'两字概括之"②,至今仍是学术界探讨抗战初期厂矿内迁不可或缺的参考资料。书中详细叙述了头绪纷繁、主持机构多次变化的厂矿内迁的大量史实,旁及迁厂壮举的许多珍闻轶事,如上海民营厂矿的内迁、太原兵工厂经千年蜀道迁川、爆破青岛日商纱厂、改造山城重庆为工业区等,颇有助于了解当时沿海厂矿内迁的艰难困苦与内幕情况。在完成《民营厂矿内迁纪略》之后,林继庸还曾计划撰写《后方民营工矿发展纪略》,后由于各种原因,特别是他在新疆被军阀盛世才无端关押,身心受到极大摧残,终致计划搁浅。这样,当时的学术界就没有能够为我们留下系统的研究性论著。尽管如此,值得庆幸的是,社会各界对抗战时期的工业与工业家群体的关注,仍为我们今天研究这一问题,留下了一些重要的参考资料。一九八三年,台北"中研院"近代历史研究所刊出《林继庸先生访问纪录》,该书由张朋园、林泉访问,林继庸口述,林泉记录,对抗战时期厂矿内迁及后方工业兴起的史实有进一步的详细记述。今日展读林继庸留下的这些历史记述和历史口述,仍能感受到这些资料中所体现出来的中华民族

---

① 中国工业经济研究所:《中国现代工业史编纂缘起》,重庆档案馆馆藏,一九四三年十月,第二页。

② 王子建:《书评·民营厂矿内迁纪略》,《经济建设季刊》第一卷第二期,一九四二年十月,第三一五页。

不畏艰险、顽强抗争的可贵精神。

翁文灏在抗战开始前即实际主管资源委员会的工矿业规划与建设,抗战爆发之初,资源委员会又是负责工矿业内迁的主要机构。国民政府在武汉改组后,翁文灏长期担任经济部长,主管工矿经济。抗战期间,翁文灏发表了一系列论文,对后方工业有诸多的论述。这些论述反映了当时工矿行政当局对当时工矿经济发展的认识和主张,是考察和研究后方工业发展的重要参考文献和资料。同时,翁文灏作为经济行政主要负责人,还要向有关方面作综合性的工作报告。在本资料中,我们选取了翁文灏和经济部的三份材料。这些材料,既可以增进我们对抗战时期工矿行政施政思路的了解和认识,也可以使我们了解到经济行政施政的效果。

李紫翔是抗战时期国民政府经济部的统计人员。在抗战胜利前后,李紫翔主要依据经济部统计处的统计资料,撰写并发表了大量有关后方工业经济史的有分量的论述,如《抗战以来四川之工业》《四川工业建设中的几个根本问题》《我国战时工业生产的回顾与前瞻》《大后方战时工业鸟瞰》《工业的大西迁》《大后方工业的发展》《大后方工业资本的重估》《大后方的国营工业》《大后方的民营工业》《战时工业资本的估计与分析》《四川战时工业统计》《西南工业的生长》《论国营事业的出售》《胜利前后的重庆工业》《从国民经济观点论"经济改革方案"》《论日本赔偿及赔偿物资的处理问题》《中国经济的出死回生之路》《自由经济是中国的唯一出路》《论国营事业政策的前途》《经济复员政策的检讨》等。李紫翔的论述久为学术界所重视,其论述中提出的许多问题值得我们注意,许多重要的数据仍有重要的参考价值。在本资料中,我们选取了李紫翔的一系列论述,其中有刊载在《经济周报》上《战时大后方工业特辑》的系列论文六篇,从概述、内迁、工业发展、工业资本、国营工业、民营工业等方面对抗战时期大后方工业的诸多方面进行了简要但系统的考察和分析、论述。

从结构上看,本资料集按照综合资料、国家资本厂矿、民营工业、各省工业、著名人物、工业复员六类进行编辑。从内容上看,以期刊资料为主。希望本资料的编辑和出版,对于抗战时期大后方工业的研究,能有所帮助。

综合资料

后方工业鸟瞰（一九四三年五月）

经济部统计处

一、战前工业之回顾

中国工业化之历史距今虽已数十余年，然其进步极缓，分布至为不均，迄二十六年底为止，全国工厂总数，依据经济部工厂登记之统计，不过三千九百三十五厂，资本总数不过三万七千七百余万元，工人总数四十五万余人。若以四千万方里，四万五千万人口平均分配，计每一万方里或十万人，仅有工厂一家，若以投资计算，则每方里不过九十元，每人投资不过八角，工人占全人口总数不过千分之一，而平均每厂之资本尚不及十万元，若与一九三三年美国十四万厂家，六百万工人；德国一百九十万厂家，九百万工人相较，固为望尘莫及。即与日本比较，一九三七年日本工厂总数为一〇六，〇〇五家，工人为二，九三七，〇〇〇，亦复瞠乎其后。此种数字虽不甚完全，然已可见其梗概。

分析此三千九百余厂家之分布，计上海有一千二百三十五家，约占全数百分之三十以上，其他沿海各省份共有二千〇六十三家，占全数百分之五十一。合计内地各省所有之工厂不过占全数百分之十九左右，此种分布之畸形，久已为识者所诟病，无待申述。

然此尚为地域上之偏重，若按业别略加分析，即可见战前之工业，泰半属于轻工业范围，而重工业所占成分极少。上列三千九百余厂家中，属于轻工业范围者约占全数百分之八十以上，其发展之不平均，极为显著，而轻工业中复以纺织及饮食品工业为最发达；纺织工业资本为一四一，二九七，〇六九元，饮食品工业资本为六五，六九九，四四七元，两项合计为二〇六，九九六，五一六元，已占全部资金总额百分之五十五。以纺织工业而论，纱线锭历年均有增加，试观下表：

年份	锭数	年份	锭数	年份	锭数
民二	982812	民九	2843000	民十八	4201000
民三	1148332	民十	3232000	民十九	4498000
民四	1148332	民十一	3550000	民二十	4904000

续表

年份	锭数	年份	锭数	年份	锭数
民五	1278028	民十三	3581000	民二十一	5189000
民六	1388396	民十四	3570000	民二十二	5172000
民七	1602668	民十六	3685000	民二十三	5382000
民八	1468000	民十七	3850000		

二十年来纱线锭数增加五倍以上。若与一八九六年四一七,〇〇〇锭数相较,则已增十倍以上。且于世界经济恐慌,少锭减退状况中,我国锭数反年有增加,惟所增加者要以外商纱厂为多。此种情形在面粉及卷烟工业中,亦复类似。

推敲中国工业发展畸形之原因,可得两端:一则由于中国社会型〔形〕态之特殊,一则由于中国经济之不能自主。前者使现代工业在中国难于迅速发展,后者则促成中国工业发展之畸形,因之新经济中心乃完全集中于劳工集中,资金丰厚,运输便利,市场广大以及不受政治影响之区域。而于工业类别中,自然形成二大类型,一为易于模仿工业之发达,此类工业出产之物品,泰半均属已有市场者,且制造之技术简易,如棉纱、面粉、卷烟、火柴等项是;另一种即为买办工业之蓬勃,此种工业完全为准备出口者,如缫丝、打蛋、打包、洗毛等项均是。其结果乃演至凡需要高上技术,远离港口,而复需与进口货相顽抗之工业,即无发展之余地,战前中国工业之特征,要不外此。

二、工业内迁运动

以中国有限之工厂,复大半集中于沿海省份,一当战事,自将遭遇严重威胁。是以当"七七"事变与"八一三"沪战将起之间,政府即下令沿海各厂矿迁入内地。由二十六年七月起至二十九年底止,三年半之时间,乃完成中国有史以来第一次工业大移动。除公营、国营厂矿不计外,经工矿调整处协助迁建之厂矿计共四百四十八家,机料七万九百余吨,技工一万二千余人。以各地迁移厂矿而论,因目标中心在上海,故由上海迁出之民营工厂共一百四十六家,机料一万四千六百余吨,技术工人二千五百余名,于仓促试办期间,能得如此成绩,已属难得。苏州、无锡、常州一带之工厂,除少数厂家内移外,余均以目光短小,未果成行,即遭沦陷。南京、九江、芜湖,以时间迫急,仅少数迁移成功。青岛工厂实行彻底破坏。河北方面因军事关系,厂矿未能迁出。济南迁出一家,开封迁出一家,焦作煤矿迁出二千余吨,郑州、豫丰迁出九千余吨,梁河、许昌等地迁出数厂。太原方面由西北制造总厂总办张书田氏之努力拖〔迁〕出二千余吨及大车头两座。广州方面,以种种关系,厂矿未迁,大半资敌。最为成功之处为湖北。盖自上海迁移之后,已形成一种风气,且亦较有经验与准备,故武汉附近厂矿之拆迁,比较彻底。大冶铁矿共运出五万七千余吨,武汉共迁出民营厂一百六十余家,省有各厂迁出六千余吨,汉阳钢铁厂及六河钢铁厂,亦完成拆迁。长沙省营工厂亦均能安全迁移。此外浙江有八十六厂,福建有一百〇五厂,则由地方政府负责,分别内迁。

迁移期间,以二十六年八月至二十九年七月为主。于此三年中又可分为数阶段。第一阶段(二十六年八月至十二月)情势紧张,工作至为棘手,于百般困难中,仍能将一万四千余吨机料由上海运至汉口,至为可贵。第二阶段(二十七年七月至十月)为武汉撤守之前夕,由上海内迁之工厂,有一部分会于汉口复工,后以情形紧张,重复内迁,此外尚需拆迁大冶以及武汉三镇一带之工厂。在此期间,经过武汉及由武汉起运之内迁厂矿,经工矿调整处协助有案者计共三〇四家,机件物资五万一千一百余吨,数量上最为庞大。第三阶段(二十七年十月至二十九年六月),则以宜昌为枢纽,二十七年底前系将由武汉迁移之物资尽速西运入川,其后则为采购棉纱,转运沪浙一带物资,计经过宜昌运入四川者,共得四万五千二百余吨。自此之后,迁移即大体完成,虽仍有继续,然均规模不大,厂数零星,无关宏旨。

计此次内迁运动,若按厂矿性质分类,机械工业约占迁入总数百分之四〇.四〇,纺织工业占二一.六五,化学工业占一二.五〇,教育文化工业占八.二六,电器工业占六.四七,饮食品工业占四.九一,钢铁工业占〇.二四,其他工业占三.七九,矿业占一.七八。于此可以概见内迁工业之重心,乃在于机械、纺织、化学三工业上。至于迁往省别,以四川为最多,计占内迁总数百分之五四.六七,湖南次之,占二九.二一,陕西占五.九〇,广西占五.一一,其他各省占五.一一。若以内迁器材而论,于七万吨中,四川即占四万五千吨,湖南、陕西各占一万吨,广西占三千吨,其他各省仅占千余吨。此种情形,对于后方工业区域之分野,有莫大之力量。总之,三年半之工厂迁建运动,给予后方工业之赐予,实至深且巨。

三、后方工业之生长

抗战期间,除战区工厂内迁外,后方新设工厂为数亦多。战前后方较具规模之民营厂家,在四川仅有电力厂一,水泥厂一,面粉厂五,纸厂一,机器厂二;陕西有纱厂一,面粉厂二;贵州有纸厂一;江西有机器厂一。后方规模较大之工厂,仅此而已。试更以二十三年后方电厂投资而论,四川为三百廿万元,西康为二万元,贵州为八万元,云南为二百三十三万元,广西为一百一十三万元,甘肃为十万元,共计不过六百八十六万元,占全国电厂投资总额(不包括外资电厂)百分之六。若以发电容量言,四川为五,六一一瓩,西康为二五瓩,贵州为一五〇瓩,云南为一,八五二瓩,广西为二,二九一瓩,甘肃为一三一瓩,共计不过一〇,〇六〇瓩,约当全国总数百分之四弱。至于发电方面,四川为四百七十一万度,西康为四万度,贵州为三十七万度,云南为四百一十六万度,广西为四百五十万度,甘肃为二十一万度,共计不过一千四百万度,在全国发电六万八千七百万度中仅占百分之二左右。若更以发电用途分析,则用于工业上之电力,廿三年四川不过二万度,云南为四十万度,广西为六十一万度,与全国工业用电总额二万二千七百三十三万度相较,其数目之细微尤为昭著。电力与现代工业既为母子之关系,故电力事业之不发达,即可想见后方工业之落后。

经过数年来之努力,后方工业已大异旧观。据本报告之统计,后方各省厂数已超过三千七百家,资本总额为二十万万元(此中虽有战时货币关系在内,然其影响并不为大),工人共约二十四万人,动力约为十四万马力,此项数字已与二十二、三年间上海工厂之情形不相上下。

依据本报告之统计,后方工业自二十七年起即有突然之进步,三千七百余厂家中,开工在二十七年以前者,不过五百九十家,约占全数百分之十五,在二十七年者即为二百四十家,二十八年为四百六十六家,二十九年为五百八十九家,三十年为八百四十三家,合共二千一百三十八家,约占工厂全数百分之六十,三十一年以交通封闭,工厂开设为五百余家,较三十年为少。(开工年份不明者不包括在内)

除接近战区省份外,后方各省工业之增长,要以四川为最速。二十七年前四川之工厂不过二百四十余家,但至三十一年底止,即已增至一千六百余家,五年来较原有增加七倍以上。其次为湖南,二十七年前共有工厂九十余家,五年来增加四倍。再次为陕西,二十七年工厂数为七十余家,三十一年底止共增加四倍强。云南、贵州、甘肃等省,工业之增进均大体类此。

四、后方工业之特征

依据吾人之分析,后方工业之发展具有下列四大特征:

1. 重工业之抬头

过去我国工业之发展偏重于轻工业,已如前述。抗战以后,情形为之转变,政府力求树立重工业之规模,故协助迁建之厂矿,即以军需及在国防上确有需要者,如机器、化学、冶炼、动力、材料、交通器材、医药等厂为主。资源委员会则专以办理重工业及基本工业为任务,数年以来,进展极速,计所办事业,已有九十六单位,其中工业部分属于冶炼者十一单位,属于机械者四单位,属于化学者十八单位,属于电器者四单位,矿业部分属管理者有钨、锑、锡、汞六单位,属于生产者为煤、铁、石油、铜、铅、锌三十一单位,电业部分属于火电者十八单位,属于水电者四单位。此种成绩,已使重工业之建设,稍有基础。本报告三千七百余厂中,如以厂数而论,化学工业占总厂百分之二二.〇,纺织占二一.〇,械〔机〕械占一八.一,饮食占九.六,文化占六.〇,金属品占四.三,冶炼占四.一,水电占三.三,土石品占三.二,电器占二.六,计属于重工业范围之工厂约占工厂总数百分之三十五左右。如以资本而论,各业所占百分比则为:化学 二八.八三,机器 一七.四二,冶炼 一五.五九,纺织 一四.九八,水电 七.三九,电器四.八〇,土石品三.三二,合计重工业约占百分之五十左右。可知数年抗战之结果,已使中国工业更易过去发展之畸形。

2. 工业区位之建立

过去中国工业地理之分布,亦至为偏畸,上海一地即集中半数以上之工厂,而内地各省几无现代工业可言。抗战以来,政府即注意发展内地各省之工业,除四川为抗战中枢,交通便利,原料丰富,迁入工厂较多外,并另在湘、桂、滇、黔、陕等省从事建设,以为补助,经数年之努力,此数区域已逐渐发展。试以本报告之统计观之,厂数方面,四川最多,约占全数百分之四十四,湖南次之占百分之一三.三四,陕西又次之占百分之一〇.二四,广西更次之占百分之七.七七,此外云南占百分之二.八二,贵州占百分之二.九八,甘肃占百分之三.六九。若以较大区域划分,则川康约占百分之四四.三三,湘赣占百分之一三.〇五,陕甘占百分之一三.九三,两广占百分之九.六二,云贵占百分之五.八〇,闽浙占百分之四.一六。资本方面,仍以四川为首,计占总数百分之五八.〇〇,云南次之占百分之一〇.八〇,广西又次之占百分之七.八九,陕西占百分之五.四三,浙江占百分之四.七一,湖南占百分之三.九一,甘肃占百分之三.一九,贵州占百分之三.三八。若以较大区域划分,则以川康占百分之五八.四五,云贵占百分之一三.一九,陕甘占百分之八.六二,两广占百分之八.三七,湘赣占百分之五.六四,闽浙占百分之五.二八。如更以动力设备比较之,此种分野仍极显著,计川康占百分之四三.五二,湘赣占百分之一三.七四,云贵占百分之一一.四五,闽浙占百分之一〇.八〇,陕甘占百分之一〇.七七,两广占百分之八.八七。

3. 公营事业之优势

此外,公营事业渐占优势,亦为战时后方工业一大特色。过去国家多故,除军需铁路等工业外,政府少有余资举办实业。直至抗战前夕,资源委员会始着手办理国营工业,经过数年之努力,现已蔚然成观。各省政府于抗战期中亦纷纷组设工厂,其中尤以黔、桂、闽、赣等省为最。同时国家银行亦逐渐投资实业,如中央银行之于川康,中国银行之于陕甘即为显例。此外各战区经济委员会在此方面,亦有建树。由于上述各方之努力,后方公营工厂已渐占重要之地位。此点可于资本分配中见之。依据本报告之统计,公营厂家资本额约占资本总数百分之六十九强,其中四川占三六.六八,云南占一〇.三〇,广西占六.八三,浙江占四.五八,甘肃占二.七七,陕西占二.二五,贵州占二.〇三,湖南占一.四七,除湖南、陕西外,各省公营资本均较民营资本为大。如按业别分析,则公营资本所占百分之六十九中,复以化学工业为最多(其中以炼油、酸碱、酒精等业为最发达,但资源委员会方面之化学工业并不占重要地位),计为二一.六六,冶炼工业次之为一四.一八,机器制造工业又次之为一二.七一,此外纺织工业占七.三五,水电工业占六.五八,电器制造工业占四.二一,土石品工业占一.六四。于此可见公营事业已大半集中于基本工业之领域。

4. 公营、民营厂矿规模之悬殊

此外应特为揭出者,即为公营、民营工厂规模之悬殊。本报告所统计之三千七百余厂家中,公营不过六百余家,而民营则达三千一百余家,在数量上民营当占绝对多数,惟若一按实际,则知民营厂家,泰半规模甚小,资本不多,而公营厂家则反是。此可于后方工业资本分组统计中见出,试将公营、民营工厂之资本分组表列于后:(资本不明之厂家除外,以下同此)

组　别	公营厂数	民营厂数
五千元以下	41	306
五千至一万元	20	366
一万至五万元	105	1104
五万至十万元	59	418
十万至五十万元	129	485
五十万至一百万元	59	118
一百万至五百万元	77	113
五百万至一千万元	22	31
一千万至五千万元	28	11
五千万元以上	9	——

由以上分组比较之,公营厂家资本在十万元以下者约占全数百分之四十,

而民营部分则在百分之七十以上。若以平均资本而论,公营厂家平均每厂为二百万元,而民营厂家则尚不及二十万元。以工人而论,公营工厂每厂平均可得工人百余名,而民营工厂则为五十余人。以动力设备而论,亦复如是,公营工厂平均每厂有百匹马力,而民营厂则约为三十匹马力。试更按业别比较公营、民营厂家之资本百分比如次:

工业类别	公营部分百分比	民营部分百分比
水电工业	89	11
冶炼工业	90	10
金属品工业	3	97
机器制造工业	73	27
电器制造工业	89	11
木材及建筑工业	4	96
土石品工业	49	51
化学工业	75	25
饮食品工业	23	77
纺织工业	49	51
服饰品工业	8	92
文化工业	16	84
杂项工业	6	94

由以上分析中,可以见出公营占绝对优势者为冶炼、水电、电器、机器、化学等工业。民营占绝对优势者为金属品、木材及建筑、服饰品、饮食品、文化及杂项等工业。而公营、民营相差无几者有纺织及土石品工业。于此可以概言,后方之基本工业及重工业均已在公营势力范围之内,而民营占优势之工业则均属于轻工业之范畴。此点与国营、民营事业划分之基本原则似尚吻合。

五、后方重点工业之剖析

以上所述全属一般性质,亦即后方工业轮廓之描绘。至是拟更进一步选择数种重要工业,略事分析,以明后方重点工业之梗概。

1. 电力厂

电厂为工业之原动力。抗战前我国之电厂计共四六〇家,发电容量为六三一,一六五瓩,二十五年度发电度数为十七万二千四百万度,但此中包括外资电厂十家,其发电容量为二七五,二九五瓩,约占全国总数百分之四十四,发电度数为九万五千一百三十五万度,占总数百分之五十五。是以国人自营电厂之发电容量在二十五年不过三五五，八七〇瓩，发电不过七万七千二百五十五万度。且多数电厂均集中沿海各埠，内地之电厂则更寥寥无几，此点已于第五节中略为申述，计发电容量不过一万瓩，发电一千四百万度，资本六百八十六万元。若与目前所统计之后方一一六家电厂，电容五万三千瓩，发电能力九千三百余万度，资本一万三千五百余万元相较，其进步自极显著。此中虽包括半沦陷之省份在内，但其为数不多，对于总数影响甚小，无足重视。

目前后方电力最发达之省份，当首推四川，计有二十七厂，资本七千余万元，发电容量二万三千瓩，发电四千九百余万度，约占全数百分之四十四。其次为云南，发电容量为六千瓩，资本一千四百余万元；次为陕西，发电容量为五千瓩强，资本四百余万元；次为湖南，发电容量为三千瓩弱，资本一千万元；再次为广西，发电容量为五千五百余瓩，资本六百余万元，此种分布与工厂分布之情形极为一致。

公营电力厂资本平均为二百三十万元以上，而民营电力厂则不过十五万元，但以公营电厂设备较晚，故平均每厂发电容量尚不及民营电厂。据已有资料分析，发电容量在五千瓩以上者共计有民营二厂；在一千瓩以上者计公营五厂，民营三厂；五百瓩以上者，计公营十厂，民营二厂；一百瓩以上者，计公营十厂，民营十三厂；五十瓩以上者，计公营九厂，民营七厂。故概括言之，四川、广东、福建、湖南之民营电厂能力较公营为强，至若云南、陕西、贵州则几全为公营者。

2. 钢铁厂

中国过去钢铁工业至不发达，新式钢铁厂寥寥无几。铁厂不过六七所，最大生产力不过六十万吨，钢厂不过七八所，最大生产力不过十万吨，且事实上大半停工，实际生产额在民二十三年计铁为十五万吨，钢五万吨。二十七年武汉撤守时，汉阳及大冶、六河沟三厂，由钢铁迁建委员会内迁，但总能力不过月产铁百余吨，钢二百余吨，设备至为薄弱。现经数年努力之结果，铁厂已有百十四厂，其中公营十六厂，民营九十八厂，资本约为一万二千万元。炼钢厂十家，公营六家，民营四家，资本约一万万元。每年最大生产力，公营铁约五万五千吨，钢二万吨，民营铁四万四千吨，钢一万九千吨，但实际产量铁不过三万吨，钢不过四千吨。可见生产能力仍极薄弱。

公营铁厂在钢铁业中，颇占优势，设备均较民营为大，平均资本公营铁厂约六百余万元，民营厂则不过二十万元；一百万【元】以上之铁厂共十二家，公营即占九家。炼钢厂方面，此种情形更为显著。公营厂平均每厂资本一千五百万元，民营厂则不过八十万元，相差至为悬殊。

就地域分布言之,冶铁厂以四川为最多,约占全部之半数,江西、云南次之,甘肃、湖南又次之,湖南之厂数虽居第二位,但规模均小。公营势力较大之省份为四川、云南、江西、甘肃等省,若湖南、广西、陕西则多属民营。炼钢厂方面仅于四川、云南二省有之,几全为公营势力,云南二厂均属公营,四川八厂中公营占半数,而资本及动力则均五倍于民营者。

3. 机器厂

过去中国机器制造工业极为幼稚,每年进口四五千万元中要以纺织机器为最多。二十四年以后电力机、动力机之输入,始渐增加,但仍以修理配件为主,试以上海二十三年为例:

类　别	厂　数	类　别	厂　数
柴油引擎制造业	6	印刷机制造业	22
纺织机制造兼修理	15	碾米机制造业	7
织机制造业	16	面粉机制造业	6
漂染机制造业	16	卷烟机制造业	6
轧花机制造业	6	车床制造业	8
拉绒机制造业	2	其他各业机器制造业	17
纺织用具制造业	31	机器另〔零〕件制造业	60
针织机制造业	40	机器修理业	52
袜针机制造业	16	其他什色机器制造业	150
织绸缫丝机制造业	9	合计	475

细观上表即可见上海之机器厂,要以修理机器与制造零件之厂为主。次之即为纺织针织机之制造,若动力机及工作机之制造则为数极少。上海如此,其他各地亦大同小异,要不过为普通机器之制造,如纺织、针织、印刷、碾米、面粉(钢磨尚不能制造)、卷烟、柴油引擎、抽水机、榨油等类机器而已。是以全国机器制造厂厂数虽逾千家,但资本则小,最大者不过五十万元,小者恒为二三千元,其不足以制造重要机器,殆极明显。

抗战军兴以后,内迁器材中除纺织业外,要以机器工业为最多,约计一万三千余吨,若以厂数计则占内迁工厂之首位,计为百八十一厂。数年来发展之结果,已有厂家六百八十二,资本三万三千余万元,工人三万以上,使用动力一万六千余马力。在全部工业中,已占第三位,所能制造之机器,亦逐渐着重于工具机、作业机及动力机方面,至于各厂家之类型,略如下表:

类　别	厂　数	类　别	厂　数
动力机制造厂	58	车辆修造厂	51
工作机制造厂	303	船舶修造厂	25
翻砂厂	100	机器修造厂	29
零件制造厂	116		

目前机器制造工业与过去有一显著不同之点，即为公营之抬头。过去之机器工业泰半属于民营范围，目前已有公营厂五十家，而均为资本充足、规模较大者。公营资本占机器工业总资本百分之七十以上，民营厂家之资本远不足以抗衡。试观下表可知：

资本组别	公营厂数	民营厂数
五千元以下者	——	15
五千元至一万元	1	64
一万元至五万元	4	282
五万元至十万元	5	103
十万元至五十万元	13	123
五十万元至一百万元	7	22
一百万元至五百万元	6	6
五百万元至一千万元	2	2
一千万元至五千万元	4	——
五千万元以上者	1	

若按厂家性质分别，除翻砂厂几全属民营外，其他各类之情况如次：

资本组别	动力机制造厂		工作机制造厂		零件制造厂		车船及机器修造厂	
	公营	民营	公营	民营	公营	民营	公营	民营
五千元以下者		1		4		2		
五千至一万元		1	1	17		22		10
一万至五万元		10	1	117		57	3	47
五万至十万元		11	3	60		18	2	8
十万至五十万元	3	18	6	65	1	8	3	14
五十万至一百万元	3	6	1	9	1	2	2	2
一百万至五百万元	1		4	4	1			2
五百万至一千万元		2	1		1			
一千万至五千万元	1		3					
五千万元以上者	1							
合计	9	49	20	276	4	110	10	83

从此种分布上，可以见出公营、民营厂家半数以上均从事动力机及工作机之制造，而公营方面，动力机制造厂与工作机制造厂之比例为一比二，民营方

综 合 资 料

面则为一比五,但民营翻砂厂及零件制造厂以及修理厂之总数尚在二百九十厂以上,且工作机制造厂亦多数资本微小,故其性质仍有别于公营者。地域之分布,以四川之厂数为最多,约为三百三十余厂,为全数之半,资本亦为全额之半弱。次之为广西,厂数有八十七,资本九千余万【元】。再次为贵州、云南、甘肃、湖南等省。云南、贵州、广西、甘肃、广东、福建、江西、浙江等省均以公营厂为多,湖南、陕西、湖北、河南则以民营势力较大。若四川省,则公营、民营参半。

后方机器制造厂生产能力之发展,可以下列生产指数表示之:(二十七年每月平均数为一〇〇)

产 品	廿七年	廿八年	廿九年	三十年	卅一年
工具机	100	204	296	367	340
蒸汽机	——	100	492	747	581
内燃机	100	151	529	706	715

蒸汽机与内燃机生产之增进,足以表示机器制造工业已步上正当途径。

4. 电器制造厂

电器制造工业,本可与机器工业合并讨论,惟以其重要性不减于机械,且其本身亦自有特色,故仍予以分述。过去电器工业在中国并不发达,其厂数不过六七十家,资本不过三四百万元。内迁之时,计移入二十九家,机料五千余吨。数年来建设之结果已增至九十八家,资本约达一万万元,技工八千余人,使用动力八千余马力,生产之增进,最为迅速。试列其生产指数如次:

名　称	廿七年	廿八年	廿九年	三十年	三十一年
发电机	100	710	1217	1809	1747
电动机	100	10360	14420	26059	12332
变压器	100	81	127	236	351

此种进展泰半应归功于国营工厂之努力,国营事业亦以此部分之发展最有计划,如电工器材厂、无线电器材厂、电瓷制造厂之配合,已掌握大部分电工器材之领域。而电工器材厂方面复预有计划分设各地分厂,担任特定器材之制造,尤能有条不紊。试以卅年公营、民营电工器材产量比较于次,即可见公营势力之强大:

名称	单位	公营	民营	合计
发电机	瓩	2481	——	2481
	部	——	103	103
手摇发电机	部	112	585	697

续表

名称	单位	公营	民营	合计
移动发电机	部	——	35	35
电动机	马力	3609	——	3609
	部	——	1192	1192
无线电收发报机	部	1866	514	2380
电话机	部	4529	230	4759
变压器	部	——	2062	2062
	KVA	6979	——	6979
电线	吨	656	78	734
	码	2747890	——	2747890
电泡	只	226425	300000	526425
电池	只	205247	10967	216214
	打	52607	230513	63120

除少数不重要之产品如单节电池、电泡之外，公营产品均占优势。发电机、电动机两项之民营产品均属小型，能力不大，绝不可与公营相抗。资本方面，公营厂约占电器制造工业资本总额百分之九十，居于绝对之优势，工人两倍于民营，动力则六倍之。五百万【元】以上之厂家，均属公营，民营资本大半均为十万【元】至五十万【元】之间，平均资本公营约为三百五十万元，民营则仅为十五万元。其实力之悬殊，自极明显。

电器制造工业之内容，大致可分为电机、电具、电料及电镀四种，至其间之分布情形，约略如下：

类别	公营厂数	民营厂数	资本在五十万元以上之厂数	
			公营	民营
电机制造厂	2	7	2	2
电具制造厂	9	15	7	2
电料制造厂	12	43	2	——
电镀厂		10		

于此亦可看出民营方面不过为电料之制造、电镀之加工，若电机、电具之制造，殆全属公营之努力。

就地域分配论之，在厂数资本方面均以四川为最多，计共六十三家，资本三千三百余万元，约占电器工业三分之一以上；次之为云南、广西、湖南。但若就公营方面观之，则以云南所占之资本为最大，四川、广西次之。此三省之厂数资本已占公营全部三分之二以上。

5. 酸碱制造厂

酸碱均为一切化学工业之基础，且为制造军火之原料，其有关一国之国防，至为重要。过去我国化学工业多偏重于日用品方面，如烛皂、火柴、化装〔妆〕品、电木等类之产品逐年增加，且能替舶来品之地位，惟酸碱工业则甚不发达，截至二十五年止，全国仅有制酸厂十二家，资本不过五百万元，年产约计盐酸为六万余担，硫酸为二十五万余担，硝酸为三万余担，醋酸为四千余担，其中以天利淡〔氮〕气厂、两广硫酸厂、广东硫酸厂、开成造酸厂、天原电化厂、渤海化工厂等为较大。制造有机酸类之醋酸，在国内仅江南化学厂一家。碱类工厂在战前不过六七家，资本五百余万元，年产碱八十六万余担，其中当以塘沽永利为最大，即其一家之资本及产量均占全部碱厂百分之八十。若益以兴业、渤海两家，则塘沽之制碱业已占全国百分之九十以上。次之则为上海之天原、开元、肇新三家。至如淡〔氮〕气厂则仅有永利铔厂及天利淡〔氮〕气厂两家。永利铔厂规模宏伟，于二十六年三月开工，日产硫酸铔一百五十吨、硝酸四十吨。抗战发生以后，津沽失守，塘沽永利沦于敌人，卸甲甸铔厂亦以拆卸过迟，陷入敌手，实为中国化学工业一大损失。

近年以来，基本化学工业颇形发达，政府对之奖助颇多，至今已有四十四厂，计酸厂卅一家，碱厂十三家。四川方面有二十九家，贵州有四家，云南有三家，广西、江西、陕西均各有二家，浙江一家，资本一万二千余万元，约占化学工业资金总额百分之二十五，其中以浙江为首，四川次之，云南、贵州又次之。生产能力，最大为硫酸一万吨，硝酸五千吨，盐酸一千吨，纯碱二千吨，烧碱一千吨，然实际产量则距此尚远。计三酸总额不过二千吨，碱不过三千五百吨，此盖由于原料有限，大厂如犍为新永利尚未建成，公营方面亦少大厂，故历年来生产不能大增，试观其生产指数可知：

名称	廿七年	廿八年	廿九年	三十年	卅一年
硫酸	100	73	252	368	392
盐酸	100	73	153	131	182
纯碱	100	132	116	67	160
烧碱	——	——	100	300	360

公营造酸厂不过五家，碱厂不过一家，平均分配于川、黔、滇、赣、浙、鄂六省，但公营势力则以浙、滇、黔、赣四省为盛，若川、桂、陕、鄂则属诸民营。实际上酸碱工业仍极薄弱，资本在百万元以上者不过十家，公营、民营各居一半，且尚有未建成之新永利在内。有十五家资本在一万至五万之间，有十三家资本在五万至十万之间，平均资本每厂尚不及三十万元，且有半数以上之厂家系在

民国三十年后开工,故设备较差。

6. 纺纱厂

以上所云均属于重工业范围。实则过去中国工业之中心,乃在轻工业方面,至于轻工业中当以纺织厂为最早而最发达。截至光绪二十一年为止,中国已有纱厂七家,纱机十七万余锭。欧战期间且一度繁荣,以后因外商纱厂之竞争,渐趋颓势。惟就一般而论,仍极重要。内迁之时,吨位亦最多,计共三万余吨,厂数九十七家,计四川占百分之六十五,陕西占百分之三十,迄今此种分布,仍极明显。

目前纺纱厂之情形,计七十六家,资本一万七千八百万元,大型纱厂现有锭数为三十余万枚,开工者有十七万六千余枚,小型纺织机有一万五千余锭,故只当战前中外纱厂总数百分之十,华商纱厂百分之十五,生产方面三十年不过八万件,较之二十七年亦不过增加六倍。若与战前相比,则仅及全数百分之四,华商产量百分之十左右,在昔纱厂多属私人企业,现以抗战关系,已参加不少公营色彩。计七十六家中有三十三家属于公营,资本亦占半数。大型纺厂,公营有八家,锭数为十一万一千,开工者为五万四千,小型公营者有十,计七千余锭。

民营方面之厂家,以厂数及资本而论,均以四川为第一,陕西第二,云南第三,湖南第四。公营方面,亦复如此。如以资本比较分列,其情形如次:

组　　别	公营厂数	民营厂数
十万至五十万元	10	10
五十万至一百万元	4	7
一百万至五百万元	8	6
五百万至一千万元	2	6
一千万至五千万元	2	1

公营、民营之势力可称不相上下,惟大型砂〔纱〕厂中仍以民营方面较占优势。

7. 面粉厂

次于纺纱厂之轻工业,当推面粉工业。面粉厂之兴起,仅次于纺纱,欧战时发展甚速,但战后外粉侵入,乃受打击。截至抗战前为止,全国有百余家分布各省,以江苏为最发达,次为山东、河北,全年可产粉七千五百余万袋,最大之厂家,每日能产一万四千余袋,故设备尚称完善。抗战以后,损失颇多。现后方仅有七十厂家,资本总额二千七百万元,最大之工厂,如陕西成丰,日不过出产五千袋,能日产二三千袋者只四五厂,其他各厂,均规模不大。故三十年产量尚不及四百万袋,三十一年亦不过五百万袋,且历年产量之增进速率亦不大,三十一年生产指数不过为二十七年之三倍。

多数厂家集中于陕西、四川两省,广西、湖南次之,云南、江西又次之。公营厂家不多,除甘肃有雍兴公司所办一厂,及贵州有企业公司一厂规模较大外,其他均不足道。面粉业之重要厂家,均属民营。七十一厂中公营者仅有十二家,资本不过七百余万元,产量不过占总产量百分之四左右。

国民政府经济部统计处编印:《后方工业概况统计》,一九四三年五月,第一至十一页。

有关内迁厂矿、发展工业及开发矿产部分
——对中国国民党第六次全国代表大会报告
（一九三八年至一九四五年）
行政院工作报告

二十七年一月设立经济部，其时并入该部之机关为：（一）实业部，（二）建设委员会，（三）全国经济委员会之水利部分，（四）军事委员会第三部，（五）军事委员会第四部，（六）军事委员会资源委员会，（七）军事委员会工矿调整委员会，（八）军事委员会农业调整委员会。实业部原有农业、工业、矿业、商业、合作、渔牧、劳工各司及林垦署，改为农林矿业、商业等司，其所属农本局、中央农业实验所、江西农村服务区管理处、地质调查所、中央工业试验所、全国度量衡局、商标局及商品检验局等机关仍其旧，余均裁撤。建设委员会之电气行政工作并入工业司办理，事业部分，划归资源委员会，电气试验，划归中央工业试验所。全国经济委员会之水利部分设水利司办理，其所属各流域水利会局及水工试验所仍其旧。军事委员会第三、第四两部事务，分归各司办理，惟第三部之管理燃料工作，仍设燃料管理处，专司其事。资源委员会原有之采矿室及冶金室特为划出，另设矿冶研究所。工矿调整委员会易名工矿调整处。农业调整委员会易名农业调整处，附属于农本局，其所属粮食运销局所办事宜，归农业调整处办理。二十九年七月农林部成立，经济部农林司工作，及所属农事机关，全部移交管辖，八月全国粮食管理局开始工作，农本局原管理粮食工作，当即移交管理，原有农业调整处，即行裁撤。十一月中央社会部移隶行政院，经济部所管合作行政及劳工行政，即移交社会部办理。三十年九月水利委员会成立，经济部水利司工作及所属水利机关，全部移转管辖。此时经济部内容亦略有调整，除矿、工、商各司以外，添设管制、电业、企业三司。嗣后经济部因主管范围内有一部分物资，必须加强管制，乃于三十一年二月间，设立物资局，迨国家总动员会议成立，于三十一年十二月撤销物资局，同时将农本局改隶财政部，为花纱布管制局。迨战时生产局正式成立，经济部又于三十三年十二月、三十四年一月，先后将所属燃料管理处、工矿调整处移交战时生产局接管。兹将七年以来重要设施分述于后：

一、内迁厂矿

战前我国工业分布,大都集中江海沿岸及铁路沿线各地,抗战军兴,莫不首当炮火之冲,前军委会工矿调整委员会为保持国家经济元气,奠立后方工业基础,于"八一三"沪战将起之时,组设厂矿迁移监督委员会,订定奖助办法,派员分赴临近战区各省市,督导各公私厂矿内迁,此项工作后由经济部主持办理,上海、江苏、河南各地重要厂矿,如大鑫钢铁厂、中福煤矿等器材设备,大都相继拆迁,二十七年初,全部运抵汉口,其中一部【分】机器、电器、纺织工厂,并利用在内地寻勘厂址之时间,临时开工生产,以应当时各战场之急切需要,对于郑州、武汉等处之纱厂,除运送入川外,并由平汉铁路特开专车,运至咸阳、宝鸡,重行建置,对于向受敌人霸占之汉阳大冶钢铁厂设备,亦尽量拆卸迁运至川。泊〔洎〕武汉撤守,复严密规划,饬令各厂矿继续内移川、湘各省,筹厂复工,综计经政府促助内迁之厂矿,共达四百四十八家,机器材料七万零九百吨,技工一万二千〇八十人,至二十九年终,已大部完成复工,其性质分配,计机械工业占百分之四〇.四〇,化学工业占百分之一二.五〇,纺织工业占百分之二一.六五,钢铁工业占百分之〇.二四,电器工业占百分之六.四七,饮食工业占百分之四.七一,教育用品工业占百分之八.二六,其他工业占百分之三.七九,矿业占百分之一.七八,属于国防工业范围者,达占百分之六十以上,其地域分布,四川占百分之五四.六七,湖南占百分之二九.二一,陕西占百分之五.九〇,广西占百分之五.一一,其他省份占百分之五.一一,至国营各厂,如中央机器厂、中央电工器材厂、中央无线电器材厂等,原本设于湖南,亦均迅即移设滇、桂、川等省。三十三年五月湘桂战事爆发,衡阳、桂林各地工厂择要拆迁,由国库拨付运费,对民营工厂则给予低利借款,限期内移,一面由财政部免税放行,路局拨车助运,当时拟贷助湘桂厂矿内迁资金,达六千四百〇五万元,预计迁出器材五千吨,惜以黔桂战局急剧逆转,致由衡、祁、桂、柳各地运抵金城江、独山一带之器材矿品,大多未及抢出,只得饬由最后撤退人员,悉数破毁,以免资敌,综计迄目前为止,已迁至后方安全地带,局部复工,或正在筹备复工之中者,有资源委员会之中央电工器材厂第二、四两厂,锑品制造厂,民营之新中工程公司、六河沟机械厂、华成电器厂,及中华、大中等机器厂。

二、发展工业

（一）奖进工业技术

工业技术发明之特许专利，由经济部依照奖励工业技术暂行条例办理，二十八年四月该条例曾一度修正，奖励范围自发明权扩及新型及新式样之创作。二十九年十一月复由经济部公布，补充办法对于未完成之发明创作，如经审查合格，即由该部予以协助实验，三十二年五月颁行专利法，三十二年四月公布《奖励仿造工业原料器材及代用品办法》，并指定急需仿造之工业原料器材名称，兹将各项专利、实验及仿造代用品历年案件汇志如次：

1. 专利

自二十七年一月起至三十四年三月【底】止，呈请之专利案件，计共一，二二四件，审查结果，准予专利者计四四二件，公告期满，依法发给专利证书者，计三九四件。

2. 实验

自二十九年十一月起至三十四年三月底止，呈请协助实验案件计一四八件，经审查准予协助者十二件，核定协助实验经费共三七九，二八〇元。

3. 代用品

自三十二年一月起至三十四年三月底止，呈请案件计共一〇七件，经审查合格准予给奖者三六件，核发奖金四十二万元。

（二）厘定工业标准

前实业部于民国二十一年五月公布工业标准委员会简章，聘派专家为委员，为咨询及讨论工业标准之机构。经济部成立后，于二十七年十一月修改章程，遴派委员，推进标准工作，先后成立医药、器材、化工、机械、电工、矿冶等起草委员会，从事译述各国标准及征集英、美、法、苏、德、日各国标准工作，三十二年复将该会改组，加强工作，并成立土木工业标准及汽车工业战时标准两起草委员会，截至三十四年三月底止，由该会研拟审定之工业标准，经经济部正式公布者达十五类，经济部工业标准委员会于三十三年十月已参加同盟国标准协会。

（三）扶助民营事业

奖励工业，为我国行政之既定方针，二十七年十二月公布非常时期工矿业奖助暂行条例，兹将抗战以来奖助民营工矿事业情形，撮要分述如次：

1. 贷助资金

分（甲）直接贷助，由经济部督导工矿调整处或直接办理，二十七年至二十八年间以资助各厂矿迁移为主，二十九年至三十年间以资助各厂矿建筑及设备为主，三十一年以后，以资助各厂矿营运为主。自二十七年至三十四年二月底止，共计贷款二万四千万元。（乙）核转四联总处贷款，由三十二年至三十三年，计核转工厂一七六家贷款一，二一六，七〇〇，〇〇〇元。（丙）直接投资，由工矿调整处办理者有二十一厂，投资二三八，六五〇，八五一元，由该部直接办理者，有中国毛纺织厂、西北毛纺织厂等。（丁）保息补助，有永利化学制造公司、成都启明电气公司、重庆电力公司等。（戊）小工业贷款，自民国二十八年至卅一年，核准贷款工厂七八家，核准贷款总额二，〇一五，九〇〇元，嗣以物价继涨，此项小量资金，对各厂实无重大裨益，且规模过小之工厂亦不易勉为支持，自卅二年起已予紧缩。

2. 供应材料

战时运输梗阻，厂矿迁建复工，所需材料供应困难，二十七年间由工矿调整处拟定购储材料工具计划，统筹购储各厂矿所共同需用之材料。廿八年该处材料库成立，向国外购五金电器化学等器材五，八〇〇吨，内中一部分，在海防损失，二十九年复向英、美两国信用贷款案购料，陆续运回，三十一年缅甸战事逆转，复有一部分损失，抢运回国者约一千二百余吨。同时国内厂矿，待料孔急，爰向印度采购重要零件，由航空运入，一面收购散存国内各地器材，并向国内优良工厂定制器材，计向国内所购材料价值，三十一年八月以前为三千二百万元，卅一年下期及卅二年上期为二二〇，〇一八，八七八.二二元。国外购料则为英信用贷款购料六八，三一六镑，印度购料二七五，一三五盾。三十二年全年购料总额为英金一七五，八三六镑，美金九二，四四五美元，印币六七二，六六七盾，分配厂矿材料总值达一七九，二二一，八九五元。卅三年全年国外购料总额为英金六，九六三镑，美金四八，八一二元，印币二八四，一六九盾，分配厂矿器材价值五三七，五二九，六九三元。

3. 训练技术员工

抗战时期，技工之失业者甚多，故于二十七年订定调整办法，征集各部门类技术人员，支给生活费，分派有关厂矿服务，充实生产力量，截至二十九年底止，共登记人员一，五〇八名派赴各厂获得经常工作者三三二名，经协助而获得工作者二四一名。复以内地缺乏技工，又订有《协助内迁各厂招募技工暂行办法》，技工所需旅费，可向该处借贷，太平洋战事起后，办理粤港一带技工之收容安置事宜,在曲江、桂林等处考选,就地安插,运送重庆者二四五名,直接介绍工作者八五名,又人才调剂协会内迁印钞技工、电机技工二二五名,亦经安插工作。抗战初期技工缺乏,工矿调整处于三十年指定后方规模较大之民营工厂训练技工第一期三〇〇名,已于卅一年训练完成,又以私营各厂矿自行训练者为数颇多,为谋提高效率,划一步调起见,设技工训练处统筹主持,分别委托国营、民营各厂,设班训练,预定计划,自二十九年起五年内训练技工七,〇〇〇人。截至现在止,已毕业者三,一一七人,正在训练者二,二七六人。

4. 定购机器成品

太平洋战事起后,国外机器输入锐减,国内机器工厂,因受物价波动影响,多现不景气状态,经济部于卅二年由工矿调整处拟制定购机器专案,集资一万万元,专作定制各种电机、动力机、工具机之用,卅三年将该项周转基金增为三万万元,继续办理,三十二年侧重工具机,卅三年则侧重于动力机及工作机,制成机器,随时销售各厂矿,其中动力机因后方缺乏,销路最畅,工具机则因年来机器厂业务不振,销路较滞,但至湘桂沦陷以后,反成为内迁各厂所资以复工建厂之设备。截至卅四年二月底止,定购机器中之较重要者,共计为锅炉二十部,蒸汽机二,八六〇马力,煤气机五八五马力,桐油机八七五马力,发电机四,六〇五千伏安,电动机四,六〇二马力,变压器六,二五〇千伏安,各种工具机五八五部,工作机三四〇部。

（四）扩充电力事业

抗战以前,我国电气事业,集中沿海各省及武汉一带,至西北、西南各地电厂既少,设备复多陈旧,所有甘、宁、青、陕、川、康、滇、黔、湘、桂各省,共计仅有发电设备二万五千余瓩,约占全国容量总数百分之四。抗战以来,后方工厂林立,人口麇集,动力及光热用电需要激增,经督饬资源委员会,于各重要工业中心创建电厂,一面协助各民营及工业自用电厂扩充容量,以利调节,电力事业扩展甚速,兹分述如下:

1. 筹设国营电厂

于各省重要工业中心,如五通桥、长寿、宜宾、万县、自流井、泸县、昆明、贵阳、兰州、天水、衡阳、沅陵、辰溪、柳州、汉中、西宁、西昌、丽水等地,分别筹设新厂,扩充旧厂,尤注意水力电厂之创建,均已由水力勘测总队,于西北、西南各省测勘四十余处,并就其中便于筹建者,先行择要设计,如贵州修文河、陕西褒惠渠、甘肃天水藉〔耤〕河、青海西宁湟水等,土木工程,本年即可完成,一俟发电机运到,即可发电。他如四川之大渡河及都江,云南之洒南河、普渡河、牛栏江，广东之翁江，湖南之资水，湖北之清江等处，亦已设站纪录，进行钻探。至宜昌三峡水电之利用，其效用尤特为宏大，亦正在继续研究中。又各主要地区供电之连〔联〕系，如宜宾至自流井、五通桥至乐山、让渡河至万县，及昆明、重庆等市郊，亦已敷设高压输电线路，扩大供电区域。

2. 协建民营电厂

后方重要地区之民营电厂，如重庆电力公司、成都启明公司等之发电设备，均经协助疏散，或移设岩洞及其他安全地区或在原地加装保护设备，所需经费，分别由国库补助，或中中交农四联总处借款协助，在电费附加内扣还。他如昆明耀龙公司、衡阳电厂、桂林电厂、梧州电厂、遂宁电厂、赣县电厂、大庚电厂等，均已加以调整或扩充，以增供电能力，并协助巴县工业区电力厂、康定水力发电厂、北碚富源水力发电厂，完成发电。

3. 督导自用电厂

各自用电厂如有余电，均经督促转售公用电厂，以供市用，如西安成丰面粉厂、宝鸡中新纱厂、重庆中央造纸厂、兵工署第五十工厂，均经督促实行，他如兵工署第二十、二十一工厂、豫丰纱厂、裕华纱厂，均经督促发电自给，减少公用电厂负荷。

兹将历年发电容量及发电度数列表如次：

年　度	发电容量	发电度数
二十七年	35405	73621694
二十八年	40376	91494460
二十九年	40722	111931172
三十年	44313	127302000
三十一年	49822	136850090
三十二年	64134	146437220
三十三年	70017	174229500

（五）建设钢铁事业

后方冶炼工业，以前多用土法，所出之白口铁颇不适用，而制钢之设备尤少，抗战以来，经济部对于钢铁事业，即谋在四川、云南两省境内建立基础，以助各种轻重工业之发展，始则将沪汉各重要钢铁厂分别西迁，继则开发川滇两省之綦江、涪陵、彭水、易门等重要铁矿，并协助商人建设新式小型炼炉，一方面增加土铁生产。在二十七年间湖南湘潭筹备之中央钢铁厂，因战局关系，其原有器材除拨让其他厂矿应用外，余均妥为保管，以备恢复之用。同时由资源委员会与兵工署合组钢铁厂迁建委员会，将汉冶萍公司汉阳钢铁厂大部分炉座器材与汉口扬子铁厂机炉,讦移于重庆大渡口,改建新厂,重要设备有一〇〇吨及二〇吨化铁炉各一具、一〇吨平炉、三吨贝塞麦炉各两具、一吨半电炉一具等,并开采綦江铁矿、南桐煤矿,以供炼铁原料;嗣又于蒲江附近添设大建分厂。此外在抗战初期,由经济部协助筹备成立之钢铁事业,其重要者,在四川省则有渝鑫钢铁厂、中国兴业公司、协和炼铁厂(后改组为资和公司)、人和制铁公司、新威矿冶公司(后改组为威远铁厂);在云南省则有中国电力制钢厂、云南钢铁厂(由资源委员会兵工署云南省政府合办)。而小型之新式炼铁炉(陵江、大昌、永荣、上川、清平、永和等)在四川成立者,亦不下十余厂。概括言之,后方钢铁事业之演进,在三十一年以前注重于灰口铁之生产,在三十一年以后则注重于钢材之制造。经济部为促进炼钢轧钢事业计,复由资源委员会创设资渝炼钢厂及电化冶炼厂之平炉电炉炼钢部,由工矿调整处协助成立中国制钢公司,在三十二年下期,四川省生铁产量已有过剩之虞,资源委员会为调整与救济计,复于三十三年间将资和公司及陵江炼铁厂合并于资渝炼钢厂,改组为资渝钢铁厂。又将人和公司收买,改组为资蜀钢铁厂。至其他各省因工业需铁之故,亦经协助,先后就铁砂供应便利区域,建设炼铁厂,或系民营,或系政府投资办理,如江西之天河铁厂,广西之八步铁厂、中渡口铁厂,湖南之湘华铁厂、民生铁厂,广东之粤北铁厂,陕西之耀县铁厂,皆相继成立。又为发展西北铁业起见,在甘肃皋兰筹备甘肃炼铁厂。至就技术方面言之,因抗战期间外洋机件材料难于输入,各钢铁厂多系自行设计,就国内材料装配,而小型新式炼炉,则首在四川省成功。又炼钢炉座就四川产铁品质言之,除用电炉外,以用平炉为宜,但附属设备颇不简单,乃由专家几经研究,创作小型贝塞麦炉,其试炼亦收成效。自三十二年以来,各钢铁厂因工资原料成本加高,销路迟滞,颇难维持,经济部曾拟有定制钢品计划,侧重于制造轻便钢轨及桥梁钢品,以助建矿运道及公路桥梁之用,所需费用预算,经本院交与四行联合办事处接洽,以数目过巨,未及实施,但已由工矿调整处陆续订购一部分钢铁成品及机件,以救济钢铁产品之滞销,现战时生产局成立后,对于订购钢铁产品积极办理,并增加布价,钢铁事业已有生机。

兹将后方各省历年来钢铁产量列后:

	生铁(包括土铁在内)	指钢铁言
二十七年	41000 吨	900 吨
二十八年	41466 吨	1200 吨
二十九年	55182 吨	1500 吨
三十年	62836 吨	2011 吨

续表

	生铁（包括土铁在内）	指钢铁言
三十一年	77497 吨	3000 吨
三十二年	70000 吨	6800 吨
三十三年	40134 吨	13361 吨

二十七年度生铁产量概属土铁，三十三年度生铁产量内有灰口生铁二〇，六八三吨，而土铁则仅为一九，四四一吨。因土铁产量近二年来逐年减少，故三十三年度生铁之总产量较低。钢之产量则逐年递增，在三十三年度已达一万三千余吨，为数年来之最高额。

（六）发展机器电器工业

1. 机器工厂，在内迁厂矿中，为数最多，国营方面，资源委员会原拟设于湖南之国营机器厂，战后迁于昆明，为中央机器厂，三十年设宜宾机器厂，三十一年设兰州机器厂。民营方面，以重庆之新民、上海、顺昌、公益、恒顺、民生等厂，祁阳之新中工程公司等规模较大，后方总数共计不下八百余家。在数量上民营占优势，在规模上则以国营为优势，依三十二年调查，工具机之数量，国营各厂共约七六〇部，中央机器厂一厂，即已占三〇〇部之多，民营各厂共约三，四三二部。各厂工作，最初集中精力于迁建，并代兵工厂制造兵工器材，继则制造（1）动力机、（2）各项工作机、（3）作业机等。最后则以政府督导，逐渐趋于专业化，并设计制造新器材。三十一年以后，物价日贵，生产间接费用，波动甚大，新兴工业及交通事业，无显著发展，机器成品，销路呆滞，生产数量，渐见萎缩，自三十二年成立定制机器专案之后，民营各厂之工作，始渐趋安定，三十三年湘桂战起，生产数量因之减少。

2. 电工器材制造工业，经济部资源委员会于湖南设有中央电工器材厂、中央电瓷厂及中央无线电机制造厂，后因战事转进，分别迁建，中央电工器材厂设第一厂于昆明，制造各项铜铁导线，第二厂于桂林，制造真空管及电泡，复设支厂于重庆，第三厂于昆明，制造电话机，第四厂于桂林，制造变压器、发电机、电动机等。中央电瓷厂迁设沅陵，复移总厂于宜宾，于沅陵、衡阳各设分厂，专制绝缘瓷器。中央无线电机制造厂迁设桂林，于昆明、重庆各设分厂，专制无线电有关各项机件，后改名为中央无线电器材厂。至于民营方面，如重庆之华生中建、祁阳之华成等，制造电力所用器材，重庆之中华无线电社制造无线电用之手摇发电机等，大多均自战区迁入，总计后方国营、民营各厂，共约八十余单位。电工器材生产上最大困难，厥为各项重要原料之缺乏，若干产品，乃大受限制，然各大厂出品优良，均可与舶来品相颉颃，代用品如胶木粉、黄腊〔蜡〕布、黄腊〔蜡〕绸、云母片等，新出品如四十九股铜丝绳、萤〔荧〕光灯、变极感应电动机等，均已成功。三十三年湘桂战事发生，中央电工器材厂及中央无线电器材厂桂林部分，分别拆迁归并于昆明及重庆两地分厂，重庆方面颇受影响。

兹将七年来机器及电器工业重要产品历年产量列表统计于后以资比较：

品　名	二十七年	二十八年	二十九年	三十年	三十一年	三十二年	三十三年
蒸汽机	——	559	2949	4476	3491	2788	3608
内燃机	550	831	2910	3886	3933	2788	2754
发电机	229	163	2788	4144	4001	5552	5158
电动机	84	8703	12449	21890	10359	11451	6178
工具机	332	679	984	1220	1131	1729	1392
变压器	4575	3758	5850	10846	16136	12486	11200
电灯泡	70000	206700	699272	628294	877000	1430067	1668408

（七）发展化学工业

1. 液体燃料计分动力酒精、代汽油、煤炼汽油三项，分述于下：

动力酒精　我国酒精工厂，战前仅有九家，战后相继停顿，二十七年资源委员会迁移咸阳酒精厂一部分之设备，设资中酒精厂于四川，于二十八年出货，与内江之四川酒精厂，同以糖蜜为原料，此后民营之大成、国民、复兴、胜利，国营之遵义、开远、西北、北泉等厂相继设立，三十年间最称繁荣，原料供应，渐感不足，经由经济部分别就其成绩严格管理，截至三十四年三月底止，核准登记之工厂二九七家，三十三年总产量约一千二百万加仑，军事机关自办及向未登记各厂，尚未计入。所有工厂，大部分集中于四川，原料以糖蜜、乾酒、杂粮为多，近年以原料缺乏，成本加重，各厂产量，远在其生产能力之下。

代汽油　经济部于二十七年设植物油提炼轻油厂于重庆，二十八年夏季开工，同年与兵工署合作，改该厂为动力油料厂，几经研究，始告成功，国内对于从植物油提炼汽油，乃有成法可循，民营如新中国及新民等相继设立，从事提炼，太平洋战事起后，汽油输入及桐油输出同感困难，卅一年中央特拨专款交由前运输统制局筹设新厂，由经济部督促原有各厂增加产量，卅二年登记之工厂生产能力年约二百九十万加仑，但因技术及设备，尚多困难，普通产量仅为生产能力三分之一，卅三年以还，桐油供应不足，价格复日趋上涨，由院决定停办，并经经济部拟具分区分期停办代汽油厂之办法，借以节省原料，卅四年公私各厂，每月实产代汽油，合计二万加仑弱。

煤炼汽油　经济部于廿九年饬令资源委员会派员调查五通桥附近煤产，

筹设犍为焦油厂，以低温蒸溜〔馏〕方法，从烟煤中提炼动力油料，如汽油、柴油、灯油及焦炭、沥青、来苏水等，卅年正式出货，陆续扩充，现全年约可生产汽油六千加仑，煤油一千六百加仑，柴油八千加仑。

2. 酸碱及其他化工产品　后方原有化工工厂如制酸制碱等，多属小型，抗战开始规模较大之厂，相继内迁，如五通桥之永通化学公司，从事制碱，重庆之天原电化厂，制造盐酸、烧碱、漂白粉等，长寿之中国煤气公司制造电石，重庆之庆华化学染料厂制造染料，均具成绩，新成之工厂有资源委员会经营之(1)化工材料厂，利用云南芒硝，制造纯碱、烧碱，(2)江西硫酸厂用接触法制造硫酸，(3)裕滇磷肥厂，用滇省磷矿制造磷肥，(4)重庆耐火材料厂、工矿调整处之木材干溜〔馏〕厂干溜〔馏〕木材。民营重要化工工厂，则有长寿中国火柴原料厂，制造火柴用赤磷，光华、建华、竟成等厂制油漆、油墨，中国化工企业公司制造中化玄染料，华中化工制造厂制造栲胶，其水泥工业，后方原有之四川水泥公司，战后华记水泥公司迁建沅陵，改名华中水泥厂，四川复新设嘉华水泥厂，云南复新设昆明水泥厂，甘肃、贵州、广西等地亦各设有水泥厂。

兹将七年来化学工业重要产品历年产量增减情形列表比较于后：

品　　名	二十七年	二十八年	二十九年	三十年	三十一年	三十二年	三十三年
酒　精	305620	807775	4553024	5401437	7843324	7417981	7530874
纯　碱	944	1250	1091	632	1511	2356	3733
烧　碱	——	——	209	628	752	895	1371
硫　酸	170	124	428	625	666	622	766
盐　酸	99	72	151	130	180	368	416
漂　粉			147	521	660	609	797
水　泥	120460	278024	296940	149584	233487	209169	242951

（八）促进民生工业

1. 纺织工业可分棉、毛、麻、丝四项，棉、毛、麻，由经济部督饬工矿调整处协助督促，缫丝工业，由四川建设厅统加支配，雇有江浙熟练技工，传习技艺，兹就棉、毛、麻三项分述如下：

棉纺织　抗战开始，后方仅有纱锭二万五千枚，此后内迁纱锭二十二万余枚，连同新设各厂在内，计共五十五厂，已开纱锭二十五万二千余枚，未开五万八千余枚，已开布机一，八七八台，未开九八九台。以上新装纱锭，一部分系大型，一部分系印度格虚式小型纱机，棉纺织业所感困难，为原料供应不敷，重要器材如钢丝针布、钢丝圈及染料等，补充困难，及物价波动甚剧，活动资金，日趋庞大，每件棉纱所需工缴日多。

毛纺织　西北盛产羊毛,然机器毛纺织工业,则建立于战后。重庆附近之中国毛纺织厂、民治纺织厂,及乐山五通桥之川康毛织公司,三十二年已开毛纺锭二千四百锭,月产毛泥〔呢〕二千公尺,三十三年产量益增,此外光大、西京、西北等毛织厂,织造毛呢毛毯,均已出品,兰州之西北毛纺织厂,现在积极筹备装机,预计本年夏秋间可以出货。

麻纺织　抗战初期,工矿调整处协助湖北麻织厂内迁,在万县开工,织造麻袋、麻布,协助广东梅菉麻袋厂在信宜设厂,并另以一部分机器,由该处与广东省政府合作,迁至衡阳,设立衡阳麻袋厂,均拟于三十三年度完成开工,湘桂战后,均告停顿。此外有西南麻织厂、申新苎麻实验厂,均以棉麻交织织制布匹。

2. 其他民生日用品之较为重要者有制造面粉、肥皂、制革等,兹分述于下:

制纸　川省铜梁、大竹、夹江等处,本为手工纸之著名产地,机器造纸仅乐山之嘉乐、兴蜀等处,规模均小,战后上海龙章造纸厂迁建重庆,杭州中元纸厂迁建宜宾,汉口礚家矶纸厂拆迁成都,改组为建国纸厂,战前拟设之温溪造纸厂不及兴建,战后由经济部工矿调整处投资合设川嘉造纸公司于嘉定,后由经济部联合有关机关设立中国纸厂于宜宾,均具相当规模,截至现在止,后方各纸厂共二十三家,生产能力每日三十吨,实产每日十二吨左右,惟川嘉纸厂以机器内运困难,迄未开工出货。

面粉　四川、陕西、湖南等省,本有机制面粉工厂,战后内迁至陕西宝鸡者有福新、大新,至西安者有和合、同兴,至重庆者有庆新、正明等厂,庆新后改名福新,正明机器出租与福民公司。经济部以后方人口日多,原有粉厂,不敷供应,而较大机器不易自制,饬令工矿调整处督导各机器厂,制造小型面粉机器,分设各地后方各厂总计约日产二万五千包左右。

肥皂　内地制皂工业,设备大多简陋,战后由南通迁渝复工者有永新化学厂,新设者有利民、西南等厂,至卅一年仅重庆一地,已达七十余家,所需原料如烧碱、油脂等遂感供不应求,是年后方共产皂三十二万箱,三十二年增为卅五万三千箱,三十三年因物价增涨〔长〕、原料缺乏,规模较小设备简陋各厂,渐归淘汰,产量减少。

制革　后方盛产皮革,重庆、成都等处素为手工制革业之中心,新式机制皮革工厂为数甚少,抗战后内迁者以自汉口迁建重庆之汉中制革厂暨求新厂,规模较大,此外四川有华胜、光华、大成、成都、二明、庆鑫各厂,陕西有西北、长安、东寨,甘肃有丰记、建华等厂,所制产品,分轻革、重革两种,制革业所感困难,仍为技术问题,所用鞣料,虽用植物提制,然制造上等皮革所用铬矾,仍待国外输入。

兹将七年来各项重要民生用品生产情形列表比较如后:

品　名	二十七年	二十八年	二十九年	三十年	三十一年	三十二年	三十三年
棉　纱	15870	22584	44000	61500	114100	116681	115310
肥　皂	82000	98670	279900	410000	320000	353200	234221
机制纸	24600	26281	32979	63340	170000	143200	154760
火　柴	32109	32357	39547	40508	157200	22400	23394
皮　革	40000	43969	49045	56346	112522	132009	105386
面　粉	1513000	1926000	3239200	4510000	4880000	4130000	3334229

(九)工业试验

工业之研究试验,由经济部中央工业试验所办理,试验项目,有化学分析、机械设计、酿造、油脂、纤维、胶体、制糖、盐碱、木材、电气,及纯粹化学药品制造等项。自二十七年以后,一面继续研究试验,一面就研究成功之门类,指导推广,先后成立之推广工作站,有内江(制糖)、梁山(造纸)、合川(油脂)等站,并设各种实验工厂,借以示范,计有:1.机械制造工厂;2.制革鞣料工厂;3.窑业原料工厂;4.纯粹化学药品制造工厂;5.油脂实验厂;6.淀粉及酿造工厂各厂。又以西北亟待开发,于卅二年五月将该所原设于兰州之工作站,改组为该所西北分所,办理调查工业及指导技术改良等事项。又中央工业试验所为适应战时需要,对于制造代用品及副产品、废物利用及重要化学药品制造等项之研究试验特别侧重,现所进行关于代用品者有:1.以桐油裂化油脚制代橡皮及防雨布;2.以大豆、花生、芝麻等籽饼,提取电木原料;3.以青冈豌及树皮制橡胶代用品;4.以植物油制造各种润滑油等。关于副产品废物利用者有:1.收集木炭窑废气制醋酸、醋酸盐及丙酮;2.利用木材废料刨花木屑、蔗渣芦杆〔秆〕制造酒精;3.利用废牛羊皮制造全力片;4.利用动物废毛制黄血盐、动物角骨制脱色炭;5.利用玉蜀麦杆〔秆〕、棉花杆〔秆〕及甘蔗渣等制纸等。关于重要化学药品制造者有溴、碘、氯酸钾、漂粉、葡萄糖、铋、有机化合物等,以上各项现已均著成效。

三、开发矿产

(一)煤

经济部自二十七年起,因抗战关系,预计后方各省交通及重工业所需燃煤至为急要，督率提倡开发新矿，整理旧矿，在武汉军事旁午之际，平汉路北段煤矿相继沦陷，即赶将中福煤矿拆迁之机器用以开发湘潭煤矿，并促进萍乡、大冶、禹县及湘之涟水流域各矿增产煤斤，另以中福一部分机器转运入川，扩充天府煤矿，开发嘉阳煤矿，嗣复建设威远煤矿，整理石燕煤矿。川省旧有煤矿，如三才生、宝源、江合、东林等则协助其扩充设备，开辟运道，此外新成立之煤矿其重要者，则有华安、华银、全济、华昌、义大等公司。上述川省十余大煤矿，或由资源委员会投入资金，或由工矿调整处协助贷款，在二十七年度川省产煤不过一百四十余万吨，迨至二十九年度，即增至二百七十九万余吨。关于滇省煤矿，资源委员会最初即将明良煤矿改组，投入资本，成立明良公司，以供应昆明工厂及滇越、叙昆两路之用，复开办宣明煤矿，从事炼焦，嗣以滇缅铁路兴工，又曾一度筹办祥云煤矿，黔省产煤素称缺乏，由资源委员会投资改组筑东煤矿，成立贵州煤矿公司，开采筑东及林东煤田，三十三年度黔桂路需煤甚殷，乃设立黔西煤矿处，开采都匀煤矿，以资救济。湘省煤矿其具有规模者有湘南、醴陵、观音滩三矿，资源委员会为筹供湘西工厂用煤，最初即将拆迁之大冶源华煤矿机器，移建于辰溪煤矿，又为筹供湘桂铁路用煤，特设祁零煤矿局采炼以供路用。三十三年间长沙、衡阳，相继撤退，湘桂路行车用煤，深有赖于该矿之接济。资源委员会复在湖南开办永兴无烟煤矿，并投资于湘潭之湘江煤矿，改组公司，使其增产。桂省合山煤矿其煤质为半烟煤，经济部在三十三年间曾对该矿协助贷款，修建运道，增产煤斤。平桂矿务局兼采西湾煤矿，以供应电厂与锡业之用。赣省萍乡有高坑煤矿，在抗战前即由该部资源委员会设局开发，平汉路阻滞后，武汉用煤多由该矿供应，嗣以战事暨交通关系，未及多量产煤。赣南天河煤矿开采甚早，亦因战事关系原定第二步扩充计划未能实行，中间曾一度加以整顿，尚能维持固有产量。鄞乐煤矿乃浙赣铁路东段行车之唯一煤源，该部工矿调整处迭经贷款协助。此外广东之八字岭煤矿、西康之益门煤矿，均由该部资源委员会分别与省政府合作开采。至西北煤矿，自平汉路中断后，陇海铁路行车燃煤，亟须有可靠来源，乃由该路局与省政府合作，开发同官煤矿，并由该局开采河南英豪煤矿，西安屡感煤荒，宝鸡新建工厂尤需燃料，经济部迭经协助白水之新生公司、蒲域之新兴公司、陇县之雍兴公司，改进产运，近则又促成虢陇支线之修筑。甘肃煤矿，仅有阿干镇一带小矿，为兰州之唯一煤源，资源委员会在该省首即开采永登煤矿，近又成立甘肃煤矿局，经营阿干镇及永登两处煤矿，供给燃煤，以助兰州工业之发展。综计经济部自抗战以来，对于后方各省煤矿之开发，历经加紧促进，其属于自营者则由该部资源委员会办理，其协助民营者则由该部工矿调整处办理。而重要区域煤斤之分配管理,则由该部燃料管理办理。在三十二年以后各煤矿产煤因成本骤增,人力缺乏,产运两项感受困难,加之各工业趋于疲滞,煤矿业亦遂不景气,经济部经向四行联合办事总处接洽款项,分别贷给各矿,或使其完成必要设备,或使其获得周转资金,俾可解除其困难。又对于冶炼事业所需洗焦亦经设法增产。自战时生产局成立后,因订购大宗钢铁机器暨扩充电力设备,煤焦需要因而增加,其价格亦经为合理之调整,更能予各矿以充分协助。兹将后方各省历年来煤产总数量开列于后:

二十七年	4700000 吨
二十八年	5500000 吨
二十九年	5700000 吨
三十年	6000000 吨
三十一年	6313697 吨
三十二年	6617000 吨
三十三年	5502000 吨

三十三年度因豫、湘、桂等省先后发生战事,各该区域内煤矿相继沦陷,致全年总产量较三十二年度为低。

(二) 铁

钢铁为兵工制造所必需之原料,故对于铁矿开发,积极推进,俾与冶炼钢铁事业,互相配合。铁矿以国营为原则,如政府不自经营时,可出租于人民办理,又小铁矿区面积在二公顷以下者,可准人民领采,兹将历年来开发情形,分省叙述于后:

四川省　綦江铁矿,经设定国营矿区五处,交由钢铁厂迁建委员会开采,最高产量每日可达四百吨,涪陵彭水铁矿,亦经划定国营矿区五处,分别出租于中国兴业公司、渝鑫钢铁厂暨协和炼铁厂(后改组为资和公司,现并为资渝钢铁厂),其中以铁匠沟之矿量为最丰,威远连界场铁矿,亦经划有国营矿区,现由威远铁厂开采,嘉陵江流域之巴县蔡家乡、磁器口,江北县土沱,合川县双凤镇等,亦划有国营铁矿区,现由资渝钢铁厂,分别探采,江北县兴隆乡一带铁矿分布较广,由人和钢铁公司(现改组为资蜀钢铁厂)划领小矿区数处,分别开采。其他各小铁厂及土铁厂,亦皆自行在当地领有小铁矿区。或购买铁砂以供给炼铁原料,四川铁矿以菱铁矿分布区域最广,惟矿层甚薄,储量不丰,仅綦江、涪陵、彭水铁矿为赤铁矿,储量亦较丰富,惟彭涪区域运道不便,远输重庆,成本过高。

云南省　云南铁矿以易门、安宁两县为最佳,经济部划有国营矿区八处,交由资源委员会组织易门铁矿局从事开采,云南钢铁厂炼铁原料,即取资于此。

贵州省　贵州威宁、水域两县经地质调查,先后发现铁矿,其矿质甚优,即以水域一区而论,其储量已在一万万吨以上,附近且有炼焦烟煤,资源委员会现设有康黔钢铁事业筹备处,就该地探勘矿量,同时计划矿址,以备将来设厂冶炼之用。

西康省　西康宁属铁矿蕴藏甚丰,除已知之冕宁泸沽及会理毛姑坝两铁矿外,又在盐源之攀枝花、倒马坎、红果等处,发现丰富铁矿,资源委员会曾一度组织西康钢铁厂筹备处,嗣以交通困难,故将该筹备处并为康黔钢铁事业筹备处,俟战后再为相机办理。

(三) 石油

资源委员会及地质调查所对于石油探勘工作,在抗战开始前,即注意于四川、陕西、甘肃三区域,除陕西之延长永平油矿,经该会实施钻探,并少量出油,嗣以时局关系,在抗战期间,仍由地方政府维持旧井产油工程外,四川巴县石油沟油矿,甘肃玉门石油河油矿之探勘工作,从二十七年起即已加紧进行。二十八年上期,甘肃油矿筹备处,业在石油河地方,经钻探获得良好结果,并已采出少量原油,嗣即继续于石油河东西两岸进行探采,该处石油储量,就露头约略估计,为数甚丰,二十九年即凿有油井七口,平巷三处,业设有简单之炼油厂,出产汽油。三十年该处增开新井,扩充炼厂,彼时以国外材料输入困难,其炼炉悉在本国自行制造,另向美国订购钻机、抽油机、油管、套管及日炼原油七万加仑设备等。嗣将筹备处改组为甘肃油矿局,在三十一年间汽油产量已达一百八十余万加仑。三十二及三十三两年汽油产量均逐年加增。唯该矿在工作上所遭之困难甚多:1.为运输不便,致存油过多,不得不调节生产。2.为环境荒僻,日常给养不足。3.为器材缺乏。4.为原油易于胶结,采油时井口常发生自行渚〔堵〕塞之障碍。5.向美购到之裂炼炉,因缅甸战事影响不能输入。但该矿局为努力经营,已有各项成绩,如井口控制之成功,汽油品质之改善,储蓄原油池之改良及渣油之利用。以此虽在战期艰苦之中,已能年出汽油数百万加仑。现在该矿正计划筹备装设由玉门至兰州之输油管,俟建筑完成后,即在兰州建设炼油厂,以利供应。兹将该矿历年产油数量列后:

年　度	汽　油	煤　油	柴　油
二十八年	4160 加仑	——	——
二十九年	73013 加仑	——	——
三十年	209000 加仑	113040 加仑	——
三十一年	1895724 加仑	596936 加仑	53090 加仑
三十二年	3036594 加仑	558704 加仑	50789 加仑
三十三年	4045936 加仑	2160647 加仑	155374 加仑

新疆之乌苏油矿，自三十三年起亦由甘肃油矿局兼为开采，现月出汽油三万余加仑。关于四川方面油矿探勘工作，系由资源委员会四川油矿探勘队主持，巴县石油沟地方之钻探二十八年上期进行颇速，虽未发现油层，已获得大量之天然气，现由轮渡及短程汽车盛瓶试用，效率与汽油相埒，极可大量生产，惟仍应添置钢瓶。隆昌县圣灯山地方经测勘地质构造，有储油希望，遂着手钻探，发现丰富之天然气，其生产能力五倍于巴县，现正在研究计划设厂，即从该天然气压取汽油，江油地方前年发现油矿，经初步测勘结果，可能有开采价值，现亦预备实施钻探。

（四）铜、铅、锌、铝

铜、铅、锌三项为兵工制造之重要原料，我国产量无多，抗战以来由资源委员会分别积极探勘，并设厂制炼，其旧有铅锌矿厂并经经济部协助增产，兹分述如下：

铜　1.云南东川铜矿二十八年由资源委员会与滇省政府合组滇北矿务公司，接收整理，继续探采，设厂冶炼粗铜，并收买永北巧家易门一带所产土铜，加以提炼，近用物理方法测勘矿床，据证实东川区域纯铜储量可达一百七十万吨以上。最近每年约产粗铜二百余吨，正在筹备扩充选矿及冶炼设备。2.西康宁雅两属铜矿，原由川康铜业管理处从事探勘，试行采炼。该处并收购川康境内旧铜与土铜，该管理处现改组为川康铜铝锌矿务局。3.四川彭县铜矿原由彭县铜矿筹备处探勘，并于二十九年设有临时炼厂，冶炼粗铜。该矿含硫较多，须俟国外机器易于输入时，始能正式采炼。因于三十二年交由川康铜铅锌矿务局保管。4.关于提炼精铜（即电铜）部分经先后设有重庆及昆明两炼铜厂，皆系以电解法提炼精铜。重庆厂每日能炼精铜三吨，在綦江复设分厂，其能力与重庆厂相等。后将重庆厂及綦江分厂改组为电化冶炼厂，至昆明炼铜厂每日能炼精铜二吨半，重庆、昆明两厂原可产精铜二千余吨，只以粗铜原料来源有限，故皆减产。在三十三年度该两厂共产电铜八百三十三公吨，以供兵工及电工事业之用。

铅、锌　西康会理天宝山铅锌矿现由川康铜铅锌矿务局开采,以炼锌为主要业务,并开采益门之煤以炼焦,供炼锌之用。该局所产净锌纯度已达百分之九九.八以上,本年度拟扩充设备,将产量增为五百吨。滇北矿务局亦产净铅、净锌,昆明炼铜厂,亦产电锌,惟量俱有限。湖南省原有炼铅、炼锌两厂,采用水口山之矿砂,每年可产净铅二千余吨,产净锌四百余吨,嗣于二十七、八年间拆迁于常宁松柏镇,由工矿调整处协助其建厂复工,三十二年及三十三年间每年产净铅约一千吨,净锌约二百吨,颇能接济各项兵工及工业用途。

铝　我国抗战时在贵州、云南两省先后发现铝矿,并由昆明炼铜厂及矿冶研究所先后试验提炼纯铝,俱告成功。三十三年昆明炼铜厂能为小规模之提炼,计产纯铝三百公斤。

(五) 金

二十七年由资源委员会在西康、湖南、河南、四川、青海五省,分别设立局队,从事探采,二十八年经济部设采金局,统筹探采自营金矿,促进民营金矿,同时与四行收金机关,取得密切联系。嗣复订定增加金产办法,及加紧中央收金办法,免除金产税,并予人民以提早施工之便利。采金局复订定民营金矿业监督办法,招商包采金矿及招募人民采金办法,故在二十八、九两年间,国营民营各金矿产量已在五十万市两以上,采金局就金产丰富区域,分设采金处,在各省分设采探勘队,并与西康、湖南两省政府合作,设立西康、湖南两金矿局。同时对于有希望之民营金矿而须协助者,即投资加入合办,三十年后,因粮工物价增涨〔长〕,生产成本大为增加,但收金官价,每市两仍为六八〇元,不敷成本甚巨,故私人产金,陷于停顿。采金局工作,遂亦不易推进,三十二年夏间,政府宣布黄金得在全国内自由买卖,以维持民营金矿业,但成本与市价相较,究无利益,故采金事业,亦遂不能发达,且财政方针,注重由国外运入黄金,以吸收法币,而不愿多耗法币,以生产黄金,故于三十三年我裁销采金局,所有矿区,交资源委员会接管紧缩,俟国家需要黄金,再着手大量开采。本年度资源委员会将西康、湖南两金局暂改为保管处,其余各金矿机构,悉行结束。

(六) 矿产测勘及矿冶研究

后方各省之矿产资源经中央地质调查所、矿冶研究所,及资源委员会之矿产测勘处、油矿探勘处、采金局之测勘队,分别探勘发现之新矿甚多,其重要者,为云南安宁、昆明,及贵州修文、贵筑之铝矿,甘肃河西、青海及新疆之石油矿,云南昆明、昆阳之磷矿,西康宁属盐边之铁矿,贵州威宁水城之煤铁矿,云南永仁昭通县之煤矿,湖北西部之铁矿,贵州遵义之锰矿,巴县隆昌之天然气等,至后方各省矿产,经详细测勘研究,而确知其真实价值或连带发现新区者,有江西赣南之钨矿,湘黔川边区之汞矿,云南个旧、广西富贺钟之锡矿,西康会理之锌矿,云南东川之铜矿,陕西凤县、留坝、略阳之铁矿,宁夏中宁、中卫之铁矿,磴口之煤矿,甘肃永登、皋兰之煤矿,四川岷江、五通桥之盐矿,云南之钨矿,新疆之石油矿、钨矿等,而采金局各探勘队,对于各省金矿之分布情形与丰富地带,亦已有具体之调查资料。中央地质调查所对于各省之地质矿产,每年分区派员为有系统之调查研究,并与其他研究机关及各省地质调查所分工合作,三十二年为扩充西北调查工作起见,特设立西北分所及新疆省地质调查所,积极推动甘、新、宁、陕矿产之探勘研究。

为利用国产改良成法计,矿冶技术之研究,极关重要,特于二十七年设立矿冶研究所,其中心工作,为各种采矿研究、选矿试验、冶炼试验、利用矿产品之制造试验及矿冶技术之研究与指导等项。该所试验炼铁厂(即陵江炼铁厂)及试验洗焦厂之方法,均有成效,改良土法炼硫试验大增收回效率。锑品精炼之研究,早为锑业管理处所采用。坩埚钢及工具钢之试验,业在陵江炼铁厂实施。而最近对于提炼钝铝试验,提炼纯铜试验,从白云石制造镁砖试验,及各种合金试验,均告成功。该所自致力于研究工作外,兼从事矿产调查,其他如各矿产发生技术上之困难,则派员前往协助解决。资源委员会对于提净滇锡,精选赣钨,亦已获得优良之研究结果,并将其方法分别实施。

录自秦孝仪主编:《中华民国重要史料初编——对日抗战时期》第四编《战时建设》(三),中国国民党中央委员会党史委员会一九八八年版,第五八三至六〇七页。

有关战时工业生产部分
——对中国国民党第六次全国代表大会报告
（一九四四年至一九四五年）
行政院工作报告

为加强我国战时生产工作，于三十三年冬，设立战时生产局。本年一月将本院液体燃料管理委员会及隶属经济部之工矿调整处，及燃料管理处，均划归该局管辖，二月复决定将工矿调整处裁撤，原有事务归并该局办理。

一、促进生产

战时生产局最主要之任务为促进国内军用及民用必需物资之生产。促进之主要方法：1. 为预定出品，即预向各厂家定制军用及其他重要器材，并于事先优付定金，随时会商军政部及其他需要机关，予以订购。截至本年三月止，计订购工兵器材如大小手斧、镐、圆锹、甲雷壳、刺刀等共约一百十万件；制造必需之钢铁材料一千二百三十吨，非铁金属，如铜、铝、锌、轻钢轨、轻便矿车及其他尚有汽车配件、纺织品、化学品、木料等，总共订价二十三亿余元。2. 为购储与作战有关之物资，预备将来需要机关之用，以鼓励此项物品之生产。截至三月止，已付定金及价款共一亿六千四百余万元。3. 为租贷工业设备，该局为充分利用公有设备及来自美国之租借法案物资，促助生产起见，订有《工业设备租贷办法》七项。依此办法得以公有工业设备，租贷于各厂矿，与之订立规约，规定具体用途、生产目标及其他必要条件，以增加其生产能力。其租价则依照公有设备之价值规定新旧数额，加以公正利息计算之。4. 为筹垫资金，该局订有《垫助资金办法》，在必要之情形下，对于各厂矿予以资金之短期垫助。截至本年三月止，该局短期垫款，共达八亿一百余万元。5. 为协助技术，例如厘定制造规范，俾一切成品可集中检验及标准化，协助同性质之小工厂联合工作，鼓励各独立大厂专业化，期能提高品质，减低成本。该局并自美国聘请钢铁、炼焦、酒精、化工、纺织、电力、石油、机械、非铁金属等专家，分赴各厂矿实地指导其技术之改进。6. 为代筹需要，例如关于原料及器材之需要，国内不能自制者，提倡利用代替品，或由国外输入，或奖励研究试制，如硅、钢片、变压器油等。此外,如何减少生产事业之困难,如运输及技工等问题,均在该局注意办理中。去年冬湘桂战起,疏散来渝之工厂颇多,要求贷款复厂,经战时生产局规定办法,凡政府机关所属工厂,应径向其主管机关筹划办法;民营工厂则必须平日制造精良,具相当规模及信用卓著,复厂工作确能于六个月内完成出货,并确能接受该局定货者,方为合格。目前已受协助者有新中工程公司、华成电器厂等十数家,贷款一亿二千余万元。兹择与作战最有关系之若干主要物资,分别撮述如次。

(一) 钢铁

对生铁生产,注重增加采矿设备、充裕焦炭及铁矿之来源,采用蜂窠式炼焦炉,以改善焦质节用煤原料;改善运输方法,如利用轻便铁轨及水运,以期源源接济。至各厂所制生铁种类与数量,亦经按原料品质、炼炉大小统〔通〕盘计划,妥拟分配,以达到产销配合之目的。对钢之生产,着重增加或补充辗轧锻制及铸造之设备,以增加钢品种类,开展销路,尤注意适合于兵工之需要,如镀锌电话线、飞机炸弹、钢皮、钢板,电解铁皮等。预计本年,铁产量可达三万四千余吨,比去年增二倍强。

(二) 非铁金属

主要为钢〔铜〕、铅、锌三种,为增产起见,一面添置设备,增加生产能力;一面谋恢复旧原料之收购。本年度预计粗铜生产可达四百吨,铅二百吨,锌六百吨。

(三) 煤焦

除简化贷款手续,垫助资金外,并协助各矿充实或改良设备,如换装锅炉、添置蜂巢式炼焦炉等,一面改定煤价,使能依限价出售。公布奖励嘉陵江区春节前后增加产运煤斤办法,实行以来,颇具成效,本年一、二、三月份各矿产运量,均有增加,例如去年十一月嘉陵江区产煤五万吨,十二月产五万八千吨,本年二月,仅二十八天,且包括旧历新年在内,产煤竟达六万四千吨,运到渝市者煤斤及焦炭共七万零二百六十七吨。又本年三月份大小河各矿拨交煤斤共七二,〇五九吨,以视过去每月约五万吨,已见增加。

(四) 电力

生产工作,日见发展,对于电力供给,更感有改进之必要,所在重庆、昆明、成都等地,尤为迫切。战时生产局对所采两种步骤,一即利用后方已有之设备,加增电力供应,如督促各自有发电设备之工厂如中央造币厂、第五十兵工厂、大渡口炼钢厂等将余电供给市用,并计划将各电厂联络,约计尚有数千瓩之余电,可资利用;二为向国外输入新发电机,将国内机关前向美国订制之一千瓩发电机九套,分别安置于重庆、昆明、成都三处,以增加发电能力。查三十三年平均每月发电度数计一三,六四三,〇六九度,至三十四年二月全月发电为一五,六八〇,八六五度,计增百分之十五。

(五) 液体燃料

本年内将有大批新卡车运入,故对于液体燃料之需要,自将激增,得来华美国专家之协助及美军部之竭诚合作,供给空油桶五万只,以为存储油精之用。该局本年度增产计划为三千万加仑,为鼓励增产已规定订购增产酒精办法,凡各厂在三月份订定数量之外所增产者,可由该局预订二个月,并付定金每加仑一千八百元,俾可订购原料,积极生产,至三十四年一、二、三三个月,共产酒精约五百万加仑,较上年度同期增产百分之六十以上。

(六) 兵工器材

战时生产局对于此项增产工作,计分二项:1. 为充实军事工厂之设备,并与美专家检讨协助改进工作效率;2. 为扶助民营工厂制造军品,并先从容易制造之兵工器材入手,由兵工署发给图样及规格,俾民营工厂有所遵循,并符合军事用途之最低要求,已订制者有大小圆锹、大小十字镐、大小手斧、地雷壳、钢丝剪、刺刀等,截至本年三月止,已付出定金及货款共十六亿二千六百余万元。

(七) 其他

为军粮之供应携带方便起见,对于各种小型粮食加工机(如砻谷、辗〔碾〕米、磨粉)及蔬菜去水工业之设备,甚为迫切。此项工作,战时生产局已设计完成,现小型粮食加工机之工作能力及产量,正在试验中。蔬菜去水,据中央工业试验报告,新鲜蔬菜去水后可减至其原重量十分之一,该局现已设计有五吨至十吨容量之去水设备各一套,并决定第一套设于军政部粮秣厂内,已在进行筹备中。关于纺织工业,该局鉴于后方棉花之缺乏,提倡并设计棉麻交织,以节省棉花之用途。第一批已由该局与申新纱厂及花纱布管制局订约定制二十磅棉麻交织布三千六百码,计值国币一千五百九十七万余元。关于增加国内汽车之配件供应,战时生产局已与交通部汽车配件总库订立合同,由该局代向各厂定制汽车配件,交该库分配,垫款数目,以不超过三万万元为度。关于化学工业,战时生产局曾与中国制酸厂商讨其设备之改进与复产问题,并已决定由该厂出资增加设备,而由该局美籍专家艾伦协助工作。又近来各方对于水泥需要增加,战时生产局已允贷款三千万元与嘉华水泥厂,以为扩充设备增加生产之用。

二、国外物资

为增进战时工矿业之生产能力起见,对于国内不能自制或缺少之国外器材,自需竭力设法运入供应。关于此项工作,又可分为以现款或贷款向国外购料,及租借法案物资两部分,兹分述如下:

(一)对国外器材之购办,已畀战时生产局以审定之权。该局于采办处设国外物资组,主办以现款及英美信贷款购器材之各项重要业务。无论任何机关,不得径向印度购运货物,凡有必需〔须〕请购者,必须先送战时生产局审核,即由该局依照印度政府原定办法,汇向印度办理购运手续,否则不予结购外汇,并不予分配运输吨位,中即运输机构,无该局通知,不予承运。至以前规定我政府机关以现款在印度购运货物,由中央信托局为购料代理人及申请出口证之办法,并予取消。目前该局除筹订必备之存料外,其他各公私机关以现款及英美信贷款,请购国外器材案件,亦经由该局审核及协助询购。截至本年三月底止,该局代各机关询购各案共计三三,〇七四吨,审查各机关申请器材各案共计四,三八六吨。

(二)美国租借法案物资之申请方式,普通每年分一次或分两期拟具清单,送请美主管机关核定。亦有急需物资,随时提出者,美方同意后拨发款项指定厂家承造,并由战时船运管理局拨给吨位,装运缅印,再行内运。战时生产局成立后,各机关向美国洽订租借法案物资,除制成军械由军事机关核定外,其余归该局核定,汇向美方提出申请,军事委员会国际物资组职〔织〕权,交正式移归该局接办。又以前空运抵昆物资系滇缅公路局代办接收。本年三月起,亦由战时生产局接办集中接收,再行分配各核准需要机关。该局为集中审核各机关所需美国租借法案物资(制成军械及运输卡车除外)汇向美国接洽申请起见,依照该局组织法第八条,组织需要及生产优先委员会,委员以政府主要需要机关代表充任,主席由该局局长指定,掌理审查需要及生产计划以及国外器材之进口方案等事,故租借法案物资清单之审查,亦为此委员会重要工作之一。审查之原则,一为求与实际需要相符,二为国内可以自造之器材,按照可以自制之数量减少其向租借法案请求之数。三为求运输力量之配合。本年度(三十四年十月至三十五年六月)物资清单,经十数次小组会之检讨,并约集美国对外经济事务局代表及美驻华军事代表参加,业已完竣,共计十万零五吨,并于本年一月二十九日送交华盛顿中国物资供应委员会提出申请矣。截至本年一月止,美方租借物资已启运者共三五一,〇三五,三五吨,共值美金四四二,七七八,一〇八,五一元,其中在途者二〇,六五三,二四吨,已抵印度者三一四,八〇七,七七吨,损失者一五,五七四,三四吨,以器材分,属于航空类二五,六八〇,六六吨,兵工类一九七,三七七,七七吨,工矿类一,四六七,三六吨,医药类五,四一三,〇五吨,交通类一一三,六四〇,七一吨,其他类七,四五五,八〇吨。

近以盟军节节胜利,战局益趋好转,观乎美军在太平洋上之进展,我国海港之重开,不久即可实现。战时生产局爰正详密筹划俟海港输入租借法案物资计划,向美方提出申请,以备于盟军在中国登陆,海港开放时,即可有大批物资源源输入,借以加强我对日寇反攻之力量。

三、生产资金

促进战时生产,应有财务上之适当筹划。战时生产局成立之始,即与交通、中国、邮汇、中信四行局商妥透支一百亿元,于上年十二月中旬签订合约,专为战时生产局订货、垫款、储购器材及转垫各厂扩充设备之用;至生产事业经常所需之周转金,则仍由各行另行贷借,一面由该局派定代表参加四联放款小组会,以资联系。为妥筹财务起见,该局复有战时生产财务委员会之组织,约请财政部及有关国家银行代表参加,业已数经召集会议,通过案件,较为重要者如确定战时生产局财务方针及规定垫助基金办法等,均已付诸实施。按照上项办法,该局垫助资金之种类,分为短期垫款及长期资金两项,凡政府机关及国营机构为实行设〔该〕局核定生产程序需要追加预算或增资而未能及时领到款项时,得向该局申请垫款;公私合营或民营事业经该局认为必要,亦得资助款项,使其完成生产程序。兹将截至三十四年三月底止战时生产局资助战时生产之款项情形列表如左:

(一) 代付购料定金及贷款

1	军用器材	1626496860 元
2	纯锌纯铅粗铜及锡	47630800 元
3	汽车配件	50624990 元
4	钢轨及矿车	10177052 元
5	柏士麦生铁	15200000 元

续表

6	棉麻帆布	12776832元
7	电料	1865040元

以上共计一,七六四,七七一,九七四元。

(二)储备器材定金及价款

1	镀锌铁线	13920000元
2	电话机	67720000元
3	铜炼炉	44000000元
4	钝麻纤维节絮套	9600000元
5	纯碱	28800000元

以上共计一六四,〇四〇,〇〇〇元。

(三)短期垫款

1	资源委员会酒精业务委员会	14000000元
2	煤焦管理处	228156000元
3	资渝钢铁厂	120000000元
4	复厂垫款	122000000元
5	增加煤产垫款	299476000元

以上共计八〇一,六三二,〇〇〇元。

总计二,七三〇,四四三,九七四元。

录自秦孝仪主编:《中华民国重要史料初编——对日抗战时期》第四编《战时建设》(三),中国国民党中央委员会党史委员会一九八八年版,第六二三至六三〇页。

中国工业化及其前途(一九四四年三月)

许德珩

一、导论

随着战局的展开,胜利的前途之愈益接近,大家想到战后的中国问题,于是"工业化"这一课题,又为人们之所注意而成为讨论的焦点。年来报章杂志,关于此类问题,宏论特多,我不是工业专家,只是对于这一问题,认为在今日的中国是极端重要,为重视这一问题起见,我不揣简陋,就平日注意所及,略述我的一些意见。虽然我的一些意见,有的或许很早就被专家们讨论过。

甲、中国工业化的重要性

从问题的重要性来说,国父在"民生主义"及"实业计划"中,已经讲得很多,指示得很明白。他告诉我们说,中国若不能迎头赶上欧美近代工业国家,只有亡国。蒋委员长对于这类的指示特多。在距今约十年前(民国廿四年),对云南民众有一篇《复兴民族必需工业化》的讲演,其中于此问题也指示得特别透辟。他说:

"……大家要晓得,现在一个国家要在世界上独立生存,能与各国并驾齐驱,获得独立、自由、平等的地位,第一重要的条件,就是工业发达。所以我们中国人向人家讲平等、争自由,第一件重要的事情,就是要使我们中国由农业国家进为工业国家;如果这一点不能做到,无论怎么样和人家讲平等、争自由,都无益处。因为农业国家做一天的工作,工业国家不到一小时就可做到;农业国家多量的原料,只能换到工业国家少数的制造品。由于此种的生产力与生产的价值之悬殊,农业国家在经济上,总是居于被剥削的地位。外国人常说我们是农业国家,表面上虽然没有什么轻侮的意思,而实际的含义,就是我们农业国家应当将所有的生产品和劳动力都供给他们工业国。更明白地讲,他们工业国,就是我们农业国的主人,我们农业国不能不做他们工业国的附庸。我们明白了这层道理,就可以知道,我们要救中国,要求中国的自由平等,必须赶紧使我们的国家由农业国进为工业国……"

他在《中国之命运》上,于此问题也一再地提出。在指示"国民今后努力之

方向及建国工作之重点"一节上,说:

"……抗战五年以来,中国的国民经济,已趋向于国防与民生的合一。不平等条约的撤废,更能使中国以独立自由的地位,迈进于经济独立'自力更生'的大道。而中国之'自力更生',尤以'工业化'为当务之急……"

这于中国之应当赶紧的工业化,讲得是如何的明白,扼要而沉重。现在争取国家自由平等的民族抗战已经进到第八年头,由于同盟国家对我的平等新约之缔结,更由于开罗会议之成就,国家在政治上独立、自由、平等的地位,算是已经获得;可是确保这种独立、自由、平等之基本的条件,是在于经济;如同蒋委员长之所指示的,是在于把农业国家变成为工业国家;即我们现在所要来讲的"中国工业化"问题。若是"中国工业化"这一问题不能得到很快的解决,那么,不惟现时在政治上所谓已经获得了的独立、自由、平等的地位,一切落空,并且也会由此而深植未来世界的祸乱根源。因为这个占有全世界十四分之一的土地,占有全世界四分之一的人口之中华民族,若果它在这次战后,不能很快的进到工业国家的地位,以确保它的独立、自由、平等,那么,以它那样丰富的资源、肥沃的土地、众多的人口,是不是又会引起环它左右的野心家们一种"非非〔分〕之想",而发生未来世界无穷的祸乱?这虽然是人们一种过分的顾虑,然而"工业日本,农业中国",却做了过去日本帝国主义者侵略中国的欺骗口号,而为人们之所熟知,不能不为之警惕的。反之,若中国能够及时地工业化,则不惟有助于中国,并且也有助于世界。美国克罗斯教授去年八月在哥伦比亚大学讲"远东问题",也谈到中国战后工业化。他说:

"……战后中国,将成为世界大工业区之一。美国与中国之贸易,可解决美国在战胜以后之若干严重的财政问题。中国在工业化过程中,其所缺乏用以建立工厂之基本机器,均须仰赖于进口,此市场已足以恢复我国战后之经济稳定状态矣。美国对于中国工业化,实无须恐惧,盖中国实无充分之资源及剩余之耕地,以威胁其他依靠世界贸易之国家……"(三十二年八月十三日,《中央日报》)

克罗斯教授这种说法,虽是美国学者对于中国工业化的看法,然而他指出"中国工业化,实无须恐惧"这点,可说是一语破的。中国这样产业落后的国家,它的工业化,只有帮助世界各国的,哪里还有使世界各国害怕的?

乙、如何现在还要来谈中国工业化问题呢?

从上面所讲的一些话看来,中国工业化这一问题的重要,已经是不必再讲了。因为它不惟关系于中华民族本身的生存,而且关系于今后整个的世界之安宁和幸福。可是这一问题在中国近百年史中,说远一点,从鸦片战争时起,说近一点,从英法联军,甚至于近到日本的明治维新(清同治六年,一八六七)时起,就从多方面逼迫我们,使我们要认识,非赶紧来解决它是不足以言自存的。而就事实来说,中国从同治元年(一八六二)起,在李鸿章、左宗棠、沈葆桢等所主张的"变法自强"口号之下所建立的一些军事、交通、纺织工业①,到甲午庚子以后,外人强迫建设铁路交通工业,以至于第一次世界大战蓬勃发展的许多轻工业。中国工业建设,从其时代来讲,已经有了七八十年的历史;从其类别来说,它由机器工业到纺织工业,也已经有相当的数量,然而为什么到现在还要来谈中国工业化这一问题呢?

就中国工业发展的历史来说,过去这七八十年的工业建设史,可以说是一部帝国主义侵略中国的历史。中国近代的工业建设,如同大家之所熟知的,是在帝国主义的势力已经进来了以后,不平等条约已经订结了以后,关税自主权已经丧失了以后,外人在中国已经占有了租界,获得了内河航行权,开设了统制中国的经济、剥削中国人民的银行,并且获得了值百抽五的税则以后,才进一步退两步而开始的。当然,在外力侵入以后,要想很顺利的去发展中国民族产业,是很难的。若果我们把过去这七八十年中,中国工业建设的史迹分作阶段来说,那么我们可以说,在它发展的初期(一八六二至一八九四),外力的阻碍虽然很大,而为害还不甚深。这一时期,中国工业之不能很顺利的发展,与其说是由于外力的阻碍,毋宁说是由于内力的阻碍。由于内部的顽固思想与官僚主义之阻碍,由于中学为体,西学为用的态度之阻碍,更由于"变法自强"者只知道外人的枪炮厉害,不知其他等等的阻碍,所以在初期,由官办的一些工业如军事、交通、矿冶等等,虽然也有一些数量,然而却是充满了啼笑背〔皆〕非的事实(例如铁路。光绪二年,由英商怡和公司修筑由上海到吴淞七英里长一条铁路,算是在中国领土上有铁路之始。通车不久,就倍〔备〕受各方面的反对,而政府中的顽固派反对尤力,恰巧遇着轧死一个士兵,中国政府于是利用这个机会,就以重价把铁路收回拆毁,把铁轨器材,运往台湾,沉于海底等类的事),这于中国工业化问题,当然还是离题太远。等到甲午战败以后,官办的工业整个的破产,庚子事变继续产生,由于外力压迫之加强,外人在华势力范围

---

① 如在军事方面的上海制炮局(一八六二),江南制造总局(一八六五),天津机器制造总局(一八六五),四川机器厂。交通轮船方面的马尾船政局(一八六五),轮船招商总局(一八七二)。矿冶方面的开平煤矿局(一八七七),大冶铁矿局(一八九〇),汉阳钢铁厂(一八九〇)。纺织方面的甘肃织呢局(一八七八),上海织布局(一八九〇),湖北纱布局(一八九〇)。

之划分,内地的驻军权、采矿权、工厂开设权之取得,各国对华经济侵略手段之加甚;他们由以前的商品输入,一变而为资本输入,中国经济的发展,从此便是直接〔截〕了当地走向半殖民地的时期。在此时期,一切工业,都是依着帝国主义国家的需要与其统治者的愿望而建设,并且也是仰帝国主义者的鼻息而建设。民族工业在此时期,不惟被打压得不能抬头,民族资本被阻塞到商业循环之旧路,它与买办资本合流,成为阻碍工业发展之巨敌。并且由于外力的压迫,更注定了中国永远成为一个原料供给的农业国家之命运。他〔它〕只能替工业国家生产原料,消纳过剩的商品与资本,不能有他。中国经济于是也就确定在商业资本与官僚买办资本结合的统制圈内,动弹不得,因此也不能过渡到工业上来。民元以后,尤其是在第一次世界大战当时,乘着外力压迫一时的松懈,国内的工业曾经有一个空前的发展,可是外人在中国政治上、经济上的支配力量,根本没有扫除,所以只等到欧战一停,中国工业这样一时的繁荣好景,马上就随之消逝无存。国民政府建都南京以后,对外虽曾有关税自主,治外法权收回等类的举动,对内同时也有改革币制,开扩交通,裁撤厘金,奠定工业建设基础种种举动,只因为外人在经济上的势力没有根本扫除,工业建设仍然谈不到结果。

总之,由于中国近代工业是在外力侵入以后才发展的,并且直接或间接是由于外力之鼓励而发展的,所以过去的中国工业建设,亦只是替外人消纳过剩的资本,依着他们的政治目的、经济愿望,甚至于依着他们的军事计划而发展的,这当然谈不到合于我们自己的国防与民生意义的工业建设。其间虽然也有为着民族生存而兴起的一些企业,可是由于资本的贫弱,技术管理的幼稚,在竞争压迫之下,很难发展。所以近代工业在中国虽然有了七八十年的历史,而民族工业的基础,即合于我们国防与民生意义的工业基础,还是一点没有。"中国工业化",还成为我们今日急需重新讨论的课题。

丙、过去中国工业建设特点

中国过去的工业建设,既然是受了外力的侵略与刺激而发展的,同时又是在不平等条约束缚之下而发展的,所以过去中国工业建设,有其特著之点,概述于下:

(一)一切近代的工业,都是依照他人的意愿,或是依附他人而兴起的,所以中国近代工业建设,都是堆集在外力所容易支配的沿江沿海各大都市,而少有到内地广大的区域里来。据经济部长翁文灏氏的计算,战前登记于实业部的三千九百三十五家近代企业,分布于上海、天津、广州、青岛、福州、山东,以及浙江、江苏沿海诸大埠的,要占二千九百九十八家,其他分布于各地的,只有九百三十七家,而这分布于沿江海诸大埠的二千九百九十八家工厂之中,上海一处也就占了一千二百三十五家;其资本数量要占全部资金一半左右。①

（二）从中国工业构成的比例来说,战前所建设的一些工业,是充分表示其脆弱性;它是轻工业大于重工业的。如以战前在实业部所登记的三千九百三十五家企业来说,其中军械、机器、冶炼、电器、水电五项重工业合计,不过五百七十单位,占总数百分之十五弱,而纺织、食用、化学这三项轻工业,便有二千四百六十一厂,占总数百分之六十以上。而且号称重工业之母的机器工业,虽有三百四十家之多,而全部资本不过三百六十七万余元,平均起来,每厂差不多只有万元左右,这是如何的贫弱。

（三）在企业发展的成分上,又是充分的表示中国工业之隶属性,它是外商控制华商,成为喧宾夺主的形势。如就战前年产二千余万吨的煤来说,日资开采的抚顺,占七百九十万吨,英资开采的开滦,占五百四十万吨,再加上日英投资开采的煤矿计算起来,则煤业上外资要占百分之六十五。以每年所产四十余万吨的生铁来说,与日资有关的铁厂占百分之九十五以上。而输入日本的铁,要占全产量百分之九十五以上。煤铁是工业的基本原料,其对于外资的依附性如此。再就轻工业来说,轻工业中如纺织业,算是中国民族工业较为发达的一项,然在民国二十四年全国四百九十五万余纱锭中,单是日资的,就有一百九十四万余锭,要占全国纱锭数量百分之四十。同年,全国四万八千多架织布机中,日资的就占了二万一千余架,英资四千架左右,合计要占全数百分之五十三。至于工厂设备之简陋,经营管制之不合理,生产能力的微弱,工人待遇的菲薄,在在都不能与产业先进国家比拟。

从上面这样短简的一个观察中,我们当然可以看出过去这八十年在中国所建立起来的一些工业,其情形是怎样了。况且随着战事发生以后,这些建立在沿江沿海各大都市的工业,除了极少数的内迁以外,都先后沦入敌手。经济部当局关于这些沦陷敌手的中国工业,有下面一段沉痛的叙述：

"……当战争方起时,有些企业家正在希望短期间内恢复和平,于是将他们的工矿交通等宝贵物品,或寄托于上海租界,以图幸存;或奉献于敌伪组织,以图苟活;或转徙于香港、海防、仰光,以寻找其避难之所,而终究全部落于敌人之手,转资敌用。"②

这也可以看出战前中国大部分工业者之隶属性,毫无独立担负国防与民生这两重重任的能力,同时,也就可以明白,近代工业在中国虽然有七八十年

---

① 翁文灏：《中国工商经济之回顾与前瞻》,载《新工商》第一卷第一期。
② 《迈进于工业建设之途》,见《中央日报》三十二年七月十日。

的历史,而中国工业化问题一直到现在还要重新提出的意义了!

二、战时中国工业之变动

上面所列举的许多事实,当然要使我们看了兴一些不快之感,然而事实是过去了,由于抗战军兴,外力的压迫解除,并且由于海口之被封锁,情形更是两样。本来这次对日作战的目的,是在一翻近百年史的新页。而这种为近百年史一翻新页的意义,在政治、外交、社会各方面虽多,而我们尤其希望在经济上能有更多的成就。

就事实来说,随着战局之展开,中国经济也就发生了新时代的变动。这变动,也可以从两方面来观察,即从进步的方面与尚须改正的方面来观察。

甲、进步的方面

第一,从产业的分布上,它矫正了过去堆集在沿江沿海各大埠的弊病。战起以后,国力西迁,在抗战同时建国的政策之下,内迁工厂六百余单位,它配合新生的企业约计三千七百到四千单位的厂矿,分布于西南、西北之广大的地区。据经济部统计处所发表的三十一年度后方各省工业发展及分布情形,现依其厂数、资本、动力设备、工人数量略表如下:

省　别	工厂百分数	资本百分数	动力使用百分数	工人百分数
四　川	44.01	58.280	43.22	44.770
湖　南	13.34	3.919	10.51	13.060
陕　西	10.24	5.431	9.63	9.740
广　西	7.77	7.879	7.92	6.630
甘　肃	3.69	3.192	1.14	3.260
贵　州	2.98	2.386	1.13	1.890
云　南	2.82	10.804	10.32	7.490
江　西	2.71	1.720	3.23	3.770
福　建	2.34	0.577	8.34	2.560
河　南	2.34	0.151	0.57	1.020
安　徽	2.20	0.058	0.04	0.330
广　东	1.85	0.475	0.95	1.080
浙　江	1.83	4.710	2.46	2.750
湖　北	0.45	1.106	0.08	0.490
宁　夏	0.40	0.049	0.11	0.571
山　西	0.40	0.014	——	0.220
西　康	0.32	0.170	0.30	0.160
绥　远	0.20	0.007	——	0.100

省　别	工厂百分数	资本百分数	动力使用百分数	工人百分数
江　苏	0.08	0.003	——	0.080
青　海	0.03	0.051	0.05	0.003
总　计	100.00	100.00	100.00	100.00

由上表，我们从厂的分配数量、资本、动力、人工各方面都可以看出后方各省像川、康、滇、黔、陕、甘、宁、青等处，战前很少，甚至于绝无新式企业设置的地方，五年以来，亦皆能随着国家的需要，烟囱高耸，担负起战时生产之伟大任务，尤其是渝、蓉、昆、桂、衡、筑等地，由于供给、需要，与交通运输等类便利，已变成后方近代工业之新生地盘，指示未来中国经济建设之可能的方向。虽然在厂的地区分配上，生产的能力与功用上，仍未能做到合理的地方〔步〕。

第二，从产业的性质上，矫正了过去的偏向于轻工业而不能往重工业方面发展之半殖民地性的弊病。战前中国工业，因受外力的阻碍，其发展最为畸形。如据廿六年在实业部所登记的三千九百三十五家厂矿来说，五项重工业不过占总数量百分之十五弱，而三项轻工业所占的数量，要在百分之六十强。并且号称重工业之母的机器工业，虽然有三百四十家之多，而平均资本，每家不过万元，这在前面已经讲过，不必赘述。战起以后，一方面由于政府对内迁厂矿之鼓励与督导，奠定了后方产业发展之重工业的基础。如就六百多单位的内迁工厂来说，其中机械工业占迁入工厂总数百分之四〇.四〇；电器工业占百分之六.四七；矿业占百分之一.八七；钢铁工业占百分之〇.二四；化学工业占百分之一二.五〇；纺织工业占百分之二一.六五；教育文具工业占百分之八.二六；饮食工业占百分之四.九一；其他工业占百分之三.七九。①

由这些数字中，我们可以看出后方工业重心之趋向于重工业，已由内迁厂矿开其始基。另一方面，由政府在经济建设上之领导，国营企业中如由资源委员会所主办之百余单位的厂矿，中央工业试验所、航空委员会、兵工署等机关所主持之厂矿，其于国防有关之重工业，在后方各地亦已建立一个新的地基。现就经济部统计处所编三十一年度后方工业建设之概况，依其厂数、资本、动力设备、工人数目，作百分比，表列于次：

工业种类	厂　数	资　本	工人数量	动力设备
水电工业	3.30	7.39	1.90	35.59
冶炼工业	4.10	15.59	7.20	6.71

---

① 表见吴文建《中国工矿业之内迁运动》一文中，《新经济》第七卷第九期。

续表

工业种类	厂数	资本	工人数量	动力设备
金属品工业	4.30	1.22	3.43	1.43
机器制造工业	18.10	17.42	13.06	11.17
电器制造工业	2.60	4.80	2.98	5.95
木材及建筑工业	1.30	0.29	0.76	0.40
土石品工业	3.20	3.32	4.41	3.34
化学工业	22.00	28.83	14.95	17.26
饮食品工业	9.60	4.30	4.74	6.74
纺织工业	21.00	14.98	38.59	10.74
服饰品工业	3.90	0.57	3.83	0.11
文化工业	6.00	1.10	3.03	0.46
杂项工业	0.60	0.19	1.12	0.10
总计	100.00	100.00	100.00	100.00

从上列表中，我们可以看出，属于重工业方面的，按数量计，要占工厂总数百分之三十七左右；按资本计，要占百分之五十；按工人计，要占百分之三十三；而按使用动力计，则要占百分之六十四以上。由此我们更可以明白，由于抗战以来，后方新兴产业之建设，已经矫正了过去偏于轻工业方面发展而不能从事于重工业的弊病，并且有倾向于国防工业建设这条路去的意义。

第三，从资本的性质来说，在产业上，是国家资本占着极大的比重。这也是一个极显著的变动。本来近代工业在中国的开始是官办的，可是甲午战后，官办工业因战争失败而停顿，甚至于崩溃下来。此后，由于《马关条约》之束缚，除了铁路交通，以及少数的工矿事业，仍在外力支配之下，从事于所谓国营者外，其他都是在自由经济之下，受帝国主义之阻碍与竞争而新起的一些私有私营企业，其成就我们在前面已经约略讲过。此时的国营事业，我们可以说是渺小不足道的。一直到抗战前后，由于事实的需要，经中央和各省当局，战区经济委员会，与各单位的国家银行之努力，公营事业（包括国营与省营）才蓬勃地发展起来。到现在，它在产业资本上，已有一变辅导地位，而成为主导的地位的。据经济部统计处的统计，截至三十一年度止，公营事业资本，要占资本总额百分之六十九强，这还是一年以前的情况。现在这一年来，由于民营事业的不景气，与公营事业在政府督导下，仍有相当的发展，其数量当仍不止于此。我们若再从资本、动力设备、人工多寡，把公营企业与民营企业作一比较，则晓得公营企业之资本，平均每单位二百万元，而民营企业之资本，则每单位尚不及二十万元；公营企业每单位有百匹马力，而民营企业则每单位为三十匹马力;公营企业每单位可得二百余人,而民营企业则只五十余人。至就公营、民营企业之种类论,如冶炼、水电、机械、电器、化学五种国防工业,公营占绝对的优势,纺织、土石品工业,公营、民营几乎相等;至民营占优势的,只有木材建筑业、服饰品、饮食工业、文化、杂项等类的轻工业,为证印此种说明起见,参阅下表。①

企业类别	公营企业百分比	民营企业百分比
水电工业	89	11
冶炼工业	90	10
金属品工业	3	97
机器制造工业	73	27
电器制造工业	89	11
木材及建筑工业	4	96
化学工业	75	25
饮食品工业	23	77
纺织工业	49	51
土石品工业	49	51
服饰品工业	8	92
文化工业	16	84
杂项工业	6	94

由上表,我们更可以明白,现在国家资本不唯在工业上占着重要的地位,并且它所占的重要地位,还是在几种国防工业的重工业上面,这是一个重大的变化。中国经济建设的基本理论之施行,在这里已经有了一个初步的实现,是值得我们注意的。

第四,从生产技术方面来说,也有一个划时代的进步。这进步,虽然还是不能令人满足的。由于战事的展开,对外交通运输之困难,在过去非依赖外国不可的东西,现在除了特殊的原料自己没有的以外,有的已经达到能够自造的地步。据行政院发言人说:"由于后方工业之进步,其结果表现在机器制造上特多。如引擎轮机、变压器、唧筒、压棉机、轧钢机、造纸机等等,现在均有出产,而此类机器,以前均由外国输入,今则已能自造……"②

这是一个多么叫人兴奋的报导!虽然所制造的器械,在技巧上或者还须进一步的努力。此外如石油方面以及其他种种的生产,都有许多破天荒的事

---

① 经济部统计处编:《后方工业概况统计》,三十一年度。
② 《中央日报》,三十二年十二月二日。

迹出现,我们不能一一细举。

第五,从工业合作方面来说,战起以后,由于工业合作运动之发展,工合组织之渐趋扩大,工合的力量现在已进到后方南北各地。从二十七年秋季起,到二十八年四月止,工合的单位已达二百六十六个,社员三千五百余人,到了三十年发展到一千七百多个单位,遍布于南北十八省地区,社员达三万多人。工合发展,不惟鼓励了中小手工业在战时尽力于日用必需品之生产,有利于大后方物类之补给,并且今后若能更求精进,不为官僚主义或其他因素的渗透而发生质的变化,那么,它于手工业生产之进一步走向小型机械生产,与由私人资本的私人企业联合起来,走向合作共营的途径,其成绩当更可观。这也是抗战以来新生的一种力量,生产界一个重大的变化,值得我们注意的。

这是在中国经济演变过程中,可以使我们兴奋的各点。然而另一方面,足以叫我们担心,并且认为极度危险的,也复不少。现在为一窥战时中国经济发展之全豹起见,无妨再举要点略约加以述说。

乙、尚待改正的方面

第一,在战前,中国的新式企业,是堆集在沿江沿海的各大埠,尤其是堆集在上海、天津、青岛这几个极少数的都市中,形成中国新式企业之偏在性,这在前面已经讲过。可是战时内迁与后方发展的一些新式企业,其分布之偏在性也仍然和以前一样。据经济部的统计,截至三十一年度止,后方新产生的近代工业,经登记与调查所得之三千七百五十八单位中,存在四川一省的,就有一千六百五十四单位,占总数百分之四十四强,而在四川这一千六百五十四单位中,存在重庆这一个区域的,又要占绝大多数的比例。其他如贵阳、衡阳、昆明、桂林、西安等处,也有同样的堆集现象。这种畸形的堆集现象,表示着目前产业界仍是在一个无组织无计划的纷乱状况中进行。很明白的,一个地方若是无组织的、无计划地存在着过多的企业,从社会的需要上说,是人力物力的浪费,从生产本身的利益来说,材料的供应,产品的运销,技术人才和劳动力的供应等等,也都因不能容许而发生困难。并且这许多不合理而存在的近代企业,战事结束以后,需要与供给恢复常态,是不是又要来一次迁移,或是随着战事结束以后,就听其自然崩溃呢?这是目前中国工业界一个严重问题,为大家所常忧虑而急求解决的。

第二,由于物价之不断的高涨,工业资本的利润,远不及商业资本的利润之高,而工业资本的周转期,也远不及商业资本的周转期之速,遂使游资群趋于商业,囤积和重利盘剥之途,而工业资金则极端的贫乏;甚至造成工业资本也转化为商业资本,发生后方工业生产之整个的停顿现象。太平洋战起以后,游资在外面活动的范围缩小,后方几个大的都市,就成了他们兴风作浪之区,它配合起内在的商业资本,更助长了囤积操纵之风,人工原料更趋狂涨,工业资金缺乏,增加工业上进一步的困难。因为物价高涨得厉害,厂家为保障其再生产之继续进行,于是也从事于原料之囤积。因为囤积原料所得,较之制成品的出售所得尤多,又能免除生产上许多意外麻烦,有的厂家或竟以大量的流动资金,投之于原料购囤上面,工业生产的资金,因此益形枯竭,久之,厂家或宁愿缩减生产而从事于原料之囤购。工业资本这样隶属于商业资本,使后方工业生产,愈到后面愈无法进行。据最近报章记载,后方各地厂矿,因人工、原料之上涨,资金周转困难而倒闭者甚多。以重庆一区而论,在去年年底,十八家钢铁工厂之中,已停炉的有十四家,其他还有三家只是局部开工的。机器业公会所属的三百六十五家机器厂中,歇业的已达五十五家,停工的有十三家,未具报的还不知多少。至于矿业,不惟私家经营的因粮价、工资、运费之上涨,资金周转之困难,停顿甚多,就是国营与省营的,如个旧的锡矿、赣南的钨矿,虽然是战时对外贸易主要的物产之一,然而也因上述的原因,生产已经趋于停顿。

第三,由于财政政策,还未能很好地配合生产政策,以致贫弱的产业界受到更多的阻碍,不能发展。就税收来说,征税不仅仅在于增加国家的收入,而还要能够鼓励正当的生产,这是很浅近的道理。可是如就上次所颁布的《过分利得税》来说,它对于战时商业利润所得与对于工业利润所得,是采取同一的税率而征取的。由于这个税率的关系,工业界就受到"虚盈实税"的影响,而发生再生产进行的困难,以至于工业资金更趋于削弱的地步。这问题,后方产业界谈得很多,在此不必详述。再就生产与使用这方面来说。我们一方面大谈其工业建设,要计划如何的发展基本工业,同时,作为工业基本的原料如钢铁,去年年产仅××吨,只够美国一千二百分之一的产量(美国一九四三年钢铁生产到了一万万吨左右,要合中国一千二百倍),还在那里大闹其生产过剩,呼喊救济。少数产量的钢铁发生生产过剩现象而可以大量使用钢铁的建筑工程如铁路轮船之修筑,又因预算紧缩不能进行。财政政策没有很好的同经济的生产政策配合起来,以致增加工业上更多的困难。

第四,在产业上,关于国营、民营事业的范围以及对于国营、民营事业的态度,原则上,政府虽有规定,可是实际上仍然没有确切的办法,以致发生许多不配合的现象,有的地方不唯没有本着政府发展民营事业,扶助民营事业之本旨,共同携手前进,而并因事业发展的关系几有与民争利之嫌,这于后方生产前途,是一个极为不利的现象。于此问题,后面有机会,再专论及,此处不谈。

其他如机械之腐旧,管理之粗疏,工业资本之微弱,与我们的法币对外购买力,大于它对内购买力等等的事(抗战以来,外汇法价,截至现时止,仍只涨六倍。黑市近日虽然涨到了二十倍到三十倍,而国内物价则起码涨两百倍,有的在五百倍以上,法币对外购买力与对内购买力成一与十或一与廿五之比)。有了这些原因,战事一旦结束,国际的与国内的封锁解除,物价即将可能的狂跌,这一点微弱的民族产业,即不为其自身器械之腐旧,资金之贫弱与管理之不合理而被淘汰,又何能经得起价廉物美的外货之倾销,而不至于崩溃呢?尤其是以我们后方工业资本之微弱与商业资本之过分的庞大,据经济部统计处的报告,三十一年止,后方民营、公营合计三千一百五十八单位的厂矿,其资本总额不过十九万万三千九百余万元,而商业资本的数目,据漆淇生氏的记载,昆明一地,拥有四万万元以上的豪商,达十四人之多,一万万元以上的达一百四十余人,一千万元以上的,竟有数百家之众。① 昆明一地如此,其他各地可知。这样看来,后方的工业资本,在商业资本面前,简直是微弱得可怕,如何使这样庞大的商业资本,在未来工业化的前途中,隶属于工业资本?退一步说,如何使这样微弱的工业资本,在未来工业化的前途中,稍稍尽其职责而不至于崩溃呢?这却是一个很严重的问题。

三、中国工业化进程中几个实际问题

上面于中国经济之发展以及战时中国经济演变之概况,有了一个近似的陈述,晓得中国之必须赶紧的工业化才足以自存。然而以现时的情形来说,迎头赶上欧美工业先进国家,而达成工业化之真实任务,仍是一个极为艰巨而且极为复杂的问题。且就下面几个实际问题,再加申述。

甲、我们应当注意的,就是要把握我们今后所处的时间与空间,灵活的体验国父的"实业计划"以完成中国经济建设大业。因为中国的建设是三民主义的。中国经济建设之最高的而且最根本的原则是民生主义,而实业计划,则是中国经济建设之实际的指针。去年十一中全会,蒋委员长指示战后经济建设之概要,说:"我们谈到战后经济,决不能只看到战时经济,只注意如何维持现状,渡过难关,此时就要准备战后经济的建设,实行总理民生主义与实业计划,以促成中国工业化,提高人民的生活水准。"根据蒋委员长这个指示,更制定了战后工业建设纲领,其第一条规定"工业建设应依照三民主义之原则,根据实业计划,而为有计划的设施,由政府统筹之",这是确定中国经济建设之主要的

---

① 漆淇生:《旧工商之危机与新工商之使命》,《新工商》第一卷第一期,第六十二页。

纲领。不过在未来的中国经济建设之中,对于国父的实业计划,却要我们很科学的去领略,把握时间与空间的关系,来作整个的、灵活的决定。《中国之命运》上也说:"总之,建国规模、计划,及树立规模、执行计划的志节与本能,要能从中国五千年的历史教训与一千几百万方公里的地理环境,参之以世界形势的进化,而体会研求……"我们根据这种指示,更应当如何灵活的体验和运用。因此,我们提出下列的几点意见:

（一）因为实业计划,是在上次大战结束以后（民国八年,一九一九【年】）发表的,当时我们还是帝国主义支配之下一个半殖民地的国家。实业计划一方面固然是从整个的中国之物质条件、地理环境、人口分布等等而作极科学的设计,而同时还多少顾虑着帝国主义在中国的势力,极力想方法避脱帝国主义支配的势力,而作民族独立的经济建设之设计。现在平等新约已成,我们只要努力争取胜利,一经把日寇的势力扫除尽净,那中国独立、自由、平等的地位就完全取得,与国父实业计划所起草的时候完全不同,因此我们在交通、经济等类的实施上就应当很灵活的把握现实,以实行国父的实业计划。这是一点。

（二）也如上面所说的,实业计划是上次欧战刚刚一结束之后所发表的。当时世界交通与军事器械之发展,还是停止于海陆的阶段,没有大量的应用空中的力量。当时空中的器械如飞机、飞船的效用,只限于军事侦察,没有发展到战斗与运输阶段。由于这次的战争,空中的力量之进步,已经是日新月异,他〔它〕已超越海陆两种力量而过之,以其载重能力之强、飞行速率之大、生产的数量之多,未来的进步当不可以限量,这是上次欧战结束后所没有的。技术的进步改变地理关系,同时也改变经济地理。轮船、火车时代,沿江、沿海的都市重要,空中力量进步了,人类经济的地理条件,是不是也要随之变化,这也是我们实行国父实业计划所应当灵活体验确切把握的。

（三）当然,国防与民生,是我们经济建设的目的。然而战后我们国防的方向如何？我们今后国防建设的重点如何？这也是要把握战后的国际形势与战败后的日本情势而确定的。这一问题不确定,所谓国防工业即无从做起,即做也是不切实的。这也是我们实行实业计划所应当灵活把握的第三点。

乙、我们应当注意的,就是达成中国工业化的手段问题。这里先就工业化的方式与国际关系这两点来说。在世界产业革命史上,完成一个国家的工业化,曾经有过各种不同的方式,而这方式,又是依着各个国家当时的政治经济与国际的情势之不同而异其趣的。第一种如英如法,它们是经过长期的海外贸易,与内部的资本蓄积渐渐起来的。它们是吸取殖民地的经济富源与其自身商业资本之汇集,渐渐的完成其工业化的。美国对于海外贸易,虽然不像英、法，因为美国他自己在当初也是殖民地，然而美国的工业化之由于内部商业资本之汇集则略同。第二种方式如德国，它是在普法战争中打败了法国，强迫法国对它付出五十万万弗郎的赔款，并且夺取了法国煤铁资源的亚尔萨斯罗林两县的宝藏而完成其工业化的。敌国日本，走上工业化的道路也略同于德国，它是由于甲午一役，打败了满清①的中国，强迫它付出二万万两银子的赔款，再加上三千万两银子的赎辽经费，夺取了台湾、朝鲜、澎湖诸岛的宝藏，以及以后数十年对我不断的劫掠而完成其工业化的。帝俄是从对外借款的方法来实行其工业化，这算是第三种方式，虽然它的工业化没有结果，也不失为一种方式。至于苏联，它是在实现社会主义的计划经济，完全以自力更生的方式来完成它的工业化的。当然，今日的中国，处在廿【世】纪的国际情势之下，英、法那种方式是不可能的，我们今日是要迎头赶上，没有长久时期的资本汇集之可能的，这是尽人周知的事。德、日那种海盗式的打劫自肥方式，今日正自食其果，也不是我们工业化的道路，并且以三民主义为其立国的最高信念之中国民族人民及其政府，也不会采取这种方式。中国今日的国际关系，与其所处的地位，当然不是革命以后的苏联，从它今日政治经济等等的情况来说，不可能也用不着关起门来实行它的工业化。国父的实业计划，是欢迎国际合作的。在遗教中关于欢迎国际资本共同开发中国富源的文告，不只〔止〕一次。蒋委员长在去年十一中全会关于战后经济建设之进行，曾作如下之指示："经济建设，一面自力更生，一面与国际合作，实现国父之实业计划，提高人民生活水准。"这样看来，作为我们经济建设进行之道路的，是自力更生与国际合作并行。这是已经确定了的政策。关于自力更生与国际合作所引起在资本方面的问题，我们留到后面再说。这里先就国际合作以发展中国经济所能引起的关于今后我们应当决定的经济政策问题，即时下所讨论的，在国际自由贸易政策之下，中国经济建设如何能够走上独立自由的道路问题，且就这一问题而一探其究竟。

由于现时的国际关系，我们所谓之国际合作，当然是指着同盟国对我的合作。从这合作的方式来说，可能的有两种，其一是工业先进国家，由于战争的教训，认识了过去由一个国家个别的单独的对外自由发展，形成独占市场，争夺殖民地，以至于演出无穷的残酷的战争，而一变以前的做法，由联合国家共同的意志，组织国际合作的总机构，在共同利益之下，帮助产业落后的国家开发其资源，使之进入于工业化。近时国际上发表这类主张的人很多，类似这样

---

① 满清：应称清政府。后面同种情形不再作注说明。

的组织也很不少,如国际救济善后会议、国际合作会议、国际经济会议、国际货币会议、国际粮食会议,以及其他等等的国际组织,都有趋于以共同的意志与力量来解决战后世界问题并帮助各国解决其最关切要的重大问题的趋势。然而其成就将会如何？我们现在虽然还不敢作某种决定的看法,然而权利的分配,政治上、经济上以及国与国间的关系不同,是不是能够都会影响这种合作精神,而减少其力量？也还是不敢过于乐观而作决定的判断。此外当然还是以个别的方式来谈经济的合作。谈到这一问题,现在的同盟国家中最有资格的莫过于英、美、苏联。苏联过去对我国的贷款很多,技术上的帮助也不少,战后与我站在共建世界和平,稳定国际经济的立场,对于我们的经济建设,当然是有资格来帮助的一个国家。只是它从这次对德作战以来,欧俄大部分的领土,被德蹂躏,工业区域,破坏尤深,而且战争时间太久,资源的消耗亦多,战事结束之短时间内,是不是因忙于自身的力量之恢复,在战后中国经济建设初期,不会有很大的帮忙？英国在这次战争中,破坏的程度虽不比苏联那样的大,然而以其担负东西两战场这样长时期的主力作战,国力的消耗也就够大,战后的最初时期,恐亦需相当时日的休养生息,从事自建,帮助我们的力量,恐亦不能过多。至于美国,它在第一次世界大战以后,即操世界经济的牛耳,国力最富,资源最多,工业发展亦到最高阶段。这次欧战起后,尤其是从太平洋战起以后,它不惟成了联合国家的银行,而并且成了世界反侵略战争的仓库、兵工厂、火药库。以它那种无量数的资源,与其最高度发展的科学工业,加上我们长期间的诚挚友情,当然是最有希望对我作经济上的合作的。并且以它过剩的工具物资,帮助我们实施工业化,达到共同担负未来的世界和平重任,是希望最大的。

  从上面所假定的两种合作方式来说,不论如何,美国总是占举足轻重的地位的,英国的希望较小。说到这个地方,就接近了我们所要来谈的经济政策问题。大家都晓得,工业先进国家的英、美,它们传统的经济政策,也就是它们最有利的经济政策,是自由贸易。当然,由于第一次世界大战以后,世界各国,在经济不景气的巨流中,纷纷忙于自救,一时风靡于经济的国家主义,自由贸易的母国如英、美,曾经也不得不一时放弃他们传统的自由贸易政策,跟着各国彼疆此界起来,走上保护政策的道路。然而也就是因此举动,催生了这次世界大战之爆发。第一次罗邱会谈所发表的《大西洋宪章》中,就记起这一教训,其中特别标榜世界资源之共同开发,与海洋贸易自由两点。这类主张,见之于此后每一宣言,尤其是以在前次世界经济会议中,美总统罗斯福更声言战后的自由贸易,须力求价格公平,废除关税保护政策等等为最明白。中国在战时是接受了美国租借法案之援助的国家。中美租借法案第七条规定"取消国际贸易一切歧视的待遇,减低关税及其他关于贸易上的障碍……"等等。不平等条约取消以后,我们与英、美所订立的新约,其中准许外人在内地杂居,土地购买的自由,并允许外人在华开办工厂,取消以前外人在华从事企业的一些限制。去年八月间,我行政院又通过孔副院长祥熙所提议的"利用外资并保障其合法利益"一案,十一中全会也有相同的提案与决定。去年八月间,我外长宋子文在伦敦广播讲演,曾阐明我国战后欢迎外国资本与外国技术合作之经济政策,这些,都是在说明我们战后对外的经济政策是与英、美自由经济不相背驰的。这可以说是我们目前在经济上对外的倾向。不过中国是个产业落后的国家,在国际合作的条件之下来发展民族产业,就必然有两个极矛盾的顾虑。第一,因为在这个产业落后的国家中,对外的经济政策,似乎是需要保护政策,否则先进国家,以他那种强大的经济力量,合理企业管理,高度发展的科学智能与技术经验,再加上平等新约中所规定的盟邦在我们内地有开设工厂等等的权利,我们这样极幼稚的民族产业,在这种情形之下,如何能够站立得起来,这是一个极浅近的顾虑。泛观世界史上后进的工业国家完成他的产业革命,多半是采取保护的道路的。可是中国又是需要并且已经决定在外力合作的条件之下而实行其经济建设的。若是采取强烈的保护政策,那么,不唯与现时的态度不合,并且还要刺激到关系国家的感情,引起对我有不良的结果。而且由此次开罗会议罗斯福总统的谈话中,盟邦元首之诚挚的态度与远大的眼光,今后国际关系的形势,当然可使我们更为乐观。他说:"余得有机会与蒋委员长当面讨论复杂的远东问题,尚属首次。吾人不仅解决具体的军事计划,并曾商讨若干影响远大之原则,吾人相信此原则必能保远东未来之数代和平。"美总统这样明智而友好的精神,又兼是与我元首的谈话,我们当然只有诚意的接受,不宜有他。不过一个国家内部的经济问题,有其自己的环境与由于这环境所产生的需要,一切都是由此而作决定的。因此,对于这个问题之解决,有人主张采取调和的办法。所谓调和的办法是:关系国家与我们都以"需要"及"合作"的精神,相互调剂其有无为原则。如中国需要机器、生产工具、科学用品,同盟国家对于这类的东西是可以供给我们的。我们对于这类的东西,就采取自由输入政策,如同我们对于同盟国家所需要的物品如钨矿、桐油、茶叶、猪鬃等类的物品之输出一样。至于能打击我们工业发展的东西如棉纱、棉布、化妆品、奢侈品、农产物,以及其他不需要的制成品,则采取保护政策,依照美国对南美互惠国家之互惠商约的办法一样。

当然,这样的办法,若是能够做到,是再好也没有的。不过以我们看来,这还免不了是种想像。因为在这次史无先例的大规模战争中,工业先进国家,都把许多民用事业的工厂改为军事工业的生产。战事结束以后,各国因为负担太大,国内人民的购买力也会普遍的降低。为恢复他们的国力计,首先就要把这些军事工业生产的工厂,改变为民用工业的工厂,加工制造。如是生产品不得不发生供过于求的现象。而且这次战争的时间特长,参战的国家又较上次欧战为多,破坏与疲惫的程度当远较上次大战为甚。无论任何国家,战事停止以后几年,人民的购买力总是很低。这些工业先进国家,为复兴他们自己的国力计,为救济他们自己的工业生产品的销路计,是不是愿意制止他们的某种商品不倾销到我们这样工业落后的国家来?若不幸而只要救全他们自己的工业生产品的出路,那么,我们这点粗具雏形而又极度脆弱的工业,岂不又要像上次欧战的结果一样?而中国工业化的前途,岂不是很黯淡吗?这也是一种合于事实的顾虑。

这些当然是可以顾虑的问题。不过我们战后的经济建设,一方面固然是国际合作,而同时还要自力更生。谈到国际合作,如过去那样只顾一方面的利益而不顾他方面的利益,甚至于专以牺牲其他方面的利益为条件的事,在与我们并肩作战,而且与我订立了平等新约的盟邦,恐怕是不会再有的。不过在国际自由经济的原则之下,为确保我们的工业化能够健全地发展起见,我同意有些人的主张,在将来的通商条约中,至少规定下列的两点:第一,通常进出口贸易,必须保持平衡,由外国以借贷方式给予我们者除外;第二,通商国双方,于通常贸易,都不得以互不需要的商品倾销,并规定进出口货物的种类与数字。

上面是关于整个的政策问题与对外关系问题中,提出这点意见。现在且就关于工业内在的问题中,再提出下列各点。

(一) 中国工业化与农业配合问题

中国是个大陆性的农业国家,从社会与经济两方面来说,数千年以来,都是以农业为其主体,我们的工业,虽然是在使这数千年以农业为其主体的国家,变成以工业为其主体以适应于二十世纪之国际生存舞台,可是大陆性的农业国家如我国,其工业建设之基础,仍然是在于农业与林业的发展。中国的工业化,不唯不是看轻农业,相反他还是要把我们数千年原始生产的农业,从耕具、肥料、播种、收获,以至于防灾、去虫、造林、灌溉等等都重新做起,要做到完全能够应用科学,来减少荒旷,增加生产,以达成自力更生的建设的任务。

中国过去工业的发展,因为受外力的影响,不唯与农业脱节,而并且由于工业的发展还处处足以打击农业。我们今后的建设既然是以国防与民生这两个任务为其主要的任务,那么,中国今后的工业建设,就是要与农业生产紧密的配合起来。我们且就下列各点,一申其义。

从工业生产方面来说,不惟轻工业的大批原料如棉花、生丝、大豆、小麦、大麻、毛、皮等类是属于农产或农业副产,就是交通工业中,如船舱、桥梁、枕木之需,也都是在于林业。在我们今后工业化的途程中,当然不能再演出像过去那样从外面买进枕木来修路,让自己的森林败坏;从外面买进棉花来纺织,让自己的棉田抛荒的惨剧。就从消费来说,要想工业发展,当然以有广大的市场来推销其生产品为主要前题〔提〕。中国工业发展初期,其产品当然很少有资格与工业先进国家在国外争夺市场,故其唯一的销路,就是国内市场。中国人口,现在百分之八十以上还是农民,因此,若是不求改良农业,提高农民生活水准,增加其所得,那吗,国内市场上百分之八十以上的人民缺乏购买力,则所谓工业化又将从何说起？再就工业化的资本来说,我们的口号是自力更生与国际合作。当然自力更生是离不了这百分之八十的农民之收入增加,虽然以现时农民收入的情形来说,百分之八十以上的农民终日勤劳之所得,当然是千万分之一也赶不到囤积商人、银行家、地主。然而从经济民主化讲起来,这个力量是不可忽视的。就是说到国际合作吧,在我们现阶段的出口贸易中,农产品也是占最大数量的。例如在一九三六年之出口物品中农产品的价值,约为国币五万万余元（约合美金一万五千余万元）,占是年出口货物总额百分之七十五。若能稍加改良,当仍不止此数。我们战时用作对外贸易的主要产品,除矿产外,其余如茶叶、猪鬃、桐油等等都是农产品,或农业副产品,这样看来,农产品之增多,不惟能够增加外汇,充实合作的资本,并且直接的可作工业化的资金。

这样看来,工业化不惟不是看轻农业,相反,它是要在发展农业同时使农业也适应于工业化。因此我们希望：

（1）农业机械化。由国营机器工厂,大量的制造农业器具,以人力控制机械,以机械增加生产,俾能以机器动力代替人工,对于此种过剩的农业人口,则以之从事工业建设。

（2）农工生产的配合。工业生产的原料,大部分为农产品,在前面已经讲到。而农村实为工业用品,尤其是轻工业用品之最大的销场。今后农业区域之生产,应注意工业原料之需要与国际贸易之关系,做到科学的生产,这与工业生产之必需注意到农产品的原料一样。此外于农业技术之改良与出口贸易的物产之如何的提高品质,这关于农业科学化问题,在此不讲。

(二) 国营、民营问题

上面于国营事业与民营事业，也曾部分的谈及，现在再求国营事业与民营事业现时发展的情况中来一申其义。

前面说过，中国近代工业的发展，是开始于官办（即国营）事业。等到甲午战败以后，已有的官办事业崩溃，或者由于外力的压迫，自身资金的困难，与主其事者腐败贪污之结果，不能发展。有心人思起振奋，我们的工业遂由国营而过渡到民营。民初，这些民营工业遇着欧战的机会，曾经一度蓬勃发展，然而欧战一停，这种曾经发展的工业大部分趋于没落。国父在当时认为必须迎头赶上欧美工业先进国家，同时又须避免资本主义发展的弊病，故指示国家以大资本经营重工业（重工业国营），任私人以小资本经营轻工业的道路。实业计划中说："吾国既具有天然之富源，无量之人工，极大之市场，倘能趁此时机利用欧美之机器与人才，则数十年之后，吾国实业之发达，必驾临欧美矣。惟所防者为私人之垄断，渐变成资本之专制，致生社会之阶级，与贫富不均耳。行之之道唯何？即凡天然之富源如煤、铁、水力、石油等以及社会之恩惠如城市之土地，肥腴之农田与夫一切垄断性质之事业，悉归国家经营，以所获利益，归国家公用……"更在建国大纲中规定国营、民营事业的界限，有："凡事业之有独占性，及为人民力量所不能举办者由国家经营，属于国家资本范围。亦即属于国营范围。……此外经济领域中之广大范围，凡非含有独占性及为人民力量所能举办者，则让人民自行举办经营，政府尽保护之责，力避与人民争利，使人民得发挥其企业精神……"战起以后，国营、民营事业均起极度之变化，政府为鼓励其发展，以利抗战建国之进行起见，于廿七年国民党临全大会宣言中，根据总理遗教，再作进一步宣示，确定其办法。其中说："抗战期间，关于经济之建设，政府必当根据民生主义之信条，施行计划经济。凡事业之宜于国营者，由国家筹集资本，从事兴办，务使之趋于生产的合理化，且必须节制经费，树立楷模。其宜于私人企业者，由私人出资举办，在国家整个的计划之下，受政府的指导及奖励，以为有利的发展。私人企业既因国家的银行与重工业及交通工业之发展而促成其生长，则与节制资本之目的当无违背，而私人企业心亦得满足。不惟直接关系国防的经济事业得以活泼进行，即关于社会普通繁荣的经济事业，亦因以发展，使最大多数人民生活水准得以继长增高。以上三者若能合政府与人民之力，勉力实行，抗战力量，由之充实，民生主义之基础由此奠定，有必然者……"

这是对于国营、民营事业所给予的界限与意义之一些说明。不过由于战时经济社会不断地变化,我们的国营与民营事业,在实际的进行上,又未能尽合于这种意义,而作适当的配合。就民营企业说,目前就有因资金缺乏,税率高昂,原料人工之上涨,以及商业利润之过分的优厚等等刺激,相率走到停滞的道路,而国营与省营事业,则仍比较的趋于发展。据经济部的调查,后方各省民营工业与公营工业的生产数量,三十一年度的百分比,除炼油工业有显著的增加,与工作机制造业、报话机工业、火柴工业有极微弱的增加以外,其余都较三十一年度减少。如钢铁工业三十年度为百分之八十五,三十一年度减到百分之六十六;作业机工业三十年度为百分之九十三,三十一年度减到百分之八十三;动力机工业三十年度为百分之八十三,三十一年度减到百分之七十三;发电机工业三十年度为百分之七十一,三十一年度减到百分之三十二。这些还可以说是重工业的部门,应归于国营事业部分,其减少不足为异。可是属于民营部门的轻工业,其生产数量也是极度的减少。如酒精工业三十年度为百分之七十三,三十一年度减至百分之六十三;造纸工业三十年度为百分之九十五,三十一年度减至百分之八十三。其他如纺纱工业、织布工业、面粉、水泥、皮革、酸碱等类轻工业,其生产在百分比上都有表示锐减的趋向,至少也绝无增加的事。并且自从三十二年春夏以后我们在日报上时常可以看到民营工厂出顶的广告,关于工厂倒闭的事,时有所闻,这些事我们在前面已经讲过。至于新开办的民营工厂,则日益罕见。至于说到国营事业,站在整个的工业化立场来说,固然还是微弱得不像样子,可是若从与日益式微的民营工业比较起来,则仍是在那里发展。仅就经济部资源委员会所办的各工业来说,不唯其单位是年有增加,就是它的资本总额,也几乎超过民营资本二倍以上。此外如军政部兵工署所属各厂、航空委员会所属各厂、交通部所属各厂,其规模与资本多半是民营工业所不能比拟的。至于省营事业,在最近这两年中也有很快的发展。如贵州企业公司、滇西企业公司、广西企业公司、湖北企业公司、江西兴业公司、皖南实业公司、福建企业公司、陕西企业公司、湖南实业公司、甘肃水利林木公司等等,差不多省省都有。并且他们的组织,都有企业组合的性质,在一个母公司之下,又领导有许多的子公司。

国营和省营事业,对于民营事业之比较是这样优势的发展,这一方面说明我们的经济当局,是在努力于三民主义的工业建设之实施,努力于国家资本的工业之建设,向着"工业二次革命,一次完成"之主旨前进,是最令人兴奋也没有的事情。可是国营和省营事业对于民营事业这种优势的发展,却并不等于后方工业之一般的发展。据调查,如以二十七年后方新创企业数量的指数为一〇〇,则三十年为五九五,到了三十一年上期则降而为四六〇,现在当仍未有此数。这表示战时国营、省营工业的发展,并没有表现为整个的后方工业之发展,而民营工业之递减,则表示为整个的后方工业的颓减,这又是叫我们不能安心的事情。

关于国营(公营)与民营(私营)问题,现时大概有两种不同的看法。站在公营方面的人,认为公营事业可收节制资本之效,而私营则否;公营使国家能够容易控制主要的生产事业,推行计划经济,私营则不能尽然如此;公营能够遵照国防原则以行,私营事业则因进行的程序、地区、所经营的事业之种类与性质,都不能尽如所期,而且散漫、零乱;公营的资本多半是集中的,私营则零散……站在私营事业方面的人,认为公营事业受法规之束缚,误时,浪费,其效率不及私营之大,而且有组织衙门化、管理政治化、敷衍、不负责的弊病,事业每办不好;私营事业则很少这样的弊病,事业容易办好。民营事业中有不少的爱国志士、科学专家、企业长才,需要他们在发展他们自己的事业心之中,求产业之进步;在迎头赶上争取时间的工业建设的现时,少不了要鼓励民营,以期从速发展。

其他类似这样的理论很多。当然,公营事业是实现民生主义经济建设之主要的手段。中国工业化,在"二次革命,一次完成"的原则下,公营事业是应当努力的进行,向着国防与民生两个目标进行,不过就此时此地的中国经济环境来说,我们还有应即注意之点:

第一,今日中国的经济社会,还是商业高利贷资本占优势的社会,是商业高利贷资本在那里飞扬跋扈,而不是民族产业资本。我们希望发展国营资本,仍然不要看轻了民营企业,尤其希望灵活的了解"节制资本"的意义,不要忽视了今日商业资本与游资的势力,不然机械的了解"节制资本"的意义,因而忽视甚至于限制民营,把游资驱逐到囤积,土地兼并,重利盘剥的泥坑里去,而不到工业上来,这于中国工业化前途,是何等的不利!

第二,我们要注意,战后的中国经济建设,在欢迎外资的情势之下,平等新约中还规定了外人能够在中国开设工厂的,外资尚且能够在中国开设工厂,我们不怕;民营企业之发展,只要国家能把重要的金融、交通、工矿事业控制在手里,更是不必害怕的。而且只要我们能够给予民营企业以领导、管理,在整个的中国工业化途程中,还是必要的。

第三,我们还要注意,今日的中国,尤其是战时的中国,主要的是在增加生产,并且要求合于国防与民生需要的生产,只有合于国防与民生需要的生产之增加,才能够支持抗战至于胜利之境。我们的所谓"经济建设"、"工业化",还是建设在我们能够支持战争、争取胜利上面,否则一切都是空谈。站在发展轻工业,增加生产,取得战争胜利这一原则之下,民营企业也与国营企业同样的重要,它们应当分工合作,不应当较量孰轻孰重。在这个意义之下,我们对于国营、民营企业,有两点简单的希望:

(1) 国营企业虽然说起来是比较的容易控制,便于计划经济之实施,可是以目前国营企业来说,又有几个不同的系统,每个系统都有"整套"的设备,在它自己的系统以外,几乎不相往来,这样,自然不能收分工合作各尽所长之效。至于省营企业,那更是隔远了。现在在国营事业发展的时期,我们希望能从这方面有所调整,使在国营事业中不发生民营事业已有的弊病。

(2) 国营企业更应当与民营企业很好地联系起来,以收分工合作之效。在扶助民营企业的原则下,对于国家需要很切的部门,也应当权其轻重鼓励人民投资兴办,只要管制和督导得法,就是重工业的部门,如此做去,也不会有什么危险的。

最近政府在《战后工业建设纲领》中,对于国营、民营事业之配合,也有类似这样的规定。《纲领》的第五条说"政府应采取国营、民营同时并进政策,在整个的工业计划中,分工合作,以期确实达到各部门预定之产量"。至于国营、民营工业之范围,《纲领》的第六条规定"凡工业之可以委诸个人或其较国家经营为合适者,应归民营,由国家奖励而以法律保护之,至其不能委诸个人及有独占性质者,应归国营。国营与民营之种类,政府应予以列举之规定"。

国营、民营事业的关系与分野由上面的确定,当然是更加明白,更加切合实际,虽然"列举的规定"还没有规定出来。

(三) 分期建设与分区建设问题

民生主义的经济,是计划经济。总理"实业计划",规定工业建设的程序,第一是交通,第二是基本重工业,第三是矿业。关于分期建设,限以时间,期其速效,殆为计划经济所必取的手段。我们的经济建设,是要争取时间,迎头赶上,尤其是在于分期实现。至其年限之短长,当依我们的需要与人力、物力之可能的配备而定。然在开初所定的时间似不宜于过长。我们晓得,苏联在三次五年计划最后一次还未完成时,提出一个十五年计划,而战事已经爆发了。德国行了一次四年计划之后,希特勒的侵略战就开始了。因此,我们最初的经济建设计划,似乎应当是突击的,把重要的交通和重工业基础很快地树立起来,时间不宜过长。如假定最初一次是十年的话,是不是太长了一点?这是要估计战后的情形而详细斟酌的。最初所要实现的计划当然也不要过大。中国的幅员广阔,地理的环境,自然的蕴藏,人口的分布,南北东西各有不同,争取时间迎头赶上的经济建设计划，尤其是要与区域配合起来，才能收轻重缓急之效。我们这里再来谈谈分区建设的问题。

谈到划分区域从事经济建设问题，有持反对意见的。理由是：（一）经济建设是整个的，不可分割，分区就有分割之嫌。（二）中国的政治经济本来是趋于地方性的，素来不统一，分区建设，将足以增长其地方性，有导入于地方割据的危险。（三）土地有其经济的个性，我们不能强某些不能生产的区域来从事某种经济建设，以违反其经济个性，违反经济个性即是不经济。①

这些意见，初看起来似乎也能言之成理，可是若从实施"实业计划"来说，那就是过分的并且是不必要的顾虑。因为在一个统一的国家，统一的政令之下，分区实行它的经济计划，不惟不会使国家走到分裂的地步，相反，却能使各个不同的地区归于统一，并且还能在分工合作的精神之下，进一步的统一。国父的"实业计划"，由港口到交通铁路之建设，由重工业到轻工业之建设，都是以区域为其实行的经济单位。就是以往那些新式的工业建设，也都是区域的。如以上海为中心的华中区，以广州为中心的华南区，以天津为中心的华北区，以及帝俄和日本角逐场所的东北区等等，都是区域单位的经济建设。当然，这些区域单位的经济建设，都是在外力侵略之下所成长的经济建设，不合于我们的国防与民生意义的。战起以后，随着敌骑之侵入，这些不合于国防与民生意义的沿江、沿海一些建设，都相率沦陷。国都西移，一切都重新开始，内迁企业，也在这重新开始的意义下，分布于西南、西北各地，然因交通、运输、人事、经济种种关系，亦未能作合理的统筹，致仍有重复、堆集、过剩不足等等不合理的现象，这些我们在前面已经讲过。就说这几年来在后方已经建立起来了的所谓新的工业中心区域，然亦大都迫于形势需要，草率成就，未能尽合于经济建设的条件。战事结束以后，运输通畅，生产消费一复常态，这些新的工业中心区域，是否能够长久维持下去，恐怕还是问题。因此，后方现在所形成的一些工业区域，以及在这些区域中所建立起来了的一些产业，是否合乎战后经济建设计划之用，恐怕也还是问题。

因此，对于战后工业区域之划分问题，就要重新地来通盘筹划，尤其是要本着国防与民生这两个重大的目的，参照各地的资源、土壤、山川、河流、交通、人口、市场等等关系，重新地来通盘筹划！

至对于实际的区域之划分问题，年来国内曾有许多讨论，发表过许多意见，有的主张权衡轻重，划中国为三个经济区域的，即：（一）中国本部；（二）东

---

① 原意见李旭旦一文，载《新中华》三十二年二月号。

三省;(三)新疆。这种分法不惟粗疏、简略、庞大,不能合用,并且中国本部这个名词,也是不能再适用于新中国的地理名词。因为内地十八省固然是中国本部,而东北、新疆、蒙古、西藏亦莫非中国本部。有的是依照历史的、地理的及政治的习惯等等,把中国经济建设,划分为十一个区域的,即:(一)华中区,包括皖、赣、湘、鄂四省;(二)华东区,包括江、浙两省及东海一带岛屿;(三)华南区,包括闽、粤、桂三省及南海一带岛屿;(四)华西区,包括川、康、黔、滇四省;(五)华北区,包括晋、鲁、冀、豫四省;(六)东北区,包括辽、吉、黑三省及其可能收复的失地;(七)西北区,包括陕、甘、宁、青四省;(八)口北区,包括热、绥、察三省;(九)外蒙区,包括外蒙古①及其毗连之可能收复地区;(十)新疆区,包括新疆一省及其毗连可能收复之地;(十一)西藏区,包括前后藏及其毗连可能收复之地。这八〔一〕种分法虽然较前一种详细,可是仍多依照旧的史地习惯及行政疆界,没有能够考虑到区域的大小,资源的分配,人口之多寡,物资自给的程度,以及交通运输等类的情况。吴景超氏参考英、美、德、苏联已成的经济区域先例,依照本国地理的面积、人口、物产、工业发展的可能性等等,分中国经济建设区域为七大区,即:(一)东北区,包括辽、吉、黑、热四省;(二)华北区,包括察、绥、冀、鲁、晋、豫六省;(三)西北区,包括陕、甘、宁、新、青五省;(四)华东区,包括苏、浙、皖三省;(五)华中区,包括湘、鄂、赣三省;(六)华南区,包括闽、粤、桂三省;(七)西南区,包括川、康、滇、黔四省。② 这种分法,也和前一种差不太多,虽然把各区的人口、面积、主要的物产列举了一些。

  上列各人分区的意见,在区域经济建设上虽不足为一种可供参考的材料,然即据此以为划分区域的标准,则均嫌机械。我们以为经济区域划分问题,现在还不必作硬性的、具体的规定。因为现在还是争取胜利时期,战后国际的形势怎么样?日本溃败的程度怎么样?海陆军消灭的程度以及他国内政治变化、社会变化的情形怎么样?西南方面如印、缅、越南等地变化的情形如何?我们战后与国际合作的程度如何?以及其他 XY 等类问题,在在都关系于我们的经济建设以及经济区域划分之决定。因为经济区域之划分,是在配合我们整个的国防与民生,尤其是在配合国防与民生两问题上,其时间够得上是迎头赶上。我们很同意上次太平洋学会对于今后中国国防问题的意见,其中说"中国西南之容易遭受攻击,并无异于华北及沿海各地"。若这样看法是有理由的话,那么,我们现在来分什么华北、华东、华南,有何意义?我们以为今后

---

① 外蒙古:今蒙古国。
② 《中国应当建设的工业区与工业》,载《经济建设季刊》第一卷第四期。

经济建设区域的划分,是要在战事停止以后,就择其安全、有军事价值、资源丰富、人口适宜的地方,作为建设的中心区域,全力以赴,期其速成;不管这区域是西北、西南,或是新疆、青海,也不问这区域应当是几个,这是一点。第二,各区域的经济发展,当求其能自给自足。工业化了的区域之能自给自足,是紧要的,是好的,并不怕他割据;因为割据这件事,只是在封建经济之下,在原始的、幼稚的生产工具与交通工具之下,或是在帝国主义劫持之下,才有可能。现时代是机械的时代,在一个独立的、自由的国家政令之下,飞机一点钟可走几百里,只要重要的交通网线能够很快地完成,那还有什么区域的割据可以害怕?第三,在速成的原则之下,最初施行建设的区域,不惟重要的原料、自然的条件、土地的出产等等都是紧要,就是人口与交通,也尤其紧要,因为不如此,则费时、费事,不能期其速成。

(四) 人才问题与资金问题

说到工业化,最后这两个问题,却是最为重要,因为实行工业化的先决条件,是人力、物力、财力。人才与物资问题,亦为本文所讨论的重要问题之一,限于篇幅,当俟另文发表。

四、结论

中国工业化,是这一百年以来要完成而迄未完成的一个艰难困苦的大业,也是这一百年来摆在中国人民面前一条应当走,而终未能走通的迂回曲折的道路。由这次的抗战,这个艰难困苦的大业,已经成为我们前途可能完成的事业,而那迂回曲折的道路,也成了我们面前一条可能的而且非走通不可的道路了。现在正当要预备开步走的时候,我们回溯既往,把握现在,展望将来,实仍不胜其欣喜恐惧之情!所欣喜的是我们有这样一个伟大的祖业——广大的土地、众多的劳力、丰富的物产,而朝野上下,又皆憬然于此一问题之必须从速的解决,而且正在想方法来解决,这当然是使人们欣喜不置的。然而另一方面,以我们平日见闻所及,生活体验所及,目前在经济上,在政治与经济之配合上,尤其是在工商业发展与措施上,顺利地完成这一重大事业,恐怕离题还远,这有待于我们之从速的改正与努力,不然,前途是不容乐观的。总之,中国工业化,是今日一个艰难、复杂而极为切要的问题。篇中所言,不惟书生之见,亦多老生常谈,能否够得上一备从事于此者之参考,非所敢知,虽然,是所企望。

录自《四川经济季刊》第一卷第二期,一九四四年三月十五日。

我国战时工业生产的回顾与前瞻

（一九四五年五月）

李紫翔

一、当前工业生产问题的意义

我们的战时工业，是在没有基础，甚至没有工业条件的特殊环境下，仓卒〔猝〕迁建和迅速发展起来的，换句话说，亦即是在先天的和后天的各种复杂矛盾的关系中生长起来的。但是这种工业的发展，在二十九年或三十一年似已达到了高峰；自那时以后，不但发展的速度已经逐渐降缓下来，而且阻碍生产继续进展的重重困难，四面八方的围逼拢来，形成了战时生产的一股大逆流。这种工业生产的逆流，到了去年下半年又发展成了一个工业经济以至国民经济的严重问题。企业家、政府官吏以及友邦的专家，都从各方面注视，分析和企求解决这个严重而困难的问题。

工业生产问题的不能不被重视的原因是两方面的。一方面是由于军事的需要。对日战争的胜利结束，已成一个必然的定局，在今天甚至已可能计算出胜利的时期。但胜利必须是努力作战，亦只有用尽了一切努力才可以取得；等待、偷懒是不可能的，亦是不能被容许的。这样，就发生了这样一个军事生产问题：问题的中心不是我国工业生产力的绝对的大小，而是这种或大或小的生产力，怎样才能充分地为作战目的而服务？尤其是对那些日益增加的闲置着的生产力，实际上只能满足战争需要的极小部分的生产力，怎样能竭尽所能的认真动员起来？另一方面也是由于工业本身的需要。工业生产的目的，无论为了营利，为了增加作战的力量，或为了供应一般人民生活的需求，都必须把所有的机器充分的开动起来，所有的职工充分的工作起来，从事生产，从事〈的〉不断的再生产，并须从事不断地扩大再生产。只有这样，才是符合战时经济的根本原则，亦只有这样，才是符合经济活动的根本原则，并且亦只有这样，才能维持工业自身的生存与发展。如果工业生产一般的陷于萎缩，或是少数部门中的少数厂矿，虽然人为维持甚至增加产量，而一般的工业却已陷入不能生存的地步，则必将发展为严重性质的经济危机，亦必将引起难以估算的严重后果。所以对于这个问题，给以迅速、正确、负责而有远见的处理，实是无可争辩的再事拖延了。

这样看来，我们工业的当前问题，是有增加军需生产和解救生产危机的双层意义的。增加军需生产固然是最急迫的政治任务，同时也可作为解救生产危机的一个重要手段，但工业生产问题不能单在军事生产的范围内获得解决，却是一件十分明白的事，反之，工业生产的危机如能适当而迅速地被克服，则军需生产必可除去"扶到东来西又倒"的多劳少功，而能最大速度地增加起来。换句话说，不单将军需增产认为是解救工业生产问题的一个工具，并应将军需增产认为只有在工业生产问题根本的或一般的解决行程中，才有达到目的的可能。这是我们研究当前工业生产问题的应有的前提认识。

当前工业生产的危机，表现了些什么问题？这些问题又已发展至何种程度？可能并应依照何种方针才能得到合理的解决？这些，就是本文所欲从事探讨的。

二、三十三年的工业危机

我国战时工业生产自三十一年以来，就从战时的特殊繁荣转入特殊衰落，而三十三年更是一般的被认为衰落最甚的一年。我们为了具体的考察工业的衰落程度和其性质，拟从工厂的设立、变动和产量的增减上，先作一个一般的分析。凡是科学的研究问题的方法，都须依据具体资料并从具体资料出发。但在现时的我们，还是处于缺少统计数字的时代，尤其是代表一般性的数字，不是根本没有，就是不完全，或者更是向壁虚造的甚少可靠性。所以有人说，不可靠的数字还不如没有数字好，因为不可靠的数字，不但可以引出错误的结论，并使错误结论还得有具体的依据似的。笔者应先声明，这里引证的统计资料，虽然已没有凭意捏造的毛病，但其不完全及不可靠的程度，还是相当存在的。所以除了详细的审阅资料的来源，谨慎的试作分析研究外，有时还要说到资料的性质或可靠程度。这种节外生枝的写法，是要请读者谅解的。

现在，首先要说三十三年工厂设立的统计。下面引用的设立工厂的地域和业别统计，是由去年经济部核准登记工厂的数字计算出的。抗战以来，工厂履行登记的颇为普遍，据我们所知，大型工厂已很少没有登记，而中小型工厂甚至不能称为工厂的工场手工业或作坊，也有呈请登记的风气。所以从工厂登记上来看工业发展趋势，代表性是相当大的，它的最大缺点只是计算年以前设立的工厂，仍有继续呈请登记的，以致不免提高了最后计算年的相对地位。依据此项统计，去年经过设立登记的工厂共九二八家，比较三十二年之一，三七六家,约减少百分之三二.五六。如依据登记工厂之资本数及工人数比较,则共有工人五一,八八二人,约合前年之百分之八〇.二五,亦约有五分之一的减少。唯资本共计有一,三九四,七三三千元,在数字形式上较前年增加百分之二四.九九;但如将币值跌落的程度估计进去,假定一年中的币值平均下落一倍半,则去年设立工厂的总资本才不过相当于前年的百分之五〇左右罢了。由此看来,去年新设的工厂,不但数量上颇有减少,而在规模上也比较微小;虽然工人总数仍有相对的增大。那是由于纺织业及非金属冶炼业经〔等〕不用动力的工厂所占比重较高的原因,与工厂规模大小是不能成正比例的。依业别分配看,是以机器工业减少最多,仅及前年的四分之一强,电器工业服饰品次之,约及百分之四四,化学工业又次之,约及百分之六一,只有冶炼工业和纺织工业约有百分之一〇至百分之一的增加。但考察此二业所以增加的原因,纺织业是属于小型纱厂及手工织布厂的添设,冶炼业主要是由于非金属冶炼工厂的补请登记,自不能视为一般不景气中的独特繁荣的表征,因此也未改变工业的一般衰落的趋势。至于从工厂的地域分布来看,应将战区与边区省份除去,因它们受战争和社会经济的特殊条件影响并或增或减,自来就无稳定的趋向,也不能作为代表的趋势来看待的。那么,大后方的主要省区中,除只陕西省颇有增加外,其他各省都大为减少,如贵州、云南和重庆市都有百分之七六至四二的退减。而这些省区,又正是战时工业最大的集中区域,工业中心,已表现如此衰落程度,无疑的这也已代表了整个工业的衰落趋势了。(表略)

其次,我们再从工厂变动统计的角度上来测看工业的变化状况。下面引用的两个工厂变动统计表,资料来源和性质,也和工厂设立一样。有二点应首先予以说明:第一,最大部分资料虽都是三十三年的,但亦有小部分是属于去年以前的,又因时日欠明,已无法加以区分。第二,工厂呈报歇业量比履行设立登记的还不踊跃,而短时停工的更不须履行呈报,所以除战事损失以外的变动数字,恐不过只及实际的三分之一左右。此外,增加资本一项所以为数甚少的原因,是在币值不断下落中,任何一个工厂事实上都〈须〉不愿增加资本,但如无绝对必要,都是不呈报增加法定资本的;同时在呈报增资时,如有其他更重要的原因,如改组、转让、迁移和更名等,皆已被计入有关项目之内。

依据下列二表统计,变动厂数共有一,五二〇家,资本九八二,六八五千元,约当全部登记工厂家数百分之二八.八四,资本的二〇.四五。如依歇业、改组、撤消〔销〕及转让四项合计,共有厂数三二六家,约当除战事沦陷以外的工厂总数的百分之八;共有资本一九一,〇四六千元,亦约当总额的百分之四.七六。在此种变动工厂中,公营占二六家,资本五二,五一〇千元;民营占三〇〇家,资本一三八,五一九千元。在家数上公营与民营为七.九八比九二.〇二,在资本上公营与民营为二七.五比七二.五。所以可以说,民营工厂的变动比较最多,但公营工厂的资本却较大。此种变动工厂的平均资本,民营的为四六二千元,公营的为二,〇二〇千元。再从工业部门观察,则以化学工业所占最多,有一〇八家,纺织工业次之有八八家,机器工业又次之有六四家,五金工业再次之有二四家;其他服饰品和饮食品工业各有十家,冶炼和电器工业各有七家,印刷和杂项工业最少,各有四家。关于去年工厂停业停工的数字,社会部劳动局曾就重庆区、成都区、万县区、泸县区、贵阳区、桂林区、西安区及兰州区作过一次调查,可以作为参证。据其统计所示,停业停工的工厂,共有一四三家。依其原因区分,则资金缺乏的占二二家,原料短少的占三六家,成品滞销的占二四家,营业亏损的占四三家,怠工罢工的占一家,奉令撤消〔销〕的占三家,动力供给不敷应用者占三家,其他原因一一家。依其资本区分,计十万元以下者有三十家,十万元以上至二十万元者有三八家,二十万元以上至五十万元者有二一家,五十万【元】以上至九十万元者有十七家,一百万元至五百万元者有十六家,八百万元至九百万元者有一家,资本不明者共有二十家。(表略)

关于去年豫湘桂战事的损失,共有工厂一,三八八家,约占工厂总数的百分之二六.三四,共有资本七三三,一三六千元,约占资本总额的百分之一五.二六,实为二十八年以来的一次最重大的损失。其在各业中的地位,已分别列计于表中,无〔毋〕庸赘述。这里还要补充说明的,我们曾依据各项产品数量的统计,计算湘桂赣粤工业在全体工业中所占的地位,特为附录如后,以明战局变化所给予工业生产的影响程度。(表略)

从上面关于中南区工业产品所占的百分数看,它在全后方工业生产中的地位,由于别的地方的工厂逐渐开工增产,虽是一年年地降低了,同时水泥、机纱、电力等也没有全部丧失,到现在还保留战场的火线下,部分地断续地从事生产,但它在后方工业上所占的重要地位和在去年工业生产中所发生的重大影响是不可轻视的,尤其是少数稀有的矿产品,至少在短期内尚不能从别的地方的新增产量中得到补偿的。

再次,我们从工业生产指数上来看工业的一般兴衰情形。下面是经济部统计处编制的生产指数。(表略)

上面的各项指数及其增减的百分比,已可具体地指示工业生产的个别趋势,和它的危机的某种程度。现为进一步明了去年工业生产的一般趋势,以及表明为某些指数的表象所隐藏着相反的事实,我们应在这里作点必要的分析和说明。就一般的说,去年总指数的下落,实是战时生产由增加而转入跌落的第一次严重表现。假如我们回顾到战时工业生产,逐年继涨增高,三十年达到了最高峰;三十一年起上增的速度即已逐渐减缓,迨至三十三年再一变而为总的跌落,那就可以明白这种下落现象所以形成的历史原因,同时亦可以明白这种下落现象所表征的危机的严重性质了。再就分类指数说,出口矿产品的指数的下跌始见于三十一年,消费用品指数的下落始见于三十二年下半年,生产用品指数三十三年虽仍有二.八四的增加,但实际上下半年已见遽减,其下半年对上半年的比数即降为九五.三五。这三大类产品指数相继降减的时期上的差别,似不能解释为外来条件的偶然作用,或人为努力的特殊影响,其中亦正表现各个生产部门的内部关系;而这种内部关系又正可表示工业危机的发生和发展的方向,以及发展的深度的。复就各个产品指数说:三十四种产品中上增的占十八种,下减的占十六种。下减的十六种产品,按其下减程度表示出来,最多的为锑的七三.九三,钨的六二.四一,锡的五〇.八八,油墨的五〇.六五,电动机的四六.〇二,灰口铁的三五.四三,肥皂的三三.六九,煤的三〇.五二,皮革的二〇.一七,工具机的一九.四五,面粉的一九.〇三,纸烟的一六.四七,变压器的一〇.四三,汞的一〇.〇〇,最少的为机制棉纱和内燃机两种,仅为一.一七和一.二九。上增的十八种产品,亦按上增程度来说,最多的为电铜的五九.〇八,纯碱的五八.五七,钢的五七.一〇,烧碱的五二.〇〇,发电机的四五.二六,蒸汽机的二九.七四,漂白粉的二九.四一,汽油的二六.九六,硫酸的二三.〇二,灯泡的一六.六七,水泥的一六.六一,电力的一二.二三,盐酸的一一.四八,白口铁的八.五二,机制纸的七.九一,铅笔的四.四七,火柴的四.三七,最少的为酒精,仅为一.五二。关于各种产品的上增或下减的指数,我们应于这里加以特别说明的,即跌落是较有普遍的代表性的,而增涨〔长〕却常常受到少数厂矿或短时间的个别影响。比如汽油、酒精的指数是上增的,但是多数植物炼油厂和小型酒精厂,继续陷于停工歇业的处处都有。如纯碱、烧碱是由于一家工厂新装备的完成,实际上即只开工几个月,十月起又只部分地工作着,但在指数的表现上却已形成突增的现象。如电铜的生产,每年都是增减不定的,所以与其说是本期的上涨,还不如说是由于上期过分下减的表现,似更较适合于事实些。又如钢的上增,并不能意味着现有生产能力充分使用的结果,亦不是钢产过剩的时期已经渡〔度〕过;这只能是认识为虽然有许多厂仍在停工,开工的也只是部分地工作着,但即此部分的工作,已足使指数大为不同了。又如机器的订货,可以使某种产品维持或增加产量,但这种增加,与克服危机后的增涨〔长〕趋势,是完全不同的。诸如此类的事,还有很多。我们当然不能一一详知或列举,只可以说一句拢总的话,由于事实的错综复杂、正反消乘的缘故,指数所表现的趋势,不一定是和实际的趋势完全相符的;而我们对于工业危机的考察,亦不能依据一时的指数就可以轻下断定。所以下面拟再从战时工业生产的历史的比较研究,作进一步的探讨。

三、战时工业生产的发展趋势

我国工业基础既极薄弱,生产条件又极复杂,加以战争的和人事的因素复错综其间,致使问题真相,模糊不清,或捉摸不定,常是使人陷入循环无端的谜样的猜测中。我们为了避免以零星的片段的事实,作出全面的历史的错误的判断,这里只拟以生产指数做分析的依据;又为了避免所选基期的不正常条件的影响,特将历期指数改成环比指数,以减少各种特殊因素的偶然影响,而便于显示工业生产的诸种特点。下面便是改制的环比指数:

工业生产环比指数　基年——二十七年

项目	二十八年	二十九年	三十年	三十一年	三十二年上	三十二年下	三十三年上	三十三年下
总指数	130.57	142.34	130.73	124.37	117.10	112.36	93.67	89.43
生产用品	129.66	139.67	127.33	118.00	111.11	90.93	101.57	95.36
电力	135.88	150.88	127.33	111.73	112.11	108.45	105.92	103.66
煤	109.15	109.48	142.20	121.92	100.00	106.67	94.82	42.00
白口铁	116.17	127.57	71.00	77.00	54.35	156.45	81.29	117.64
灰口铁	118.75	546.21	200.38	241.14	126.24	105.17	41.46	204.76
钢	211.11	166.06	249.60	253.09	230.01	95.16	134.52	139.78
电铜	——	283.75	56.21	79.77	63.32	206.89	141.66	65.88
工具机	204.52	144.92	123.98	92.70	94.35	220.00	72.73	61.11
蒸汽机	——	492.32	154.22	77.77	50.25	218.49	64.89	90.34
内燃机	151.09	350.18	133.50	101.24	50.35	179.93	93.29	65.11
发电机	71.18	1710.41	148.64	96.50	133.55	111.45	173.72	58.67
电动机	10360.71	143.04	175.84	47.32	71.00	211.42	41.00	93.61
变压器	81.78	155.76	185.41	148.77	65.95	134.61	80.74	93.67
水泥	230.80	106.80	50.38	156.09	88.88	101.58	126.89	82.39
纯碱	132.42	87.27	57.93	239.07	136.02	128.39	119.00	136.50
烧碱	——	——	300.48	119.75	122.61	98.67	112.16	175.30
漂白粉	——	——	348.30	128.91	92.80	102.24	93.90	175.08
硫酸	72.94	345.16	146.06	106.56	83.87	123.91	135.09	66.23
盐酸	72.93	209.15	86.09	138.47	185.62	129.63	88.57	122.58

综合资料

续表

项　目	二十八年	二十九年	三十年	三十一年	三十二年上	三十二年下	三十三年上	三十三年下
消费用品	145.63	210.31	131.93	163.06	144.01	113.08	92.34	85.79
汽　油	103.96	1606.13	241.88	935.09	100.51	243.53	73.13	143.22
酒　精	264.31	563.68	118.63	145.21	85.18	122.06	78.80	134.40
机　纱	142.37	194.74	139.77	185.53	105.24	94.41	109.36	86.22
面　粉	127.29	168.19	139.23	108.21	48.61	248.23	58.57	93.95
肥　皂	120.69	260.45	155.57	79.80	114.20	93.32	97.13	41.43
火　柴	101.05	122.23	102.43	390.10	18.72	91.61	114.74	90.38
机制纸	106.83	125.49	192.06	268.40	91.86	83.41	121.81	95.11
皮　革	107.42	114.14	114.90	199.65	111.52	110.45	86.21	76.43
灯　泡	295.29	338.30	109.05	139.59	144.19	126.21	122.00	71.39
油　墨	727.05	384.47	105.64	99.60	179.45	83.01	55.07	97.59
铅　笔	124.94	97.00	66.19	115.06	123.07	131.13	99.96	84.79
纸　烟	194.82	553.45	101.33	199.73	910.20	106.28	93.67	73.00
出口矿产品	122.27	94.39	137.35	75.47	43.15	135.20	45.91	61.21
钨	91.65	82.90	129.45	96.32	80.92	83.06	79.19	0.57
纯　锑	140.21	73.96	94.15	58.04	7.04	295.49	30.90	——
锡	94.49	666.31	254.18	82.99	35.77	199.58	24.52	148.08
汞	——	70.59	101.67	133.55	74.50	110.00	81.81	100.00

从战时工业发展趋势的观点上看这个环比指数,我们可【得】到下列几个富有重大意义的认识:第一,各个产品指数,只有电力一项是在各个计算期中能够维持继续上增趋势,虽然它的上增率自三十一年起亦已逐期低小。其他卅三种产品无不是忽增忽减,变化莫定,而且大多数产品由增变为减,或由减变为增的过程复杂短促。同时,各种产品之间,此起彼落,或彼增此减的现象,亦复时时发现。这些似乎都给予人们一种并无一般的生产趋势,或指数极不可靠的印象。其实这种变化倏忽和参差不齐的印象,正是我国战时工业最主要的基本特征。必须把握了这一基本特征,然后才可以分析出影响生产变动的本主原因,亦才可以定出并执行解除危机的正确政策。其次,各计算期中每个产品指数的增加或减少率,都是非常巨大的。改制后的环比指数虽已减除了基期的非常条件的作用,但是在两个连接的计算期中上增数倍或下减一半左右的现象,仍是经常发现的事,甚至还有上增一百多倍或下减至零的极端事实存在的。同时,以最大速率上增的常常亦是以最大速率下减着。这种以超出常识的速率在增减两个相反方面都反复存在的现象,是绝对不合工业生产

的法则的,但又却是构成我国战时生产第二个主要的基本特征。这也是我们必须牢牢记住的。再次,从各个年度来看,二十九年是生产及消费用品的最繁荣期,随后每年即逐期减少上增速率,以至三十三年上期下减现象的一般表现,而三十三年下期下减趋势更深进了一步。这种趋势,不但表现在环比指数上,即在各项产品的增减数量亦可以看出。例如二十八年上增产品为二十六种,下减产品为六种。二十九年上增者为二十九种,下减者为五种。三十年上增者为二十五种,下减者为九种。三十一年上增者为二十三种,下减者为十一种。三十二年上期上增者为十六种,下减者为十八种。三十二年下期上增者为二十五种,下减者为九种。三十三年上期上增者为一二种,下减者为二十二种。三十三年下期上增者为十二种,下减者二十一种,无增者一种。再次,就各类指数看:出口矿产品的生产情形仍是最称恶劣的。当二十九年一般生产都称繁荣的时期,即已表现一度的衰落,其后虽偶有复行恢复的现象,但其衰落趋向,终在国际与战争的各种条件之下,已成愈陷愈深不可复振的逆势。关于生产用品的下落,环比指数所示,实始于三十二年下期,较之一般指数之开始于三十三下期者更提前一年,实是一个极有意义的提示。这与前面所引证的一般指数颇有不同,即生产用品指数的上增速率既落后于消费用品之后,而其下落复先于消费用品半年,似是合于一般生产和危机的法则的。不过,消费用品的增减速率,比较生产用品更为巨大,或者可以表示前者是更多的任从市场需要和原料供给的自然法则的支配,而后者是较多的受了生产政策的作用的缘故。可惜我们的指数,三十二年以前没有分期编制,以后,又还没每月或每三个月的数字;如果有的话,一定更能给我们更多和更有意的认识的。最后,就各项产品看,电力的生产,是各项产品中唯一的未见下落的一种产品,无论生产过程中遭遇了许多困难,或在战事上受了多少损失,而它的人事的努力总还能多少克服困难,抵补损失,强维上增趋势于不坠;同时,它的渐增的产量亦仍还落在有效的需求之后。其次,钢、煤、纯碱、烧碱、汽油、酒精、机制棉纱、皮革、机制纸、灯泡及纸烟,在综合上,所表现的生产情形,和其他生产用品或消费用品比较起来,在变动的程度或速度上,似乎尚是此善于彼的较胜一筹。至于出口品的钨、锑、锡、汞,生产用品的白口铁和消费用品的火柴,在战时生产的整个时期中,比较的都是处于一种更恶劣的地位的。不过我们所据的资料的可靠性,既不是全无问题,而计算期最少也有半年的间隔,这使各个产品相互的精细的比较,极易流为数字技术的玩弄。况且各种工业的基础原都是十分脆弱,所遭遇限制发展的各种条件亦都大同小异,所以危机的发展,似已达到了这样一个阶段,工厂减产的固已挣扎的精疲力倦,无力亦不知怎样才可以逃出日益衰落下的厄运；即是所谓增产的，亦皆弄得焦头烂额，剜肉补疮，怎样继续再生产问题，亦多黯淡的云雾笼罩着。这样，一切个别的分析，也就更少意义可言了。

总而言之，这个环比指数所表示的各种特征，既可标记战时工业生产在发展行程中艰苦奋斗的痕迹，亦已显示从多方面并多年累积地发展起来的工业生产危机，到三十三年即已具有普遍而深入的严重性质。这个问题的性质，已成为和抵抗与反攻的军事问题的重要意义一样，并且也是需以战斗的精神向各种形成危机的因素战斗到底，才能使工业生产从重重困难中打出一条坦途的。

四、工业生产问题与补救的办法

工业生产问题的发生、发展与寻求解决的方法与努力，可以说是战时工业迁建到危机形成行程中的一件事的两方面。生产问题的复杂错综的严重发展，必然迫使人们寻取各种解决的方法，而解决方法的是否适当或有无成效，亦更明白地显出了问题的真正性质。所以我们在这里不去一般的检讨工业问题或危机的形成问题，只是从各种解决方法的成败经过的考察上探求问题的所在；另一方面，这种研究方法，亦是最能给予过去的各种努力以适当的评价的。依照这个观点，为我们所认识并致力解决的工业生产问题，最重要的有这样几个：

（一）技术的落后与改进

工业生产的技术、方法和组织，是一国工业发展的基本问题之一，但这些问题的怎样的被提出、被解决，却又是依于工业发展程度而定的。这个问题范围内，为我们提出并亦获得相当成效的，最重要的是学习与改进工业技术问题。我国工业生产方法的输入，至少已有六七十年的历史，但是由于客观的殖民地性和主观的买办性交互作用的结果，我们的工业技术不但没有树立独立的技术基础，并且也没有意识到工业技术还有自立基础的必要。这个问题只有到了抗战发生后，由于旧有工业的毁灭，和由于长期的被封锁，才开始认真地被考虑起来。关于这些技术问题的研究和寻求解决的方法的努力成绩，是表现在专利案件的质量两方面的进步：

二十七年至三十三年专利案件统计

类别	共计	百分比	发明	百分比	新型	百分比
总计	431	100.0	136	100.0	295	100.0

续表

类别	共计	百分比	发明	百分比	新型	百分比
矿冶	20	4.6	14	10.3	6	2.0
机械及工具	62	14.4	18	13.2	44	14.9
电器器具	43	10.0	10	7.4	33	11.2
交通工具	32	7.4	5	3.7	27	9.2
化学物品	128	29.7	72	52.9	56	19.0
印刷及文具	57	13.2	8	5.9	49	16.6
农具	51	11.8	——	——	51	17.3
其他	138	28.9	5	6.6	29	19.8

战争七年中获得发明及新型的专利权者共四三一件。这个数字，如与任何一个工业国家比较，自都是卑不足道，但我们应从我国工业技术发展史上观察。我国自一九一二年创行专利权至抗战前一年，有案可稽的专利案共不过二七五件，且其性质上多属于日用品的新式样和新型，各种工业机器和制造方法的发明，是极稀见的。战时的情形，却已大为不同。首先，在数量上已超过了二十六年中的成绩。在质量上，发明新型已分占了主要地位，新式样仅只有一件；同时，机械、化学专利已合占半数，即从来落后的矿冶部门也有二○件专利权了。由于这种技术进步，已使我们能制造需用的少数代用品、机器、工具，并提高了若干金属冶炼的品质。这些技术进步的重要性，并不是由于它们已经解决了战时工业的技术问题；事实上严重地限制着工业生产的技术问题。从这些发明及改良中获得解决的仍是很少的，而这些改进亦不见得都有施于实用的价值。它在我们工业技术史上占到一页新的地位，是在工程师和研究者真正认识了工业技术的意义，并在现有的条件下自己来寻求解决的方法。所以这种技术改进，对于战时生产的价值，或不甚大，但这种研究的方法和认识，对于战后工业的发展将会发生较大的影响。

(二) 器材的缺乏与补充

器械和材料的缺乏，也是战时工业生产中一个不可解决的严重问题，我们战前的工业原仍停留在依赖输入器材的殖民地式的时代，经过战时的仓皇迁移，一切重要设备以至零件的缺欠，在国际交通路线封锁后，自然日甚严重。关于这个问题的处置，只有仿造、发明代用品及输入最低限度的必需器材诸办法，这几年来仿造的成套机器和零件，为数颇多，创造的代用品，也有三十多件获得实用价值的证明，但是这些产品的品质，既多难合标准，而须用高度技术的巨型和精细的机器、零件或材料，仍多是无法自造的。例如三十一年两次悬奖仿造的原料及器材,就有下列的各项名目:机械类需要钢珠轴承、砂轮、钢丝针布、锯条、钢丝圈、新锉刀、各式铣刀、制革刨皮刀、增加机械效率或数量之附件、保存容器(如油桶)之方法;化学类需要轮带革、变压器油、合成染料、红纸拍、皮质衬垫、薄型纸、制板用人造橡皮、再造橡皮、淬火剂、光学玻璃、特别油墨(印钞票用)、黑纸拍、滤纸、镁砖、硅砖、汽缸油(须合规定标准)、汽轮油(须合规定标准)、石棉瓦、黄白盐、植物染料(快速)、电木原料、描图纸;纺织类需要无接缝毛毯、面粉厂用筛绢、铁丝布代用品;电器类需要磁铁、无丝灯泡、炭精电极、黄胶布;冶炼类需要炼铝、炼钨、锑之利用、镕之代用品、钢板(化学用)、铸铁搪瓷、无缝管子、钢丝绳、钢轮、马铁、梳棉机火圆桶、钞铁片;动力类需要桐油气化炉、木柴炉等。这些征求仿造的物品,自然只是实际需要的一小部分,而在征求之后也有许多已获得相当的答案,不过由此征求仿造的名单上,正可代表并反映当前工业技术问题的性质和意义。亦就因为这样,国外稀有器材的输入,仍是一个不可缺少的方法。就民营工业而言,自二十八年至三十三年,从英国、印度和澳洲共购货五十三万镑,从美国购货七十万美元。这些采购的精密器具和稀有的材料,经过驼峰的空运输入,对于战时生产的继续进行,是有非货值数字所能代表的作用。但从另一方面说,这笔合计不到三百万美元的货值,所能购买的器材自极有限,即使毫无损失的全部运入,并亦全部合时地分配到需要的工业中去,亦是与各项工业进行合理生产所需要的程度相差极远的。所以必需器材的缺乏,仍是横梗于生产行程中的严重问题。

(三)原料的缺乏与统制

战时工业的原料缺乏问题,在性质和程度上都已与战前的不大相同。就农产原料而言,量的不足更甚于质的退化。这个问题,粗看起来,似是发生于原料产区的丧失,但进一步的追究起来,则农产原料不能配合工业发展的要求,以及统制政策影响原料产量绝对的减少,实使问题的性质和程度都更加严重起来。农产中心区域的沦陷,对于工业经济以至国民经济的影响,自是十分巨大,我们自亦不可以轻加估计,但在这里所欲指出的是较此更具有深远意义的农业对于工业的配合发展问题,亦即是我们战时工业发展中对于农业提出的要求,以及农产原料的供给引起并加深工业生产危机的问题。许多人一向都是相信"立国"的小农经济是能"取之不尽,用之不竭"的,但是这种适应手工业原料之供给的农业生产方法,一至工业生产时代马上就发生了原料品质和产量供需不能协调的基本矛盾。用最显著的例说,桐油在外销断绝后,曾一度发生生产过剩,但在炼油工业逐渐发展起来,即由过剩恐慌,一变而为缺乏的恐慌，以致迫使许多工厂不得不停工歇业。这样的情形，同样发生在纺织、酒精及一切需用农产原料的工业上。缺乏程度各有高低不同，但性质却是一样的，并且没有适当的解决方法也是一样的。至于原料统制原是救济原料缺乏的紧急措置，可是无论统制的方法，是采用统购统销，或是只限制销路，或是限制新厂的设立，而原料的产量不但没有随工业生产增加而增加，甚至几种重要原料的绝对产量也在逐年急减了。例如棉花，据说去年仅产了七八十万担，收购了二三十万担，两者都不到前几年的二分之一。由于原料问题的无法解决，或是采用的方法与增产目的相反，轻工业以至重工业亦更长期的陷于慢性减产中。

（四）增产与滞销

依照战时经济的原则，增产自然是主要的目的，产量不足也是普遍的现象，但在我国产量的不足与产量的滞销，却是同时存在的事实。而后者在生产者的立场看来，更具有严重的意义。尤其值得严重注意的，是这些所谓滞销的物品，消费用品中如油墨、铅笔、火柴、皮革等，固有由于国民购买力的低落而致市场缩小的，但是最主要的还是属于基本工业的各项产品。举灰口铁为例：依据理论的需要，冶炼工业的建设，曾经成为努力建设的主要目的之一，可是事实上在销场最好时也未达到生产力的一半，以卅一年的产量作标准，则三十二年减至百分之五一，卅三年减至百分之五四；而从销量上看，三十一年仅当于产量的百分之七十，经过减产后的三十二年及卅三年，亦不过长期停滞于产量的百分之九十左右；而从各种征兆上看，亦少可以增大销场的可能。生产用品所以发生过剩现象的原因，现在已经由事实指证明白：即生产用品固为建设一切工业的依据，可是当着生产用品工业没有消费用品工业作配合的发展条件时，本身即陷于不能存在的危机。我们现在正尝着理想与事实互相矛盾的痛苦。这种事实对于理想所提出的讽刺，并不是着重基本工业建设的错误，而是以为有了基本工业的建设一切轻工业就会自然发展起来的错误。关于这种生产过剩问题，唯一的救济办法就是工矿调整处主持的订机专案的订购机器。三十二年及三十三年为订购动力机、工具机、作业机和工具所支付的货值共有六一二百万元，其中百分之七一是最近一年付出的。这种订购机器对于救济机器工业的最低生产，原不是没有相当的作用，但基本工业的过剩生产问题，其不能从这种消极的救济办法上获得解决，却是十分明白的。

(五) 价格的限制与补贴

通货恶性膨胀与物价部分管制矛盾发展的结果，产品价格的如何适当的调整，就成为工业再生产的一个先决问题。通货膨胀对于工业生产的利弊，或物价不断上涨后人民购买力的低落所生的影响怎样，都不是我们这里所欲讨论的；这里要说的只是部分的不合理的物价管制给予生产行程的严重打击。原来我国物价管制正如物量的管制一样，客观上并无可以依据的充足条件，只是为了限制通货膨胀所引起的物价巨〔剧〕烈波动，就仿制并试行了一种临时变动的物价管制政策。所以当卅年物价开始猛烈上涨后，就在几个重要城市对几种重要工业器材和日用必需品价格施行各种程度的管制。这种管制，正因为不是生产行程和交换行程的全面统制，各种制品与原料的价格就发生了剪刀形的悬殊。或是同一制品在各地价格的巨大差异。虽然各该物品都有半公开的黑市，或是各种限价经过相当时期后，亦被迫得加以提高，可是任何正当的企业家均不得不烦扰于价格与成本问题，或是考虑囤积原料或停工与继续再生产，何者更为有利或少亏本的问题。限价与成本的差异问题，个别的事例虽甚多，但尚无一般性的统计足资依据。据嘉陵江煤矿业公会报告，去年的限价只及成本的百分之二四至六四。由于价格不及成本的问题，嘉陵江的煤矿在秋季曾普遍施行了减工减产的政策。关于它们的减产情形，曾有一个具体的统计（表略），特引用于此，以为研究管制政策的一个实证：

为了解决这个限价与成本的矛盾，政府在去年下半年曾对公用事业试行补贴办法。以煤为例，先是按照三月限价的标准补贴百分之四十，二个月后再将津贴成数增为百分之六十，今年起各种津贴又大都取消而代以提高限价的办法了。这种津贴制度对于生产的效果怎样，已由试行而迅即取消的事实本身给以否定的答复，是用不着我们再来申论的。

(六) 资金的缺乏与融通

生产资金的缺乏，是通货膨胀的恶性结果，它对于工业生产的作用，是比较上述的各种因素更为普遍，更为猛烈。原来我国工业资本本极微弱，经过战时的仓卒〔猝〕迁移，又受了多次重大的损失。虽在通货膨胀的初期，战时工业的繁荣，曾使各个工业获得了巨额利润，亦曾积累了相当数量的资本。不过这种利润的积累，与通货的无限竞赛比较起来，显然是望尘莫及的，尤其在再生产上所需要的日日庞大起来的活动资金，不是任何企业家所能自给的。这种活动资金问题，在囤积居奇的商业资本和高利贷资本比较产业资本获得更大的利润,并由非生产事业的商人官吏操有了最大的资本数额的情形之下,同时,供给工业长期资金的证券市场和短期资金的票据市场,又皆缺而不备的时候,问题就更加严重起来。当时的工业资金问题,在工业经营者,已不是利息的大小,而是能否借到必需的款项;而在放款者所考虑的,一面要计算工业放款的利息是否较商业利润一样,另一方面,实际上也许是更重要的一方面,工业放款是否能如期本利收回。目前的工业资金来源,除了工厂自身所吸收的私人存款外,更只有依赖于一般银行特别是国家银行的放款了。关于私人存款量无法统计的,不过在社会过剩资金都倾向于商业投机的情形之下,这种存款一定为数不大,并亦是逐年减少的。至于银行贷款,可以依据两项统计数字来观察:

重庆是全后方的工业中心,也是全后方的金融中枢,但商业银钱行号对工矿业的金融关系,如上表所示,可以说是很淡薄的。就其全年放款言,工矿业的绝对数额合计尚不及七万万元,而其相对的地位亦仅占放款总额的百分之一三.七。依照货币的实际购买力和工矿业需要资金的殷迫程度,商业银行的地位实是并不重要的。(表略)

从上面国家六行局工业放款数字看来,可知国家金融机关已在工业资金的融通上已占一个如何重要的地位。以三十三年论,它比重庆市商业银行的工矿放款多了三十四倍。假如仅从绝对的数字比较,国家银行放款自二十八年以来已经增长了四八二倍,而在最近两年增加的速度更快。抗战以来,国家银行已获有发行和创造信用的绝对权力,所以他的独占融通工业资金的地位,并不是一件意外的事,并且只要愿意,她仍可以如膨胀通货一样来增加工业放款的。关于放款的业别的百分比,对我们的论题,宜有二个参考的用处,即是一方面既可以明白国家银行放款对象之重点的变化,另【一】方面亦可以约略推测何种矿业需要资金的缓急,或其获得资金的难易,而这种缓急难易的程度,又可以作为产量增减的一个指标。至于这种巨额放款,公营和民营工业所占的比例,颇不容易分别说明,假如将花纱布管制局的棉花借款也归入民营范围内,那么可以说公民两业在三十二年所占的比例约为四与六之比,在卅三年所占的比例,约为八比二。最后,要说到的,即是这种工业资金的通融,对于工业生产自起了相当的调剂作用,甚至可以说,这种资金正是许多工厂借以进行再生产的最主要以至唯一的依靠。不过,从货币真实价值来看,可以说三十年以后新增加的放款数额,是远未赶上物价上涨指数的。所以前面所说放款增加了四八二倍的说法,仅仅只是就货币的票面价值计算的,如依货币购买力比较,结果就不免完全相反。亦正因为这样,国家银行年年遽〔剧〕增的工业放款,并没有实际解决工业资金的缺乏问题,是无须再作论证的了。

五、几个根本的矛盾

上一节中,我们曾对工业生产危机的重大原因,作了一个简单的叙述,其实这类的原因,要列举出来,如技术人才、工业组织、动力供给、交通运输、敌机轰炸、税捐政策及其他部分的和特殊的因素,尚可以写出很多。不过,我们以为与其逐一检讨各个作用于工业生产的因素,似尚不如探讨这些因素依以发生的基础。因为做到这一步,我们就可以恰当地认识这些已经作用,并将作用于工业生产诸因素的性质、意义及其程度,亦可从而探究出解决工业生产危机的应该并可能遵循的道路。我们知道这样的分析,虽然较有意义亦较合实用,但是这样的结论,只有经过普遍的、具体的和历史的精细研究以后,才能获得的;而这样的研究,在我们仍是不可能做到的事。所以下面的论述,只可看作试验性的东西,精密深入的论证,亦只有待之将来。

我们在检讨工业生产问题,分析问题发生的原因,或是研究有关生产的政策和办法时,即会发现各种复杂、脱节以及互相矛盾的现象,常常是错综地同时存在的。这种谜样的问题和谜样的措置办法,不单使第三者弄得莫明其妙,就是正当其事的亦皆不知其"所以然"的。据笔者所见,工业生产问题既发生于矛盾的基础上,而人们又从矛盾的意识上用矛盾方法来处理的缘故。工业生产问题主要的是发生并发展于下列的三种矛盾上:

第一,民族工业与殖民地性的工业的矛盾。我国的工业,从开始输入新的生产方法起,到现在还保存和发展着殖民地式的性质。这种殖民地式的工业,在和平时代,自亦限制自身与损害国民经济的正当发展,不过总还可以依赖他人并为人作嫁地苟且存在的,但是一至战时,外来的依赖既完全断绝,而自身的存在与发展,又要求做到高度的独立性。这一独立性的强烈要求和其殖民地性的客观基础的矛盾的发展,已提出了许多自身不能解决,不知如何解决而又不能不解决的问题。这里所说的我国工业的殖民地性,并不是指这一生产方法、设备和技术的自外输入,亦不是指外人在我国办了许多工业和创设了许多工业区,然而却与此二者实有密切关系,或更正确点说,我们即在这种输入工业器材和技术的长期发展中,同时亦发展了对于输入器材和技术的依赖性。因为这样我们的战时工业虽然由通商口岸达到了被封锁着的自由内地,而我们的问题,即正发生在外来器材和技术的不能依赖上。世界各国工业发展的史实除了英国是发达工业革命外,其他的各国,都是经由输入的方式而建立发展起各自的民族工业的;但是独立的工业只有建立于独立的工业技术基础上。

输入机器并不是仅输入机器,重要的是要懂得、仿造并发明机器。输入技术亦不是仅输入技术,重要的是要把握、改进并创造技术。同样的输入工业生产方法,亦不仅是输入一种不同的生产方法,重要的更是要彻头彻尾地懂得,把握整个生产行程,并懂得为这个生产方法准备、改革和创造一切必要的条件的。说句老实话,我们的工业虽有六七十年的历史,我们亦曾断断续续的倡过许多有关工业的各种政策和主义,但是对于工业技术基础始终还没有建立起来,甚至还没有懂得如何建立工业的技术基础,因为这样,一旦断绝了外来的器材和技术,要靠自己的力量来建立并发展一种战时工业时,就从工业区域的配置,工业部门的配合,工厂生产程序的建立,到仿造一部机器,一个零件,一种材料,处处都有难能或不知处理的问题。至于产品,也常发生生产的不合市场的要求,而市场要求的品质,又或是工厂不能生产的。这一工业的殖民地性或买办性的存在,不只是许多工业问题所由发生的基本原因,也是许多工业经营无力抵抗外来侵扰,争取自身有利条件,以致无可奈何地失败下去的内部因素了。

第二,是工业与小农经济的矛盾。小农经济能不能与工业经济并行存在?具体地说,工业的发展是否不破坏传统的小农经济机构的完整,或是传统的小农经济的抱残守缺,是否不妨害工业的自由发展?这个动摇我国数十年来经济及政治政策之动向的基本问题,已由战时工业与小农经济不断发生的严重矛盾作了肯定的答复了。一般论者常无条件的引用工业国家或其对殖民地的经验和政策,以为工业与农业的关系,仅仅只是工业品的市场问题。这种观点,应用于农业尚占优势,而工业化亦仅只刚刚开始的我国,具体事实给证明了的,不只是不完全,并且是一种有害的错误见解。这几年的具体事实,已提出并证明了这样几个矛盾的问题:关于工业品的农村市场问题,在我们是发生于双层矛盾上的,一方面生产工具用品,由于传统的小农经营,无论新的生产用具的效率怎样高大,终找不出它的光顾的主顾;另一方面,广大农村人民购买力的微小和低落,固已并将严格限制消费用品市场的扩大。但目前这类商品市场的特点,还不只是工业品的无销路。同时也是农村急需的用品,工业是不能尽量供给的。我国农村潜在的广大市场,自然是中外人士的希望所在的;但是潜在的市场变为现实的市场,这关键不在时间的久暂,而是小农经营到企业经营的本质的改变。不然,终究是一个画饼充饥的潜在市场,这不是已为我们战时工业生产危机所完全证明的事实么。其次,农产原料问题,在我们当前的危机中,表现工农业的矛盾比较市场问题还更为严重些。我们一向自诩并自欺于农产的丰富的,的确,从手工业的观点看来,亦真是无物不能生产,而且产量亦真是颇称富裕的。但当设立了几个小型工厂以后,马上即发生原料的产量不能供应需要,品质亦乱杂得不合应用。例如作为面粉原料的小麦,纺纱原料的棉花,炼油原料的桐油,酒精原料的桔水或干酒,以及煤气炉燃料的木炭等等,哪一个工厂不是为这种原料不能配合生产的严重问题所苦恼,以至被迫得减产或停工呢?至于那些增加农产的奖助,改善品质的推广,以及管制原料的种种努力的效果,是量既未曾增加,质亦未能改善,除了更多的人事纠纷和阻力外,依然仍是原来的原料问题。这个问题的真正关键,是在必须有了原料的大量生产,自然才能做到纯一的品质,而要做到大量而品质纯一的生产,又必须从小块的杂种各种作物的,甚至是副产作物的小农经营中解放出来,改变为大规模耕种的大农经营,亦是无可争辩合于理论和事实的结论。可是现实的悲剧,不只是年复一年的发生于机械方法的工业生产与手工业方法的原料生产的矛盾之间,更大的悲剧,还是发生于奖励发展工业及增加原料生产,同时又在使用各种有效无效的方法,挽救没落中的小农经济回复到中古时代以前的男耕女织的社会去。在这里,战时工业固然受了严重的打击和牺牲,而农业呢,既未因此进入繁荣,相反的,亦更加重了它的残破和没落。至于适应于手工业的商业的行帮组织、交通运输,以及金融流通的方式和方向,亦无一能是适合工业需要,而为工业服务的。世界的事实,常给理想以无情的讽刺,这就是一个最好的例证。

第三,是基于上述两大根本矛盾所生的工业方法与手工业方法,自立与买办,民主与官僚等意识上的上层矛盾。而在这些矛盾中,凡是落后的保守的又常常占取了主导的地位。这样,客观的发展上又加上了主观的相反的阻力,益使治丝益纷〔棼〕,牵制、抵消和冲突也益加厉害。这一类矛盾的现象和其表现方式,更是非常繁多,甚至可以说任何事件、时间或地点,都充满了这种矛盾。就其荦荦大者而言:例如一方面实行工业建设,并提倡工业化,另一面又扶助小农经济。一方面奖励工业技术的进步,另一方面又相率放弃当前的生产任务,专力于战后的利用外资,作复员或建设的长期计划。一方面讲求工业生产效率,另【一】方面官僚作风的濡滞、敷衍、掣肘和需索,又使任何高度效率都为之降低,或是任何组织严密的生产行程都不能不为之脱节。一方面要求努力增加战时生产,另【一】方面又在财政、金融和管制政策上,纵容及鼓励非生产的商业投机,甚至非商业性的纯赌博的投机,以致愈是与生产及正当商业无关的投机者,都是现时拥有最大财富、最大势力并且是最活跃的分子。一方面增加工业的生产放款,另【一】方面又在继续推行通货膨胀,使得生产者没有再生产的必要资金,一般国民没有最低限度的购买力,而使那些非生产的外来奢侈品的顾主,获得了无限的外国的存款和作祟国内市场的游资。总起来一句话,凡此一切反面的活动,都足以抵消正面的百倍努力而有余,一切增加生产的努力和扶助,最后却使真正努力生产者成为一步也不能行动。平心说,战时政府对于工业的奖励和扶助,实是工业生产方法输入以来,从来没有做过或是没有做过这么多的;同样的,亦正因为阻碍和腐蚀生产的矛盾因素,以相等或更高的速度发展的结果,反而抵消了一切扶助的应有成效,而招致可能不发生,或是不至这样严重的生产危机。

在上面论述到的工业生产几个根本矛盾中,没有说到战争这一大因素所【产】生的作用,似是一个错误。其实,我们对此的认识微有不同。首先,我们应该不会忘记,所谓战时工业就是在战争的特殊环境下生长起来的,所以战争的直接和间接的因素,都是自始至终的影响着整个工业生产,例如我们估计湘桂战局变化给予三十三年生产的影响程度,就是直接影响的一个事例。其次,我们工业生产危机发生的原因,有许多固是由战争引起或派生的,但亦有由于战争以外的其他因素;并且由战争引起的问题,假如不因上述的基本的矛盾,是可能采取较妥适有效的对策,而不致形成危机,至少也不致发展至目前这样的严重程度。这虽是一种推论,但却是一种合理的推论,毫无可以怀疑的。比如说,我们能有合于工业原则的措施和准备,生产危机是可以避免的,战局的变化是可以预先控制的,并且由生产的增加亦可能改变敌我力量的对比,使战局由败退而转为胜利的结局。这似乎已是一件不必深论的事。由此看来,战争不是我们工业危机的基本因素,亦是不待深论的事。

基于以上的论述,可知形成生产危机因素的表现现象,虽是千奇百怪,初视之似是不可捉摸,但经科学的分析起来,归根结底,总不外乎上述的三大矛盾。再进一步看,这样的三种矛盾,又可归纳为一个根本的矛盾,即是进步的与落后的冲突,死的与活的斗争。我们当前问题的本质,更在于落后的可以抗拒进步,死的能够拖住活的。似乎宁可拖住活的不前进,或者两败俱伤,而不愿有一个进步的活泼的新时代似的。照理说,活的进步的,总是可以击退各种各样的落后的陈尸;但是,这也需要一个必要的条件,就是一切领导的方面必须坚强有力的站在活的进步的一方面。战争和战时生产的牺牲太多太大了,我们希望能从这个巨大牺牲中换取一个重大的代价,即是在进步的立场上击退一切落后形式的圣贤和魔鬼。这样,代价虽大,但战时生产,战后建设,以至将来国家发展所遵循的途径,亦可从这里获得避免一再重复历史错误的真确认识了。

六、今后的展望

从我们的分析和论证看来,当前的工业生产问题或生产危机,实不是一个偶然的或部分的问题。它是在根本矛盾的基础上,加上许多可避免及不可避免的特殊因素,经过长期的累积和错综的发展而形成起来的。所以它的严重性,是不可以丝毫忽视的。同时,工业生产指数的变动趋势上,已指明了我们的战时工业生产,是经过了这样的三个阶段:最先是普遍的上涨,接着是个别的上涨或下减,最后是低落渐成普遍的趋势,增涨〔长〕只是特殊的人为的现象。我们现在仍是经历着普遍低落的阶段。就工业生产的各个基本要素看来,这一趋势还是继续向着更深广的方面发展着。但是,我们的生产危机,还不是资本主义国家的经济危机,同时亦不可能发展至资本主义的经济危机。这种不同的特点,是在于我们工业生产上所谓生产过剩,只是问题的一小部分或次要的一方面,而生产品的缺乏,却是较普遍的或是更重要的一方面。况且所谓过剩的产品,如在品质方面更求改进,工业及工程建设方面给以适当的调整,流动资金方面给以充分的扶助,那么过剩了的马上即将转为缺乏的问题。老实说,过剩产品的存量,或其闲置了的生产力,都是不足应付军事或民生的应有需要,如果我们不是故意减低这种需要,或是尽先采购外货的话。其次,还有一个重要的特点,就是战时的农业生产,在过去及现在一般的都是产量不足问题,不是产量过剩问题。而这种不足问题在将来还有更加严重的可能。此外,地方性经济还是战时经济的一个主要特质。这一特点,既表现于农业经济上,同样地也表现于工业经济上。由于这几个特点的存在,所以当前工业生产问题,不是近代意义的经济危机,也不可能发展为近代意义的一般的经济危机。这样,我们遭遇的问题,虽然复杂严重,可是克服这种危机的可能性仍然很大的;只要消〔积〕极的清除那些阻碍生产发展的矛盾,积极的改善生产的必要条件,那么,疲败的工业又是会很快地活跃起来的。

我们应该再提醒一句,问题解决的可能性,与问题趋向严重的发展,是同时存在的,而就目前的具体条件看,后者的可能性实较前者大得多。只有尽了主观的最善和最大的改革努力,才可以将逆势的发展扭转过来。近来许多人将工业危机的解除,属望于战时生产局的增加军需生产,滇缅路的重新开通,失地的部分收复,或是农产的一次丰收,这实未免把问题看得太简单、太幼稚,并且也是重复曾经造成工业生产危机的老错误。

增加生产政策是一个克服危机的正确对策。不过要以增产来克服危机,那么增产必须成为全面的主导的政策,即使当前最急切的需要只是某一部分产品,但这一某部分产品的增产,亦必须并只有在全部工业和农业生产的普遍发展中才能做到。反之,在经济的有机构成中,特别是多年来这个经济的有机构成受了很大的损伤,〖发〗生了严重的脱节的情形之下,人为的管制一部分,放任一部分,其结果必将是劳而少功,并亦无救于工业生产的危机的。所以要以增产政策达到军需生产的需要,并以增产政策作为克服危机的主导办法,那末,就须考虑我们在上面所论证的根本的和其派生的各种矛盾,并须针对这些矛盾,定出适当的治本的和治标的方针、办法和步骤。

我们以为增产政策的顺利实行,必须在一致的明确目标下,开始下列几点重要的改革:

(一)在行政或业务上划分的经济、农林、财政、金融以及其他许多独立的或半独立的机关,都应绝对统一的执行经济政策,并须首先将那些与增产政策相反的法令规章和成例,毫无保留地加以彻底的改革,使一切财政、金融及商业政策均以扶助工农业的发展为目的,而不是为了非生产的目的限制工农业的发展。

(二)一切设施和改革应以遵循经济法则,特别是应废弃手工业生产方法的法则,坚守工业生产方法的法则。同样的,经济人的活动亦须依从经济的自由发〔法〕则的原则,才能高度的发扬他们的积极性和对于事业的信心和勇气。此二者均是应明确认识而遵守的基本原则。反之,违反了经济的和人的活动的原则,无论有什么高深的理论和理想,如果把人限制的不能动、不敢动以及失去了从事事业的信心和希望,那么事业人会成为死气沉沉的人,工业会成为死气沉沉的工业,因而什么政策和主义也会是毫无事实依托的幻想。

(三)当前需要断然的紧急措置,是停止通货膨胀,稳定币值,调整物价,扶助资金,使工业生产在合理的平均利润基础上,获得必要的流动和固定资金。在最初的阶段上国家银行对工业资金的扶助仍是必要的,这个资金扶助的程度,必须做到适合再生产的需要,不能迫使工业仍处于"吃不饱,饿不死"的慢性没落。同时,采取有效办法扶助短期资金的票据市场,长期资金的证券市场的设立,强制的引导社会游资投入生产的道路,而为工业资金建立一个健全的基础,以及各项必要的条件。

(四)关于农产原料,一方面要确定一个品质纯一大量生产的方针,并为实施此一方针准备各项必要的改革条件,另一方面应即消除压制农业生产的经济、政治和社会的条件,给予增加和改良生产的充分扶助,总期原料的直接生产者能较种植一般作物的获得较多的利润,并能积累并获得扩大生产的必要资金。

（五）关于产品销路问题，重要的是在取缔财富的过分集中，培养一般人民的购买力，维持一定的军需生产。特别是不要过分依赖外来的援助，而停止自己的可能生产。反之，宁可利用外来的器材，以加强并改进产量和品质的话，那么，所谓销路问题决不会再出现的，现时的销路问题，只是"人谋不臧"结的果，不单是反常的现象的，亦且是可耻的表现。

（六）工业技术要在进步中建立自立的基础，是一个艰难而费时极久的问题。我们必须提高对于工业技术的认识，确定把握及建立技术基础的一贯方针，设立研究及改进技术的必要条件，在吸收外国的进步技术，特别是累积自己技术改进的经验中，助成工业技术的普遍而长期的发展。就目前而论，最需要的是补充必要的器材，扩充技术的研究，借助必要的人才，但最有效的还是在扶助工业上设法生产自己不能生产物品，改进不够标准的品质的增产努力中，才能为技术进步立下一个广大的物质基础。

这里提到的只是一个概略的方针，许多办法亦不是目前即能全部实践的，但是，无论属于紧急的临时措置，或是久远的根本大计，必须统一于一贯的正确方针内，才可以挽救当前的生产危机，并为将来的建设开辟一条坦途，已是无〔毋〕庸再事申论了。（完）

三十四年五月

录自《四川经济季刊》第二卷第三期，一九四五年七月一日。

大后方战时工业鸟瞰(一九四五年十二月)

李紫翔

抗战八年①，大后方曾经兴建了相当规模的战时工业。这些工业，一方面是我们支持抗战并获得最后胜利的重要因素之一，另【一】方面也是在最落后的经济区域，移殖了工业生产方法，为我国经济的平衡发展创下了若干重要的条件。此外，还有一个重要的意义，即是我们的工业家，不单在各种特殊困难条件之下，建设了许多新的工业和工业区，并亦是自主地计划地解决了许多工业问题。这些都是我国工业发展史上新的纪程碑。换句话说，大后方的战时工业的发展，既然标志了中国人民对于战争的努力程度，同时，亦为我国工业的发展展开了一个新的阶段。所以我们对于后方工业的论述，似乎在介绍它的一般现象之中，更须尽可能的着重它在发生发展的行程上所起"继往开来"的作用。这就是笔者企图在"大后方工业"的总标题下所写若干论文的一个共同目的；不过由于主观能力和客观资料的限制，这个企图能达成多少，当然不是没有问题的。

这里，我们仍要预先声明一点：文中引用的资料，除了特别说明出处的，差不多都是经济部统计处的统计数字；除了特别标明时期的，亦都是截至三十三年底以前的最近资料。这些统计数字的可靠性，自然不是绝无问题。譬如调查报告的不尽完全，报表数字的不尽真实，以及调查时期和币值变动所致的法定资本与真实资产的不相符合等，都是常有的现象。不过，我们可以相信的，是这些统计都是从原始资料中忠实地计算出来的，并没有"向壁虚造"，从其他来源引用的数字，亦多是第一手的资料，并经过笔者从工作得来的常识的审查，所以它们的可靠性，可以说是较高的。

所谓大后方，主要的是指四川、云南、贵州、陕西、甘肃、广西和湖南七省，其他各省或因屡经战争，或因过于偏僻，都是居于不重要的地位。依据三十三年底止经济部登记工厂的统计数字，全后方共有工厂五，二六六家，资本四，八〇一，二四五千元，工人三五九，六六三人。这和战前的全国登记工厂统计比

---

① 抗战八年：应为十四年抗战。后面同种情形不再作注说明。

较起来,是已发生了怎样巨大的不同;那时的所谓后方区域在全国三,九三五家工厂中,仅有二三七家,或占百分之六.〇三;在三七三,三五九千元资本总额中,仅有二五,二三四千元,或占百分之四.〇四;在四五六,九七三个工人总数中,仅有三三,一〇八人,或占百分之七.三四。现在我们来看这个比战前全国登记工厂数量还增大百分之三四的后方工厂,是怎样分布的:

大后方工业的地域分布(注)

地域别	厂数		资本数(千元)		工人数	
	实数	百分比	实数	百分比	实数	百分比
总计	5266	100.00	4801245	100.00	359663	100.00
重庆	1518	28.83	1408124	29.33	90852	25.26
四川	864	16.41	1134396	23.63	64773	18.01
西康	12	0.23	20930	0.43	659	0.18
贵州	210	3.99	130604	2.73	8232	2.29
云南	168	3.19	524350	10.93	25130	6.99
广西	384	7.29	284318	5.92	19727	5.48
广东	71	1.35	32143	0.67	3704	1.03
福建	61	1.16	33598	0.70	6948	1.93
湖南	935	17.76	524641	10.93	57563	16.01
江西	154	2.92	100850	2.10	15020	4.18
浙江	137	2.60	88261	1.84	13002	3.60
江苏	43	0.82	10183	0.21	5764	1.60
安徽	22	0.41	6107	0.13	807	0.23
陕西	367	6.97	315914	6.57	31204	8.68
甘肃	220	4.19	167142	3.48	10401	2.89
宁夏	3	0.06	130	——	574	0.16
绥远	7	0.13	140	——	315	0.09
湖北	30	0.56	12106	0.25	2094	0.58
河南	39	0.74	6808	0.13	2154	0.60
山西	21	0.39	500	0.01	740	0.20

从这个地域别的统计看,可知后方工业之战时的地理特征:工厂的分布都已集中在四川等六七个省区,战前沿海沿江经济较发达的区域都已降到卑不足道的地位,另一方面,西康、宁夏等更落后区域,亦是为近代工业所过门不入的。四川等七省合计占厂数的百分之八八.六〇,资本额的百分之九三.五三,及工人数的百分之八五.六一。就各省分别视察:重庆和四川已成后方工业的中心,两者合计共占了厂数的百分之四五.二四,资本的百分之五二.九六和工人的百分之四三.二七,尤其是重庆区在各方面都占取四分之一以上的优势。

战时重庆和四川的工业,正如战前的上海和江苏在全国占取的优越的地位一样。其次,湖南是中南区工业的重镇,它的地位几和重庆除外的四川不相上下。广西、云南和贵州,是四川和湖南之间次要的工业区,但广西和云南的工业有一个极大的差异,即广西工业,在厂数的比例上比云南多了一倍,而在资本的比例上也几乎差了一倍。这中间的原因,除了开工前后之资本的货币时值一因素外,更主要的还由于前者的工厂规模多是小型的,而后者却拥有几个大型工厂的缘故。陕西、甘肃是西北的两个工业重镇,其地位正和湖南和广西相似;不过甘肃的数字里面是没有甘肃油矿局在内的,假如有的话,却可以和云南与广西的对比一样,在资本的地位上它们是会颠倒过来的。

其次,我们再来看后方工业在各个工业部门的分配情形:

大后方工业的业别分配

业 别	厂 数		资本数(千元)		工人数	
	实数	百分比	实数	百分比	实数	百分比
总 计	5266	100.00	4801245	100.00	359663	100.00
冶炼工业	198	3.76	748005	15.58	49136	13.66
机器工业	1016	19.30	704722	14.68	45424	12.63
五金工业	337	6.40	135137	2.81	15533	4.32
电器工业	124	2.35	170160	3.54	8551	2.38
化学工业	1520	28.86	1475058	30.72	80860	22.48
纺织工业	1026	19.48	808332	16.84	113558	31.57
服饰品工业	182	3.46	64846	1.35	12999	3.62
饮食品工业	601	11.42	466266	9.71	18967	5.28
印刷文具工业	154	2.91	106155	2.21	9554	2.65
杂项工业	108	2.06	122564	2.56	5081	1.41

为了更能显现后方战时工业业别分配的特点,在解释上述统计的含义以前,先来回顾一下战前的分配情形。依据战前登记工厂的统计,在厂数的分配上,为饮食业占二四.二,纺织业占二二.四,化学业占一六.八,机器业占九.六,服饰业占七.八,印刷文具业占五.〇,五金业占三.五,冶炼业和电器业仅各占百分之一.五。在资本的分配上,为纺织业占三六.〇,化学业占一八.三,饮食业占一七.三,印刷文具业占五.五,机器业占一.八,服饰业占一.四,五金业占一.五,而冶炼业及电器业更各降到百分之〇.七。至于工人的分配,纺织业更占到半数以上,为五六.八,化学业为一六.三,其次饮食业八.一,服饰业四.八,机器业三.七,印刷文具业二.七,五金业一.六,冶炼及电器业亦仍屈居末位,各为百分之一。战前工业的这种部门的分配和比重,是向为我们诟病的

半殖民地的畸形状态的;这种畸形病态,直到战时的后方工业才算改正了过来。战时工业的分配,是比较平衡的、合理的,重工业及化学工业在全部工业中比重的增加,特别是资本方面的优势,是后方工业最显著的特征。例如在战前一向屈居末位的冶炼工业,在工厂数量上已升到第六位,资本额上升到第三位,即以厂数的百分之三.七六,占取资本的一五.一八,实为我国工业史上空前未有的现象。不过,纺织业及饮食品业,仍没有失去后方工业最重要或最大部门的地位,只是相对地减低罢了。

依据上面的统计看来,对于大后方的战时工业,我们可以得出这样的几个认识:

第一,在战争的六七年中,后方区域所建的工厂,竟比战前登记的厂数还要多;战争促进发展,这就应算是进步的重要结果之一。(后方五,二六六家工厂中,亦包含二十六年以前设立的在内,待论述后方工业发展时,再为注明。)

第二,后方工业分布的地域,都是战前经济较落后的地方。这些工业如能获得继续生存与发展的条件,则对于全国工业以至整个国民经济的平衡发展,至少为我们缩短了四五十年的时间。

第三,工业部门的分配,已纠正了过去殖民地式的畸形发展,而算立了一个平衡的合理的基础。这个工业部门的合理配置的意义,并不在于技术方面,主要的还是表征我们开始认识并实行怎样自主地建立一国的工业而已。

录自《经济周报》第一卷第六期,一九四五年十二月六日,"战时大后方工业"特载(一)。

说明:经济部于三十年举行工厂重登记,履行登记的十分踊跃,据我们所知,中大型工厂十九均已登记。这次登记工厂的标准有三:一、雇用工人三十人以上,二、使用动力,三、资本一万元以上。合于上项条件之一者,均可申请登记。又电力工厂须申请电气事业登记,与工业登记分开,故表中不包含电力工厂在内。

工业的大西迁(一九四五年十二月)

李紫翔

我国的西部。西南部和西北部,是一个经济较落后的广大区域。她〔它〕的经济的特点,是一方面既保有历史上的各种各样的经济形态,另一方面又与近代东部经济的发展,存在着不易逾越的隔离。那些过着原始经济生活的部落,这里可以不谈;即是发生国际关系较早的云南,在抗战以前,经济上也没有受到外来的重大影响。又如"天府之国"的四川,是我国最富庶的省区之一;在大都市中,现代物质的奢侈享受,可称应有尽有;即是许多县城和市镇,亦多设立了照明用的电力厂和一个以至三五个中等学校。可是制造工业,还是未曾冲入三峡的。不单是这样,羊毛产区的甘肃,在一八七八年,我国最初输入工业生产方式时,即由左宗棠从外国订购全套纺织机和动力机,费了九牛二虎之力建设起来的甘肃织呢总局,虽过〔然〕这部德国机器至现在仍要算是最好的一部,可是兰州织呢厂在六十年的长远历史中,就没有经常的生产过,更不要说她〔它〕的可能或应有的发展了。一般地说,我国西部在抗战之前的经济基础,仍然完全是小农和小手工业的生产,虽然消费上已经不是"闭关自守"的。例如战前四川一省输入的机制棉纱和机织棉布已共合纱十五万件之多。

近代工业所以不能输入、生存及发展于西部区域的原因,是由于经济、政治和社会的各种落后因素,起了决定的反动作用。拢总的说,就是缺乏工业经济的必要条件,也可以说是没有改造或补足工业经济的必要条件。因为这样,生长在这个区域的人,就不知及不能从事工业的企业经营,东部的企业家,也不愿在缺乏经济条件的地方来投资;即是开发殖民地的外国资本家,亦多束手于移殖工业的尝试。这种落后的经济条件所构成的地方经济的封锁线,或为其剥蚀成的贫瘠的工业园地,已使西部区域在我国工业发展史上落后了四五十年,直到这次民族抗战,才为人的和物的西迁浪潮所冲破和被改变起来。

这次抗日战争的大西迁,是我国历史上最富有意义的一次政治移民。这次西迁,进步的东部势力,排山倒海似的渗入了西部的每一个城市;并依恃西部的物力,特别是敌忾同仇的人力,赢取了最后的胜利。这是与东晋和南宋终于逃难以亡的南迁完全不同的。此外,还有一个与这种政治意义同样重大而影响更为深远的,就是工业的西迁。过去历史上几次大的移民,对于落后区域的经济自亦起过多少影响,但那种进步,终不过是同一性质的手工业生产方法单纯再建而已;而这次随东部人民西迁的,却是几百个工厂,几万吨机器,以及成百几千的企业家、工程师和技术工人,一句话,是移入了和当地经济形态本质不同的整个的工业生产方式。这种进步的工业生产方式的大量移殖,对于西部经济的根本变革,将要发生何种程度的作用,自然尚有赖于其他的必要条件,但后方战时工业的建立与发展,却已完全是以西迁工业作基础的了。

这次工业的西迁是随战争的不利发展而逐时逐地演进的。正如战争的突然爆发一样,工业迁移亦是在炮火威胁之下仓卒拆卸和抢运。大致记来,华北是最先作战的处所,工厂多来不及拆迁;华南沦陷最后(如广东),当事者苟图侥幸,不欲他迁,所以这次工业西迁主要的是由长江下游,特别是上海和汉口的工业家负责实行的。这在有统计的四一〇家西迁工厂中,由上海迁出的占一三五家,由武汉迁出的占二〇四家,合计约占总数的百分之八二以上,可以证知。至于她〔它〕们西迁的路径,主要的经溯长江以达四川,经陇海路以达陕西,或经湘桂路以达广西;北经香港、海防、仰光以转运内地者,为量较少,且多在当地或中途遭受了损失。关于这些近代工业设备的运输,亦是经过了许多可歌可泣的奇迹的:那些崎岖而遥远的陆路上利用畜力或人力的转运,可以不谈,即是三峡的水运,亦没有近代交通工具的利用,而是把巨型机器装载于成千的木船上的。这种运输方法,除了战时,都会被认为不合经济,并是不可能的。

迁建工业之有数字可资依据者,只是属于民营工业的一部分;国营工业,虽是居于战时工业的更重要的一个地位,可是无法加以论证。关于民营工业的内迁,实始于"八一三"战争发生之前。原来在芦〔卢〕沟桥战争发生不久,即由总动员设计委员会和国防资源委员会着手经济动员的工作。为了解决长期抗战的军需供给问题,除了首先迁移兵工、钢铁、交通等国营工业外,同时还在计划的协助重要民营工业的迁移。民营工业的迁移,先是从上海着手的,也以上海的成绩最好,据计上海迁出的民族工业,约占总数的百分之十二。二十六年八月十日行政院决议成立的上海工厂合移监督委员会,以及后来改组的工矿调整委员会和工矿调整处,皆是政府监督与协助民营工业迁建的组织;上海工厂联合迁建委员会及后来的迁都、迁鄂等工厂联合会,皆是民间企业家主持迁建的自身组织。这些迁建的民营工业,在二十九年以前,迁移的厂数、器材吨数、技工人数以及所到达的目的地,可以做成下列的三个统计;其独力自动迁移的,大约亦有几十个工厂,不过已经无法得到系统的资料罢。

一、西迁工厂额数统计　单位：家

类别	共计	四川	百分比	陕西	百分比	湖南	百分比	广西	百分比	其他各省	百分比
总计	410	319	53.4	26	6.3	119	29.1	23	5.6	23	5.6
冶炼工业	1	1	100.0	—	—	—	—	—	—	—	—
机器工业	168	96	57.2	3	1.8	50	29.7	11	6.5	8	4.8
电器工业	28	18	64.4	—	—	6	21.4	3	10.7	1	3.5
化学工业	54	34	62.9	3	5.6	9	16.7	1	1.9	7	12.9
纺织工业	92	20	21.7	16	17.4	52	56.5	3	3.3	1	1.1
饮食品工业	22	12	54.6	4	18.2	1	4.5	1	4.5	4	18.2
文化工业	31	26	83.9	—	—	1	3.2	3	9.7	1	3.2
其他工业	14	12	85.8	—	—	—	—	1	7.1	1	7.1

二、西迁工业机器原料统计　单位：吨

类别	共计	四川	百分比	陕西	百分比	湖南	百分比	广西	百分比	其他各省	百分比
总计	63768.2	40745.7	63.9	10414.0	16.3	8222.0	12.9	3333.6	5.2	1053.8	1.7
冶炼工业	1151.9	1151.9	100.0	—	—	—	—	—	—	—	—
机器工业	13255.0	9781.1	73.9	138.0	1.0	1198.7	9.0	1782.6	13.4	353.6	2.7
电器工业	5299.8	2273.2	41.9	—	—	2542.6	48.0	478.5	9.0	5.5	0.1
化学工业	8093.4	3411.6	42.2	140.0	1.7	3898.6	48.2	126.6	1.5	51.6	6.4
纺织工业	30822.0	20414.5	66.9	9256.0	30.0	424.5	1.4	726.0	2.3	1.0	0.1
饮食品工业	3212.7	2021.8	62.9	880.0	27.4	154.0	1.7	—	—	156.9	5.0
文化工业	1374.3	1137.3	82.8	—	—	13.0	0.2	212.4	15.5	20.0	1.5
其他工业	560.0	554.3	98.9	—	—	—	—	5.5	1.0	0.2	0.1

三、西迁技工统计　单位：个

类别	共计	四川	百分比	陕西	百分比	湖南	百分比	广西	百分比	其他各省	百分比
总计	11036	7311	66.3	352	3.2	2561	23.2	524	4.7	288	2.6
冶炼工业	360	360	100.0	—	—	—	—	—	—	—	—
机器工业	5588	3817	68.3	38	0.7	1221	21.8	381	6.9	130	2.3
电器工业	684	545	79.6	—	—	114	16.7	25	3.7	—	—
化学工业	1378	642	46.7	33	2.4	593	43.0	8	0.6	100	7.3
纺织工业	1603	738	45.9	231	14.4	633	39.5	—	—	3	0.2
饮食品工业	549	444	80.9	50	9.1	—	—	—	—	55	10.0
文化业	606	527	87.0	—	—	—	—	79	13.0	—	—
其他工业	270	240	88.9	—	—	—	—	30	11.1	—	—

综 合 资 料

作为后方工业建设基础的西迁工厂，上面的三个统计，已经有了清楚的表现，用不着逐项给以解释。这里要着重说明的，是这些西迁工厂对于后方工业发展具有决定意义的几点：第一，我国战后工业的大部分和大型工厂，多数是不及或不愿迁移，可是迁移的工厂亦多是设备和技术都较进步的，这在器材和技工在各部门所占的比重比较厂数的分配更为优越一点，就可以看出；而这种技术和设备的优越条件，自然是后方工业能够迅速发展的技术基础。第二，从厂数、器材和技工的分配上，充分表现重工业和化学工业所占的重要地位；无疑的这种重工业的重要地位，也是影响后方工业发展趋向的一个决定因素。第三，西迁工厂的厂数，特别是器材和技工到达目的地的分配，也就是后方工业之地域分布的一个最好说明；而四川在后方工业的重要地位，也早已由他在这个统计上的优越地位所预示出来了。

二十九年以后，利用各条可能的运输道路，个别内迁的工厂，亦复时有所闻；也有若干新旧工厂，经过香港、海防和仰光，从国外购运设备器材。再一次规模较大的工业迁移，是发生于三十三年华南战事中湘桂工厂的二次内迁。不过这次再迁的工厂，虽有九五家，运出的机料吨位，虽有七八，七三五吨，但其运达安全地带的仅有二〇一吨，其余的都在沿途损失。而在后方设厂复工的更只有新中工程公司、华成电器厂等七家合组的衡联工厂，大中机器厂、六河沟机器厂等十家改组的中南联合工厂等三十二家。所以这次湘桂工厂的再迁，对于后方工业的建设意义远不如它被破坏的意义来得大。现将湘桂工厂内迁机料统计，引载于后，以为研究战时工业的一个参考。

湘桂工厂迁运机料统计

迁出地区	厂数	运出吨位	未运出吨位	沿途损失吨位	运达吨位	损失总吨位
总计	95	7873.5	2973.5	7672.5	201.0	10646.0
桂林	45	2876.7	955.5	2798.2	78.5	3753.7
衡阳	35	2712.3	279.0	2664.3	48.0	2943.3
祁阳	7	1453.5	1249.0	1446.0	75.0	2695.0
柳州	6	751.0	410.0	684.0	67.0	1094.0
其他	2	80.0	80.0	80.0	——	160.0

录自《经济周报》第一卷第七期，一九四五年十二月十三日，"战时大后方工业"特载（二）。

大后方工业的发展(一九四五年十二月)

李紫翔

　　大后方的工业是在抗战期中迁移与建设起来的,而后方工业的发展,亦已给我们许多不平常的特征。譬如说,东部工业的西迁自然是后方工业的主力和动力,但后方工业的所以发展和其发展的方向,则又受了军事的要求,人民投资心理的转变,以及原料、销场、物价、交通等条件的影〈政治〉响。的确,人民对于工业投资的热忱和政府对于工业的扶助,在我们都还是史无前例的事。有一个时期,一向逗留于生产行程以外的商业资本、土地资本和官僚资本,都曾热心于创办工业,而政府对于工业的迁移、复建与开工,亦曾在运输、建筑与运用资金方面,给了许多有价值的扶助。我们可以说,后方工业在艰难时期和贫乏条件下,能以一时兴起的原因,并非偶然的。不过,亦正因于条件的限制和扶助的不够,后方工业也迅速由繁荣转入萧条,由兴起转入衰落了。抗战胜利后的今天,后方正是漫山遍野的卷起减工关厂的大浪潮。所以我们对于后方工业的介绍,一定要从平面的静态的论述,进到发展行程中的动态的分析,才能得到全部的正确的理论。我们前在《后方工业鸟瞰》中说,后方共有工厂五,二六六家,资本四,八〇一,二四五千元,现在再依据开工年份做成每年的统计数字,借以明白它的具体发展趋势。(关于后方工业资本,都是依据开工时的登记资本或法定资本,随着币值的逐年下落,票面数字和其实际所代表的价值,是有极大的差异的。依据货币购买力把它折成战前币值,待后面论到《后方工业的资本问题》时,再来申论。这里仍以各种不同价值的登记数字为准。)

大后方工业依开工年份之厂数及资本统计

厂数单位:家　资本单位:千元

年　别	厂　数		资本额	
	实数	比数	实数	比数
总　计	5266	100.00	4801245	100.00
廿五年前	300	5.70	117950	2.46
廿六年	63	1.20	22388	0.47

续表

年别	厂数		资本额	
	实数	比数	实数	比数
廿七年	209	3.97	117750	2.45
廿八年	419	7.95	286569	5.97
廿九年	571	10.85	378973	7.91
卅 年	866	16.44	709979	14.79
卅一年	1138	21.61	447612	9.32
卅二年	1049	19.92	1486887	30.97
卅三年	449	10.42	1119502	23.29
年份不明	102	1.94	113635	2.37

依照开工年份之厂数及资本的统计，可知自二十七年起后方才走上发展工业的道路，而厂数上是以三十一年，资本上则以三十二年达到发展的最高峰。自此以后，竞相设厂的浪潮渐次减低，复回到二十八、九年间的水准。虽然三十三年的资本数超过三十【年】及三十一年的数额，这主要的是由于货币贬值所现的幻象。实际上后方工业生产，三十二年即已达到萧条时期，而生产艰危程度的增加，亦自必影响到工厂设立的趋势。为了更进一步的观察后方工业之部门及区域的具体发展行程，我们再引证厂数及资本的业别和地域别两种统计。

（一）大后方工业发展之厂数的地域别统计　厂数单位：家

地域别	共计	二十五年以前	二十六年	二十七年	二十八年	二十九年	三十年	三十一年	三十二年	三十三年	年份不明者
重庆	1521	28	17	62	126	166	1239	389	313	168	13
四川	850	70	9	15	44	82	127	220	142	122	19
西康	11	1			3	4	1		1	1	
贵州	206	6			10	19	18	24	82	23	24
云南	165	7	1	3	16	19	23	38	33	20	5
广西	384	25	5	11	33	29	85	66	84	30	16
广东	71	3		1	3	7	14	22	11	10	——
福建	61	4	3	2	6	5	8	14	15	3	1
湖南	935	89	13	73	71	122	144	186	181	53	3
江西	164	2		7	24	17	16	18	55	18	7
浙江	139	16		5	17	16	28	14	27	14	2
江苏	51	10	6	6	7	4	8	3	4	——	3
安徽	25	——				3	5	6	3	8	
陕西	365	21	6	20	39	45	71	72	33	52	6
甘肃	219	15	3	3	16	19	39	39	61	22	2
宁夏	3					1	1	1			
绥远	7						1	2	4		
湖北	28				3	5	10	6	1	2	1

续表

地域别	共计	二十五年以前	二十六年	二十七年	二十八年	二十九年	三十年	三十一年	三十二年	三十三年	年份不明者
河南	40	3	——	1	——	6	13	11	3	3	——
山西	21	——	——	——	——	1	14	6	——	——	——
总计	5256	300	63	209	419	571	866	1138	1049	549	102

(二) 大后方工业发展之厂数的业别统计　厂数单位:家

年别	冶炼工业	机器工业	五金工业	电器工业	化学工业	纺织工业	服饰品工业	饮食品工业	印刷文具业	杂项工业
共　计	198	1016	337	124	1520	1026	182	601	154	108
二十五年以前	10	64	25	6	83	54	14	19	19	6
二十六年	4	20	5	2	14	4	3	5	4	2
二十七年	10	58	29	2	41	30	12	8	15	4
二十八年	35	100	31	10	80	93	25	20	16	5
二十九年	23	146	47	16	148	104	20	35	19	13
三十年	41	165	57	18	250	168	44	82	21	20
三十一年	28	241	65	36	266	248	30	185	18	21
三十二年	37	94	49	21	416	218	8	144	35	27
三十三年	8	126	28	8	138	100	26	98	7	10
年份不明者	2	2	1	5	80	7	——	5	——	——

(三) 大后方工业发展之资本的地域别统计　单位:千元

地域别	共计	二十五年以前	二十六年	二十七年	二十八年	二十九年	三十年	三十一年	三十二年	三十三年	年份不明者
重庆	1408124	13670	8447	51007	87866	183113	336802	51154	439531	221184	15350
四川	1134396	41085	6944	30885	28355	63583	109012	128100	339037	358075	29320
西康	20930	120	——	——	358	15082	170	——	200	5000	——
贵州	130604	1409	——	——	9630	10077	7589	18020	56619	14150	13110
云南	524350	4666	30	686	100420	58543	30400	31145	96965	193195	8300
广西	284318	13246	4467	13742	10699	3218	36441	44507	91942	33956	12100
广东	32143	360	——	1000	220	1502	1976	8088	2437	16560	——
福建	33598	1380	84	3550	7316	880	3567	2341	9780	2700	2000
湖南	524641	16797	589	6887	9433	11558	21786	56753	207320	192673	845
江西	100850	25	——	1998	11968	4412	4544	18905	41197	11301	6500
浙江	88261	7977	——	1468	1425	653	8811	15799	47758	4150	220
江苏	10182	1900	60	1800	3448	1775	316	179	705	——	——
安徽	6107	——	——	——	——	596	397	820	250	4044	——
陕西	315914	14301	1682	4649	12789	16472	92658	37459	76735	53779	5390
甘肃	167142	1014	75	78	720	3420	29564	31475	74861	5735	20200
宁夏	130	——	——	——	——	110	17	3	——	——	——
绥远	140	——	——	——	——	——	5	55	80	——	——
湖北	12106	——	——	——	1152	563	4600	1491	1000	3000	300
河南	6808	——	10	——	660	3483	1035	1070	550	——	——
山西	500	——	——	——	——	21	253	226	——	——	——
总计	4801245	117950	22388	117750	286569	378973	709979	447612	1486887	1119502	113635

(四)大后方工业发展之资本的业别统计　　单位:千元

年别	冶炼工业	机器工业	五金工业	电器工业	化学工业	纺织工业	服饰品工业	饮食品工业	印刷文具业	杂项工业
共计	748005	704722	135137	170160	1475058	808332	64846	466266	106155	122564
二十五年以前	1795	13406	3011	12996	50767	22877	2188	7482	2531	897
二十六年	80	468	4060	115	7254	1077	930	368	4006	4030
二十七年	11270	10316	3079	10950	51643	14530	280	6265	8107	1310
二十八年	56711	65839	3321	32470	42848	54052	1092	25836	4022	378
二十九年	129411	17342	3229	12012	66857	77736	975	14477	3088	53846
三十年	286182	46395	6919	8338	230253	61053	8756	30568	27279	4236
三十一年	45209	75327	16268	32303	61534	126985	17747	53534	10710	7995
三十二年	184280	249646	37972	44095	499430	227016	14780	164165	35462	30040
三十三年	30067	225983	57278	15300	382772	196041	18098	163181	10950	19832
年份不明者	3000			1580	81700	26965	——	390	——	

依照厂数及资本数之地域别的统计,重庆、湖南、陕西、四川、广西四〔五〕省【区】是于二十七年最先及最多的迁建工厂的区域,其他的省份即要延至二十八年乃至二十九年才有工厂的设立。同样的,这四〔五〕个省区亦最先于三十一年达到设厂的饱和点,其他次要的省区设厂饱和点,或是开始减少的时期,却多延迟了一年,这种厂数的增减趋势,正是合于主要工业中心与次要工业中心的自然关系的。至于资本方面的统计指示,饱和点的时期,大半延缓一年。而四川、云南还以三十三年为资本增加最巨的一年。从上述的两个统计中,还告诉了我们一件事,即更偏僻和一部分沦入战区的省份,战时工厂的兴起固然甚迟,而其停止却又是极早的,例如三十二年乃至三十一年在宁夏、绥远、山西、河南等省已无新工厂设立了。这里,正是告诉我们,工业的发展,除了政治的安定外,又是如何依赖于一般经济条件的。

再从后方工业发展之业别统计看:在厂数上,冶炼工业、机器工业、五金工业、化学工业及纺织工业在二十七年即已显出首先设立的现象,其他各项工业则要迟缓一年,就其发展的饱和点言,则冶炼工业及服饰品工业停顿于三十年。机器工业、五金工业、电器工业、纺织工业及饮食品工业,则以三十一年为发展的最高峰,而化学工业及印刷文具工业,在三十二年尚有更大的发展。这种工业发展的趋势,似是一方面既表现了后方工业建设之注意的重点所在,另一方面亦说明各种工业如何适应它的客观需要,或是何种工业首先遭遇了一般经济条件的限制。至于资本统计所表现的现象,有两个特点:一个是各业资本的最高峰,一般是要较厂数迟一年或两年,这是因为较后设立的工厂,更多的受了币值减低的影响和较大的工厂往往开工较迟的缘故。另一个特点是各业资本在各年的增减趋势,比较厂数更多表现参差不齐的现象,似乎说明了后方工业发展趋势颇不确定外,主要的还包含了后方工业的规模,往往是大小相差极巨的因素在内。

总之,后方工业依开工年份统计出的厂数资本之业别、地域别的四个统计表,前二个是表示我国战时工业政策的重心和其与原料销场等一般经济条件的关系,后二个则是表示后方各工业区的生长,以及地方条件对于工业建设的努力和限制程度的指标。而把这两者综合考究起来,就是大概地指示出后方工业之纵横发展的趋势了。

录自《经济周报》第一卷第八期,一九四五年十二月二十日,"战时大后方工业"特载(三)。

大后方工业资本的重估(一九四六年一月)

李紫翔

大后方的工业资本,我们在《大后方工业的鸟瞰》中,原已引证了一个统计数字,即截至三十三年底,登记的五,二六六家工厂,共有实缴资本四,八○一,二四五千元,并把它在各个工业部门和地域的分配,做过一个简要的分析。但这样依据历年登记工厂实缴资本而得来的资本数字,由于货币价值的每年乃至每月的猛烈跌落,实际上既不可以真实的代表客观的价值——即其实纳资产;另一方面,还可以引导我们得到许多不正确的认识。举个例子说,二十九年一个拥有五万枚纺锭的大型纱厂,并经过升值后的实缴资本才为八百万元,三十二年又一个拥有二千枚纺锭的小型纱厂,却有资本二千万元,而在本年上半年仅有四五十个工人的制药工厂,更有资本二万万元。如依法币票面数字计算起来,显然是不能代表它们的真实资产的,相反的,依据这些数字作为分析的根据,无论在与战前工业的比较上,或在战时工业的发展及在各个工业部门与地域的比重上,都是会给我们一种数字的幻想,以至得出错误的结论的。

在工业统计中,资本数字常是研究工业发展及其组织规模的重要指标,所以对于战时工业的资本,应该依据货币价值或资产价值做一新的统计。关于后方工业资产的估值或升值,当在通货膨胀行程中,工业家由于经营、发展、借款及纳税等原因,曾提出资产升值的要求与主张,但终未获得允准实行,即有少数以增加资本的方式实行升值的,其法定资本与实际资产依然有极大的距离,而随着通货减值程度的发展,距离的程度也逐年逐月的扩大起来。在币值重复稳定以前,它的尺度作用,亦将是不能解决的矛盾。况且升值既无一定办法,我们虽有一部分工厂的每年资本数字,但因无法判别它的性质,故不能加以统计,亦不能据以作估计的标准。因为这样,我们在没有更直接的资料时,即在依开工年份统计设立的工厂,同时亦将它的资本做了一个分年的统计。在假设各厂填报的资本与其设立时期相一致的前提之下,就可以依据物价指数所表现的货币购买力将工业资本换算战前货币单位的可能。这,就是本篇后方工业资本之重估的依据和方法。

这样换算的战时工业之战前币值的资本数字,自然仍是粗略的估计。因为开工多年而后履行登记的工厂,可能因事实需要而中途增加了资本,而中途增资的数量又多未尽申报,这样在依开工年位货币购买力计算的币值资本,可能是被增大了的,尤其对于战前开工工厂的资本,更有偏大的可能。再在公营工业方面,常有依据计划分年增加资本的习惯,而在其自身的资产计算上,亦只仅作货币面值的累计,并不分别注明,这在我们的估计方法下,亦不免将其增大起来。另一方面,采取独资合伙组织的民营工业,那是工厂总额中占取一个最大数目的,依据习惯又常将其法定资本故意以多报少,而其故意以多报少的程度,在管制税收与物价的复杂综错的情形下,亦殊难加推测,这样,经过我们的估计,又不免有偏小的可能。此外还有一个因素,使我们的估计不能十分正确的,即物价上涨,货币购买力的下降,三十年以后常常是每月每周都有极大程度的差异,而依开工年份统计的工业资本却是以年计算的,虽然我们引用的物价指数亦是重庆市趸售物价的每年平均指数,而其不能尽符事实,亦无可讳言。不过,我们对于战时工业资本的重估,虽有偏大或偏小的错误,可是在当前情形之下,这种估计,还是一个唯一可能的并较接近于实际的数字,在当把它和依法定资本计算的数字作比较研究时,更能发现许多新的不同的特点,换句话说,在揭开货币面值的幻衣之后,使我们得在资本的角度上,能进一步地观察到战时工业的实际面目。

这里,先来将依开工年份计算的厂数,法定资本及币值作一总的观察:

大后方工业依开工年份之厂数,法定资本及币值资本统计

厂数单位:家　资本单位:千元

年　别	厂　数		法定资本		币值资本	
	实　数	百分数	实　数	百分数	实　数	百分数
总　计	5266	100.00	4801245	100.00	487480	100.00
二十五年以前	300	5.70	117950	2.46	117950	24.20
二十六年	63	1.20	22388	0.47	22166	4.55
二十七年	209	3.97	117750	2.45	86583	17.76
二十八年	419	7.95	286569	5.97	120914	24.80
二十九年	571	10.85	378973	7.89	59031	12.11
三十年	866	16.44	709979	14.79	45718	9.38
三十一年	1138	21.61	447612	9.32	9896	2.03
三十二年	1049	19.92	1486887	30.97	14486	2.97
三十三年	549	10.42	1119502	23.32	3419	0.70
年份不明者	102	1.94	113635	2.36	7317	1.50

注:年份不明者之法定资本,系依三十年之货币购买力计算。

依据换算战前币值的后方工业资本统计，可以得出几个新异的认识：首先，币值资本四八七，四八〇千元，仅等于法定（实缴）资本的四，八〇一.二四五千元的十分之一，而大于战前全国登记工厂资本的三七三，三五九千元，约百分之三〇，并大于战前后方重要省区登记工厂资本的二三，五〇八千元，约大二〇倍。这一现象，一方面告诉我们关于战时后方工业的发展程度；另一方面，一般物价皆已上涨二〇〇〇倍左右，而工业资本仅约上增十倍。假如社会的各种资本数量，都是追随物价上涨程度而上涨的话，那么，无疑的战时工业资本要算增涨〔长〕最少的一种。其次，法定资本的增减与历年工厂设立的趋向，是大体一致的，但由币值资本表现的趋势，却不相同。前二者自二十七年来逐年增加，至三十一年或三十二年才达到最高点，而始行下落。后者的最繁荣时期仅限于二十七年至二十九年，尤以二十八年为战时工业资本最高的一个标志，那年的资本几占总额的四分之一，而自二十九年起资本增加速度即行大为减缩，并成为猛降的趋势。这个由币值资本所表现的趋势，虽与依设立厂数或法定资本的统计，颇多差异，甚至相反，但其可靠性仍是比较最高。因为后方规模较大的工厂，大多是由迁建而来；而由东部迁移的工厂亦多在二十七年至二十九年内复业开工的，三十年以后，则多是由复业的迁建工厂供应机器设备或由部分老板和技师分裂出来新创的小型工厂。这种特点，在下列的业别统计上，更可以给我们较清晰的认识：

大后方工业币值资本之业别统计　　单位：千元

年别	共计	冶炼工业	机器工业	五金工业	电器工业	化学工业	纺织工业	服饰品工业	饮食品工业	印刷文具工业	杂项工业
总　计	487480	75755	59711	12550	38562	151900	80828	5083	30883	17007	15201
二十五年以前	117950	1795	13406	3011	12996	50767	22877	2188	7482	2531	897
二十六年	22166	79	463	4020	114	7183	1066	921	364	3966	3990
二十七年	86583	8287	7586	2264	8052	37973	10684	206	4617	5961	963
二十八年	120914	23928	27780	1401	13700	18080	22807	461	10901	1697	159
二十九年	59031	20157	2701	503	1871	10414	12109	152	2255	481	8388
三十年	45718	18428	2988	446	537	14826	3931	564	1969	1756	273
三十一年	9896	1000	1665	360	714	1360	2808	392	1183	237	177
三十二年	14486	1796	2432	370	429	4867	2211	144	1599	345	293
三十三年	3419	92	690	175	47	1167	599	55	498	33	61
年份不明者	7317	193			102	5261	1736		25		

大后方工业币值资本之业别统计百分比

年　别	共　计	冶炼工业	机器工业	五金工业	电器工业	化学工业	纺织工业	服饰品工业	饮食品工业	印刷文具工业	杂项工业
总　计	100.000	15.540	12.249	2.574	7.910	31.160	16.581	1.043	6.335	3.489	3.119
二十五年以前	24.197	0.368	2.750	0.618	2.666	10.414	4.693	0.449	1.535	0.520	0.184
二十六年	4.547	0.016	0.095	0.825	0.023	1.474	0.218	0.189	0.075	0.814	0.818

续表

年 别	共 计	冶炼工业	机器工业	五金工业	电器工业	化学工业	纺织工业	服饰品工业	饮食品工业	印刷文具工业	杂项工业
二十七年	17.762	1.700	1.557	0.465	1.651	7.789	2.192	0.042	0.945	1.223	0.193
二十八年	24.804	4.909	5.698	0.287	2.810	3.710	4.678	0.095	2.236	0.348	0.033
二十九年	12.109	4.134	0.554	0.103	0.384	2.136	2.485	0.031	0.462	0.099	1.721
三十年	9.377	3.780	0.612	0.091	0.111	3.041	0.806	0.116	0.404	0.360	0.056
三十一年	2.024	0.205	0.342	0.074	0.146	0.279	0.576	0.080	0.243	0.048	0.036
三十二年	2.972	0.369	0.499	0.075	0.088	0.998	0.454	0.030	0.328	0.071	0.060
三十三年	0.702	0.019	0.142	0.036	0.010	0.240	0.123	0.011	0.102	0.006	0.013
年份不明者	1.501	0.040	——	——	0.021	1.079	0.356	——	0.005	——	——

依据上列的币值资本之业别的实数和其百分比看来,我们应指出:这里表现的各工业部门在资本上的比重,是与依法定资本计算的大致相似;在这个百分比表现较大变动的,只是电器工业由百分之三.五四增高为七.九一,饮食品工业由九.七一降低为六.三四,机器工业由一四.六八,降为一二.二五,此则表示上项工厂开工有先后的关系,其他各项工业的变动都不过百分之一左右。再就各工业部门之历年增加的数字和其比数说,原是对于后方各种工业发展的一个具体说明,用不着再加申论,现就各工业部门发展的相互比较上,指出几点值得注意的现象,如就各业资本增加最多的一年论,则冶炼、机器、电器、纺织、饮食品工业皆为二十八年,化学及印刷工业为二十七年,杂项工业为二十九年,而五金、服饰品工业皆为二十六年。此种开工时期的重点所在,对于投资趋向、客观需要及复工难易等都可有所说明;同时各业的相互关系,虽然不一定是合理的关系,也是可以于此获得索解的。此外,还有一个重要现象,即各业资本的增加速度,都是非常不稳定的,只有冶炼、化学及纺织工业尚能保持三年或四年继续增加的较高水准,其他都是忽升忽降,而其升降之间的距离,又常是非常巨大。这些非常的现象,都是构成我国战时工业组织的一些特点,同时,也可以说是后方工业的脆弱的所在。

同样的,由于以货币购买力估算的币值资本,可以相当的揭除通货膨胀的幻象,后方工业资本在地域的分配,也和它在工业部门的分配一样,可以指给我们许多新的认识,也是较接近事实的认识。为了对战时工业作一个完全的观察,我们又特制了地域别的币值资本统计和百分比。

大后方工业币值资本地域别统计 单位:千元

地域别	共 计	二十五年以前	二十六年	二十七年	二十八年	二十九年	三十年	三十一年	三十二年	三十三年	年份不明者
总计	487480	117950	22166	86583	120914	59031	45718	9896	14486	3419	7317
重庆	152899	13670	8364	37506	37074	28522	21687	1129	4282	676	987
四川	103671	41085	6875	22710	11963	9904	7019	2830	5303	1094	1888

续表

地域别	共计	二十五年以前	二十六年	二十七年	二十八年	二十九年	三十年	三十一年	三十二年	三十三年	年份不明者
西康	2648	120	——	——	151	2348	11	——	2	16	——
贵州	9361	1409	——	——	4063	1570	483	397	552	38	844
云南	61407	4666	30	504	42370	9119	1957	693	944	590	534
广西	39185	13246	4423	10105	4513	501	3634	983	896	105	779
广东	1803	360	——	735	93	234	127	178	24	52	——
福建	7811	1380	83	2610	3087	137	229	52	96	8	129
湖南	33545	16797	538	5064	3980	1800	1403	1255	2020	589	54
江西	8799	25	——	1469	5053	688	292	418	401	34	419
浙江	11169	7977	——	1080	601	102	567	350	465	13	14
江苏	5045	1900	59	1324	1455	276	20	4	7	——	——
安徽	151	——	——	——	——	93	26	18	2	12	——
陕西	35402	14301	1665	3418	5396	2566	5967	829	748	165	347
甘肃	6630	1014	74	58	304	533	1903	696	729	18	1301
宁夏	49	——	——	——	46	3	——	——	——	——	——
绥远	7	——	——	——	——	——	1	4	2	——	——
湖北	941	——	——	——	486	88	296	33	10	9	19
河南	927	——	——	10	——	279	543	66	24	5	——
山西	30	——	——	——	——	3	22	5	——	——	——

大后方工业币值资本地域别百分比

地域别	共计	二十五年以前	二十六年	二十七年	二十八年	二十九年	三十年	三十一年	三十二年	三十三年	年份不明者
总计	100.000	24.197	4.547	17.762	24.804	12.109	9.377	2.029	2.972	0.702	1.501
重庆	31.571	2.804	1.716	7.695	7.608	5.851	4.449	0.229	0.878	0.138	0.203
四川	22.293	8.428	1.410	4.659	2.454	2.031	1.440	0.580	0.680	0.224	0.387
西康	0.543	0.025	——	——	0.031	0.482	0.002	——	——	0.003	——
贵州	1.920	0.289	——	——	0.833	0.322	0.100	0.082	0.113	0.008	0.173
云南	12.597	0.957	0.006	0.103	8.692	1.871	0.401	0.142	0.194	0.121	0.110
广西	8.038	2.717	0.907	2.073	0.926	0.103	0.745	0.202	0.184	0.022	0.160
广东	0.370	0.074	——	0.151	0.019	0.048	0.026	0.037	0.004	0.011	——
福建	1.602	0.283	0.017	0.535	0.633	0.028	0.047	0.011	0.020	0.002	0.026
湖南	6.881	3.446	0.120	1.039	0.816	0.369	0.288	0.257	0.414	0.121	0.011
江西	1.805	0.005	——	0.301	1.037	0.141	0.060	0.086	0.082	0.007	0.086
浙江	2.291	1.637	——	0.221	0.123	0.021	0.116	0.072	0.095	0.003	0.003
江苏	1.035	0.390	0.012	0.272	0.298	0.057	0.004	0.001	0.001	——	——
安徽	0.031	——	——	——	——	0.019	0.005	0.004	0.001	0.002	——
陕西	7.262	2.934	0.342	0.701	1.107	0.526	1.224	0.170	0.153	0.034	0.071
甘肃	1.360	0.208	0.015	0.012	0.062	0.109	0.390	0.143	0.150	0.004	0.267
宁夏	0.010	——	——	——	0.009	0.001	——	——	——	——	——
绥远	0.001	——	——	——	——	——	0.001	——	——	——	——
湖北	0.193	——	——	——	0.099	0.018	0.061	0.007	0.002	0.002	0.004
河南	0.190	——	——	0.002	——	0.057	0.111	0.014	0.005	0.001	——
山西	0.006	——	——	——	——	——	0.001	0.004	0.001	——	——

从这个地域别的分配上,我们要着重指出的特征是:第一,各省区在币值资本上的地位,是与它们在厂数或法定资本所表现的是颇多不同的。如从后

方最重要的八个省市图,即可发现这样的增减现象。

地域别	币值资本的百分比	法定资本的百分比	厂数的百分比
广　西	8.038	5.92	7.29
云　南	12.597	10.93	3.19
陕　西	7.262	6.57	6.97
重　庆	31.571	29.33	28.85
四　川	22.293	23.63	16.41
贵　州	1.920	2.73	3.99
湖　南	6.881	10.93	17.76
甘　肃	1.360	3.48	4.19

上述重要省市的币值资本的百分比,广西到重庆四省市是被增高了的,增高的程度是自百分之六一,四〇,三〇至百分之六;自四川至甘肃四省是被减削了的,减削的程度自百分之七.六,一〇.五,一五,以至百分之三六。这些差异的原因,是关系到设厂迟早、规模大小和工业性质等问题,而为研究工业区域的好资料。其次,各省工业资本在开工年份的分配上,亦引导我们得到进一步的观察,如:二十五年以前开工工厂的资本比重,是以湖南最高,达百分之五十以上;陕西、四川及广西,亦达百分之四〇.三八或三四;甘肃、贵州皆在百分之一五;而为战时工业之重心的重庆,却仅占百分之九;西南重镇的云南,更不过占百分之八。再次,各重要省区工业的创设,多半集中于二十七年至三十年四年间,而云南工业资本的百分之六九,却集中于二十八年,同时贵州直到二十八年才有新工厂的设立。这些都是应受注意的特点。

本文因受篇幅限制,已不能再作深入的分析,就以这些整理的资料,供给读者以作研究的参考罢。

录自《经济周报》第二卷第一期,一九四六年一月三日,"战时大后方工业"特载(四)。

大后方的国营工业(一九四六年二月)

李紫翔

　　大后方的战时工业，依企业性质看，有两个重要特点：一个是没有外资直接经营的工厂，另一个是国家各级政府经营的工业占取了非常重要的地位。前者的原因，是因西部地区的经济极为落后，向为获取超额利润的国际投资者不肯光临，等到战事发生，在华的外资工厂也就不及和不愿迁移了。记得二十七年拆迁武汉一带的工厂时，汉口和九江的两个纱厂，因有英人的投资，他们极力反对，甚至派遣外交人员驻守厂中，阻止拆移机器。后者，因为军事需要，并亦因为统制经济或计划经济思想盛及〔极〕一时，许多政务和业务机关争相办起与本身事业有关或无关的工业，而国营或官办工厂就在各方面迅速增加起来了。

　　关于国营工业的定义和经营主体，现在尚无确定的释明。流行的几种说法：最狭义的是以资源委员会经营的工矿业，才认为国营企业；较广义的，是以中央各部会经营的为范围；最广义的，则包含中央、地方各级政府、军队、党团部、中央及地方银行等所经营的工业在内。我们在统计上是采用广义的，不过冠以公营工业的类名，而在类名下，再分国营、省营、县营、国省合营及国民合营等项目，似乎较为恰当。就经营主体说，资源委员会自是首屈一指的国营工业的专管机关，但经济部及其所属的前工矿调整处，亦有不少的工业投资。军政部是兵工业的经营机关，除兵工厂外，亦经营钢铁、炼油、酒精、毛织、棉纺、棉织及被服等工业。交通部则经营有造船、造车、机器及炼油、酒精等工业。粮食部设有中国粮食公司，经营粮食加工工业。财政部则由所属的花纱布管制局、贸易委员会、复兴公司及中茶公司各自经营了若干工厂。此外，农林部、教育部及社会部，亦多少有直接经营或附属的工厂。账〔经〕济委员会未裁撤前，曾经营了二三十个难民工厂，以纺织等轻工业为主。国家银行中经营工业的，以中国银行的雍兴公司为最大，它已有近三十个单位的工厂，其次，交通银行、中央信托局及中国农民银行，亦有直接经营的工业。至于省级政府，差不多都有类似于企业公司的组织，亦有在企业公司之外，还有直属于建设厅、财政厅或秘书厅。工厂，市县政府经营的工业，则多属于含有救济性的民生工厂一类。另外,战区司令长官部、集团军及军司令部,亦有经营工业的。此种复杂的经营主体,只有以公营概括之,但无疑的中央部会及国家银行经营的,在性质、规模上都是处于最重要的地位。我们又为使经营主体的含义较为明确,关于合办或投资的工业,则以何方操持实际经营权作为区分的标准。

说明了我们所用的国营和公营工业一词的性质及范围后,再从统计数字上论述国营工业的趋势和特点。(统计内不包含军政部经营的兵工及军需工业以及其他部会经营未履行登记的工厂。)下面是公营工业厂数及币值资本的业别统计:

公营工业厂数业别统计　单位:家

年别	共计	年别百分比	冶炼工业	机器工业	五金工业	电器工业	化学工业	纺织工业	服饰品工业	饮食品工业	印刷文具业	杂项工业
总计	502	100.00	62	51	11	20	167	146	9	13	10	13
二五年以前	30	5.98	——	2		1	6	17	1		1	2
二十六年	3	0.60					2	1				
二十七年	27	5.38	——	5	5	1	8	8				
二十八年	73	14.54	21	18		4	13	10	3	2	1	1
二十九年	75	14.94	5	6	2	4	29	26	1			2
三十年	128	25.50	26	15		2	35	38	2	4	3	3
三十一年	61	12.15	5	1	2		25	15	1			5
三十二年	72	14.34	3	1		2	32	25	1	3	5	
三十三年	17	3.39	1	1	1		8	4		1		
年份不明者	16	3.18	1	2	1	1	9	2				
业别百分比	502	100.00	12.55	10.16	2.19	3.98	33.27	29.08	1.80	2.59	1.99	2.59

公营工业币值资本业别统计　单位:千元

年别	共计	年别百分比	冶炼工业	机器工业	五金工业	电器工业	化学工业	纺织工业	服饰品工业	饮食品工业	印刷文具业	杂项工业
总计	189183	100.00	58634	29166	1352	23212	47306	25280	207	1520	1680	826
二五年以前	26595	14.06	——	6613		396	15727	3644	20		100	95
二十六年	445	0.23					433	12				
二十七年	19405	10.26		218	1154	7831	8157	2045				
二十八年	71034	37.57	20433	20232		13544	9829	6700	59	84	107	46
二十九年	34801	18.40	18858	35		954	5851	8212		206		685
三十年	27635	14.61	7350	914		64	4041	2766	124	938	1438	
三十一年	2553	1.33	618		133	416	1151	96	1	139		
三十二年	3290	1.74	1179	717	17	7	913	271	1	150	35	
三十三年	946	0.49	67	437	48		151	238	2	3		
年份不明者	2479	1.31	129				1053	1297				
业别百分比	189183	100.00	30.99	15.42	0.71	12.27	25.01	13.36	0.11	0.80	0.89	0.44

从上述厂数和资本的业别统计看来,公营工业的特征是在:第一,在发展时期上,五〇二家工厂,战前设立的仅占百分之六.五八,或一八九,一八三千元资本的百分之一四.二九(资本因系依开工年份的货币购买力换算,在三十年以后履行登记时,其增资部分无法剔出,故战前设立工厂的资本颇有因换算

加大的可能。这在公营工业上，其加大的程度似更较多），所以公营工业的最大多数都是战时的产物，并在厂数，资本发展上皆以二十八年至三十年为最发达，只是厂数的开设以三十年为最多，资本的增加则为二十八年为最巨而已。一般地说，三十一年起，公营工业已由发展的饱和顶点而走起龟步来了。公营工业发展趋势的另一特点，一般的虽是在二十八年始走上迅速发展的道路，三十一年起又复停滞起来，但从各工业部门分别观察，除了化学及纺织两部门的趋势较有持续性外，其他各个部门都是或断或续的毫无稳定性可言，而在三十一年后更如攒牛角尖似的日益狭窄起来。这些都表示公营工业是受着客观条件的怎样限制，而这种限制性也是越来越严重的。其次，从厂数和资本的业别分配上，可见公营工业的重心所在，尤其是电器工业以百分之三.九八的厂数占取百分之一二.二七的资本，冶炼工业以百分之一二.五五的厂数占取百分之三〇.九九的资本和机器工业以百分之一〇.一六的厂数占取百分之一五.四二的资本，更显见它是重心的重心。另一现象，更值得指出的，公营工业不是在重工业部门占取了较大的比重，而是它在轻工业部门如化学及纺织业也占有了如此重要的地位。又如印刷文具业在厂数上虽在第九位，但资本上却升到第六位。这些现象，似又可作为公营工业范围的实际动向看的。

现在再从地域别的统计，观察公营工业的分布情形：

公营工业厂数地域别统计　　单位：家

地域别	共计	百分比	二十五年前	二十六年	二十七年	二十八年	二十九年	三十年	三十一年	三十二年	三十三年	年份不明者
总计	502	100.00	30	3	27	73	75	128	61	72	17	16
重庆	57	11.35	1	—	3	7	7	17	11	5	4	2
四川	51	10.16	6	—	3	7	10	8	6	8	1	2
西康	8	1.59	—	—	—	3	4	1	—	—	—	—
贵州	27	5.38	—	—	—	2	6	4	3	8	1	3
云南	26	5.18	—	—	—	9	5	7	1	3	1	—
广西	41	8.17	7	1	4	6	1	10	4	5	1	2
广东	7	1.39	—	—	—	1	—	3	2	1	—	—
福建	14	2.79	—	—	1	2	1	7	1	2	—	—
湖南	65	12.95	9	1	6	5	7	11	7	17	2	—
江西	47	9.36	1	—	4	11	10	7	3	9	1	1
浙江	52	10.26	1	—	4	12	6	18	3	7	1	—
江苏												
安徽	6	1.20	—	—	—	—	—	1	2	—	3	—
陕西	42	8.37	2	1	—	4	10	15	2	2	2	4
甘肃	27	5.38	1	—	—	—	4	6	9	4	—	2
宁夏	1	0.19	—	—	—	—	—	—	—	—	—	—
绥远												
湖北	11	2.19	—	—	—	3	3	3	2	—	—	—
河南	5	1.00	2	—	—	—	—	1	2	—	—	—
山西	15	2.99	—	—	—	—	1	9	—	2	—	—

公营工业币值资本地域别统计　单位:千元

地域别	共计	百分比	二十五年以前	二十六年	二十七年	二十八年	二十九年	三十年	三十一年	三十二年	三十三年	年份不明者
总计	189183	100.00	26595	445	19405	71034	34801	27635	2553	3290	946	2479
重庆	58531	30.96	2000	——	6176	9806	21853	16890	766	589	161	290
四川	20252	10.71	3914	——	302	7163	4558	2024	423	1633	10	225
西康	2506	1.33				147	2348	11				
贵州	3740	2.01				1983	1269	192	176	34	6	80
云南	41105	21.74				38158	1376	922	15	196	428	
广西	27245	14.44	11948	156	9583	3540	144	1137	156	29	37	515
广东	174	0.09				42		63	52	17		
福建	3273	1.73			404	2743	23	35	10	58		
湖南	11208	5.94	7568	277	1643	169	894	189	85	174		
江西	5883	3.12	5		357	4416	551	273	89	116	18	58
浙江	2026	1.07	32		859	461	42	276	214	139	8	
江苏												
安徽	26	0.01						9	16		1	
陕西	8302	4.26	1028	12	66	1760	1323	4022	7	11	63	10
甘肃	4096	2.17	100		15		338	1528	520	294	——	1301
宁夏	46	0.02				46						
绥远												
湖北	606	0.32				486	71	30	19			
河南	139	0.07				114	8	1				
山西	25	0.01					3	18	4			

　　公营工业的地域分布的特征,主要的是在:除了远后方的几个经济较稍发达的省区,是它的集中区域外,在战区的或是较僻远的省区,也显出了它的重要地位。其次,从厂数上看,占取总额百分之五以上的有十省市,在资本上占取同样地位却减为五省市,尤其是重庆、云南、广西及四川四区共占资本总额的七七.八五。这里,一方面表示资本的分布是较厂数更为集中,另【一】方面那些资本比重较厂数为低的省区,是因省营工业占了更重要地位的缘故。省营和县营工业的单位虽多,但在资力上远不足以和中央经营的作比较。再次,公营工业的地域分布和它在业别的分配一样,依据开工年份看来,它的设立先后,似少健全的客观基础,而分布亦不符合均衡发展的要求。即在公营工业最集中的省区内,它的发展亦不免是一种寒热病似的优势。这显示战时工业,也许特别是公营工业含了更多的偶然性在内。这种偶然性无论来自客观的或主观的原因,但都对于公营工业的发展优势,已经是起着并更将是起着重大的作用的。

　　上面的论述,都是关于公营工业自身的分析,现在再从它与民营工业的相对地位上,作一简单的比较。

　　公营工业的相对地位,计在厂数占百分之九.五三,币值资本占百分之三八.八一,工人数占百分之二九.二一,显见公营工业的优势是在规模比较宏大的一点,而这种趋势在工业部门或地域分布的分析上,似乎更为明显。就重要工业部门言:公营工业在冶炼工业上占取厂数的百分之三一.三一,资本的百分之七七.四〇;电器工业占取厂数的百分之一六.一五,资本的百分之六〇.一九;机器工业占取厂数的百分之五.〇二,资本的百分之四八.三五;纺织工业占取厂数的百分之一四.二三,资本的百分之三一.二八;化学工业占取厂数的百分之一〇.九九,资本的百分之三一.〇一。此外的工业部门,除了服饰品工业和杂项工业,公营工业资本的比重都是较厂数占了相对优势。与此工业部门的优势相似的,即是公营工业之地域的分配。在地域的分配方面,公营工业在各省区和民营工业的相对地位是:从各省工业的厂数上看,计占山西的百分之七一.四三,西康的百分之六六.六七,浙江的百分之三七.九六,湖北的百分之三六.六七,宁夏的百分之三三.三七,江西的百分之三〇.二六,安徽的百分之二七.二五,福建的百分之二二.九五,云南的百分之一五.四八,贵州的百分之一四.七六,河南的百分之一二.七九,甘肃的百分之一二.二七,陕西的百分之一一.四五,广西的百分之一〇.六八,广东的百分之九.七六,湖南的百分之六.九五,四川的百分之五.九〇,重庆的百分之五.四二,江苏绥远则尚无公营工厂的存在。至于各省公营工业资本所占总数的比例,却与厂数的地位颇不相同,计为:西康占百分之九四.六四;宁夏占百分之九三.八八;山西占百分之八六.六七;广西占百分之六九.五〇;云南占百分之六七.九四;江西占百分之六七.八六;湖北占百分之六四.四〇;甘肃占百分之六一.七八;福建占百分之四一.三八;贵州占百分之三九.九五;重庆占百分之三八.〇三;湖南占百分之三三.四一;陕西占百分之三二.四九;四川占百分之二〇.〇七;浙江占百分之一八.一四;安徽占百分之一七.二二;河南占百分之一五.〇〇;而以广东为数少,仅占百分之九.六五。

  依据上述的战时公营工业之绝对及相对数字的分析,对于公营工业各方面的特征,都可得到一个简明的概念。总起来一句话,大后方的工业中,公营工业已是一个不可轻视的重要部分,而在资本及工人数量上更占取了较大的优势。假如,我们的讨论延展至运用资金、运输、器材、原料、销场和税捐等方面,则公营工业所享有的特殊优惠条件,还会将它的相对优势更加显著的提高起来,这是毫无疑问的。这些关于公营工业的特殊优惠问题,这里可以不加讨论,但在大后方的工业中,已经发生并将影响今后工业建设和国民经济之发展的有这样几个严重问题:第一是国营工业究竟有无范围,或其范围如何划分的问题。这个问题,在理论上既有以独占性、关键性或大规模事业为划分标准的争论，而事实上公营工业却已涉及到任何一种工业部门，虽然是有它自己的重心所在的。第二个问题是国营或公营工业与官僚工业在原则上与经营上究竟有无分别。这在政府方面似乎认为官办工业即是国营事业，而民间则认为官僚事业决不等于国营事业，它们在原则和方法上都是有基本区别的。甚至有人批评官僚工业对于国家、国民以及事业本身都是有害无利的。第三个问题是国营事业应否享有特权的问题。依照我国成文或不成文的法律，官办事业都享有一般事业所不能有的优惠权利，官办事业经营者亦视此为当然的和必要的条件；而这种情形，在战时及管制经济下，尤有畸形的发展。这在民营工业方面，虽承认国营工厂规模较大，设备较新，少数工厂在技术方面也有若干特殊的成就，不过由于特权的使用，既使国营与民营工业立于不平等竞争上，同时又保障了国营事业的浪费与腐败。第四个问题是国营工业应该着重于开发或创办新事业，还是收买或合并既有的民营事业。由后方而论，工业发展的范围既逐渐缩小，而彼此竞争和被兼并的冲突亦日益短兵相接起来，因此，又显出国营和民营工业是互利合作的发展国民经济，还是利用优惠条件以消灭或转属对方为满足的问题。我们的工业，无论国营或民营，都是非常幼稚而脆弱的，但如上面所举出：理论和事实的矛盾，而且似乎在各方面都在深入扩大的矛盾，既影响了公营工业的存续，并更妨碍了工业建设的发展。这些，无疑的都是我们必须审慎研究和获得合理解决的大问题，不然，工业复员和建设都会是遭受严重的阻滞与挫折的。

录自《经济周报》第二卷第六期，一九四六年二月十四日，"战时大后方工业"特载（五）。

大后方的民营工业(一九四六年二月)

李紫翔

在我国近代工业的输入与发展史上,官办或国营与商办或民营的经营形式,常常递演着倚〔畸〕轻倚〔畸〕重的角色。一般的说,在工业生产方式开始输入的阶段,最初采用外来方法的,虽多年由于商民的自动仿效,但意识的推行新政,实尚发于官办工业。等到官办工业在客观上不能维持,或其资产大部转移于事业经营者之手时,它的经营形式即递演为官督商办以互进入完全商办时代,其保留国营形式的,只是属于交通的几种重要事业而已。这种趋向到北伐成功以后,又渐渐发生了重大变化,即一方面,进行工业建设,不得不依赖国家资本的巨大力量;另一方面,统制经济或计划经济的理论抬头,益加助长了发展国家资本和官办事业的种种意图。而这些客观的或主观的因素,在战时工业中即获得了充分实行或试验的机会。关于战时国营或公营工业,我们已在前文加以概要的介绍,现在再对民营工业,依据它的本身数字作一个较系统的分析。

首先要指出的,即是后方的民营工营〔业〕,多是由于战时的迁移与新创。民营工业自身的资力较弱,后方的经济条件又极落后,而战时的各项管制及税收政策,亦主要的以民营工业为对象,所以除了一般的经济条件与趋势外,民营工业所遭遇的困难,是更多或更严重一点的。无疑的,这些因素,都是对于后方民营工业起过各种各样的作用的。下面,我们即从三十三年底止之厂数和币值资本的统计上观察民营工业的发展趋势:

民营工业厂数业别统计　单位:家

年别	共计	年别百分比	冶炼工业	机器工业	五金工业	电器工业	化学工业	纺织工业	服饰品工业	饮食品工业	印刷文具业	杂项工业
总计	4760	100.00	136	965	326	104	1353	880	173	588	144	95
二五年以前	270	5.67	10	62	25	5	77	13	37	19	18	4
二六年	60	1.26	4	20	5	2	12	3	3	5	4	2
二七年	182	3.82	10	53	24	1	33	22	12	8	15	4
二八年	346	7.26	14	82	31	6	71	83	22	18	15	4
二九年	496	10.41	18	140	45	12	119	78	20	34	19	11
三十年	738	15.49	15	150	57	16	215	130	42	78	18	17
三十一年	1077	22.61	23	240	63	31	241	233	29	183	18	16

续表

年别	共计	年别百分比	冶炼工业	机器工业	五金工业	电器工业	化学工业	纺织工业	服饰品工业	饮食品工业	印刷文具业	杂项工业
三十二年	977	20.51	34	93	49	19	384	193	7	141	30	27
三十三年	533	11.17	7	125	27	8	134	96	25	97	7	10
年份不明者	86	1.80	1	—	—	4	71	5	—	5	—	—
业别百分比	—	100.00	2.86	20.26	6.84	2.18	28.40	18.47	3.63	12.34	3.02	2.00

民营工业币值资本业别统计　　单位：千元

年别	共计	百分比	冶炼工业	机器工业	五金工业	电器工业	化学工业	纺织工业	服饰品工业	饮食品工业	印刷文具业	杂项工业
总计	298297	100.00	17120	30545	11198	15350	104594	55548	4876	29363	15327	14375
二五年以前	91355	30.63	1795	6793	3011	12600	35040	19233	2168	7482	2431	802
二十六年	21721	7.29	79	463	4020	114	6750	1054	921	364	3966	3990
二十七年	67178	22.57	8287	7368	1110	221	29816	8639	206	4607	5961	963
二十八年	49880	16.77	3495	7548	1401	156	8257	16107	402	10817	1590	113
二十九年	24230	8.12	1299	2666	503	917	4563	3897	152	2049	481	7703
三十年	18083	6.06	1078	2074	446	473	10785	1165	440	1021	318	273
三十一年	7333	2.46	382	1665	227	298	209	2713	391	1044	237	177
三十二年	11196	3.75	617	1715	353	422	3954	1940	142	1449	310	293
三十三年	2473	0.83	25	253	127	47	1018	361	53	459	33	61
年份不明者	4838	1.67	64	—	—	102	4208	439	—	25	—	—
业别百分比	—	100.00	5.74	10.24	3.75	5.15	35.06	18.62	1.63	9.84	5.14	4.82

上面两个表指示的民营工业发展趋势，是有这样的几个特点：第一，从开工工厂的厂数统计所见的趋势，是战前设立的工厂占百分之六.七三，战时设立的则占百分之九〇以上，而三十年至三十二年似乎尤【其】是最称繁荣的时期，自此以后，即陡转下落，不过三十三年的百分数，还保留在二十九年的标准以上。但这种由厂数表现的现象，在币值资本的统计上却给了重大的修正，即战后设立工厂的资本比重，已由厂数百分之六.七三增为百分之三七.九二，同样，资本增多的时期，亦已由厂数的三十年至三十二年移前到二十七、八两年。在厂数纷纷设立的时期，资本的相对地位都有猛烈的跌落，至三十三年的资本数额，竟已落在统额的百分之一以下了。这种资本比重的巨大变化，固有一部分是由于开工年份的资本依据货币购买力的换算，致在各年的分配上发生偏高比偏低的结果所致，但在二十九年以设立的工厂，事实上亦多是小型的居多数，并在少数合并或改组的大工厂外，其减小的程度，亦似是逐年加出的。第二，民营工业之部门的分配，在厂数及资本数字上，都证实它的重点是在化学、纺织、机器及饮食品工业，不过机器、五金、服饰品及饮食品工业，厂数的百分数皆大于资本所占的相对地位，似是表示这些工厂的规模，一般的较为微小，反之，冶炼、电器、化学、印刷及杂项工业，似乎是一般的又较为巨大。

民营工业厂数地域别统计　单位：家

地域别	共计	百分比	二十五年以前	二十六年	二十七年	二十八年	二十九年	三十年	三十一年	三十二年	三十三年	年份不明者
总计	4764	100.00	270	60	812	346	406	738	1077	977	533	68
重庆	1461	30.67	27	17	59	119	156	222	387	308	164	11
四川	813	17.06	64	9	12	37	86	19	214	134	121	17
西康	4	0.08	1	—	—	—	1	—	—	1	1	—
贵州	183	3.84	6	—	—	8	15	16	21	74	22	21
云南	142	2.98	7	1	3	7	17	16	37	30	19	5
广西	343	7.20	18	4	7	27	28	75	62	79	29	14
广东	64	1.34	3	—	1	2	7	11	20	10	10	—
福建	47	0.99	4	3	1	3	4	2	13	13	3	1
湖南	870	18.26	80	12	67	69	101	144	179	164	51	—
江西	107	2.25	1	—	3	8	7	4	15	46	17	6
浙江	85	1.78	15	—	1	5	8	10	11	20	13	2
江苏	43	0.90	10	6	2	7	4	3	2	3	4	—
安徽	16	0.34	—	—	—	—	2	2	4	3	5	—
陕西	325	6.82	19	5	19	35	34	56	71	31	50	5
甘肃	193	4.05	14	3	2	16	15	34	30	57	22	—
宁夏	2	0.04	—	—	—	—	1	1	—	—	—	—
绥远	7	0.15	—	—	—	—	1	2	4	—	—	—
湖北	19	4.00	—	—	—	2	2	7	4	1	2	1
河南	34	0.72	—	1	—	1	—	8	9	10	2	3
山西	6	0.13	—	—	—	—	—	—	—	—	—	—

民营工业币值资本地域别统计　单位：千元

地域别	共计	百分比	二十五年以前	二十六年	二十七年	二十八年	二十九年	三十年	三十一年	三十二年	三十三年	年份不明者
总计	298297	100.000	91355	21721	67178	49880	24230	18083	7343	2196	2473	4838
重庆	95368	31.971	11670	8364	31330	27268	6669	4797	363	3693	515	699
四川	88417	29.641	37171	6875	22408	4800	5346	4995	2407	1670	1084	1663
西康	142	0.048	120	—	—	4	—	—	2	16	—	—
贵州	5621	1.884	1409	—	—	2080	301	296	221	518	32	764
云南	20302	6.806	4666	30	504	4212	7743	1035	678	748	152	534
广西	11940	4.003	1298	4267	532	973	357	2497	827	867	68	264
广东	1629	0.546	360	—	735	51	234	64	126	7	52	—
福建	4538	1.521	1380	83	2206	544	114	194	42	38	8	129
湖南	22337	7.488	9229	306	3421	3811	906	1214	1170	1846	380	54
江西	2916	0.978	02	—	1112	637	137	19	329	285	16	361
浙江	9143	3.065	3905	—	221	140	60	291	136	326	10	14
江苏	5045	1.691	1900	59	1324	1455	276	20	4	7	—	—
安徽	125	0.042	—	—	—	—	93	17	2	2	11	—
陕西	27100	9.085	13273	1653	3352	3636	1243	1945	822	737	102	337
甘肃	2534	0.850	914	74	43	304	195	375	176	435	18	—
宁夏	3	0.001	—	—	—	—	3	—	—	—	—	—
绥远	7	0.002	—	—	—	—	1	4	2	—	—	—
湖北	335	0.112	—	—	—	—	17	266	14	10	9	19
河南	788	0.264	—	10	—	165	535	50	23	5	—	—
山西	5	0.002	—	—	—	—	—	4	1	—	—	—

民营工业地域分布的特征，首先是厂数及资本的集中，则为重庆、四川、湖

南、广西、陕西、甘肃、贵州、云南(在厂数上省营占了百分之九〇.五四,在资本上共占了九一.七三),而重庆、四川、陕西、湖南、云南及广西六省市,更造〔占〕了百分之八八.九九。其次,在年份的配备上,在民营工业集中的地区,虽然也表现它在发展行程上的间歇性,但同时也是表现了它的联系性的。这与上文介绍的国营工业对照起来民营工业似乎一方面较多的依赖于一般的社会经济条件,另【一】方面又是比较的富于坚勤的创造力的。但无论从那一方面观察:民营工业在胜利前一年,在大后方的现实的条件之下,几年落到了不能发展的深渊。这在工厂设立的迅速减少的现象上,已经充分表见〔现〕了的。至于从产量的渐减,或歇业的增多等现象,分析民营工业的发展趋势,只有待到其他的论述中,再作说明。

最后为了补足依据绝对数字分析的缺点,换句话说,亦即从民营工业与民营工业的相对把〔地〕位上,作一个更正确的分析,我们再引证两个统计表:

公营工业与民营工业举列〔例〕比较

业　别	厂　数		币值资本	
	公营百分比	民营百分比	公营百分比	民营百分比
总　　计	9.53	90.47	38.81	61.19
冶炼工业	31.31	68.69	77.40	22.60
机器工业	5.02	94.98	48.85	51.15
五金工业	3.26	96.74	10.67	89.33
电器工业	16.15	83.85	60.19	39.81
化学工业	10.99	89.01	31.01	68.99
纺织工业	14.23	85.77	31.28	68.72
服饰品工业	4.95	95.05	4.07	95.93
饮食品工业	2.16	97.84	4.92	95.08
印刷文具工业	6.50	93.50	9.88	90.12
杂项工业	12.04	87.96	5.43	94.57

公营工业民营工业与地域别比较

	厂　数		币值资本	
	公营百分比	民营百分比	公营百分比	民营百分比
总　　计	9.53	90.47	38.81	61.19
重　庆	5.42	94.58	38.03	61.97
四　川	5.90	94.10	20.07	79.93
西　康	66.67	33.33	94.64	5.36
贵　州	14.76	85.24	39.95	60.05
云　南	15.48	84.52	66.94	33.06

续表

	厂　数		币值资本	
	公营百分比	民营百分比	公营百分比	民营百分比
广　西	10.78	89.32	69.50	30.50
广　东	9.76	90.24	9.65	90.35
福　建	22.95	77.05	41.38	58.62
湖　南	6.95	93.05	33.41	66.59
江　西	30.26	69.74	66.86	33.14
浙　江	37.96	62.04	18.14	81.86
江　苏	——	100.00	——	100.00
安　徽	27.45	72.55	17.22	82.78
陕　西	11.45	88.55	32.49	67.51
甘　肃	12.27	87.73	61.78	38.22
宁　夏	33.33	66.67	93.88	6.12
绥　远	——	100.00	——	100.00
湖　北	36.67	63.33	64.40	35.60
湖〔河〕南	12.79	87.21	15.00	85.00
山　西	71.43	28.57	86.68	13.32

　　上面两个百分比,已经清晰的告诉了公营与民营工业在工业部门和地域分布上,各方面的相对地位,它们所占的优势或劣势的程度,也可一目了然。这里,还要补充说到的是:第一、公、民营工业的相对地位,一般地说,民营工业在厂数和资本上都各是占了绝对的或相对的优势,不过将其所占的厂数和资本的百分比作联合的观察,是它们的优势,又显然的落后在公营工业的一边。即是公营工业以百分之九.五三的厂数占据了百分之三八.八一的资本,是见公营工业一般的规模和资金的巨大,决非民营工业所能望其项背。这种优势,在有效率的生产与经营条件下,无疑的,是已保证了公营工业的领导地位的了。第二、上述的优势,在各工业部门中表现得尤为显著,如公营工业在资本的比数上,虽只有冶炼工业的七七.四〇和电器工业的六〇.一九,是占了大多数,但除了服饰品和杂项工业厂数的比重大于资本的比重外,其他各个部门都是资本大于厂数的,并且这种增大,在重要工业中,都要大过两三倍,特别是机器工业,以百分之五.〇二的厂数,竟占到资本的百分之四八.八五,后者约大于前者九倍。此可见公营工业的机器工厂,数量虽少,但都是较大型的。反之,公营工业的优势所在的地方,恰正是表现了民营工业的劣势。无论民营工业除了冶炼和电器工业资本的比数特小外,其他各工业部门的资本比数都仍占着颇大的优势似的,但资本比数较大于厂数的仅有两个最不重要的服饰品

和杂项工业部门,其他八个重要工业部门却都是或大或小的减小,而且是在越重要的工业部门,其减小的程度亦愈增。这些现象,无疑的皆是表现资本问题,对于民营工业的重要,以及民营工业困难的真正所在了。第三,公民营工业在各省市的相对地位上,公营工业部的厂数分配,大约在僻远或战区的地区,占的比例较高(除去江苏及绥远以外),在工业最发达的省区,资本的比重较大;民营工业似因一般的缺乏资力的原因,在厂数与资本的优劣地位上,并未能发见〔现〕较大的不同,亦是值得注意的。

笔者此文,只是依据事实数字,对大后方的国营、民营工业,从其发展过程上作一个初步的分析,希望这种简略的分析,能够供给我们比较观察战时工业和战前工业若干不同的特征;并能以此分析,作为战后建设工业中的国营、民营形式的倚〔畸〕轻倚〔畸〕重问题的一个参考。虽然,大后方的工业,都是在战时特殊情形下临时迁建的,它的发展,自不可视作日常的趋势,不过学习这个具体的经验,对于我们仍要比任何外国的理论,是较切实际并是较有用的。

录自《经济周报》第二卷第七期,一九四六年二月二十一日,"战时大后方工业"特载(六)。

抗战时期之后方工业(一九四六年)

林穆光

一

中国以"农本经济"自耀,先哲亦以"民食"为念,对于工业,向极轻视。自帝国主义者侵入以后一八四〇年的鸦片战争,深深地使清室感到军事工业之重要,遂于一八六二—八一年,经二十年之努力,先后成立若干造船厂,如上海江南造船厂和招商局等,又于福建马尾创立船政局,此为我国工业创始时期。盖当时清廷,因战争失败,自觉国势危殆,故其注意力,亦仅集中于军需工业一们〔门〕,而仍缺乏全面工业建设之计划。故当中日战争开始,虽距一八六二年已三十余年,而全国工业建设,迄无成绩之可言。因此,一八九四年,中国又被败于日本,不得已,将我国通商口岸之外人设厂特权,让予日本。所谓《马关条约》,便成为中国工业前途发展最大之阻力。自此以后,所有外人均援例要求,一八九七年,中国又将胶汉间沿途采矿权让予德国(《中德胶汉条约》),从此,外国工厂便遍设于国内通商巨埠,而本国工厂,则一个也没有。外人可以在中国本土开掘矿产,而国人自己,反不可得,这样,正足以表现着十足的殖民地经济形态。这是满清政府之无知,也是中国工业前途的暗影。

自资本帝国主义对我蹂躏以后,举国上下,方识科学之效能,旧儒顽士,亦跟着大喊"西学为用"之口号,但仍无计划与决心。虽当时各地创设轻小工业,招收学徒,创办工业学校,而未获显著效果,加以连年内乱,政府无力于国家工业之建设,至一九一四年世界第一次大战开始,中国之工业建设,方始抬头。

欧洲战争对于我国工业建设,可说是一个绝好机会,一方面因为欧战诸国如英、法、德、意、美、奥等,正忙于分赃混战,对于中国半殖民地之市场,采取暂时退守之策,故中国在工业建设进行中,减少许多竞争之劲敌;另一方面,中国利用战时市场之较好景气,及英国与日本之资本,给我发展工业,再加以工业生产之利润率较田租为丰厚之结果,国内一般财富阶级,亦乐意于工业投资。所有地主蓄积、官僚资本,几乎完全被工业建设所吸收。于是,中国工业,进入新的阶段。但不久以后,欧战结束,欧洲诸资本帝国主义者,同时卷土重来,因此，我所兴未久之幼稚工业势力，遂因而旁落，大有一蹶不振之概。

世界大战以后，东方有新兴国家——苏联，及西方战败之德国，都注力于工业之改革，苏、德两国，对于国防工业之设施计划，与我国当时工业相比较，实大有天壤之别。就德国言，一九二八年之四年计划，所投资本总额，共约四十六万登记马立〔克〕；而苏联于一九二八年第一个五年计划实施时之预算（包括旧时工业建设之改良费在内），共约一百四十二万万卢布左右。反观同年之我国，当一九二八年世界经济恐慌期中，因帝国主义者过剩资本之输入，反将我幼稚工业，造成绝大危机，白银狂潮，致中国工业，完全沦于无力生存之境，一九三二年，更因日本侵略，工业建设，又蒙莫大损害。

就生产言，中国轻工业虽微有基础，而重工业则毫无能力，轻工业中，以纺织工业为主。如经仔细分析，则又未免令人失望。无论就中外资本数量比重，或纱锭布机等相互对照，便相形见拙〔绌〕。就一九三六年言，日本及英国在华纺纱业资本额，已占我国纱锭总数百分之四十六点八，占线锭百分之七十三点四，占市机总数百分之五十五点一，其势力雄厚，未可轻视。此其一也。次就卷烟业言，据一九三五年之统计，外资卷烟之产量，占百分之五十一〈箱〉，销售量占百分之五十三，而中国所生产之卷烟，又以中下两级为多，外资生产者，则以上中为多，品质既不及人，而产额亦少。故轻工业生产，中国亦瞠乎其后，市场势力，仍操外商之手。此其二也。

再就重工业言，中国重工业中，以电气工业为最发达。一九三四年，全国发电容量，共计四九六.一四〇千瓦，其中属于外国资本者半数，计共二四四.六四五千瓦。就资本额言，中外合资经营者计百分之三，纯外资占百分之五十，而纯粹之我国资本，仅占百分之四十七，连同合资部分计及，尚不及半数，可见一班〔斑〕。次就铁工业言，中国资本，最形弱小，大部产量，系属日本资本家之所有。在中国本部，铁的产量，约共九十万吨，其中百分之九十，与日本资本有关。新法开采之矿砂，约二百余万吨，其中百分之六十在东北，这些矿砂，不用说，完全归日本人之所有。新式炼制之生铁，产量计约四十万吨，此项资本，日本又占百分之九十五以上，所有汉冶萍公司、汉阳铁工厂、大冶厂等，都对日本负有贷款，故受日本所控制之处特多。再就煤矿总投资量言，外国资本，约占半数，其中分集于英、德及日本，而又以日资最占多数，日资占百分之十一点七三，华资占百分之四十八点二二，其余百分之四十点五，系与外人（英、德、日本等国）合资者。据一九三三年之统计我国矿产分本部及东北两大区域，东北一隅，几全部系日资所经营，矿产总量，占全国生产额百分之七十四点十一，而我中国之资本，不过百分之十五点九。即以本部论之，日资又占百分之二十九,英国资本占百之二十三点五,以及德国资本占百分之一点一,合共外资占有百分之五十四,又占半数以上,如将东北综合计入,外国资本远比本国资本宏厚,所谓中国之重工业,其衰弱情形如此,言之痛心。

当一九二八年至一九三三年的五年中,即德国的四年计划与苏联的五年计划之实施时期,我们的工业设施,一如上述,其与德、苏相比较又如何,特举其大者如次:

重工业之在苏联,可分生产力、生产机械之设备及新式工厂等三方面述之。第一,就生产力言,苏联于一九二八年的电力发电量,仅二百五十万【千瓦】,当时发电量,尚不及我国之多。到了一九三三年,便大形发达,增至七百二十万【千瓦】,几达三倍。又全国煤油总产量,当一九二八年为一千一百万吨,至一九三三年,即增至二千二百万吨,增大一倍。在此五年之中苏联各种机械生产量,平均增加三倍又半,其一般生产力提高之速率,成绩至足惊人。第二,从机件增设方面观之:自一九二八年至三三年,五年来增设熔铁炉计十七只,其中最新式而且最大的,则有十一只。敞炉式的炼钢炉,计共六十三尊,铸铁机器,计有十二架,其新增机械之设颇多,不能详述。第三,就新式工厂言之,五年来,苏联新增工厂最多,其中最大者有轧钢厂十一所,电化炼钢厂一所,及化学工业厂五十八所,均拥有巨大的资本,其与我国同期比较,不言可知。

自第一次五年计划,四年多完成了苏联新式工业,新式工厂数近八百,其中有几个,竟成为世界的最大的工厂。例如莫斯科的发动机制造厂及拖车制造厂,尼兹尼诺服哥活(Nizhui-Noveznikov)的福特式汽车制造厂,卡科布(Kharkov)与洛士托甫(Rostov)的拽引机制造厂,贝勒兹尼可甫(Bereznikov)化学用品制造厂,乌拉尔区中的大规模的工程建设及地涅伯河畔(Drieporstroi)的大水闸与发电厂等。在第一次五年计划中,苏联已造成了一种现代化的红军与一个实力密厚的空军,使他〔它〕变成国防与自卫能力充实的国家,同时也奠定了国民经济巩固的社会主义国家的基础。

跟着的还有第三次五年计划(一九三三—三七年),继续推进全国工业化,巩固与充实第一个五年计划各种事业,并致力于城乡的系联〔联系〕,以一千三百三十四万万卢布为各种基本建设费,较第一次计划多出二又十分之六倍。其中工业费计有六百九十五万万卢布,较第一次计划的二百五十万万卢布,多出两倍半。据一般经济学家之估计,第二次计划完成以后,工业方面的基本建设的价值,将由一九三二年底的二百五十五万万卢布,增至一九三七年度的七百七十万万卢布,其重要工业生产量增加率如下:

工业名称	增加率	工业名称	增加率	工业名称	增加率
炼铁工业	二又十分之三倍	发电机制造业	二又十分之四倍	机车制造业	三倍以上
采煤工业	两倍有余	汽车制造业	四倍左右	铁道用车制造业	三又十分之九倍

他如分区发电站、制鞋业、棉织业、麻织业、制糖业、肉食腌制业等，平均在两倍左右。工业中最重要之工厂，则有乌发与史太林格勒二地的新汽车制造工厂，年造十万辆以上之载重三吨的运货车。撒马拉汽车制造厂，年产载重五吨的运货车二万五千辆，乌拉尔区中，有电气机械及变压器制造厂。钢铁工业方面，则有马格尼叨高斯克炼钢厂，年产熟铁二百七十万吨，石浦路齐（Zoporozhie）、尼慈尼太其尔、阿查甫（Azov）、克列服洛（Krivoi Rog）、李勃司克（Lipersk）多拉等地，均有炼钢与冶金厂。新厂落成者，则有中乌拉尔炼钢厂，年产五万吨，勃列抱尔卡希（pribol-Rhash）炼钢厂，年产十万吨，卡柴斯坦冶金厂，年产铅六万吨。卡拉利亚（Karelia）炼铝厂，其生产规定每年八千吨，乌拉尔区中的炼铝厂年产二万五千吨，新旧煤业，为数不下一百七十八处，年产量共一万四千三百万吨。石油的新炼油厂包括吸管滤油厂共四十六处，榨压炼油厂九十三处。石油及其产物输送管，共长四千公里，电气业之发电站兴建者七十九所，坐服发电量为二十五万基隆瓦德，高尔基发电站之电量，为二十万零四千基隆瓦德，其最高之发电量，为地涅伯水力发电站计有五十五万八千基罗瓦德。

轻工业方面，有纺织工厂，新建者计棉织厂十五所。中有纺锤二十万锭的大纱厂，呢绒制造厂十二所，每年最低量之生产额，为八万公尺，麻织厂十二所，最小的有纺锤一万八千锭。此外尚有缫丝厂十一所，制衣厂十八所，制鞋厂二十一家，年产一万万双。

中国自一九三三年至三七年，仍然停留未进，只是外资工厂较前发展，其情形与苏联比较，不言自知。故当一九三七年抗战开始时〈候〉，我们在轻重工业方面，都没有相当的基础。

二

自一九三七年日本帝国主义者发动大规模的侵略战争以后，原来的幼稚工业与微弱的中国工业基础，几乎全部被毁；沿海及长江各地之工厂，也全部被迫停业。同时，各地的工厂，被日本帝国主义毁坏之损失，迄无统计。上海、无锡、杭州、汉口、广州、天津、南京、青岛、北平以及其他各地之工业建设，因种种原因,无法开业或移至内地,甚至被敌伪占为己有,比比皆是。因此,抗战开始以后之中国幼稚的工业基础,几乎连根拔起、所存无多了;但就另一方面观察,中国战前之工业,无论资本或数量、机械设备、生产能力等等,名义上虽为中国之工业范畴,而实质上,大半均属于外人之所有,此种名实不符之中国工业生产,对我非但无益,甚且〔至〕阻碍我国产业之发展,故真正的民族工业,不能不作另一根据之统计。自抗战开始以后,各省工业资本及工场设备,均先后向后方各省迁移,集中于川、滇、筑、桂各地,尤以四川为最多。从此,外国资本家之工厂,则一概撤退。故从表面上言之,未始非我国之损失。在敌人的心目中,自以为今后我国原有之工业生产,不复重张,但事实上并非如此,旧有厂家,在政府协助之下,急速的将原有机件,迁移后方,从事生产,当抗战初起的两三年中,新增工业部门,似较战时,更形踊跃。但到二十九年下半年以后,因受物价波动的影响,致轻小工业,不能不受相当的限制,国民购买力平均地退落,虽生产品销售颇广,但因囤积者抢购物资,致市容萧条更甚。同时生产者可不必从事生产,囤积原料与机械,不支付一文工资,其价值反比制成品更贵,而利润率也更高。经此畸形发展后,后方工业生产厂家,便无形自动怠工,以极少数之工人,生产极少物品,用以应付政府之干涉。同时,因政府对于局部日用必需物品限价之结果,致出品流通地域缩小,物资逃避于政治力量所不及之处,人民生活,陷于不平衡的情况之中。兹将后方工业概况,分别述之。

(一) 民营工业

中国工业中之民营部分,以资本微弱,兼受战事损失之影响,许多工厂不能内移,而能内迁者,往往顾虑缺乏资本,技术人员招佣之不易,交通运输、原料产地、销售场所等等问题,未必都能一一如意,且因政府无积极协助之办法公布,均以为战事短时可能结束,故各厂家均取观望态度,未敢轻易迁行。以后见战事日形扩大,复因政府全力协助,方始进行内移。当行政院公布《奖励及协助产业办法大纲》十三项(附录于后),将迁移后方之各工厂,由中国工业合作协会统筹办理,所有因迁移所可能发生之种种困难问题,悉由政府负责,预谋解决。于是沿江各场,纷纷内移了。其中最大问题,便是交通运输工具、搬运、人力、水上保险、轰炸损失、资本增补、工厂建筑资金、工厂土地之购置、工业生产之技术人才、机械零件之购配、原料之供给、销售市场之调查等等,凡此一切,政府与厂主行共同之协商,务期手续简单、进行迅速、费用经济等为原则。政府对于这些幼稚而被敌伪摧残之工业,认为是国家唯一的生机,非但作消极之救济,且加以积极之协助,力图发展,以应战时之需求。故除迁移中所必然或可能发生之困难问题加以解决外,关于工业技术之改进,经济部亦设有中央工业试验所,以资提倡。并于重庆及其他十一处重要地区,分设实习室,将试验经过、研究报告,介绍于各厂家参考采用,积极谋工业生产之发展。立意至为周到。民营工业之在后方,计共十有九种,包括旧有之西南各省工业、战区移来之工厂及战时增设者等三部门,其中以移来之工业工厂为最多,新增者次之,而原有之工厂为数最少。

民营工业之迁移,目的在于供给战时需要之便利,经政府之协助与管制,期负调节地方经济之责。消极的,可能避免敌人轰炸之损失;积极的,为建立战时工业之基础。由行政院指令中国工业合作协会,统筹办理,划西南为五个区域,各区均设有办事处,由各厂家自由选择迁移地点。其分划如下:

1. 川康区　设重庆办事处
2. 西北区　设宝鸡办事处
3. 东南区　设赣州办事处
4. 云南区　设昆明办事处
5. 西南区　设邵阳办事处

办事处之置设,其主要任务,在于解决各迁移厂家发生之困难,并协助其发展,民营工业之阵容,计分:一、机器工业,二、化学工业,三、纺织工业,四、印刷工业,五、电气工业,六、陶器工业,七、烟草工业,八、制革工业,九、硝子工业,十、火柴工业,十一、酿造工业,十二、铸物工业,十三、铁工业,十四、水泥工业,十五、造纸工业,十六、制材工业,十七、冶铁工业,十八、制糖工业,十九、丝织工业等种,分散于上述五区,从事生产。至行政院颁布之产业奖励与协助办法大纲,其要点如次:

1. 关于迁移之行政手续事务。由经济部工矿调整处与各商工业者,共同组织"中国工业联合迁移委员会"处理之。并指定汉口、宜昌、万县、重庆等地,设有办事处;巴东、沙市、奉节、鄞都等县,设置运输站。所需经费及人员,由经济部工矿调整处暂时通融,一半由各工商厂家自行负担,一半由政府出资补助。

2. 关于各厂输运之交通工具。凡各厂输运机械什器所必要之交通工具,由经济部工矿调整处,向交通部及军政部交涉,征收必要之铁道车辆、国营轮船及民船,供该处之使用。其借用经费,由经济部工矿调整处暂时垫款支付,政府贷付各工厂之迁移费用,以周息四厘计算,由工厂开业制造之日起,十年以内,每年分期付息还本,立有契约。

3. 关于搬运时之劳资及保管。当各工厂搬运机械什器之际,所有必要之搬运劳资及临时机械保管之仓库建筑费用,由经济部工矿调整处先予付垫,至各厂迁移费用,由政府贷付一部分,以周息四厘计算,与前项同,分十年付息还本。

4. 关于迁移途中之水火保险。各厂机械之在运输途中,如遇意外损失,工矿调整处得与中央信托局,组织水上保险及火灾保险,予以保险,如遭遇水火灾害,应由中央信托局赔偿损失。但因遭遇敌机轰炸之损害,厂商与政府,各负其半,以示体恤。政府并保险各厂商之因迁移所不应有之损失,如当搬运时所有遗失之机械,工矿调整处,则负全部赔偿之责。

5. 关于迁移各厂之新厂基。各厂新设之地点,调整处偕同各厂商共商之,如欲设置于公有土地之上,政府得赠予使用,如设置于民有土地时,调整处得援用土地征用法,以法定价格收买之,此种地价,工矿调整处可先为支付,计入政府贷金项下。

6. 关于迁移厂商之增添资本。各厂商如因资本不足,可将全厂资产,向工矿调整处及中国工业合作协会抵押贷款,利息四厘,但贷款金额,不得超过该厂迁移费用之全部新建筑费及开业费等之总数。此种贷款之各厂商,须由工矿调整处派员指导,并监理该厂之会计帐〔账〕簿。贷款部分,自开业之日起,分十年偿还,但不得作双重抵押。如厂商不再经营时,政府有优先收买之权利,以市场惯例,评价购买。

7. 关于新工厂之建筑。各工厂商,当其建筑时,可委托工矿调整处代办,其价格以实际费用计算,无论如何,较自行建筑之费用为廉,各工矿如自行建筑时,务须征得政府之同意,同时,政府有尽征发之义务。

8. 关于技术人员之供给。各工厂商需熟练之技术人才,调整处及中国工业合作协会,得予以介绍或供给,由政府登录之西南各省失业技术人员,尽先录用。

9. 关于必要机械之增设。各工厂所需之各种必要机械及必须品类,得向中国工业合作协会申请,会同中国工业合作协会,向国外购买,所需代价及运货之实际费用,均由政府协助贷付之。

10. 关于工业技术之指导。各工厂对于工业技术之改善,政府有尽指导之义务,于可能范围中,施行改良,预期生产增加为目的。

11. 关于原料之购置。各工厂所需之工业原料,由该厂设置于一定范围内所产之土货,政府对于该厂所需之原料,政府有优先购买权利,其收买价格,得预先申请工矿调整处,避免垄断,而伤民生。

12. 关于制成品之统制。对于各工厂产制成品,政府有优先购买之权利,各厂所需之国内运送业务,由政府给予相当之便利,国外市场之输出,政府得实施统制。

13. 关于厂方与地方之联系。各工厂商与各地方政府间,如有必要面议诸事项,可委托中国工业合作协会代为接洽,俾进行迅速,易生效力。

综观上述,可知政府对于民营工业之重视。所有迁移后方之厂商,不论资本、技术、原料、运输、生产成品之销售等等,无一不予以种种之便利与协助,手续既极简便,运用亦至灵活,实与民营工业,以莫大之发展机会。因此民营工业,遂纷纷迁往后方,分布于西南各区域,十九种中,大小工厂计共数百,同时,在兹抗战八年中,新设者亦复不少,所有资本金额,自以战事初起为计算之标准,自与目前情形不同,其中亦有极端少数,因受物价刺激或经营不良而停营,因不易调查,未及注入。兹将民营工业中之最重要者,择其一二,列表如下:(原文缺该表)

前表所举仅十种,尚有九种工业,尚未汇入,为便利起见,说明如下:

民营工业中第十一种为印刷工业。据一九四二年之调查,较大之印刷工厂凡数十所,大部分设在重庆、昆明、成都等处,如商务印书馆、中华书局、正中书局、桂林出版社、中国文化服务社、中心印刷公司、独立出版社等各印刷工场。此外尚有附属于各大报馆之印刷工场,如《大公报》《扫荡报》《武汉日报》《时事新报》《中央日报》《国民公报》《新民报》《新华日报》《商务日报》,以及成都之《中央日报》、昆明之《早报》、桂林之《广西日报》等。最大者资本额约四十余万元,手民多寡不同,机件都属陈旧。而其他小规模之商业印刷印刷文具表册之印刷工厂,不在此例。

民营工业之第十二种为电气工厂。其在西南各地,为数不过数家,即成都电灯公司、贵阳电灯公司、蒙自电灯公司、汉中电灯公司、嘉定电灯公司等是。规模均不甚大,最多之资本额,不过四十万元,发电机仅二千启罗瓦克,供一万灯左右,不能发巨大之电力。大部分利用当地出产之煤,为火力发电。

民营工业之第十三种为冶铁工厂。其在四川省之南川、綦江、泸县、威远一带约共有小型冶铁厂十四所。大多数系由土法采掘铁矿,资本由两三万乃至十余万元不等,年产铁约六万吨。

民营工业之第十四种为制革工业。西南各省现有之制革工厂共十三家,计重庆四所,成都三所,贵州一所,昆明四所,西安一所,规模均不甚大,资本由二万元至十万元。制造牛皮、羊皮及猪皮,产量亦不甚多。年产总额,仅一万枚。前者专供输出海外之用。自抗战以后二年,重庆、昆明各地,均设立有皮鞋庄,故不输出,专供制鞋及其他之用。

民营工业之第十五种为硝子工厂。西南各地现有之硝子工厂，共有三家，计重庆二，昆明一。资本均不足拾万元，技术幼稚，主要用途，制造瓶子，但供不应求。

民营工业之第十六种为火柴工厂。西南各省之现有火柴厂，共二十五家。计重庆四，成都三，昆明四；其他如云南之昭通、会泽，贵州之贵阳、遵义、恩南，陕西之长安等处，均有一二所不等。资本颇少，最多不出十万元。制造含有硫黄质之红磷，均有毒质，而安全火柴则甚少，技术亦极幼稚。据最近调查，重庆、成都及其他各地，火柴厂增设者计三十余家，唯均系小规模之经营，不在此例。

民营工业中之第十七种为酿造工业。此种工业，散布于西南各省之工厂，计十二家，主要的集中于四川之江津，贵阳之茅台两处，均系土法制造，每年推销于西南各地，年达千万元。其中以大曲及茅台两种，为中国著名之酒，极受一般嗜酒者欢迎，尤以美军为最。其原料则使用嘉陵江流域出产之玉蜀黍为主。

民营工业之第十八种为铸物工业。在重庆及昆明两地，铸物工厂共六所，均由上海及汉口一带迁移而来，其资本少至十万元左右，在抗战期中，营业成绩良好。

民营工业之第十九种为铁工业。计约工厂四十所，规模均小，资本金约三四万元。

综上所述，可知我国抗战时后方之民营工业，实具有重大之任务。据一九四二年之调查，后方机器工业，其已开始经营业务者，达三十余家。大部集中于重庆、昆明。设于重庆者约二十家，其中最大者，为表列中之新中公司，其他各厂，有从事于钉锯齿之制作者，有机械修理工事者，大部均因技术贫乏，不能供给现代工业界之需求。以其需要迫切，故各工厂均日夜开工，盈利至大。次为化学工业，当一九四二年时，其已开业之工厂计十余所，右表所举之昆明化学工业材料制造厂，系一九三九年所创设，其他小型化学工业工厂，分散各地，为数颇多。复次为纺织工业，一九四〇年之调查，有工厂七所，即四川省四所，陕西省二所，云南省一所。其中由中国中部移来者，计有裕丰、裕华、震寰等三厂，新设者则有官商合资之昆明纺织厂，旧有者，计有长安、渭南、成都等三厂，各厂资本，均在百万元以上，纺织锤数，有逾二万者，规模广大，内容可观，惟生产总额，尚不足供西南各省人民之需求，有待扩充之必要。

抗战开始，经济部成立，政府为指导并协助全国工商农业之发展起见，复置设贸易、工矿及农业等三个调整委员会，知抗战以后，沿海暨东南各省，将遭轰炸,故侧重于西南各省之经济建设,因而增设西南经济建设委员会、直隶行政院,俾能运用灵活,积极推进,以应战时西南各地之所需。此外,行政院更新设有中央迁厂建设委员会,专负迁移后方各厂商之建设诸事宜之洽商,以期统一指导与管理,抗战之后一年内,长江沿岸及上海各处,先后迁移川、填〔滇〕、桂三省者,为数颇多,兹列表如次:

战时迁移后方各省工业一览(民国二十八年统计)

工业种类	厂数	工业种类	厂数
纺织工业	37	衣服用具制造业	7
化学工业	30	冶金业	6
造纸及印刷业	13	食料品制造业	6
金属制造业	11	石工业	3
机械制造业	9	装饰品制造业	2
电气器具制造业	8	交通用具制造业	1
烟炸制造业	8	其他	21
合 计	152		

(二) 国营工业

中国之有国营工业,为时不久,其部门亦最狭窄。除军需工业及精炼工业外,其他杂项工业,原少注意。自抗战开始以后,汽油消耗量增大,同时外来汽油量,日形减少,加以敌机随处轰炸,油库损失奇重,故有代汽油之制造。一般商营汽车,更需大量汽油,故一时酒精业大形发达。次为食盐、食糖两种,四川为产盐、产糖之区,盐、糖均为民食之最重要者,政府为顾念民生起见,防止奸商垄断囤积,食盐、食糖亦归政府专卖。战时财政支出浩大,为增加税收,及对外贸易换收外汇起见,故茶叶、桐油又归国营。植物油之制造,一方面提炼汽油,另一方面可换外汇,故无论旧有新税,均由国家自行经营,此国营工业之所由也。

重工业之国营,为近代国家共同采行之政策,以其资本较大,且带有机秘〔密〕性与控制性,不宜民营。唯我国之国营工业,仅偏重于军事有关之工业,尚未能把握其他与民生有关之要重产业。今后国营工业范围,自必日渐扩大,无论交通运输、电气事业,一切社会公共企业,均有待政府经营,此不易之原则也。

抗战期中,我国国营工业,多数由经济部贸易委员会所经营,有的与各省政府合办,关于军需工业部门,则由军政部兵工署主办,一部分接受外国资本,各厂均在秘密进行中,成绩卓续,精炼工业,目〔日〕形发展矣。兹将国营工业

之阵容,列表于下:(原文缺该附表)

(三) 小产业

抗战前西南各省之各种小产业,向不发达,自抗战以后,中国东南及中部之商业都市,又相继陷落,或成为战区,以致全国小产业,都形破碎。中国并非资本主义国家,资本既小,产业落后,故民生经济之中心,仍以小产业为尚。廿六年后,国民政府迁移重庆,于是西南各处,即成为政治、经济之重要区域。战区中之资产阶级,亦随政府西迁而移动。为了避免战祸,各携其蓄积,向四川、湖南、云南、广西、贵、川各省推进。又上海、南京、广州、汉口等大都市之智〔知〕识分子及产业家、技术专家、大学教授、失业青年等,亦相继避难于西南各省。这个数字很大,其中移居于四川者,达一百五十万人,移向于湖南中部及西部者,达两百万人,移居昆明、大理者,达数十万人,于是重庆、万县、成都、贵阳、昆明、沅陵、衡阳、邵阳、芷江、韶关、赣州、吉安、思南、巴东、宜昌等地,人口一时激增,生活费用,因而昂贵。自一九三八年湖南长沙大火后,大部分又向西移,广西军事失利后,四川各都市,几有人满之患,故经济情形,日趋高涨。当廿七年以后,人口移动颇剧,各大都市及沿江商埠,人口密度,愈形集中,于是政府特令人民疏散各地乡村,开辟马路,以便移民于各乡镇小村。同时,一般人民为求避免大都市之轰炸危险起见,亦乐于疏散于较安全之村间。这样,他们便集合同乡同行,亲友知好,集资创设合伙组织,经营各种小产业,借维生计,于西南各地安居着。此等人士,对于工商智识、经验、才能,都远胜于本地商人,历年苦心经营,遂占当地工商界之重要地位。本地商人,为谋自身固有的地位起见,亦相互竞争,力图改革,于西南地方之工商小产业,颇呈新的气象。此等小产业,据二十九年之统计,已逾一万六千余家,资本总额达三亿余元,创西南工商界之新纪元。

国民政府之在陪都,为调整此种新兴小产业及当地旧有之各种小产业起见,特予以指导,采行合作制度;另一方面,劝告全国各商业银行及国家银行,给予经济上之协助,积极进行,期谋资本之流转,故在抗战八年中,此种小产业,日形发达,为战时后方人民生活所寄存。

西南各省之小产业,历数年之艰辛经营,结果一般成绩良好,唯因战时交通困难,及地理环境之限制,未能充分发展。其一般情形尚在进展之中,共分七区,以各区之自然条件不同,以致发展速率亦殊,生产部门亦不相同,其任务亦异。兹将小产业概况,列表说明如次:(原文缺该附表)

本表所举,仅就七个区域中之营业中心都市以及其营业地点,依各区域中运输线之分布,分别水陆两种,各举其经过之主要地点名称而已。在此所有营业地区,其中包括何种小产业,所有小产业之经营概况,原有者若何,新兴者又如何,未加说明,兹分别述之:

（甲）川中区之新旧小产业　川中区位于嘉陵江、长江流域一带,故其原有小产业,当推农产品为主。以其交通便利,有已成之成渝公路及渝筑公路,西上成都,南经綦江,故农村副产之小手工业,亦称发达。其著名农产物为米。小产业中,以合川之煤炭、丝帛、硫黄,江津的麻布、酒,白沙之醇酒工业,南充之丝帛、食糖等业为著。太和镇为食盐及棉花之最大市场,故业务至形发达。此外,更有泸县之盐产与大曲酒,亦为著名小产业之一。宜宾为四川二等大商埠,为杂货、药材、白腊〔蜡〕等之中介市场。此本区战前之旧有小产业情形也。抗战以后,江浙两省人民,先后移居于本区,于是新小产业即应时而生。其经营之小产业,多以合作社形态出现,亦有以合伙形式经营者。各合作社之资本金额,由数千元至十余万元不等。当一九四一年时,木〔本〕区新兴小产业,资本总额约计五六千万元。据经济部之调查,此种小产业,其已经政府登记者,计四千余家,未经登记者,计二千余家。新兴合作社所营之业务,其种类颇多。著名之新兴产业,则有小型铁工厂、印刷工厂、织布工厂、照相业、酿酒工业、药业、煤炭商、大米铺、丝绸工厂、运输公司、农场、五金金店、火药店、火柴工厂以及其他商店等,成绩均良好。

（乙）川西区之新旧小产业　川西区之营业中心区,当推成都。运输线有川省之沱江、岷江、长江等水运线,陆道则有川陕公路,可通绵阳、三台、江油,交通可通〔称〕便利。成都为文化中心区域有专科以上之学校九所,俗称"成都九大学",除原有之四川大学、华西大学、艺术专科、川农康工学院外,外省移来之大学,计有五所,即北平之燕京大学、山东之齐鲁大学、南京之金陵大学与金陵女子文理学院及中央大学医学院等校。沿公路线之三台,有国立东北大学,长江线有嘉定之国立武汉大学、江津之国立女子师范学院等。故该区新旧小产业,至为发达。就原有小产业,以其土地肥沃,故农产至为丰饶,主要产物有米、麦、棉、豆、玉蜀黍、甘薯、烟草、茶叶、药材、白腊〔蜡〕等物,其次则为木材及食盐。故本区产业,当推农场、粮食行、药铺、烟草工业、丝织工厂、布厂等为最发达,一般商务,为全省之冠,唯工业则不发达。

自抗战以后,以其地邻陕西,故多数外客,系属陕西、山西、河南一带之人士,均由北方移来。此外,尚有不少之江浙商人,营业其间,商务至为繁盛。新兴产业,则有盐商、钱业、粮食行、茶庄、米商、烟草工业、布厂、印刷业、文具业等,均属旧式经营,其营业组织,大多数系独资经营,或合伙经营之无限责任制。资本总额,约三四千万元。商店约三千家左右。至一九四二年成都市场之繁荣,一时居西南各省之第一位(以前昆明为第一位),以其不受政府限价之影响,再加以滇缅路、滇越路交通断绝以后,投机商人,转移阵地,成都遂成为第一投机市场。著名之"安乐市场",每日车辆盈市,排列远达十余丈。黄金、美钞、布匹、香烟、油类、五金、电料、铜铁、银圆无一不受黑市之控制,新南门外之粮食市场,春熙路之新市场,各茶馆,所有树胶车轮、汽车零件,各有分业之黑市,即盟国军人,亦自乘汽车,携带翻译,至安乐市前,交换美钞,非卖品之罐头牛油,其情形与今日之上海辣斐德路同,进行黑市买卖。在奢侈品禁售声中,成都春熙路一带大号百货商店,所有玻璃柜中,陈列法国巴黎之各种妇女化装饰品颇丰。三花牌香粉、西门粉、西门蜜、胭脂、口红、红色指甲油、美国女丝袜,以及其他高等化装〔妆〕品,应有尽有,琳琅满目,美不胜收。故成都市容繁荣。黑市舞场(以前禁止跳舞)即华西坝一隅,多至三十余家,(一九四三年)至一九四四年,华西新都飞机场筑成后,盟军莅临,舞厅方始公开。但专供学生及其他各界之舞厅,仍在秘密进行中,凡此一切,均直接、间接影响商市。

(丙)川东区之新旧小产业 本区包括湘北西部在内,营业中心区域为四川东部之万县,为川东中等教育最盛之地。专科学校,有山东省立医学院,一九四五年,私立上海法学院设有分院于该县之护城寨,除司法、商业及报业三专修科外,于一九四六年添设政治经济系(该校现奉教育部令,更名辅成学院,继续办理);湖北恩施,则有省立农业专科学校。故该区人口颇多,交通运输线,除长江与黔江外,有公路四支,交通尚称便利。自胜利后,复员轮船,分段接送,以宜昌为第一段之终点。唯以本区地临山岳,产物不多。著名者,当推万县之桐油、柑橘,奉节之柚子,涪陵之五倍子、腌菜,渠县之烟草,通江之银耳,鹤峰之茶叶等物。故该区旧有小产业中,以桐油庄及榨油行等为多。自抗战以后,湖北商人,移居本区为最多,以其地域毗邻,言语相似,且在商场上,有悠久历史渊源,故当地商业,以湖北人为最多。惟移居本区之商人,均非富有之资产阶级,故营业规模狭小,设店置摊虽多,而资本金额,平均不过一二千元,乃在一万元左右。多数系贩运桐油、果实及布匹等物,以维生计。查万县所产之桐油,为全国冠,不但产量富丰,且其实质亦最纯良,此次抗战,桐油输出,为我国对外输出品中最重要者,因此,投资油商亦日众,对外贸易,虽为经济部所统制,而种植桐树之在万县一带之商人,及制油工业,仍属发达。桐油业之资本总额,据一九四〇年之调查,约二千万元。抗战胜利后,川省桐油商人,闻有集资扩大营业之议,拟自购新式机器,设大规模之工厂榨油,并自行制造油漆,行国际贸易。桐油输出,战前以英国为第一位,今后仍拟保持旧关系。

唯桐油商人,其在战前,仅作外商之买办,以资本微小,国际间无直接贸易路线,所获利润不多,今后应与贸易委员会商议,由政府加以协助,脱离买办之控制,或由国营,或官商合营,组织一大商团,自行种植桐树、榨油、制漆、提炼汽油等,完全利用本国资本,改良品质,集中供应,对外贸易,应自行直接运输,对于市场之选择,关税之协定,政府事先应加注意,保护其一定之利益,不但桐油商之利,亦国家之便也。

（丁）湘西区之新旧小产业　本区营业中心地点为沅陵,水道仅沅江一水,陆道则有湘黔公路及湘黔铁路二道,交通尚称便利。惟本区多山,故农业品类较少,而产量亦不甚多。农产品中之最著者,首推湖南西部之桐油,新化之锑、茶叶、煤炭、铁、竹、木材等,邵阳之煤碳〔炭〕、铁、烟草、竹器等物,故该区旧有小产业中,亦以桐油商店、茶叶商、锑公司、木材商、煤炭商、小型铁厂等,营业较为旺盛。

自武汉沦陷以后,湖北、江西两省人民,及江浙之移民,均先后移居于此。经营桐油商及采掘煤炭与锑矿,并经营食粮商品等业,除少数巨金投资之商人外（投资于桐油及锑业）,余均规模不大,一般营业资本,约二千万元。

（戊）湖南区之新旧小产业　本区以湖南为主,包括广东之东北部在内,故其营业之中心地方,在广东推韶关,在湖南推衡阳。交通均属陆道,有鄂汉铁路、湘桂铁路、赣湘公路三干线。以其交通便利,故商业向称繁盛,自长沙成为战区以后,湖北省及湖南之北部一带小工商业,均往本区迁移。著名之土产物,则有浏阳之夏布,长沙之刺绣（俗名湘绣）,醴陵之陶器,茶陵之樟脑,益阳之竹器,湘潭之石膏矿,郴州之钨矿、硫黄、□矿等,故小商人及小工业均称发达。至本区新兴产业,当自长沙大火以后,因湖南北部所有巨商,无法经营,乃联袂集中于此,开始经营粮食、矿场、小铁工厂,资本金额约三千万元,投资获利,至为巨大,此本区新小产业之所以起也。

（己）粤赣区之新旧小产业　本区包括广东之西部,营业中心地点,一为江西之赣州,一为江西之吉安,交通陆路有湘赣公路、粤赣公路、闽赣公路等三线,以本区地临山岳,出产极少,著名之产物,惟江西南部之钨矿,一般商务,均称贫弱。自南昌失陷以后,赣省富有之家,多避难于此,经营各种商业,其中投资矿业及小工业者,达一千万元,经营成绩,尚称良好。

（庚）昆明区之新旧小产业　昆明区之工业与商业,向来很不发达,以其地临山岳,交通不便,人皆以僻隅视之,虽境内有三大公路可以构〔沟〕通外来之产物与商务,亦以其地位特殊,未能发展,故本区比较著名之产物,仅有玉溪之棉布,宣威之席子,会泽之毛毡、铜锡矿,制成品则有铜器、象牙、雕刻器皿等物,其贸易对象,则以对外输出为多。有滇越及滇缅二公路,至渝昆线则为对外运输之唯一公路。自武汉失陷以后,江浙及广东之富商,均远道避居于此,集中于昆明、大理、蒙自等三地,尤以昆明为最。滇缅、滇越公路,成为我国国际运输之唯一咽喉。至是,云南遂成为抗战重要之地区。该区文化,以地域关系,向极落后,人民嗜食鸦片,早晨八时以前,商店未开,街道绝少行人。昆明有云南大学一所,大理则有西南联大及中山大学(二十九年移回广〈广〉东),故自抗战以后,情形大改,江浙粤三省大资本家、企业家、大投机家,均在本区营业,并经营各种商业及小工业,数逾二千家,投资金额,以数千万计。于是,新兴产业,顿呈活跃气象,主要者有农场、纺织厂、建筑公司、运输公司、汽车公司、小机器工厂、小型铁工厂、茶叶商庄、百货商店、印刷工厂、布厂、煤炭商、粮食店、盐商、砂糖商、火柴厂、照相业、酿造工业以及其他商业。因此,该区各地工商各业,非常发达。该区在抗战期中,人皆以乐土视之,故富绅大商之移居该地者特多,以对外贸易之关系,经济部以及军事委员会之管制机关,亦均集中于此,故昆明成为抗战时期军事及商业之中心区,客观条件,有利于产业之发达,此一绝大原因也。

综上所述,可见西南各省小产业之一般情况。新兴小产业之最繁荣者,首推昆明及重庆、成都三地,他如万县、合川、乐山、常德、沅陵、邵阳、衡阳、韶关、株州〔洲〕、吉安、赣州、大理、蒙自等处,其繁荣程度,均所未及,可称抗战后方之商业城市而已。小产业为我国一般市民阶级生计之所系,尤其是在抗战期中,经济幼稚之中国后方,维持人民之安全,解决民生,关系重大,不能视为等闲,此小产业调查之所以由也。

录自《福建省银行季刊》一九四六年第二卷第一、二期。

西南工业统计资料（一九四六年十二月）

西南实业协会资料室

一、渝、川、康、黔、滇工业统计（三十四年底止）

单位：厂（家）　　资本（千元）　　工人（个）

地域别	厂数		资本		工人	
	实数	百分数	实数	百分数	实数	百分数
后方总计	5998	100.0	8490926	100.0	395675	100.0
重庆	1694	28.3	2726338	32.1	106510	26.9
四川	1158	19.3	2003656	23.6	77048	19.5
西康	12	0.2	20930	0.2	659	0.2
云南	226	3.8	1030700	12.2	29752	7.5
贵州	224	3.7	202904	2.4	8910	2.2
其他各省	2684	44.7	2506434	29.5	172796	43.7

二、渝、川、康、滇、黔工业业别统计（三十四年底止）

甲　厂数　（单位：家）

业别	全后方共计	重庆	四川	西康	云南	贵州	其他各省
后方总计	5998	1694	1158	12	226	224	2684
冶炼工业	211	26	56	——	16	9	104
机器工业	1079	468	67	1	27	18	498
五金工业	354	117	54	——	8	8	167
电器工业	140	88	11	——	4	2	35
化学工业	1697	447	308	6	110	150	676
纺织工业	1126	173	197	4	18	13	723
服饰品工业	192	52	10	——	3	3	124
饮食品工业	893	216	430	1	32	16	198
印刷文具业	169	49	14	——	3	3	100
杂项工业	135	58	11	——	5	2	59

三、渝、川、康、滇、黔工业业别统计（三十四年底止）

乙 资本 单位：千元

业别	全后方共计	重庆	四川	西康	云南	贵州	其他
全后方总计	8490962	2726338	2003656	20930	1030700	202904	2506434
冶炼工业	799505	466051	201258	——	79000	5000	47716
机器工业	1067331	416375	210610	1500	168632	8319	261895
五金工业	369637	277822	61505	——	7930	3504	38816
电器工业	230500	87248	34396	——	46700	2000	60156
化学工业	2824451	855993	604292	8332	474318	147892	733125
纺织工业	1647212	246349	396703	10396	107839	7060	878865
服饰工业	124946	38180	12968	——	790	5530	67478
饮食品工业	1043933	145090	446316	200	139496	22050	290781
印刷文具工业	171137	80420	19030	——	2210	360	51117
杂项工业	192274	112750	16538	——	3345	1200	58441

四、渝、川、康、滇、黔工业开工年份统计

甲 厂数（单位：家）

年别	共计	百分数	重庆	四川	西康	云南	贵州
总计	3314	100.0	1694	1158	12	226	224
二十五年前	112	3.4	28	70	1	7	6
二十六年	27	0.8	17	9	——	1	——
二十七年	80	2.4	62	15	——	3	——
二十八年	200	6.1	126	44	4	16	10
二十九年	306	9.3	163	96	4	22	21
三十年	410	12.1	239	127	1	23	20
三十一年	671	20.3	389	220	——	38	24
三十二年	571	17.2	313	142	1	33	82
三十三年	334	10.1	168	122	1	20	23
三十四年	543	16.4	176	294	——	58	14
年份不明	61	1.9	13	19	——	5	24

注：十四年开工之厂数，系为该年之登记数，实际上约有四分之一以上，为以前五年所设立者。

五、渝、川、康、滇、黔工业开工年份统计

乙 资本（单位：千元）

年别	共计	百分数	重庆	四川	西康	云南	贵州
总计	5984528	100.0	2726338	2003656	20930	1030700	202904
廿五年前	60950	1.0	13670	41085	120	4666	1409

续表

年别	共计	百分数	重庆	四川	西康	云南	贵州
二十六年	15420	0.3	8447	6944	——	30	——
二十七年	81578	1.4	51007	30885	——	686	——
二十八年	226629	3.8	87866	28355	358	100420	9630
二十九年	330398	5.5	183113	63583	15082	58543	10077
三十年	483973	8.1	336802	109012	170	30400	7589
三一年	228419	3.8	51154	128100	——	31145	18020
三二年	932352	15.6	439531	339037	200	96965	56619
三三年	791604	13.2	221184	358075	5000	193195	14150
三四年	2766124	46.2	1318214	869260		506350	72300
年份不明	66080	1.1	15350	29320		8300	13110

六、渝、川、康、滇、黔工业资本依战前币值估计

单位：千元

年别	共计	百分数	重庆	四川	西康	云南	贵州
总计	337866	100	154803	109269	2648	61755	9411
二五前	60950	18.0	13670	41085	120	4666	1409
二六	15269	4.5	8364	6875	——	30	
二七	60720	18.0	37506	22710	——	504	
二八	95621	28.0	37074	11963	151	42370	4063
二九	51463	15.2	28522	9904	2348	9119	1570
三十	31162	9.2	21687	7019	11	1957	488
三一	5049	1.5	1129	2830		693	397
三二	9083	2.6	4283	3303	2	944	552
三三	2414	0.7	676	1094	16	590	38
三四	1902	0.6	906	598	——	348	50
不明	4255	1.3	989	1888		534	844

注：此项估计，系以开工年份之资本额，依经济部编制。重庆市之趸售物价指数折算而得。

七、渝、川、康、滇、黔工业生产能力统计（三十四年底止）

类别	共计	单位	重庆	四川	西康	云南	贵州
铁	117350	公吨	53800	37000	——	25000	1550
钢	48200	公吨	42000	5200		1000	
铜	2040	公吨	140	500		1400	——
焦	157300	公吨	65000	37500	——	50000	4800

续表

类别	共计	单位	重庆	四川	西康	云南	贵州
动力机	2721	部	1980	420	——	314	7
	25920	马力	17370	450	——	8000	100
	6495	KVB	3095	——	——	3400	——
工具机	7115	部	6355	250	20	440	50
炼铁炉	4	座	4	——	——	——	——
炼钢炉	4	座	4	——	——	——	——
轧钢机	4	副	4	——	——	——	——
球磨机	5	部	5	——	——	——	——
蒸溜〔馏〕塔	67	座	67	——	——	——	——
高压裂化炉	570	座	570	——	——	——	——
离心机	333	部	327	——	——	6	——
造纸机	59	部	59	——	——	——	——
大型纺纱机	106960	锭	105960	——	——	1000	——
小型纺纱机	9896	锭	7896	100部	——	2000	——
毛纺机	811	锭	811	——	——	——	——
织布机	516	部	196	200	——	120	——
缝纫机	2070	部	1510	560	——	——	——
针织机	720	部	570	150	——	——	——
面粉机	594	部	124	470	——	——	——
印刷机	1063	部	980	60	——	5	18
金属皮	1040	公吨	890	90	——	50	10
木螺丝	240	公吨	220	20	——	——	——
钉	787	公吨	660	100	——	25	2
收发报机	1550	部	140	110	——	1300	——
电话机	6830	部	1500	5240	——	90	——
电线	2720	公吨	——	120	——	2600	——
电灯泡	2724	千个	2274	——	——	450	——
蓄电池	1019	千个	806	13	——	200	——
单节蓄电池	802	千打	343	23	——	436	——
钢绳	60	公吨	——	——	——	60	——
硝酸	123600	箱	1800	106000	——	13000	280
硫酸	167300	箱	8140	156000	——	560	2600
盐酸	19320	箱	15220	200	——	2700	1200
烧碱	72610	箱	6900	60000	——	5400	310
纯碱	900140	市担	6000	887000	——	7000	140
酒精	21800	千加仑	1670	10000	30	5700	4400
代汽油	2863	千加仑	1146	1300	——	11	406
代柴油	3685	千加仑	1300	1800	——	45	500
水泥	325	千桶	277	——	——	30	18

续表

类别	共计	单位	重庆	四川	西康	云南	贵州
玻璃	306	千市斤	306	——	——	——	——
	2750	千件	——	1085	——	440	1225
纸	336	千令	100	199	10	27	——
重革	3757	千公斤	3682	3	63	——	——
轻革	8567	千方	2227	1130	4500	400	310
颜料	2074	千公斤	2000	74			
油漆	232	千加仑	125	600		23	78
火柴	81	千箱	12	37		25	7
药品	1260	千磅	6100	3800		2700	8
肥皂	949	千箱	814	104		14	17
轮胎	14	千只	5	3		3	3
机纱	129	千件	76	20		33	
厂布	2896	千匹	1496	1000		370	36
毛呢	334	千公尺	6	300	28	——	——
麻布	80	千匹	38	32			10
绸	126	千匹	14	112	——	——	600
染布	4362	千匹	3342	820		200	——
针织品	409	千打	334	60		12	3
面粉	3063	千袋	1458	1100		280	225
纸烟	85	千箱	9	68		2	6
铅笔	54	千打	54	——			
油墨	10258	千磅	10250	8			

录自《西南实业通讯》第十四卷第五、六期，一九四六年十二月三十日。

国家资本厂矿

两年半创办重工业之经过及感想
（一九三九年五月）

钱昌照

两年半创办重工业得到不少教训——痛苦而深刻的教训。

国防设计委员会（资源委员会的前身）以及资源委员会第一期的工作，无非是调查研究，二十五年三月调查研究告一段落，遂决定了三个方针：

（一）二十五年七月起创办重工业；

（二）尽量利用外资；

（三）尽量利用外国技术。

我们一方面顾到国防，一方面顾到经济，估计自己的能力，就已有的材料，根据一般的需要，拟定三年计划，其内容如下：

甲、统制钨、锑，同时建设钨铁厂，年产钨铁二千吨；

乙、建设湘潭及马鞍山炼钢厂，年产三十万吨，可供国内需要之半；

丙、开发灵乡及茶陵铁矿，年产三十万吨；

丁、开发大冶、阳新及彭县铜矿，同时建设炼铜厂，年产三千六百吨，可供国内需要之半；

戊、开发水口山及贵县铅锌矿，年产五千吨，可供国内需要；

己、开发高坑、天河、谭家山及禹县煤矿，年产一百五十万吨，补充华中、华南产煤之不足；

庚、建设煤炼油厂，同时开发延长及巴县、达县油矿，年产二千五百万加仑，可供国内需要之半；

辛、建设氮气厂，年产硫酸铔五万吨，同时制造硫酸、硝酸，以为兵工之用；

壬、建设机器厂，包括飞机发动机厂、原动力机厂及工具机厂；

癸、建设电工器材厂，包括电线厂、电管厂、电话厂及电机厂，每年产品可供国内需要。

创办以上各种重工业，约需国币二万三千万元，除拟向国库请拨七千二百万元外，余均利用外资。

关于利用外资一点,我们认为中国的"国民所得"很少,每年积蓄能力极有限,资本市场又没有组织起来,要想加速度的工业化,非利用外资不可。一个物质比较落后的国家,第一步的工业化,往往利用外资。苏联最初何尝不想利用外资,因为没有办法,才勉强人民节衣缩食。我国既不能完全仿效苏联,还是以利用外资为上策。照我们的看法,政府所规定的利用外资条件,不妨放松一点。外资的流入,绝对没有可怕的理由,就看我们能不能利用。抗战时期,外国资本未免观望,抗战后复兴事业正多,那时候需要大量外资的流入,此刻应该从事准备。

关于利用外国技术一点,我们知道科学不是可以一蹴而成的,一切建设,需要技术,要是自己没有把握,切莫负起过重的责任。创办重工业,总得迎头赶上。我们时间不多,既不容我们从容研究,也不容我们随意尝试,所以资源委员会技术方面,钨铁厂与德方合作,炼钢厂与德、英两方合作,煤炼油厂及氮气厂与德方合作,机器厂与美及瑞士两方合作,电工器材厂与德、英、美三方合作。我们技术不如人,就得认清事实,夜郎自大,势必误国。

二十五年度政府发给事业费一千万元,同时我们得到不少外国贷款,三年计划中的事业,居然推动了一大部分,每一种事业,均有工作程序表。这一年度,除湘潭炼钢厂稍为落后,飞机发动机厂因有特殊情形陷于停顿,煤炼油厂、氮气厂未及动工,贵县铅锌矿未及开发外,余者悉照程序表进行。所有详细情形,我们悉有记载,此处不拟多占篇幅。

二十五年度的经验,发现了两种很大的困难:一为人才不够支配,二为资料不够应用。

讲到人才,天生的毕竟很少,十分之九还得按步〔部〕就班的去培养。我国从前的学校教育,未能顾及重工业建设的需要,而重工业建设的质量,也实在是太少。重工业人才的培养,不全靠学校教育,必须有了重工业,人才有实习的机会,其质量始能加好加多。此次创办规模比较大的重工业,不禁有才难之慨。所谓才难,并不限于技术方面,业务方面的人才同样感觉缺乏。我们看到这种情形,决定了三个办法:(一)协助领袖人才。凡是国内学识经验有很好基础,将来对于重工业的发展可以有切实贡献的人才,我们供给费用,请他们在国内或赴国外调查视察,使与实际情形接近,待到有适当的机会,请他们参加工作。这样的二十五年度有二十人左右。(二)训练干部人才。各学校优秀的毕业生,请他们参加厂矿工作,或即在会内服务,经过相当时期,其成绩卓著者,予以升调,或派往国外深造。这样的,二十五年度有八九十人。(三)与各学校合作。由我们协助款项,补充设备,增加教授,并且规定三、四年级学生可以进我们所办的厂矿实习。这样的,二十五年度就有十二个学校已经商定办法。除此之外,我们自己往往互相勉励,认为若是仅仅建设一个厂,开发一个矿,能生产,有盈余,不算是成功;建设一个厂,同时训练可以建设三个厂五个厂的人才,开发一个矿,同时训练可以开发三个矿五个矿的人才,才是真正成功。

再讲到资料,那真是不够应用。研究机关如地质调查所、社会科学研究所等,经过长时间的努力,所有的资料还是嫌少。譬如我们要想开发一个矿,仅仅根据地质报告,要是没有探勘资料,究竟不甚可靠。我们要想建设一个厂,仅仅知道原料的来源,要是不明了国内外市场情形,经济上就很难站得住。在国防设计委员会及资源委员会的第一期,虽然我们自己也做了不少调查研究工作,总感觉得不充分、不精细。我们补助过好几个研究机关,请为搜集资料,往往不能完全如愿。这种情形,实在是重工业发展迟缓的一大原因。

二十五年度虽然发现了不少困难,我们始终相信三年计划可以完成,因为所有计划范围内的建设,技术上感觉困难的,均与外国订立技术合作办法,限期完成。直到二十六年七月抗战开始,全部计划遂受莫大影响。迫近战区的矿厂,迁移的迁移,停顿的停顿。我们随便举几个例。钨铁厂原定二十七年八月一日开工,工作方面我方及德方工程师均认为满意,但是六月间江西形势吃紧,七月初便不得不把已装好的机器拆运到安全地带存放,两年之功,废于一旦。湘潭炼钢厂,德方设计告一段落,只待制造,我方平土、造屋、码头等工作亦已就绪,因为地点关系,不得不停顿。机器厂、电工器材厂等迁移内地,辗转数千里,完成期间不得不延长,经济的立场因为地点迁移也就动摇。天河、高坑等煤矿,早已生产,今则陷于停顿状态。大冶、阳新铜矿,水口山铅锌矿等既不能从容探勘,只好暂时放弃。各厂矿共有二千左右的职员、八万多的劳工,经此波动,困顿可想。所幸厂矿的负责人员努力奋斗,劳而无怨,损失虽大,整个基础还没有破坏。

抗战发生后,我们参加不少临时工作,如管理燃料、收购物资及协助民间工厂迁移等等。同时在安全地带,增加不少事业单位,有的是迁移过去的,有的是创办的。二十七年春,建设委员会结束以后,资源委员会责任除工矿外添上动力,因此单位总数较前反而增加。我们并不是贪多,不过眼前看到应该做或是政府命令我们做的事情,在责任范围以内,如何可以规避。到上月底为止,除业已结束或暂时停顿的单位不计外,实际情形如下(地点及生产能力未便公开):

(一)管理方面　有钨业管理总处及四分处,锑业管理总处及两分处,锡业管理总处及一分处,铜业管理处,汞业管理处;

（二）工业方面　冶炼部分有四个单位，机电部分有四个单位，化工部分有四个单位；

（三）矿业方面　金矿有五个单位，铜矿有两个单位，铁矿有两个单位，锡矿有三个单位，水银矿有一个单位，煤矿有八个单位，油矿有两个单位；

（四）电业方面　火力电厂有八个单位，水力电厂有两个单位。

以上各种事业，有些是抗战前已经着手不能不继续的，有些是应付抗战急切需要，经济上、技术上虽明知其有缺点不能不积极进行的，整个说起来，当然不是一个有系统的计划，不过每一种事业都有相当的意义。

我们过去确乎有不少错误，因为创办重工业在中国既无前例可循，外国的方法也未便生吞活剥，主持者的能力经验都很有限，关于计划及设施之未能尽善，无可讳言。特别是抗战后在比较紊乱的环境中，更不免有不合理的地方、不经济的地方。我们对于外界好意的批评，非常欢迎，万分感激，但是近一年来各方面颇有不谅解之处，有人说我们进行太慢，要晓得重工业是最需要时间的。资源委员会自从开始建设起到抗战发生，为时不过一年，当初的一切计划，以湘、鄂、赣为中心，而战局变化，后方成为前方，因之大部分的厂矿，不得不迁移，不得不停顿。加之，现在汇兑、交通、材料、人工等情形，困难万分，事实上不允许我们急进。有人说我们用钱太多，要晓得重工业是最需要经费的。民国二十五年七月起至二十八年三月止，资源委员会仅由国库领得二千八百二十万元，加上钨锑盈余八百四十万元，两共三千六百六十万元，实际上有许多事业，如炼钢厂、煤炼油厂等，要不是我们事前向外国接洽好贷款，根本就无法推动。又有人说，我们事业办得太零碎。上面已经说过，资源委员会现在的事业有一部分是应付目前需要的，譬如政府在武汉时，因为煤荒，我们不能不管理禹县的煤；因为需要液体燃料，我们不能不创办川中一千加仑一天的酒精厂；因为需要动力，我们不能不建设湘西小规模的发电厂。看起来好像零碎，但是在抗战期间现有的工具能力，可以弃而不用么？总之创办重工业决〔绝〕非易事，各方面对于资源委员会期望甚殷，而实际困难或未完全明了，因之引起不少误会。这也是我们一向埋头工作，不讲究宣传的结果。本来我们做事，只要良心上对得起自己，对得起社会、国家，也就不必过分求人谅解，但是中国要想走上建设之路，社会上的真认识、真是非，是绝对需要的。

资源委员会过去及现在的工作，略如上述，此刻再谈资源委员会将来的工作。我们有一个前题〔提〕应该确定，就是重工业范围内何者由国家经营，何者由私人经营。近来颇有人认为重工业应该完全由国家经营，这种主张未免太偏，因为政府力量有限，要是私人有力量，为什么不让他们办？同时亦颇有人认为重工业由国家经营是办不好的,应该完全由私人经营,或是由国家出钱交私人经营,这种主张,除另有作用外,别无充分理由。要是他们认为国营浪费,那么私人经营的事业,浪费的例子也很多,要是他们把现在的公务员看作前清莫明其妙的官僚,乃是一个极大的错误。然则重工业国营、私营的界限究竟应如何划分呢? 此刻将我们的意见,提供政府及社会采纳。

（一）为国防所必需,应该由国家特别经营的事业,由国家经营;

（二）在国防上或经济上有统筹之必要的事业,由国家经营;

（三）特种产品,在国际上近乎独占,可以左右国际市场的事业,由国家经营;

（四）规模宏大,需要特殊设备与多数人才,私人没有力量办,或虽有力量因经济上没有把握不愿意去办的事业,由国家经营;

（五）精密制品,为自给上所必需,技术甚感困难,人才甚感缺乏,目前无利可图的事业,由国家经营提倡;

（六）私人经营的事业,其出品的质产不足以供给需要,为使需供相应起见,国家可同时经营以达到需要为目的,不与民间争利;

（七）此外私人愿意办而力量还不够办的事业,国家审核后酌量予以物质上的协助;

（八）私人经营的事业,国家应该予以政治上及精神上的协助;

（九）末了有一点也应该注意,就是我们不可再蹈资本主义国家的覆辙,无限制的奖励私人企业。现在中国没有多少大资本家,暂时也许没有特别节制资本的必要,但是到了资本应该节制的一天,便不能过度放任,以免贻害。

依照以上原则来确定我们将来工作的方针,或可无大错误。同时我们在抗战时期,一切建设,当然以国防为中心。整个国防应该陆续的建设起来,而国防后方中心的造成,更是刻不容缓。此次抗战,实给我们以极好机会。一向基础不好,平地起楼台,诚哉不易,但是有个开始,将来总有成功的一天。最可惜的,是数年前我们认识西南、西北的重要,而没有积极工作,否则对于这次抗战一定有相当帮助。至于抗战后中国的复兴,乃是全民的责任,我们现在应该有充分时间来准备,将来应该有充分勇气去推动。为国防及一般经济着想,到那时恐怕不能不采取一种计划经济,而重工业建设,无疑的是计划经济中心问题之一。国内有不少有志之士,把复兴中国引为己责,但是空谈复兴而不作切实准备,将来收复失地以后,仍是千头万绪,无从着手。所以我们现在一方面应该调查沦陷区域,借以明了破坏的情形,以及敌人新打的基础,一方面应该估计收复失地后国防及一般经济的需要,以为计划及设施的根据。抗战前各业分布，有许多不合理的地方，抗战后正好可以调整。抗战中我们得到许多教训，抗战后正好可以补救。"塞翁失马，安知非福？"此次抗战损失虽大，而一切建设也许从此走上轨道。我们很侥幸的生长在这个时代，看得多，听得多，想得多，做得多，祖先的遗产，需要我们维持，子孙的前途，需要我们指示，我们应该不顾毁誉，不计成败，不敷衍，不迁就，以坚毅不拔的精神，来建设光明灿烂的中国。

录自《新经济》第二卷第一期，一九三九年五月。

抗战时期资源委员会工作概况
（一九三八年至一九四五年）

资源委员会于抗战时期之工作，仍以开发建设工业、矿业、电业三种事业为主，其进行之方针，大抵仍是以国防为目标。工矿业之经营，始于抗战前一年，基础初具，即遭战事之摧残，几至中辍。然为配合长期抗战，增加生产，充裕军需，虽困难重重，仍不避艰险，突破困境，勉力奋斗，于八年抗战中，次第创办各工矿事业。战时工作，首重在后方各地设置电厂，开发煤矿，广为分布，以利于生产。开发油矿，生产酒精，并创由植物提取轻油，以供应西南、西北公路之交通，故抗战时期，日人封锁虽力，而后方陆路运输所需之液体燃料，仍可自行生产，勉能自给。他如钢铁、铜、铅、锌等基本金属原料，分在川、滇、康等地采收冶炼，就近供给。另外加强统制钨、锑、锡、汞出口矿产之外运，以抵偿外债，换取军用物资。据经济研究室于三十四年十二月统计战时之生产单位共一一九个，其中工业部分有五十七个单位，矿业部分有三十八个单位，电业部分有三十个单位，分布区域遍及大后方川、滇、康、黔、赣、桂、粤、湘、甘、青、新等十二个省区。重要部门可分为电力、煤、石油、冶炼、机械、电工、非铁金属、化工等八大类，产品有数百种之多，多为军需、民用所必需者。兹分述如下：

一、电力事业

电力事业有水力和火力发电两种。抗战初期二十七、二十八、二十九年度中，设有七个电力单位：（一）川鄂区电厂工程处，设于汉口，负责长江和陕、甘一带电厂之建设，辖有武昌电厂、汉中电厂、宜都电厂、兰州电厂、万县电厂等。（二）湘黔区电厂工程处，设于长沙，负责办理湖南之湘西电厂（辖沅陵、辰溪分厂）、贵州之贵阳电厂及江西之萍乡电厂。（三）云南电厂工程处，设于昆明，厂址在城西滇池西岸石嘴村。（四）龙溪河水力发电厂，设于四川长寿县。（五）湘江电厂，设于湖南湘潭，于二十七年已供电。（六）西京电厂，设于长安，供电最早。（七）安庆电厂，设于皖省安庆，至二十七年六月十二日因安庆失守而停顿。以后又陆续归并增设，至抗战胜利止，火力发电单位计有万县、泸县、自流井、岷江、宜宾、昆湖、贵阳、湘西、湖南、柳州、汉中、西京、王曲、宝鸡、天水、兰州、西宁、浙东电厂等十八个单位，皆设于重要地点，其容量不敷需要者，则由资源委员会新建或接办，参加投资整理扩充。

水力发电有龙溪河、万县瀼渡河、西昌安宁河、汉中藉水、天水渭水、西宁湟水、昆湖喷水洞、贵州修文河电厂等处，皆次第完成发电。民国二十六年之发电容量仅二，二七五瓩，至三十四年已达五九，一一五瓩，递增二十六倍有余，发电度数亦自二十六年之一，五二二，七〇九度，迄三十四年增至七〇，一三五，九七九度，增加四十六倍。

二、煤矿业

我国煤藏丰富，多集中于东北、华北地区，然属于敌方控制区，无法筹建，而内地各省煤藏则甚贫乏，西南各省之煤质煤层皆低劣，矿区内外交通，亦困难不便，故煤业基础幼稚。自中枢西迁，各工厂相率内迁，湘桂、黔桂铁路亦随之延伸，交通与工业用量因而激增，为供给铁路、钢铁工业以及后方电力重要市场之燃用，确有加紧开发煤矿之必要。

资源委员会针对此项目标，分途开发新矿，并参加民营各矿，增厚资本，改善设备，促进生产。于抗战八年之中，独办及与人民或地方政府合营之煤矿，至三十四年七月已多达十九个单位，如四川有建川、威远、嘉阳煤矿公司、四川矿业公司等四个单位；贵州有贵州煤矿公司、黔南煤矿筹备处两单位；甘肃有甘肃煤矿局、甘肃矿业公司两单位；湖南有祁零煤矿局、辰溪煤矿公司、辰溪煤业办事处、湘南矿务局、湘江矿业公司五单位；江西有高坑煤矿局、萍乡煤矿整理局、天河煤矿局三单位；广东有粤北工矿公司；云南有宣明煤矿公司、明良煤矿公司两单位，遍及西南各省。就产量而言，民国二十六年为一九，八〇八吨，三十四年达七十五万吨以上，增加将近四十倍之多，可见致力之程度。

三、石油工业

资源委员会对于石油矿之调查计划与开发，着手最早。民国二十五年九月，于四川巴县设四川油矿探勘处，从事巴、达两县油田之探勘。战时除陕北油田钻探因时局关系停顿外，战时致力最深者，为四川油田之调查钻探与甘肃玉门油矿之开发（三十年三月成立油矿局）。

四川油矿探勘处在巴县石油区虽未发现油源，但获得大量之天然气，如重庆轮渡及海棠溪、南川间之公路汽车燃料，均加以取用，其效率不亚于汽油。隆昌县圣灯山开井钻探，亦发现丰富之天然气，可供当地制盐之燃料。另江油县水观音地方亦有油藏，进行钻探。

甘肃玉门油矿于民国二十八年钻探遇油,即成立甘肃油矿局,大量开采,建置炼油设备,经年来不断努力,颇具成效,西北之军运、商运,多赖此处之油源供给。二十八年生产汽油、煤油四千余加仑,至民国三十三年,汽油产量已突破四百万加仑纪录,增加十倍,煤油亦达二百万加仑,实则其生产能力尚不止此。惜因该矿地处边陲,交通不便,油品外运艰难,加以储油设备不足,时以存油过多,限制生产,故未能充分发挥其功能。其出品汽油之辛烷值六十度,行车效率颇佳。

此外有新疆之乌苏油矿,原为苏联经营,规模不大,民国三十二年经我政府交涉收回,交由资源委员会接办,每月可产汽油三万余加仑,足敷地方需求。旋以新疆动乱不安,员工被迫撤退,陷于停顿。

四、冶炼工业

冶炼事业为基本之重工业,包括钢铁、铜、锌之冶炼,其技术与工程,均极为艰巨,后方尚乏基础,资源委员会对于此项事业之经营,不遗余力。兹分钢铁与非铁金属冶炼两者,略述于下:

(一)钢铁

有关钢铁厂之筹建,最早有中央钢铁厂,设于湘潭下摄司,后因时局关系暂行停顿。抗战初起时,由资源委员会会同军事委员会兵工署,拆迁汉阳钢铁厂之部分机器设备,以及大冶铁厂六河沟炼铁厂之机件,西迁四川巴县之大渡口,即为钢铁厂迁建委员会之始建。其后设备年增,规模扩展,成为后方钢铁事业之巨擘。主要设备有一百吨及二百吨化铁炉各一座,一百吨平炉及三吨半贝士麦炉各二座,一吨半电炉一座,及轧钢厂设备全部。并自行开采綦江铁矿、南相煤矿,故原料、燃料均能自给,所出产品,专供兵工制造。其次为云南安宁之云南钢铁厂,于民国二十八年开始筹备,三十二年七月开工生产,以供应云南地区需求。

民国三十三年于四川威远创办威远铁厂,就地采砂炼铁,以供应川西方面需要。同年又参加民股,合办资和钢铁公司,另与经济部矿冶研究所合办陵江炼铁厂。九年收购民营之大华铸造厂,而后扩充为资渝炼钢厂,三十三年又合并资和、陵江两厂,改组为资渝钢铁厂。同年八月,收购民营之人和钢铁公司,改组为资蜀钢铁厂。此外在江西吉安设有江西炼铁厂,以供给区域用铁,于抗战胜利前已停顿。

(二) 非铁金属

非铁金属之冶炼，有铜、铅、锌等。铜为制造电线、械弹之重要原料，是兵工制造及国防不可或缺者。初设有重庆炼铜厂及昆明炼铜厂，将废铜炼成精铜。民国三十年七月，重庆炼铜厂合并纯铁炼厂及綦江炼锌厂，改称电化冶炼厂，生产电铜、电锌及特种铜材，皆为兵工特种材料。昆明炼铜厂于二十八年三月，改称昆明电冶厂，以电炼铜、锌为主，三十二年试办炼铝成功，开我国炼铝工业之滥觞。此两厂因限于原料（我国铜矿储量不丰），历年产量不大，然成品之精度均在百分之九九.九五以上，技术之进步可以概见。

五、机械工业

机械工业为各种工业之母，资委会采分区设厂办法，以便于供应。战前原有机器制造厂之筹设，厂址设于湖南湘潭，战时迁至昆明，改称中央机器厂，分透平发电设备、锅炉、煤气机、发电机、汽车及工具机、纺织机等七个部门，设备新颖，效能优越，为后方机械工业之冠。于民国二十九年正式生产，除承制兵工器材外，主要成品有二千瓩蒸气透平发电设备、煤气机、水轮机、各式作业机、工具机以及交通工具等，类皆工程艰巨，尤以齿轮、铁刀等工具之精密准确，颇具价值。嗣于三十年七月设分厂于四川宜宾，三十三年改称宜宾机器厂，以制造工具机、作业机为主。此外在江西设有江西机器厂及江西车船厂，由江西省政府参加经营；在广东与省政府合办粤北铁工厂；在甘肃设有甘肃机器厂，亦系与省政府合资经营生产，以适应战时需要，于三十七年七月正式接办兰州旧厂，开工制造。

六、电器工业

电器工业即电工器材工业之省称，关系军事通讯及交通至大。资源委员会于战前即开始筹建，至战时更为扩充，主要单位有中央电工器材厂、中央无线电器材制造厂，中央电瓷厂、华亭电瓷厂及江西电工厂等。

中央电工器材厂原设于湖南湘潭下摄司，初设电线、管泡、电话三厂，继将前建设委员会设于上海之电机制造厂（制造小型马达、灯泡、日月牌电池及电线）归并为电机厂，合成四厂。旋迁昆明，设五分厂于桂林、昆明、重庆、兰州、贵阳等地，另设有三支厂，产品有发电机、电动机、各式电话机、变压器、绝缘电线、灯泡、电池、开关设备等，品质不下于外货。尤以原料多种，素所外求，当国际通运遮断之后，更能自行研制用品，以维持生产。中央无线电器材厂初设长沙,后迁桂林,与湖南省政府、中央广播事业管理处合办,昆明、重庆两地设有分厂,生产各种收发报机、航空发射机、大小收音机、手摇发电机等,大部分供交通部及军政部使用。民国二十六年开工,战时更源源生产,以供应军事通讯〔信〕器材之补给。

中央电瓷厂初设总厂于长沙黄土岭,后移四川宜宾,于湖南沅陵设有分厂,制造各种绝缘瓷件,如绝缘子、瓷管、瓷夹板、灯头、插座等。沅陵厂以原料关系,后迁衡阳,于湘桂战役后又迁贵阳。另有华亭电瓷厂设在甘肃华亭县,江西电工厂设在江西吉安,均系与地方政府合办,规模不大。

七、金属矿业

非铁之金属矿有铜、铅、锌及钨、锑、锡、汞、铋、钼等多种,前者为兵工器材重要原料,战时益为重要,后者为我国赖以易取物资之外销特种矿产。我后方之铜、铅、锌原料贫乏,历年经营,虽不遗余力,然成就不大,先后开发者,有四川彭县铜矿,西康会理、越嶲与云南东川之铜铅锌矿。

钨、锑、锡、汞诸矿,民间开采甚早,多系商人自由经营。资源委员会于民国二十五年开始奉命管制,分别于重要产地,设立管理机构,如锑业管理处、钨业管理处、锡汞管理处即是。一面协助材料之供给,技术之改进,资金之融通,督促开采;一面自营生产,统制出口,因应国际需要,能维持国外债信于不坠。尤以品质经年努力,大获改良,如锡之成分,达百分之九九.九,跻于国际标准;钨之含砒低至百分之〇.二以下;汞之精度可达百分之九九.八,锑之含砒不及百分之〇.一,凡此皆可见技术之精进。

八、化学工业

我后方之创办化工事业,多为因应战时需要而设,以从事液体燃料代用品之制造为主,主要者有酒精厂,次为油料厂,再次为酸碱厂、水泥厂、耐火材料厂等五种。由于战时运输燃料需要量大,汽油外来途径日蹙,国内生产,方始起步,难望大量供应,而以动力酒精之制造,法简易行。资源委员会乃于民国二十七年六月首创四川酒精厂,二十八年成立资中酒精厂,此后在各省亦先后自办或接办酒精厂,大小共有十九个单位,可见需要量之多。其中以资中厂规模最大,可制造无水酒精。至三十四年,各厂生产动力酒精达四百余万加仑。

油料制造厂有三:一为动力油料厂,系于民国二十八年与兵工署合办,设于重庆小龙坎,以桐油及菜油为原料,裂炼汽油、柴油、润滑油等;一为犍为及北碚两焦油厂,用煤低温蒸馏,两厂之产量并不大,然此种技术之施用,在我国尚属创举。

酸碱厂在后方本无基础,资源委员会在云南昆明、甘肃徽县、江西吉安所办各厂,规模甚小。昆明化工材料厂以制造纯碱、烧碱为主,甘肃厂兼及硫酸,江西硫酸厂用钒金接触法制酸,产量均不甚大。另有氮气制造硝酸及其他氮气制品。

水泥厂设在甘肃永登,由资源委员会与中国银行、交通部及省政府合办甘肃水泥公司。贵州、江西方面亦投资民营水泥事业各一。重庆耐火材料厂乃为配合冶炼事业而设,制造各种耐火砖,年产量百万吨以上,颇为可观。

以上所述,为抗战时期资源委员会之工作概况。在八年对日艰苦作战情况下,而能从事各项工矿事业之缔造建设,以维持战时经济及作战力量于不坠,殊为难能可贵,其对于抗战之影响及贡献,无〔毋〕庸赘言。兹附录"资源委员会经办生产事业主要产品产量指数表""战时经办各事业历年主要产品生产量表""历来运出及交付出口矿产数量价值表"及"员工人数统计表"于后:

资源委员会经办生产事业主要产品产量指数表

产品种类	单位	二十六年	二十七年	二十八年	二十九年	三十年	附最近筹拟三年国防工业计划第三年产量指数
(燃料及电力)		2.70					
煤	吨	2.70	147.10	100.00	171.87	264.71	1239.46
焦煤	吨		59.58	100.00	465.31	930.53	2277.78
汽油	加仑			100.00	1594.62	4870.57	813000.00(约数)
柴油	加仑			100.00	1829.46	4301.07	32391.62
动力酒精及代汽油	加仑		2719	100.00	233.49	480.99	945.43
电力	度		57.07	100.00	159.90	250.77	
(金属)							
生铁	吨			100.00	138.00		①255.11
钢料	吨						
精粗钢	吨		101.13	100.00	97.08	84.25	226.40
电铜	吨			100.00	283.75	159.50	503.92
精炼铅	吨			100.00	114.44	55.56	148.15
精炼锌	吨			100.00	30.00	200.00	
纯锡	吨			100.00	310.20	328.57	23877.55
精炼锑	吨			100.00	701.20	1827.40	3120.00
(机器工具机及兵工器材)							
动力机	瓩			100.00	4513.79	2305.75	26120.69
工具机	部			100.00	205.00	182.50	1825.00
兵工器材	件			100.00	294.48	194.18	
(电工器材)							
铜铣电线	吨			100.00	545.00	1377.50	4750.00
灯泡	只		3.39	100.00	12.79	11.13	130.62
电子管	只		10.07	100.00	620.64	59.56	4409.40
电话机	具			100.00	47.14	90.57	668.57
电动机	马力		0.80	100.00	51.77	119.74	1250.50

续表

产品种类	单位	二十六年	二十七年	二十八年	二十九年	三十年	附最近筹拟三年国防工业计划第三年产量指数
变压器	具		6.56	100.00	108.20	173.77	
收发报机	架		7.17	100.00	113.07	148.51	678.91
收音机	架		32.89	100.00	244.74	755.26	7105.26
干电池	只		48.00	100.00	186.32	384.33	3784.59(干、蓄电池合计)
蓄电池	只			100.00	366.00	916.00	
绝缘子及瓷件等(其他)	件			100.00	355.93	481.80	3686.10
机器油	加仑			100.00	468.15	608.92	1055.35
纯碱	吨				100.00	433.00	2666.67
耐火材料	吨			100.00	395.24	347.21	723.14

注：生铁、纯碱二十八年均无出产，改以二十九年之每月平均为计算基础。

资源委员会历年运出及交付出口矿产数量价值表

品名\量值\年份	钨 数量(吨)	钨 约值(美金)	锑 数量(吨)	锑 约值(美金)	锡 数量(吨)	锡 约值(美金)	汞 数量(吨)	汞 约值(美金)	总计 数量(吨)	总计 约值(美金)
二十五年	2488	997488	—	—	—	—	—	—	2488	997488
二十六年	11595	10528836	9191	2279368	185	148740	—	—	20971	12956944
二十七年	7248	5881180	10462	1978938	1058	901398	—	—	18768	8764516
二十八年	6567	5943949	4870	1124889	1795	1918993	—	—	13232	8987831
二十九年	6962	7145171	8390	2261978	6979	7848887	130	742296	22461	17995332
三十年	10272	13169728	1185	308039	7463	8209711	120	659986	19040	22347464
总计	45132	43666352	34098	7953212	17480	19027729	250	1402282	96960	72049575

资源委员会战时经办事业历年员工人数统计表　民国二十八年至三十四年

年份		总计	电	煤	石油	金属	钢铁	机械	电工	化工
二十八年	共计	10682	646	2862	—	3866	330	1026	1410	542
	职员	1355	82	208	—	311	87	201	319	147
	工人	9327	564	2654	—	3555	243	825	1091	395
二十九年	共计	27830	2024	11481	—	5459	3577	1436	2728	1125
	职员	3273	516	602	—	338	719	284	490	324
	工人	24557	1508	10879	—	5121	2858	1152	2238	801
三十年	共计	52266	2896	21196	4158	8255	6137	2129	4760	2755
	职员	5683	750	1108	682	517	1095	351	680	500
	工人	46603	2146	20088	3476	7738	5042	1778	4080	2255
三十一年	共计	65696	3623	17942	7699	11223	11182	3463	6420	4144
	职员	8179	936	1507	1323	807	1645	696	991	814
	工人	56977	2687	16435	6376	10416	9537	2767	5429	3330
三十二年	共计	69706	4592	20664	8758	8873	11670	4006	7153	3990
	职员	9168	1139	1567	1298	782	1589	782	1250	761
	工人	60538	3453	19087	7460	8091	10081	5224	5903	3229
三十三年	共计	58659	5418	14121	10082	6396	11523	3178	3966	3975
	职员	8313	1091	1022	1729	669	1429	645	973	755
	工人	50346	4327	13099	8353	5727	10094	2533	2993	3220

续表

年份		总计	电	煤	石油	金属	钢铁	机械	电工	化工
三十四年	共计	63733	5321	16079	6978	6995	13572	3012	5118	6658
	职员	8258	1171	1067	683	640	1607	591	1133	1366
	工人	55475	4150	15012	6295	6355	11965	2421	3985	5292

资源委员会战时经办各事业历年主要产品生产量 民国二十五年至三十四年

产品类别		单位	二十五年	二十六年	二十七年	二十八年	二十九年	三十年	三十一年	三十二年	三十三年	三十四年
电力类	电力	千度	—	1533	3840	7045	10992	17301	24402	34776	51683	70136
煤焦类	煤	千吨	—	20	504	192	306	517	746	758	753	625
	焦		—	—	4	4	18	40	70	54	52	44
石油类	汽油	千加仑	—	—	—	4	73	209	1896	3219	4048	4305
	煤油		—	—	—	4	32	113	597	559	2158	1654
	柴油		—	—	—	7	62	141	53	50	155	270
	天然气	千立方公尺	—	—	—	—	—	27	233	267	733	237
金属类	净钨砂	公吨	8806	11926	12556	11509	9542	12392	11897	8973	3225	—
	锑		—	14597	9464	11988	8471	7991	3510	429	204	—
	精锡		—	—	—	2501	17416	16589	14003	10800	5102	2704
	精汞		—	—	—	—	124	95	148	108	121	63
	精铜		—	—	9	580	582	1415	779	693	613	898	623
	精铅		—	—	—	—	262	326	277	94	94	161	106
	精锌		—	—	—	—	40	13	20	189	231	258	243
钢铁类	铁矿		—	6313	14942	55446	57668	38243	60275	80670	35253	42594
	生铁		—	—	—	—	2494	4437	13468	20853	12523	22556
	钢锭		—	—	—	—	116	1506	4646	7603	10206	
机械类	动力机	马力	—	—	—	706	571	718	1258	2205	1618	
	工具机	部	—	—	—	122	73	136	279	173	161	
	作业机		—	—	—	83	119	182	76	259	101	
电工类	发电机	千伏安	—	—	—	89	4791	2653	2780	3190	1829	628
	手摇发电机	架	—	—	—	—	91	92	1044	754	508	428
	电动机	马力	—	—	—	2094	1552	3601	6933	6651	5112	5917
	变压器	千伏安	—	—	—	9	1624	5792	10183	4284	4719	5563
	电话机	具	—	—	—	3487	—	3169	1266	3801	4968	3379
	交换机	门	—	—	—	—	2770	1110	6500	3996	4570	5155
	电讯机	具	—	—	425	710	1042	1462	2302	1699	1931	1607	1373
	铜铁线	公吨	—	—	—	536	330	658	452	367	267	325
	绝缘线	圈	—	—	—	—	4263	26556	26631	33507	59082	44043
	电子管	只	—	—	—	572	7445	36992	3688	17058	23865	11393	211
	电灯泡	千只	—	—	—	69	193	264	231	638	686	836	838
	干电池	打	—	—	—	30579	101160	141178	212668	207375	251377	189185	149043
	蓄电池	只	—	—	—	—	45	183	564	784	914	884	2894
	绝缘电瓷	千件	—	—	—	2030	343	1284	1731	1389	1802	2114	2236

续表

产品类别		单位	二十五年	二十六年	二十七年	二十八年	二十九年	三十年	三十一年	三十二年	三十三年	三十四年
化工类	酸	公吨	—	—	—	—	—	3	23	44	25	56
	碱		—	—	—	—	18	119	151	173	346	158
	酒精	千加仑	—	—	—	280	669	1298	2396	2846	2826	4013
	代汽油		—	—	72	1	14	34	61	111	55	113
	代煤油		—	—	—	—	6	—	4	4	3	17
	代柴油		—	—	—	1	89	215	89	350	211	467
水泥类	水泥	公吨	—	—	—	—	—	—	150	1390	2791	2137

资料来源：根据资委会各附属事业每月工作电报及工作月报资料编制统计室编制。

录自程玉凤、程玉凰编：《资源委员会档案史料初编》，台北"国史馆"一九八四年编印，第一一〇至一二八页。

论官僚资本（一九四六年一月）

吴大琨

近来常有人谈及官僚资本，可是大家对于"官僚资本"的概念却又似乎都非常模糊。究竟如何叫作"官僚资本"呢？

在没有回答这问题之先，我们必须先明了关于资本之分类方法。我们可以就各种不同的标准来分类资本，如就资本的活动形态，我们可以将资本分成商业资本、工业资本、银行资本及土地资本等是。如我们就资本所有者或支配者的社会地位性质来分，则以中国的社会情形来说，就可以分成买办资本、官僚资本、民族资本等几个范畴。

我们现在所要讨论的"官僚资本"，就是根据资本所有者或支配者的社会性质分类而有的"资本"之一。

这一种"资本"，既然是属于"官僚"的，它当然必然为"官僚们"的利益而活动。在当前的中国，"官"与"民"刚好是两个整体，"官"所得的利益愈多，则"人民"所得的利益便愈少。但这种与民争利并为人民所深恶的"官僚资本"并不是最近才凭空产生的，而是有着非常悠久的历史根据的。这也就是说，中国当前"官僚资本"的猖獗，实际上是反映着整个中国社会的经济特性的。

中国历史上，"官僚资本"的发展，我们且丢开不管，即以中国近代新兴的企业而言，我们也可以说这些企业，差不多一开始就由"官僚资本"所控制着，不，我们简直可以说是由"官僚资本"所创始的。

中国近代企业的发生，我们可以溯于清代的军用工业，可是这些军用工业就都是由"官僚"们（当时的所谓"中兴名医〔臣〕"曾国藩、左宗棠、李鸿章辈），所创办所经营的。后来不仅军用工业即商品工业乃至金融事业也都由"官僚"们相继创立。（中国的第一家银行中国通商银行是在一八九七年由盛宣怀创办的。）

这种近代企业乃至金融事业的一开始就由官僚资本所控制所创办，一方面固然是说明了中国过去社会中"原始的资本积蓄"是积蓄在何许人的手中，同时也说明了中国的近代企业是如何"先天地"就名〔明〕定着要迟迟不能发展。因为事实上封建性的官僚资本与官僚经营，对于近代的资本主义企业经营是根本不融合的。"官僚"们经营任何近代企业的结果往往都是失败了"企业"的本身，然而却肥壮了他们自己。

中国自鸦片战争后，原有的封建社会经济就逐渐陷于向半殖民地化的道路上发展，于是应运而生的买办阶级的"买办资本"也就与原有的统治者官僚群们的"官僚资本"勾结起来，统治了整个中国社会的经济。由于官僚资本与买办资本的本身却并没有，而且不可能有真正冲破帝国主义与封建势力的力量为真正的民族工业资本发展，所以在中国最发展了的资本活动形态也就变成了是商业资本、高利贷资本、土地资本、银行资本，而并不是工业资本——这些发展了的形态都并非是生产性的，这也就是使中国的生产事业永远不能发展，永远在经济上不能获得独立自主的基本原则。

中国的"官僚资本"同时又是与"买办资本"并非全部对立的。事实上，中国的一部分官僚资本，同时也就是大买办、大银行家、大地主的资本。中国的"官僚资本"与"买办资本"所不同的，就只是如果说"买办资本"所谋求的利益主要是帝国主义者的利益，它获得利益的方法主要是依靠了特殊"洋人"的势力的话，那么"官僚资本"所谋求的利益就可说主要只是这些"官僚"们的本身利益，而他们获得利益的方法则在乎〔于〕主要依靠他们"官僚"的"特权"，在某些落后的地区，甚至是非常封建性的"特权"。

正因为中国的"官僚资本"的发展，有"特权"可以供它凭借，于是对于没有"特权"可靠的真正"民族资本"说起来，就成为了一种非常可怕的竞争者、压迫者。但"官僚资本"对于国家最大的祸害却还并不限于阻碍民族资本的发展，而是在于它的因为它有"特权"，它已差不多垄断了整个民族国家经济的命脉，使得整个的民族国家经济都只为这些少数的"官僚"利益服务而置全国人民的死活存亡于不顾。

当然中国当前的"官僚资本"，与满清末年的"官僚资本"在性质上以及形态上已经都多少有了些不同，但它还是一贯地只为官僚的本身的利益服务，妨碍民族经济发展这一点却是相同的。

中国当前正遭受着空前的经济危机，许多民办的工业已经都停歇了，工人们在闹着失业闹着饥饿，可是"官僚资本"仍在每个角落里活跃着，无论是在大后方或是在收复区凭借着"特殊权力"，从事搜括垄断者有之，从事走私偷运者有之，从事囤货者有之，甚至以"国营"或"公营"名义从事扩大私人利益者有之。

这些"官僚资本"非法活动的结果，一方面固然是在损害人民的利益，另一方面却更在损害国家民族的经济基础。只要这种凭借"特权"而在从事着非法经济活动的"官僚资本集团"存在一天,中国就一天不能真正的走上民生主义经济建设或工业化的道路。在这里,我们可以下一个小小的"结论"了:真正的人民大众的经济事业与"官僚资本"是【势】不两立的,要发扬前者就必须扫除后者。

录自《经济周报》第二卷第五期,一九四六年一月三十一日。

民营工业

战时后方民营工业动员
（一九四三年五月七日）

林继庸

这是一个庞大的题目，不是一二小时的讲述所能详尽的。又因有许多数目字尚未到发表时期，所以本人只能大略的把厂矿的家数谈及，不能谈及生产量。简略之处，还祈诸位原谅。战时民营工厂动员的实施，勉强可分三种工作：一、厂矿内迁；二、后方工业建立；三、工业管制。这三种工作不能划分时期，大约在同一时期中，总有两项工作在进行者。因为这次报告未便涉及国营及兵工事业，所以只能谈及民营的一方面。

一、民营厂矿内迁

我国工业在抗战前一向是趋于畸形发展，各种工业大多设立于沿海通商口岸，尤以上海、天津两处为盛。因为电力、技术、人才、劳工、销场、各业联系、捐税、金融、政治等项条件的优胜，又加上帝国主义者治外法权的卵育及物质享用上的引诱，所以一般工业界人士皆竞向上海、天津两地发展，只有极少数的人士肯向内地去挣扎。实业部在民国二十年十一月开始工厂登记，至二十六年九月底止，我国共有工厂三千八百四十九家。这些工厂是合于当时的工厂登记法的，即具备动力，或有工人三十名以上的。只上海一隅，即已有一千二百九十余家，足足占了全国工厂数目三分之一以上。若仔细分析各地工厂的分布情形，殊令人心悸。当民国二十六年七月以前，在国境内，除了现在已沦陷的地区不计外，只共有合于当时工厂登记法的工厂二百七十九家（印刷、酿酒、制粮、果、酱油等未列入），分配在川、黔、滇、桂、粤、湘、赣、鄂、陕、豫、甘、闽、浙等省，内分冶炼四家、机械三十七家、电工器材一家、化学七十八家、纺织服装一〇二家、面粉六家，其他五十一家。至于矿业，则只有煤矿七百四十五区，合五百余万公亩；铁矿三十三区，合六万七千余公亩。内地工厂的数目少，尚是次要问题。若再仔细研究有关于军用民生的工业要素，则更令人胆寒。现在事过境迁，我们不妨将民国二十六年时在今日后方区域的数目字举几个例：1. 电力设备，不足二万瓩（内中有一万瓩的设备是在前线的长沙），约合全国总数百分之三;2. 纱锭,二八万锭(连长沙的五万锭在内),约合全国百分之一.四;3. 面粉,有六厂,每日产量约八千袋,合全国百分之二;4. 煤矿、铁矿,大多数均是土法开采;5. 冶炼工厂只有四家;6. 水泥厂,只有一家,尚未开工;7. 汽油炼厂,没有;8. 酒精厂只有两家,均未开工。

这样脆弱的工业基础,试想我们在抗战时,如何能实施工业动员以赴国难呢？敌人当时满以为握住我们沿海的工业区,便可制住我们的死命,使我们无法供给军需民用,使我们无法抗战。但是敌人这项阴谋,已为我政府当局粉碎了。

工业动员必须先行建业。建设工业必须先有工业的底子。设备、人才、原料、材料等是最重要不过的,经济问题尚在次要之列,后方有的是原料,沿海地带有的是工业设备及技术界、企业界的人才,所以政府决定先把设备及人才迁移入后方,利用后方的资源来把后方的工矿业建设起来,以为工业动员的实施。

民营厂矿内迁一举,是我国工业动员的序幕。这次由沿江沿海一带内迁的厂矿达四百五十二家,计迁入四川者二百五十家,湖南者一百二十一家,陕西者四十三家,广西者二十五家,其他省份一十五家。此外尚有福建省一百〇五家,浙江省八十六家,迁至本省的内地。迁入后方的工厂物资重量达十二万余吨。工业界移民达十余万名。一连五年来,内迁的工厂日渐扩充,新建的工厂日渐增多,技术及设备日渐改进,产品的数量日渐增加。在后方抗战地区,蓦地里跳出几个大规模的新式工业区来,作为供给抗战需要的重镇,这是敌人作战时意想不到且未打入算盘内的一件事。

这次伟大的迁移,北起山西、山东、河南,东起江苏、浙江、福建等省,齐向西南方移动。巨潮澎湃,沿路经过,又把大冶及武汉三镇等处的工业席卷而去。上海方面民营工业界的人士,首先发动,一心一德,秉承着最高领袖的训示,遵从着政府工厂内迁的政策,到了最后关头便毫不犹豫,忠贞自矢,慷慨赴难。他们觉得在租界内永远没有我国民族工业的前途。他们不甘以厂资敌而增加敌人的军用资源。他们联合着同志们,分头接洽,一齐动手,在炮声火光中抢救出他们所需用的机件工具材料,遵从着上海工厂迁移监督委员会的指示,经历过许多困难,卒能抢运出许多物资。其时江阴已被封锁,京沪、沪杭两路铁路又忙着军运,他们只好乘着划子取道苏州河绕出镇江,再换轮船直运武汉。及至苏州河道被断,他们又从南通州绕道扬州、镇江而达武汉。这一路共迁出一百四十六家工厂。在山西太原附近的,于敌军将到达时,赶将物资搬运到风陵渡,赶造临时码头,夜渡黄河,经由陇海路、西北公路,而达四川。在河南焦作的,则全体动员拆运机件南下。其时郑州附近的黄河铁桥,本已埋布炸药定期炸毁,因要等待工厂物资的通过,所以延缓了一日,然后炸毁。在郑州的,则于一个月的时间把整万吨的机件完全拆运到汉口。在青岛的敌商工厂有纱锭五十余万枚,政府当局本来可以从容把这些敌产运出,因为要表示我们大国民的风度,义不取盗贼之财,待至敌军将到达时,埋布炸药,放把火把他〔它〕【们】炸烧个精光。各路到达武汉后,再分路北上陕西,南下湘桂,西入四川,遵照着工矿调整处所指定的地区,计划安置。他们在江中运输,有时给敌舰追上了,宁可将船下沉江底,义不资敌。他们越历崎岖的山路,逆渡险恶的急滩,沿途经过几许艰辛,克服几许困难,牺牲了若干性命,洒流过多少血,壮烈牺牲,百折不回,完成了预定的计划。他们所经过的事实,很可以写成一厚部可歌可泣的史诗。这些都是天地间的正气,是我国列祖列宗几千年来遗下的教训,到了紧急危难的关头才发挥出来。因为时间关系,本人现在仅能简单的报告。本人已将此中的经过写成了一本册子,名曰《民营厂矿内迁纪略》,已经付印,日内印出时,再请诸位多多指正。

二、后方民营工业的建设

沿海、沿江的工业既已内迁,即须马上建立工业,以发挥工业动员的效能。一方【面】当把内迁的工厂筹备复工,一方面筹建新的工厂以坚强各种工业的联系;同时限制非必需品的生产和改变现有工厂的设备,以制造后方军民急需的物品;一方面研究自造生产机件,研究利用本地物料,以达到自供自给的境地。不独要注意到种类的问题,更要注重到快快大量生产的问题。这些问题都要动员全体的企业界、技术界、金融界同〔通〕力合作,方能收获巨大的效果。

民国二十七年春间,内迁工厂迁移的地点既已决定,此后即到建设时期。这个时期,勉强可分为两个阶段:一是内迁工厂的复工,二是扶助新工业的建立。前一阶段大约是从民国二十七年春间至二十八年年底,后一阶段则从二十八年春间到现在。

研究工业经济的人,就知道工厂选择厂址的重要性。适宜于设立工厂的地区,有许多重要条件,如:1.动力之供应;2.交通之便利;3.原料与市场之接近;4.各种有关工业之联系;5.研究及技术之协助;6.劳工之生活及能力;7.金融之周转;8.政治之开明;9.天气之适宜;10.疠疫及疾病之避免;11.地方捐税之比较等。在抗战时期,尤须注意到安全问题,工矿调整处就此原则下,觅就了多处工业区域,选择建厂地点,并分别预先购买基地,以便各厂得以赶速兴工建筑。后方现时成立了几个新工业区,都是预先有计划,依据最适宜的条件,建设起来的。

电力是工业之基础。我们需要建设新的电厂及整理原有的电厂,把各处电厂分布成一个网,使各区域互相分开,以便迁就原料、交通、市场等条件,分头发展。在同一地域内又要成立几个电厂互相联通,以便万一某电厂机件有阻碍时,另一电厂可以救济应用。重庆及其附近现在已经有了规模较大的电厂 X 所,另在建设的 X 所。后方现有的发电能力已经较从前增加了五倍以上,新建设的尚在逐月增加。此外工矿调整处并另鼓励各电制造厂、蒸器发电机,及汽发动机、煤气发动机、柴油机、桐油机等,大大小小,种种式式,督促各工厂自行发电,这个数量亦不在少数,我们今晚在此间尚能得着电光照耀,这段历史亦可略为叙述。敌机注意我们的发电厂已经多次了。记得在二十八年夏间,我们加强电厂的防空保护,钢板、沙袋、钢骨、水泥、木料均已预备齐全。我们又在×××工业区调来五十名技工,由工矿调整处派员督率,日夜不断的工作。本定限期十天完工,他们不辞劳苦在第七日已经把工作完成了。可是因为工作太苦,有两名技工竟因劳而牺牲了。到第八日,敌机又来集中轰炸电厂,幸得保护工作完成,得以减少损害程度,所以仅仅停工修理两日,电厂又大放光明,诸位当能记忆,当敌人屡次轰炸我们的电力厂及自来水厂时,各位技术员工全体动员的情状。此类的艰苦工作,各地各厂均以同样努力进行,悲壮的故事,不胜记述。这是我们在抗战过程中很值得感念的事实。

谈到各业的联系问题,这亦是重要事项。我们不能让联系中失却一链,以致影响到多种有关工业的生产。例如少却烧碱,则制纸、染整、制皂、炼汽油等工业便无从着手;少却煤膏副产品的生产,则染料、西药、电木、各项合成有机化学原料以及军用的炸药及毒气等项的制造,均会大感困难。说到电气炼钢工业,若是铁矿、溶剂、鼓风炉、电炉、变压器、电表、电线、模型、轧钢机等等均已齐备,而只缺少了炭极或变压器油的供给,亦不能开工。谈到机械工业,则须顾及制造上所用之钢铁及合金,以至一个罗〔螺〕丝钉或一把锉刀,纺织工业所需之钢针布,机器制纸工业所需之毛毯、磷、铜、丝、布等,若是筹办不到手,则主持人员将会感觉到头痛。此种的例子,实在不胜计数。各厂只能在本业上努力工作,万难把本厂所需要的一切机件物料均自行供给。抗战以前,尚可依赖外来的物料供给及外来的技术专家协助,到了抗战后方,我们必要自力更生。我们要达到自供自足的境地,所以我们要有整个的计划,通盘筹算,各方面都要顾虑周到,不要失却其中的一环一链,所以许多新的工厂要设立,后方的企业家及技术家全体的努力尚不够,所以要设法招致外来的人员加入合作,我们不仅要注意产品的质的问题,我们更要注意到产品的量的问题,所以许多原有的工厂要大加扩充,所以规模较小的工厂要归并,使收零作整。

四年来努力的结果,许多小工厂是合组了,原有的工厂已经扩充了,新的工厂建立起来了。后方的技术专家数年来奋斗的结果,已经排除本地质源劣资的障碍,更进一步,能利用其他原料来代替制造。例如鼓风炼铁炉、电力炼钢炉、木寨麻钢炉、马丁炼钢炉、坩锅〔埚〕炼钢炉、轧钢机、蒸汽锤、变压器、发电机、马达、电表、开关、电线、针、钉、纺纱机、织布机、造纸机、抽水机、车床、刨床、铣床、磨床、锉刀、砂轮、砂布、无线电收发机、发报机、电话交换总机、手摇发电机、电池、电灯泡、真空管、各种酸、碱、煤膏副产品、染料、颜料、胶料、电石、电极、各种合金等等,从前在后方是梦想制造而不到的,现在均已一一出现市场,而且除了有些必不可少的极微数量须依靠外来材料之外,百分之九十六以上均是就地取材制造的。

以上仅能略述战时后方民营工业建设的情况。这小小的成就,已经绞尽许多脑汁,挥尽许多血汗。后方所有的技术家、企业家、金融家,男的、女的、老的、少的,均在动员中,为着抗战建国,他们兴趣活泼,不畏劳苦,不开倒车,奋勇地向着胜利的前途迈进。

三、工业管制

上面两段,仅能把战时后方工业动员的状态略为陈述。我们讲起来很像是太过兴奋。我们的自信力不可没有,兴奋太过,亦可以不必。实在我们的努力还不够,还差得太远。我们工业建设,已有四年,还不能达到完全自供自给的境地。现时国际路线有些障碍,我们已感觉棘手,这是我们负工业行政者及技术责任者所应引为疚心的事。领袖责备我们"以前动员的努力还不够",我们此后应当如何加强工业动员方面的工作,才可以解免领袖的忧虑呢?现在且以数分钟时间,来略讲工业管制。

工业建设同时必须加以管制,始能得合理化。工业管制务须注重使各部门生产得以供需相应,配合得宜,一切工业材料、原料及人力、财力、时间均能充分利用,使无浪费之弊。1.工厂的地区必须为适当之分配,始可免除原料、劳工、电力、销场等项不平衡状况之发生。以设炼汽油厂为例,若各人均争来重庆设厂,则重庆所供给的桐油必不足用,而广西、湖南、贵州、云南、广东等所产的桐油,必致无人过问。两地运输,因此而耗费交通能力。且一地的价格过高,而致成本贵,生产效率低;一地的价格过低,则农民将因不得谋利而另作他项种植。2.工厂出品的种类必须加以指定,其在抗战时代所不急需者,则须禁止其制造,以节省物力。例如一块有用的铁皮,极可宝贵,而用来制搪瓷面盆,岂不太可惜？又如高粱可制酒精，供给发动应用，若以之为饮料，岂不是暴殄天物？3.工厂的技术，必须严格的监督，使求进步。例如同是一种钢铁材料，用以制工具母机，或以制造磨床，技术高者其所制的磨床的准确程度可达百分之二公厘，技术劣者仅能达百分之六厘。又如同是用天原电化厂的四十五度步梅表的液体烧碱一箱六十公斤，以制肥皂，其技术高者可制成每箱十五公斤的排水肥皂十三四箱，其劣者只能制七八箱。若让这些笨工如此耗费物料，岂不可惜？至于其他的问题，如注意厂中工人福利，俾可养成工人之优良道德；取缔挖工、怠工、罢工的行动，使生产者得安心工作；加强市场管理使无居奇操纵者，以减少生产者之负担；严密同业公会的组织，以收上承下转工作之推进；检查、纳税、发照及借款等手续单纯化，使企业人员不致耗费心力时间于无所适从之奔走；等等，均可直接或间接的促进工业之生产。上述各项问题均非短时间所能详述，故只能略举一二。关于工厂的管制，工矿调整处四年以来都在进行着，寓管制于调整协助之中。关于物料的管制，如矿产资源的铜、锡、锑、钨、铝、汞及工业材料的水泥、钢铁、五金、烧碱等，如日用品的纱布、纸张等，均已由资源委员会、工矿调整处、物资局等分别负责举行，其他各项正在逐项择要施行中。

工业动员不是少数人的事，所关系的方面太多了。若是上下同心向减省耗费物力、财力、人力、时间的方面互相协助，大家遵守法令，不怕难，不怕牺牲，肯研究向前做去，我们相信后方工业生产一定很容易达到合理化的。我们更相信工业界人士，必能拿出从前发动内迁那时的忠贞热诚，拥护国家总动员法令，把一切人力、物力、财力、时间都贡献于国家。

最高领袖于前日（五日）说我们以前动员的努力还不够，我们此后应当加强工业动员方面的工作，才可解免最高领袖的忧虑。（三十二年五月七日）

录自秦孝仪主编：《中华民国重要史料初编——对日抗战时期》第四编"战时建设"（三），中国国民党中央委员会党史委员会一九八八年版，第六九三至七〇一页。

如何解决当前工业问题（一九四四年四月）

章乃器

自二十九年物价猛涨，我工业界就逐渐感觉到经营困难的加重，除了原有的设备、物料来源不易外，又加上了税捐和资金问题。同时运输途径日狭，管制头绪日繁，也平添了不少的阻碍。三十一年六月，工业界人士经过了若干次的集体研讨，以迁川工厂联合会、国货厂商联合会及西南实业协会等三团体名义，发表《工业界之困难与期望》一文，对于上述问题，做了详尽的说明，并提出具体的意见，颇为政府当局及社会舆论所重视。三十二年六月政府召开第二次全国生产会议，讨论中心，仍不外那本小册子里面所提出的几个问题。实际上，许多建议都已经实现，或在拟议实现之中，所缺憾的，只是实行而不彻底，或者实行过于迂缓，不能和战时瞬息万变的环境配合。

例如税捐问题，那本小册子所提出的要点，是物价暴涨之后的虚盈实税问题；所建议的方法，则主张目前先就分配利润课税，将来进一步以个人所得及利得为课征对象，以符合节制资本的本意，并免资本化整为零，工业资本向商业及土地方面逃亡。其后在生产会议中所通过的议案，则为工矿业固定资产重估价值，将重估虚盈免税转作股本。这个议案，已在政府最后审议之中，不久当可完成立法程序，公布施行。施行之后，工业界可以减少若干的困难，然而常然不能得着根本的解救。小册子同时还提出消费税问题，其后也算得着了缩小征税物品范围及减低若干种物品税率的结果。工业界的意见是这样：纳税是国民的职天，工业界对于纳税义务的履行，决不后人，不过希望课税要合理而公平，不要妨害国民经济的发展，而同时毁灭了税源。

其次，关于资金问题，小册子要求工贷的扩大，这一点在去年可以算已经做到；但手续仍感迟缓，并未能以普通业务方式执行；而物价之增涨〔长〕，复远过贷额之增加，因此工业界仍感资金不敷周转的重大困难。产业证券市场虽一度筹备，迄今未见成立。票据承光贴现办法的推行，受益者仍多数为商业资本，这与政府的意旨，可说是背道而驰。这些都还待我们继续努力，期能达到目的。

复其次，则为原料、运输、管制各点，两年以来，小册子所建议的，也有许多已经政府采择施行。奖励仿制后方缺乏的器材,自经经济部及国防科学技术策进会公布征求后,效果颇大。保障运商利益,统一运输检查机构,统一管制机构及全面管制等项,都已经见诸法令,但收效为何,则彼此不一。我们所感觉到的是这样:好的建议政府多数愿于采纳,但成为法令之后,执行力量便往往不够。关于这一层,我们一面希望执行机构的加强,但一面还希望国民能够充分协助政府推行法令。要国家成为真正的法治国,单靠政府的力量是万万不够的。

从小册子的发表到生产会议再到目下,我们所得的总结论是:

物价倘使不能稳定,工业问题便永远不得解决。

因此从三十一年秋天开始一直到现在,工业界对于物价问题的注意,未尝少衰。从涨价休战到政府实施全面限价,以至生产会议提议集中国力彻底执行管制物价方案,工业界都是有力的推动者。可惜直到现在为止,政府各关系部门间的通力合作,固然还不够坚强,官民一体,上下一心的要求,更是大大的不够。

最近几个月当中,工业界所进行的工作,大抵有下列的几种:

一、关于救济炼冶及机器两业者:

甲、提早完成成渝路重庆至内江段敷设轻轨工作;

乙、修理被炸船舶;

丙、建造重庆各重要码头缆车;

丁、大量制造农业机具。

上述各方案中,前三款同时可以增进交通运输力量,协助平定物价。

丁款则可增进农业生产效能,且作失地收复后救济农村之备。

二、机〔关〕于一般工业者:

甲、再生产成本之维持;

乙、固定资产重估之及早实现;

丙、工业会法之及早颁布;

丁、税捐立法及征收方式之改善。

三、关于增加工业生产,平定物价,安定币值者:

甲、对于与国防民生有关之工业,新设及增加设备者,由政府予以保本保息之保障,以便动员社会游资,减轻发行负担,并充裕物资来源;

乙、利用二万万元美金所换得之黄金,作为采用金条本位之准备,以安定币值。

时贤主张向美国申请拨给运输机二三十架,每月运入布匹三十万匹及交通、工业器材五百吨以稳定战时物价,及由各工厂发行物资券,吸收民间游资,以供工业生产之用。这两种主张,我们认为都切实可行,应该一致赞同,协力推进。

最后,也是最基本的,我们必须加强组织,加强团结。倘使一个崭新的、科学化的工业,成立了一个团体要和旧式的会馆一样,或者一个最富于组织力的工业,而依然是一盘散沙,甚至为了自私自利的企图,不顾大局,那真是最可痛、最可耻的事情了!

只要工业界有合理的组织,有坚强的团结,工业界的呼声自然会被人重视,一切的问题也自然容易得到解决,这是可以保证的。

录自《迁川工厂联合会第七届年会特刊》,一九四四年四月十七日。

发展工业之我见（一九四四年四月）

胡厥文

夫国家存亡，视其经济之能否独立；经济之能否独立，视其工业之能否发展。我国抗战胜利在望，而建国大计，物资之如何充实，生产之如何增进，经济之如何独立，莫不知胥以提创工业为先。乃证诸现实，生活高涨，利率奇昂，进行之困难，莫如工业，发展之不易，莫如工业。是以迩年以来，提倡工业之呼声甚嚣尘上，而工业之减少生产，紧缩范围，朝不保夕，歇业倒闭，日有所闻，而无事实需要之银楼等成立，若雨后之春笋。似此背道而驰，国将不国，遑论兴建乎？推其源始，良有由也。心所谓危，分论如次：

一、征税税法之未臻尽善也。盖切实从事于工业者，应不以营利为标的，而以事业为前提，是以世界各国，征收所得税及过分利得税，均以个人为对象，而不以工厂之盈余为标准。如是则盈余资金，不易分散，而事业有长足之进展，且主持者可绝对无事虚饰，而使国家之税收，有所妨碍。至虚盈实税等之流弊，亦自然减免，而投资者亦觉其事业之蒸蒸日上，所得虽微，亦感兴趣。若此点不予改进，而提倡工业，徒空言耳。

二、利润之宜有调剂也。抗战以还，物价飞涨，囤积居奇，播迁觅利者，利润特高。因以利率奇巨，银行存息达五分，贷息逾十分，为亘古所未有，为世界之奇闻。而投资工业利润，最高不及二分，加以周转不易，困难重重，利害悬殊，嗣后必无愿于投资工业者。如是而言发展工业，乃欲其入而闭诸门也。

三、力行作伪之未能分别奖惩也。近代借工厂之名，而行其囤积贩卖之实者有之，粗制滥造而消耗原料于无用者有之，专心致力于工作之进展以图实业之发扬而冀补于抗战建国者有之，是宜详加考察。差误者纠正之，不合标准者考核之，浪费者改善之，准确标准而合理者表扬之，扶植之，确切调查，实地试验，作合理之推进，如是则不力者自汰，而优异者倍振。

奖惩既明，则以工业之发展，而利我国家者，当如何耶？管窥之见，是否有当，尚祈海内贤豪，当今执政，进而教之！付诸实施，国家幸甚！

录自《迁川工厂联合会第七届年会特刊》，一九四四年四月十七日。

我们怎样来克服工业界目前的难关
（一九四四年四月）

吴羹梅

神圣的民族抗战，眼看已将到第七个周年，国内生产现没有雄厚的基础，国外的交通可陷于极度的困难，胜利虽将来临，环境实益艰苦。工业界目前遭遇了种种难关，可以说正是与国族同其命运，我们只有群策群力，坚忍奋斗，来寻求光明的前途！

工业界的前途真光明么？我可以肯定地说是光明的，可是要我们努力去争取。我们看国内有英明的领袖，有善战的健儿，看国外则轴心的军力已是日暮西山，盟邦的优势正如旭日东升，政府在宣布提前实施宪政，促进中国工业化，战后盟邦的过剩生产力，又都愿来开发这广大的处女地，我们能说工业界的前途不光明么？

不错，摆在面前的事实真是太让人不愉快了！资金不够周转，可是借钱太难，利息太大。销路不好，可是谁愿遣散自己的子弟兵，结束辛苦创造的事业！管制太严，处处可以犯法坐罪。购料运输，在在都是繁难万分。税捐繁重，既不胜其负累，虚盈实税，又日见削弱其基础。成品价格，统制綦严，是为了平抑物价，可是原料激增，费用突涨，就很少有人过问。当局确实在提倡增加生产，可是事实上再生产无能为力。后方工业界的困难情形，确实在日益加重，非但不是无病呻吟，简直是到了生死关头、挣扎呼号的时期了！

我们不必怨天尤人，因为这种局面是敌人给我们的，我们决不悲观消极，因为知道这是抗建大业中必经的艰苦过程。我们要力求坚强团结，用集体的力量来解决困难，我们要偏重自力更生，不要事事责难政府，我们要高瞻远瞩，不要只顾了目前的荣枯。下面的几件事，我认为是工业界同人应当竭力促成的：

一、加强工业团体的组织

时代给我们的教训太大了，要想靠了个人的聪明才智，来促成事业发展的时代已经过去了。皮之不存，毛将安附！要维持自己的事业，一定要维护我们的工业团体,有好的意见提到会里,大家都可得到好处。有重要的事交会里办,力量既大,收效自速。每个单位应当随时督促团体,团体的负责人亦绝对要以公仆自居,任劳任怨去为团体服务。这一点说来简易,可是我们反躬自省,大家做得都还不够。假使我们真能加强组织,造成一个有力的团体,政府当然要更加重视我们,一切困难,亦可以比较容易克服!

二、提高工业界对于政治的认识

蒋主席在经建计划会议上对大家说,工业界要多关心政治,这是对我们异常重要的启示,工业界对于政治是太隔膜了。我们要造成一个民有、民治、民享的国家,怎能不关心政治!我们要求的是合于促进工业化的政治,我们就不能不提出我们对于政治的意见,假使不关心,也许那阻碍工业化的政治就会来束缚我们的。个人认为工业界目前关于政治方面最迫切的事,便是从速研究宪政,向政府提供意见,促进工业会法的实现,借期获得本身的法定地位,方易集合工业界的力量,来致力于抗建大业的完成。

三、促成工业界经济上的联系

我们大家感到的痛苦,是资金不够,销路不畅,原料难买,运输困难诸端,这在国家目前的环境中,亦确实很难样样替我们解决。我们假使能够善于运用自己集体的力量,上述的痛苦可能都逐渐解决。举几个简单的例子吧:大家天天在借钱,可是大家在银行的存款加起来恐怕决不只几千万元,而自己就没有一个可以彼此通融的银行;大家年年化〔花〕了多少保险费,可是自己没有一个保险公司;大家都感觉销路不好,运输困难,可是我们就没有一个集体的运销组织,来打开销路,疏畅货运。所以有了现成的货而找不到主顾,有人有了车子照样停在那儿不用,实在太可惜了!原料难买,我们亦缺少一个调剂有无的器材供应机构。这些事情,都是可以办的,并且是在目前的经济困难局面下急需办的。至于技术上的合作,法律会计事务之代办机构,亦都有举办的必要。

四、建立工业界的文化力量

说到工业界的文化工作,实在太重要了!我们有什么出版物?有什么调查统计的资料?我们的主张可以在哪里自由发表?我们的困难是否已经被政府及社会人士所了解?对于战后已否有何准备?欢迎外人资本及技术上的合作已否有何计划?我可以大胆的回答没有,即使有亦在比重上是太小了。可以欣幸的是工业界自身组织的中国工业经济研究所已经成立了,在不久的时间中已尽了它很大的努力,可是它的基础还太薄弱,人力、财力,俱感不足,我们一定要加意培植这个茁壮的幼苗,使其坚强成长,再逐渐推动其他工业文化工作,如定期刊物之创办,专题研究特辑之编印,座谈会、讲习会之举行,都是刻不容缓之举。

个人认为假使工业界同人能做到上面所说的几件事,那么不但能用自力更生的方法来解决了本身许多困难,还可以促成工业界本身地位之提高,融洽政府与工业界之间的意见。我们来集中力量,整齐步伐,向着工业化的大道迈进吧!

胜利在望,艰难倍增,工业救国,征诸此次世界大战而益具自信,兴奋之情,实与忧惧同深,斗室独坐,百感交集,适值会中征文,爰书管见,以就正于工业界之先进。(四月七日)

录自《迁川工厂联合会第七届年会特刊》,一九四四年四月十七日。

慰问湘桂后撤厂矿员工书（一九四五年一月）

迁川工厂联合会等五工业团体

湘桂沿线工业界的全体同人们：

这次敌人为了挽救他本身在太平洋上的危局，发动了大量的部队，侵犯湘桂，致使湘桂各厂矿不得不忍痛停工内迁。我们要认清，这是八年以来妄想灭亡我国的敌人给我们的打击，我们一定要记牢这个悲痛的血债！我们一定要报复这个奇耻的深仇！

我们知道，在我们工业界的阵营里，都是埋头苦干的朋友。我们不知道个人的利害，只知道国家的安危。我们知道在这一次空前的世界大战中，要争取胜利，一定要动员全国的民众来配合军队作战，一定要以大量的生产品供给军队作战。这一个战争，可以说是一个生产力比赛的战争，亦可以说就是工业的战争。这一个生产的重责，刚刚落在我们工业界的肩膀上。湘桂一带的工业界同人，你们是我们这阵营中最优秀的斗士，你们费了六七年的心血，建设了各种的厂矿，供应很多军需民用的物品，你们的功绩，在抗战史上，在工业史上，一定占有着光辉的一页，是不可磨灭的。

这一次你们的内迁工作，不论在任何方面，所遭遇的困难危险，是远过于上海一带以及其他各处工厂的迁移工作。你们本想迁到独山或贵阳复工，可是照目前天天在剧烈变化的军事局势看来，你们千辛万苦运到黔桂线的物资，很可能大部损失了！这真是对于我们大家心头上的一个沉重的打击，我们工业界的生命中的宝贵的一部分——机器材料，是损失了！在这儿我们不愿多说，不忍多说，我们国家的弱点，在这次湘桂战局中真是暴露无遗！我们且忍压住这满腔悲愤的心情，我们还要鼓起勇气，继续帮助国家纠正一切的弱点，来争取抗战的胜利！

朋友们：你们的机器和材料是损失了，这不要紧，这些东西都是我们工业界生命中最可宝贵的一部分——全体员工所制造出来的。我们要珍惜这个国家的宝贵人力，我们还能用这宝贵的人力，来创造出一切的物资，贡献于抗战的大时代！贡献于建国的大事业！同盟国的胜利摆在眼前，我国的胜利亦绝无怀疑，千锤百炼像钢铁般的工业界斗士，你们不怕任何艰苦，你们的前途亦一定是无限光明的。

我们认为目前最重要的工作,是从速撤退湘桂线的厂矿员工及其眷属。工业界是一个整个的大家庭,你们的父母妻子,亦就是我们的父母妻子,我们竭诚欢迎我们的家族到我们的怀抱中来!你们的困难,就是我们的困难,你们是替我们受到了牺牲和磨难,我们一定要尽我们的力量,来慰问和协助从战场上归来的弟兄!

朋友们,敌寇这垂死的挣扎是决不能持久的,在击败我们的敌人以后,你们的损失一定可以向那残暴的敌人去索取!我们且咽住眼泪,鼓起勇气,依然向这工业的大道上进军!听吧,战时生产局成立的号角在响了!为了配合盟军作战,反攻敌人,收复失土,我们必须担负这光荣的生产任务。我们在竭诚向你们慰问!我们一定尽力协助你们!我们欢迎你们来完成抗建大业中的光荣生产工作!

录自《迁川工厂联合会会讯》第七期,一九四五年一月十七日。

中国工业界的企望（一九四六年一月）

本月十二日，本社鉴于我国和平建设阶段已经开始，经济建设中尤其是工业建设急待进行，为广征各方面的意见，俾对此项工作有所贡献起见，特假座青年会举行第二次座谈会，座谈题目即是"中国工业界的企望"，当时被邀请的有甫自后方来沪以及原在上海的工业家、金融家、经济专家，承各位先生不弃，赐给我们许多弥足珍贵的意见，惟因时间局促，多数出席者都不及发言，兹将座谈录发表于此，读者们可以从此得知今天中国工业界所遭遇的，以及所企望的是些什么。

当时出席与会的，有吴羹梅、胡西园、沙千里、吴半农、庄茂如、周耀平、俞寰澄、王纪华、李颂齐、史惠康、孙晓邨、吴觉农、蒋学栋、梅达君、王宗培、孙瑞璜、魏友棐、盛克中及本社吴大琨、吴承禧、谢寿天等二十余位先生，座谈由本社吴大琨先生任主席，兹依发言先后，刊布记录于后。

胡西园先生：

后方八年来的工业，可以说没有一天不在奋斗中的。一方面固然是受着战事的影响，另一方面也因为重庆根本不是理想的办工业的地方。重庆最大的困难是缺煤、缺电，其他像不断的空袭，原料不能及时接济，技术员不能普遍内来等等，这都增加了我们办工业的困难。

在初期，物价向上涨的时候，那时确有过一个黄金时代，以后就一天天的困难起来了，自然我们也曾想过许多办法去克服困难。

等到日本突然投降后，我们就遭到空前的困难，因为那时银行已停止放款，放出的款项都要收回。大家都感到空前的严重，如此下去，西南工业将频〔濒〕于破产。那时我们曾召集过好几次紧急会议，商好许多紧急办法呈请政府帮同解决。我们紧急的处置是先向政府借一百万万元，以接济各厂的急用，这事承四联刘处长的帮忙，没几天就先借到五十万万元。我们工贷的办法是：凡工业协会下面需款的各厂，可以填写申请书，申请二个月的开支，呈报上去，然后由工业协会根据各厂开支实况查核无误，造好清册，由工业协会做承兑并负责提到财政部，再由财政部担保向中央银行提借全款百分之九十，由承兑者提借全款的百分之十,这样手续简快,可以挽救后方工业的危急的。

在其次,我们要求政府继续向各厂定〔订〕货,这样各厂借的债,才有办法还。事实上政府是可以因复员而动员的,政府可以向各厂大批订购交通器材,农业生产用具,机器用具,卫生、医药、文具等等用具而继续向各厂定〔订〕货的。

第一部分紧急工贷做得还很好,第二部分虽商好先由政府定货四十万万元,但一直拖到二星期以上还没有解决,因为他们要把办法修改一下,可是就一直没有修改过,这时厂方已无力还债,非常为难,曾向政府交涉过好几次,也跟翁院长谈过几次,翁院长说他很了解我们办工业的困难,委员长也很了解我们的困难,却是行政院方面还有问题,他们无力批准,拖到二礼拜以上还是毫无办法,我们只好把工厂关起门来,把机器卖给政府(还工贷之债),把工友遣散,这和我们原意恰是相反,因为我们是积极的,是要想办法把工业办下去的,给他们这么一拖,我们只剩了这么一个消极的办法了,我们拿到的款子只能发遣散费。到目前后方工业是连停工都不能,因为发不起员工的遣散费,后方曾有十六家工厂要求停工,后方工业已处在求生不得、求死不能的破产中,言之真是痛心。

现在我回到上海一看,上海许多工厂也都停工了。

我这次回上海来,是因为我在中国全国工业复员委员会中负责的。离重庆前有一次和陈立夫先生随后谈谈,陈先生说政府有什么不妥当的地方,希望你们工业家尽量说出来,政府好参考,兄弟那时就不客气说,政府对医药费太吝啬,但对治丧费却很阔绰。政府过去是头痛医头,脚痛医脚,至少还看见在医;现在呢,现在是头痛割头,脚痛割脚,只剩得这个割的办法了。现在参加复员的工业界人员和政府还不够经常接触,还不够融洽,我希望政府代表能常常和工业界人员接洽,接受工业界意见,通力合作,这样才能克服工业界中许多具体困难的。

但这点,到现在还未达到我们的理想。

周耀平先生:

今天讨论的题目是对中国工业的企望,我不是工业家,本来不应该讲什么话,但这也是国民的问题,我既是国民的一分子,那么我就以国民的立场来说几句话。

"头痛医头,脚痛医脚"本来已经不是好办法,但刚才据胡西园先生说,就连这一点也没有能做到,真是可悲极了。目前中国工业界的情形已经很严重,而一般国民对此仍是很不关心,其实办工业决〔绝〕不是少数人的事,它与全体中国国民有关,如果中国的工业弄不好,其他事情也不会弄得好,因而影响到战后整个经济建设的成功或失败的问题。

发展工业是目前中国最迫切的问题,过去几年中,后方工业家奔走呼号的情形,实在比在前线作战还要艰苦;我曾到过北方、东方、南方诸前线,未去之前,总以为那面非常苦,到看了回来,才知道真正的战争还是在重庆。

外国回来的人,看惯了大机器,以为内地的工厂很不像样,即使全部关门也没有什么可惜。其实除了苏联情形特殊外,其他先进国家如英美等的工业,也是一点点进步起来的,他们的工业在开始发展的时候,也和我国一样不像样,因此不管我们目前的工业规模是如何不作道,我们也一定要爱护它和维持它,不能办到这一点就无从奢谈将来。这是中国愿意殖民地化与否的问题,试问从前是工业日本农业中国,现在是否应该是农业中国工业英美呢?

还有国营、民营也是问题,我不大懂得官僚资本这个名词的意义,但细细观察起来,它又像到处皆是。这实在是中国工业界的新名词,值得我们研究考虑。

吴羹梅先生:

我对工业的期望,简单地说起来,就是希望工业的发展能向配合全国工业化,实现三民主义,除了小我的利益如何造成康乐的社会这条路上走去,这是我们办工业者的志愿。但我们很惭愧,我们间有许多人没有能根据这原则做。第一次世界大战时,我国的民族工业,因外货竞争的减少而获得相当发展,这次抗战八年,对外交通全被封锁,在军需与民用的二大要求下,工业理应有盛大的发展,但我们看看,实际的情形怎样?在战争发生后的头三年中,由于外国货不能来,国家有定〔订〕货,工业【生】产总算有一度的繁荣,但自太平洋战争发生后,外国货又从飞机上带来了,再加上政府对轻工业的实施统制政策,工业遂入于无从发展的境地。后来战事〔时〕生产局成立,情势曾有一度的好转,但这时期转瞬即逝,到了现在,大家都已是求生不得求死不能了。我们不知道是否还有资格戴工业界这顶帽子,因为我们已经没有厂了。刚在〔才〕有人说,我们办工业的人好像在前线作战,的确,我们曾经化〔花〕了很多时间到各处去奔走呼号,但是成绩毫无。不过我们既是办工业的人,在任何困难情形之下,我们也总是要走条路的,即使只剩了一架机器,我们也还是要办下去,我们要设法克服困难,向困难斗争,务使工业能踏上自由发展的大道。

工业不能好好发展的理由,推根究底起来,实在都是政治不清明的缘故,试问军事失败、通货膨胀以及所定政策的不适当,哪一点不是起因于政治不清明?所以要工业上轨道,最要紧的必须要由老百姓来争取政治的清明,我们于〔与〕其要求别人来同情和帮忙我们工作,不如要求他们多推动民主政治,没有民主，所有写在纸上的工业政策都是没有用的。例如我们有总理的建国大纲，有蒋主席的中国之命运，有中央各重要会议对工业政策的决议案，这里面所规定的虽非尽善尽美，但如果能认真实行，也是好的。再说我们在各方面听到的批评都很好，蒋主席也告诉我们，工业界对国家有贡献，国家不会忘记我们。我们听了这些话，心里感觉到无限的兴奋与感激，但我们实际所得到的是什么呢？我们没有得到别的，只有遣散费，叫我们把工厂闭门而已。这是大后方的情形，跑到上海来，情形也不见好，各厂都在无办法中，尤其是中小型工厂，更是徘徊歧途，不知所从，有许多竟已关门。在敌伪工厂接收方面，除纺织厂办理较好外，其他部门的工厂，还有被许多不应该管这些事的机关所接收的，弄得经济部要想好好地做也没有办法。所以我以为没有民主，就没有工业。

我很矛盾！我想干工业到底，看了目前的困难情形，又觉得办工业没有前途，但虽然如此，我还是要办工业。我目前最基本的希望是民主政治的实现，在枝节问题上，则如国营与民营，希望有合理的划分，这问题在第一期经济建设计划中有过规定，现在但希望其能切实的实现，我以为肯认真从事建设总是好的，最不好的是国家专做容易做的事，这对有企业心的人民是很大的打击。抗战初期中，许多为企业心与爱国心驱使的人民，纷纷跑向大后方，他们在任何困难中，都坚强地支持着，以我自己来讲，我就有三次死里逃生，但这些困难，与目前所遭遇的比较起来，我还觉得渡过目前的难关，比渡过过去的八年还要难。我如此，大家也都如此。其实国营、民营的问题，真要是能尊重总理的遗教与主席的文告，国营与民营并进，国营配合民营，政府不与民争利而与民兴利，那么事情就办了。在这情形下，许多变相的国营公司，我们都希望没有。最近设立的中国纺织公司，对于民间〔营〕纱厂的打击很大，它有美国资金与美国棉花作后盾，决〔绝〕不是民间〔营〕纱厂所能竞争的，此外，即以国营论国营，如果官厅的腐败作风不改革，那么国营也不会弄得好，更危险的是两年之后改为民营时可能把全部股本转入少数人手中去，官僚资本是值得研究的。

有人以为我们这些小工厂这样不像样，如何能与外国工厂相比，因此必要时无妨头痛割头脚痛割脚，其实办工厂的人何尝不知道厂里的机器技术会计等都需要改良，但这也要让他们继续做下去才成啊！他们是为了国家民族的利益而工作的，他们是具有相当经验的，如果国家能给予支持与方便，让他们把脚跟站定，难道他们就不会购买外国机器吗？不让他们做是没有办法的，头痛割头脚痛割脚的虎狼方子是断送工业前途。再说，有钱人不一定想办工业，他们不一定会关心国家民族的存亡，国家遭大难的时候，他们仍可能过舒服的生活，如果让他们来领导中国的工业，那么中国的工业化是永远不会成功的。

最后，我对中国工业的希望是希望工业界本身有组织。以过去看，中国的经济势力，在买办与封建势力的结合中，各地的商会，大部分代表他们的利益，工业界很少有发言权，为工业前途计，我们希望工业界必须脱离商会，成立一个独立的组织，如十一中全会中定的工业会法，能速即公布实行，让工业界也能在政治上推选自己的代表表示意见。

现在是民主的时代，这巨大的潮流是不可违逆的，许多希望战争的人已经碰壁了，此后是大家争取和平争取民主，即使遭逢困难也决不放弃目标。

庄茂如先生：

我对于工业界的企望简单说来有四点：

（一）政府要打大算盘。譬如说现在克宁奶粉很便宜，我们并不能把牛奶棚里牛全杀掉，后方办工业的朋友，只向政府借到五十万万元工贷，后来政府没定〔订〕货而无法还责〔债〕就把厂关起门来，频〔濒〕后方工业于破产，这是政府不打大算盘的结果，这是政府要负责的。

（二）政府应当多多倾听人民意见。在后方有百多个厂的经理和我们代表去见过蒋主席，我们说了好多我们要说的话，结果呢，结果等于零，现在后方工【厂】都破产了，这是政府不倾听人民意见的结果。

（三）早日实行工业政策。怎样实行呢？那就是要使全国工业化，就得先保全我们现在的工业。有一次与孙院长见面，兄弟说，有人说我工厂里机器这样、那样不好，但我们还是办下去，我们还是请政府要跟我们合作下去，因为全国工业化并不是凭空而来的。

（四）希望政府里负责者，要办事不要做官。抗战初期我们由汉口迁四川，那时困难百起，前途茫茫，但我们还是要到重庆去，我们情绪都极好，因为那时有政府做我们的后盾，从资金到运输，政府都给我们帮助。

现在呢，现在我们却是关了厂回来，因为我们不能把那边厂都搬回来，在那边又没法开下去，这因为政府里全在做官，不办事，我们千说万说政府都不听。

要中国工业有希望，政府应办事不做官，我们办工业的也站自己岗位上办事。

现在政治协商会议在开，〈议〉希望能开出一个结果来，这样工业才会有希望。

沙千里先生：

兄弟不能说是工业界中人，不过兄弟在后方办了几个小工厂，对工业非常有兴趣，谈到中国工业界的企望，我认为归纳起来有七点：

（一）中国的工业政策，在纸面上有总理遗教及国民党六全大会都有决议，但这些工业政策都广泛与空洞得很，因之，我们需要一个真正的工业政策，具体地规定什么时候有什么工业。以及什么地方应有些什么工业。过去中国的工业都集中在沿江、沿海一带，当时大家都认为这是办工业最理想的地方，现在这个观念应该修正，因为我们在后方也有了工业基础。

（二）国营与民营问题。民营事业，即使在欧美工业非常发达的国家还是充分存在的，因为有时候政府力量达不到，而民间人才很多，这时候就应该让给民营；而政府在国营之外，还该积极地来帮助民营；战时后方除兵工厂之外，都是由人民来经营的。

（三）目前工业危机非常严重，不但后方如此，就是收复区上海、平津、广州也都一样，为什么可以生产而不生产，让机器停着生锈？后方来的工业家应该帮助政府来复工，把工业危机挽救过来。

（四）政府现在接收了许多敌伪工厂，可是以上海为例，复工的不过十分之一。许多工厂都规模很大，假使能够开工的话，可以使物资增加，物价减低。目前重庆到上海来的工业界有六十几个单位，政府应该设法补偿他们的损失，这不但使后方工业家可以透一口气，并且于国家、社会都有裨益的。

（五）对于日本工业的管制是非常重要的，过去日本人高喊工业日本、农业中国，假使日本工业发达，中国就不能与之竞争，如让日本的纺织工业继续发展下去的话，那对于中国的纺织工【业】就是很大的危害，所以政府在管制日本的时候，应该同时管制日本的工业。这对中国工业前途是有很大关系的。

（六）工业家应该注意出品品质的提高，不但使自己能够站得住，并且要与外货竞争，这是很重要的。

（七）劳资应该和衷共济，资方应注意工人的福利，民主政治下的工人，应该享受民主的生活。

总结起来说，除了六、七两项属于工业家本身外，其余五项正如刚才吴羹梅先生所提起过的，是要依靠政治的民主才能实行，所以我们希望国内政治清明，不再是官僚政治，工业政策赶快确定，国营、民营划分清楚。而工业家除了注意本身事业外，还应该积极地来推动民主政治的实现。

吴半农先生：

我不是工业界的人，而且这几年来都不在中国，对目前国内工业的发展情形，实在不大熟悉。我离开重庆的时候，正是国内工业最繁荣的时期，因此留在我脑子里的只是一幅公务员和办国营事业的人羡慕工业家和银行家分数十倍乃至数百倍的红利的印象，像刚才各位先生所报告的关于胜利后重庆办工业的种种痛苦，是我所不知道的。这几年来，我在外国，到过的地方不少，见过的人不少，参观过的工厂也不少，讲到中国工业化的问题，我就把这些所见所闻提出点来谈谈。

这几年来美国的生产能力提高得很多，他们的机器生产已经到了奢侈的程度，许多很简单的手续都用繁复的机器来完成，英国和加拿大的技术进步也很快。现在战争完结了，和中国一样，他们也感受到恐慌。战争最紧张的时候，是工业最繁盛的时候，以后就难免要走下山坡了。租借法案的停止对于英国的打击也不比原子弹轻松，他们以后究竟预备走那一条路实在是很值得研讨的。

战争中美国的工商业受到相当限度的统制，一部分赞成自由企业的人大骂政府的这种政策是引导国家走向法西斯主义的路上去或是共产主义的路上去。英国伦敦学院的 Professor Hayek 做了一本书名叫《Road to Serfdom》痛骂一切政府对民间的干涉，他说这会叫人民走奴役的路上去。这本书被华尔街的先生们发现了大加赞赏，请作者到处演讲，并在杂志报章上大做广告。但也有许多人不赞成这种主张，哈佛大学的教授 Prof Hermann Finer 做了一本《Road to Reaction》，还有一位英国的女经济学家 Mrs Barbara Wooden 做一本《Freedom under Planning》，他们都严厉驳斥 Hayek 的意见，为这一问题，当时的美国舆论界曾大大热闹过一阵。实际上这次战争结束后美国的作风是相当大胆的，他们毅然放弃统制的办法走自由主义的路，但不知道这条路究竟能走到如何的程度？

我曾在美国和一些经济学家讨论过这一问题，有些远见的经济学家认为这条路并不是康庄大道。在战争中因为某些物品如汽车、无线电、冰箱等无从购得，美国人的钱消费不掉，被强迫积蓄下来的相当多，这在政府将战时工业转变到平时工业的一点上很有用处，它至少能在相当数目人民的失业现象（战前数百万人的失业在美国是不算一会〔回〕事的）下，维持美国的工业自三年到五年，但这以后怎样呢？积蓄的钱慢慢用完了，消费品的购买有它本身的限制，冰箱已经买来了，就不必再买，到那时候，也许银行又要"放假"了，这以后美国的经济究竟会走上那一条路是很难说的。

汇率确定以后，我相信美国的投资一定很快地就会到中国来，借款的数目也一定很大，我们事实上也需要这些。当然，取得投资与借款，应该注意到是否妨害国家的利益，但我们也不能太怕。大家担心美国的大批货物会倾销到中国来，现在美国和我们的商约还没有订定，关税还成问题，汇兑率也没有定好，等这些问题解决了，美国货一定会大批输送进来，我很担忧，我国的工业界怎样才可以度过这难关,这一定要好好处理才成。

加拿大是一个很值得佩服的国家,他们只有一千一百万人口,但战争以来他们的工业已突飞猛进。他们的造船军需等工业发展得很快,其他工业的进步亦大,一千一百万的人口,远不能容纳这膨大的生产力,于是他们不得不在国外找市场了,这又是中国工业的一大竞争者,他们不大说企业自由,金融、工商各界很合作,物价统制得很好,很有组织。

英国受战争的影响很大,在美国只看见他们受战争的好处,在加拿大也差不多,但在英国就不同了。在这次战争中,美国帮忙我们很多,事实上这也是他们能够帮忙,像英国那样就有点自顾不暇了。英国在战前入超很多,这些入超是靠各种无形收入来弥补的,如对外投资、航运及保险业等的收益均是。但现在呢?国外投资都卖光了不算,还倒欠人家很多的钱。他们的物品管制得很好,在美国时鸡蛋牛奶橘子水天天吃,但在英国就不成功了,吃到的是鸡蛋粉,腊肠里常混和着太多的粉,新鲜牛奶橘子水根本吃不到,但所有这些富有营养的食品任何人家的病人和老小都吃得着,这是他们食品缺乏而统制得当的证明。穿在英国也很困难,本来英国人是很讲究服饰的,但现在好些居重要职位的人也穿着很随便。他们的配给很紧缩,每半年每人只有四十八点,所以一般少女都是不穿袜子的。他们的许多英国产品都运外国去更换必需的东西了,战后他们预备把战时的统制再延长五年,这也是实情使然。目前英国的情形相当困难,在短时期内,不会有力量到中国来投资。但他们不会就此放弃远东的。他们的东西便宜,将来一定要到中国来找市场的。中英的贸易是可能发展的,美国的机器虽然最新式,但除非用美国的借款来支付,已经有点买不起了,英国的机器比较起来稍为旧一点,但规模小,价钱便宜,倒比较的对中国适用,可虑的是英国不能借钱给中国,如果向美国借来的钱只能买美国的机器,那么情形就比较困难了。

笼统地说起来,无论美国、加拿大或英国,都须要向外投资,向外输出机器,这是对中国工业化有利的,但他们的输入品太多,将是中国货有力竞争者,处置不当,对民族工业的损伤极大,对这,我们必须自己好好设法。

王化年先生:

听了几位重庆工业家的高见以后,鄙人今天有二点希望:第一,希望上海工业界注意经济民主与政治民主之不可分;第二,希望中国工业界要注意自身企业组织关系上的健全与团结。

关于第一点,经济民主与政治民主之不可分,我希望上海工业界应该学习重庆工业界积极参加当前的民主运动,章乃器先生曾经说过:"本人服务社会卅年,其中二十年谨守岗位,埋头苦干。谨守岗位的结果,其失望是和大家一样的。于其知道守岗位并不是守岗笼,守岗位必须高瞻远瞩。还须是带千里镜听收音机,才能守得住岗位,所以觉得〈到〉必须组织起来,与闻国家大事。"再比如说,像抗战胜利以后,政府表现在经济政策上的极度混乱,物价高涨,失业恐慌,尤其对于敌伪产业的处理,接收人员的不争气,政府与民争利好像是发了一笔横财,以致到处都是官僚资本,名义上是统制,实际上是独占,弄得民族工商业走头〔投〕无路……这种种一切现象,看来似乎都是经济不民主的缘故,但归根结底都是政治上的问题。政治问题不能解决,经济问题就无法解决。照今日的形势看来,更加可以证明,中国经济民主一定要跟着政治民主走才对的。重庆工业界诸位前辈为着民族与自身的利益,已看清这一点,正义地、勇敢地参加到伟大的争取政治民主运动的队伍里去了,我希望上海的工业界也要赶快迎头跟上去!

第二,关于工业界在自身企业组织关系上的健全与团结问题,鄙人也是指上海工业界而言的。就目前上海工业界情况看见来,除了政治上一般原因以外,在上海工业界自身至少也有一个危机,而这一个危机当然也唯有"民主"二个字才能挽救。这话怎么说呢？我的意见是:上海民族工业家在其内部工业管理与人事关系上的不够民主。我们知道目前上海的民营工业多半是公司性质,一个公司是许多大小股东的投资所组织成的,由于近年来上海投机市场的猖獗和一部分工厂实业主持人的对公司股东(尤其对于小股东)不够民主(即利用地位独占公司利益)使得大多数人民对公司性质的工业投资感到毫无兴趣。这对于再造中国民间工业前途的消极影响是非常大的。简单地说,就是一个工厂公司的主持人要放远眼光不图个人近利,尽量对股东实行民主,多多提高对投资股东(尤其是出资较小的散户股东)的利益。其次是工业内部的劳资团结问题,在今天劳资合作与纠纷的关系上,也一定要力求民主化,这点谁也不会否认的了。我国工业界对科学管理实践上当然远不如欧美,但是对于工厂员工生活福利与待遇的民主上也必须大大地来个转变。今后世贺〔贸〕产业竞争必日益尖锐,如果我们的工业在劳资关系上不能得到协调,则中国工业化将变成一句空话。在这里我要借用重庆一位工业家的话来做结束:"对工厂员工的民主,其基本要求,就是增加生产,提高效率,并尽量增加员工的生活兴趣,减少其痛苦,如饮食居住娱乐教育,必多多改良,对于利润,也须员工参加公平合理地分配。"

录自《经济周报》第二卷第五期,一九四六年一月三十一日。

各省工业

经济部西北工业考察团报告节略

(一九四三年二月)

林继庸

一、甲部——川北及陕、宁、甘、青、新等省之部

经济部西北工业考察团此次考察范围，由川北广元起，入陕西省赴南郑、城固、双石铺、宝鸡、歧〔岐〕山、郿县、兴平、长安、咸阳、泾阳、三原、富平、耀县、同官；再赴宁夏，经同心城、中宁、金积、灵武、宁朔、宁夏等县；在甘肃境内曾到固原、平凉、徽县、天水、秦安、皋兰、永登、武威、永昌、山丹、张掖、高台、酒泉、玉门、安西；在青海曾到民和、乐都、西宁、湟源，逾日月山，绕青海南边草地，逾扎哈士岭，而至都兰之察卡盐池；在新疆省曾到哈密七角井、鄯善、吐鲁蕃〔番〕、达坂城、迪化、昌吉、绥来、乌苏、精河、伊宁、霍尔果斯等处，来回全程一万四千余公里。自三十一年九月二十一日出发，三十二年二月十二日返渝，为时一百四十三日，同行赴陕、甘、青、宁四省者共二十一人，入新疆者仅得十人，团员多为民营工业界之技术负责者。

兹谨将考察所及略为陈述。至关于各项统计数字及详情尚需整理，容再呈报。

（甲）广元区——广元为西北交通要枢，据嘉陵江上游，天成铁路将来经过此处，附近出产煤、铁、石灰石、石棉、石墨等。其煤可炼焦，铁质颇佳，似可先筹办一小型炼铁炉，以供汉中平原一带及陇南一带农具需要，将来天成铁路及西北干线开工建筑时，则似可在该处建立一皮塞炉、炼钢厂、轧钢厂、水泥厂等，就地供给一部分钢轨、器材及水泥等，庶可减省运输困难。

（乙）汉中区——汉中平原出产有槲树皮、牛皮、蚕丝、小麦、植物油、生漆、麻等，将来于鞣皮剂、制革、丝织、面粉、碾米、油漆、皂烛、代汽油、造纸等项工业颇有发展可能。该区之汉惠、湑惠、褒惠三渠已完成。该处气候略同灵宝，殊应推广种植灵宝德字五三一号棉种，以供给川中纱厂一部分之原棉需要，庶可减省陕棉运川之运输力量。汉中一带人力丰富，土质腴美，交通亦便，于工业发展本有可为。惜该处煤矿尚未开发，为工业发展之大障碍，境内林木

砍伐殆尽,若不早谋维护,则该处林业将更难保,欲保护林木,自以开发煤矿为先。查城固南距二十公里之二里坝等处已发现煤矿,经西北工学院派员调查,认为质量尚佳,似应亟图开发,以挽救此垂危之林业也。

(丙)关中区——该区于战前仅在西安有纱厂一家,面粉厂、机器厂等数家而已。自民国二十七年工矿调整处分配内迁工厂四十六家迁入该区,树立关中之根基后,各项工业即随之而兴,故现在宝鸡、蔡家坡、咸阳、西安、三原、耀县、同官等处之工业已颇具规模,尤以宝鸡、西安两处较为发达。该区产棉花、小麦、菜籽、槲树皮、石墨等,对于棉纺织、面粉、植物油等项工业均有大量发展可能,制纸、制药、制革、陶瓷、玻璃等项工业亦可加以扩充。其煤、铁、盐、碱亦能自给,现在资源委员会在耀县所办之炼铁厂已将完成出铁,若能在宝鸡再办一小型炼钢轧钢厂,及在富平办一新式制碱厂,则关中区之工业当可完成联系,自供自给,且可进而供给甘、宁两省所需。该区工业目前所感之困难为:(1)机关林立,厂中负责人不能专心于厂中事务,而以大部分精力耗费于对付环境。(2)金融周转不灵,银行贷款不能以机器厂房作抵押,且手续过繁,缓不济急。(3)除宝鸡外,各处电力均感不足。(4)虽有陇海铁路而运输不畅,因此煤价奇昂,宝鸡之煤末售价每吨已达八百余元。以上四事,苟能予以改良,则该区工业之发达,当更能进步,甘、宁两省之工业亦将赖其协助,容易进行。

(丁)宁夏省——该省工业现状尚在萌芽时期,其盐、碱、羊毛均质美量宏。贺兰山畔所产之煤、铁、石灰石、石英石、黏土、石膏石等均甚佳,芨芨草、马连草、芦苇等纤维原料亦富。该省地势重要,因处黄河上游,航行可至绥远,包头转铁路以达平津,实可绾毂华北五省之商业。其工业当以制碱业为最有希望,毛纺织及制纸、玻璃、制革等业次之。目前则因:(1)距离战区不远;(2)平凉至宁夏公路在甘境内,由和尚坡至同心城之一段尚未能畅达,兰州至宁夏之公路亦未完成;(3)人口过少,故只能办小规模之工业,以解决当地民生需用。该省水渠灌溉成绩甚佳,惜灌溉范围不广,故应兴办水泥厂及抽水机、农具等制造厂,以助其推广农田水利工作,并以促进移民之实施。又关于兽医、畜牧及制造血清疫苗等项亦应急办,庶可保护牲畜及改良畜种。

(戊)甘肃省——该省工业资源,天赋较差,综观各项矿产勘查之报告,则现时产煤区多不产铁,煤铁相近之处,如永登之窑街,其煤之炼焦亦待技术改良,且水利及交通均有待努力,故目前除煤油工业外,其余各业均不能作大规模举办。惟该省地势重要,握宁、青、新三省之交通枢纽。故言开发西北工业,则兰州可为开发西北工业之筹备处,举凡设计进行,人才召集,货物运输,均须以兰州为中心。故该省之工业亦须充量发展,方足以达此任务。目前兰州附近多种工业已具小规模,惟炼铁厂尚未举办,各业联系中缺此一链,故机器工业未能发挥其效能,各业进行因此受轻〔桎〕。故在永登之窑街设一略具规模之炼铁厂实为急务。河西一带之农田,殊可利用风力以汲水灌溉,农具及民间交通工具亦须大加补充,油矿所产之柴油,亦须柴油发动机之制造始得显其功效。凡此种种,均有待于该炼铁厂之成立也。至于西北铁路干线之建,则尤具国防、经济、政治之重要性,工业发展舍此末由。

(己)青海省——该省之工业用矿产蕴藏量如何,尚须经地质专家之勘测始能断定。只就表面上观察,则铜、铅、煤、铁、盐碱、石膏、硼砂、硫黄、石灰石等项,其质均甚佳,尤以盐产为西北各省之冠。因青海之山多属火成岩,故金属矿之蕴藏量当必甚富。该省之水力发电能力甚大,且甚普遍,其地势尤为险要,将来国防重工业之发展,青海实为理想之地区,似有派遣地质专家详为勘测之必要也。如能在祁连山麓觅得优良之煤铁矿,则该省炼钢事业可兴,以所制钢轨器材运至河西,以供西北铁路干线一部分之用,庶可减省运输困难。该省工业现状尚属幼稚,目前可举办之工业仅有洗毛、毛纺织、盐、碱、炼铜、精炼硼砂等项。又关于该省之兽医畜牧优种之技术问题,亦须急为改进。

(庚)新疆省——该省工业资源甚富,如石油、地沥青、羊毛、驼毛、牛皮、奶品、肉类、蚕丝、煤、铁、铜、铅、钨、钼、铋、硼砂、硫黄、石膏等,其质量均为陕、甘、青、宁各省之冠。盐则仅亚于青海,碱则仅亚于宁夏,棉花则仅亚于陕西。该省幅员广大,物产丰富,工业发展之条件较陕、甘、青、宁均佳。但现时仍为工业处女地,所经各地目见手触之品物,如布匹、五金、陶瓷、玻璃、纸张、笔墨、颜料、油漆、火柴、纸烟、食糖,甚至小孩玩具、装饰、裱糊、厨房用具,以及蒙古同胞所用之木匙羹,几无一而非外来品。今当国际战争紧张之时,外来物品已停止供应,经济情形如此,故轻工业之兴办,以解决民生需用,殆不容缓,亦为千载一时之机。新疆孤悬边陲,其膏腴之区位处西部,与邻国接壤,而东部则为瀚海大漠,与内地隔绝,地势如此。新疆地广人稀,民众约可分为十四族,语言、文字、风俗、习尚多不相同。汉族同胞虽握党政军大权,然大数不及百分之五,内部情形又如此,故似须兼办重工业,以为铁路建筑之准备及边防设备之供给。新疆往日情形,略同未沦陷时之东北四省,外境甚为恶劣。今日虽情势变迁,但侈言兴办工业亦足以惹人猜忌。故欲在该省举办工业,似亦宜勿事宣传,并宜择国防线内之地区设厂。新疆民众因与苏联人士接触较易,其知识及文化水准并不低落。从前彼等对于苏联技术专家甚具信仰,自本团同仁到达后,与之洽谈多次,彼等对于内地之技术专家始有明确认识。故此后派遣技术人员前往该省,似宜选择才能之士而多做事少说话者,方足以益坚其民众信仰之心,而与该省公务人员埋头苦干之精神同一趋也。关于该省应办工业之种类及其进行方案,俟另拟报告。

就上述各省工业情状而言,陕西省只须〔需〕加办小型炼钢厂、新式制碱厂,增开煤矿,畅达运输,减免工厂负责人对付环境之困难,则现有工业便可自力更生。甘肃省则增设一略具规模之炼铁厂、炼焦厂及兴筑铁路,已可解决其目前困难,而速其已有工业之发达。倘再能创设一碾钢厂,专制油桶之钢片,以便易油类之运输,则更为佳善。宁夏省当局虽锐意兴办者皆不过小规模之工业,尚易从事。青海省工业虽有大发展之希望,但该地资源之实在情形,除盐、碱、羊毛外,尚未能明了。且省当局亦无热心兴办工业之表示,故一时尚难得具体方案。唯新疆省情形特殊,地广人稀,大漠隔绝,且为我国石油之宝库,羊毛、奶品、肉类、棉花、蚕丝及煤、铁、铜、铅、钨、钼、铋等重要资源之供给重镇,故似须尽力调查其地质及发展其工业,各业中更须互相联系,以达自力更生,就地协助解决国防、经济、政治等问题之希望。故须大费气力,方能望其有成。然今日而谈开发西北工业,则种种困难横障目前:运输困难,一也;技术人才难得,二也;机件难购,三也;仪器、图书、药料均缺,四也;尤以原动机、发电机、电动机、变压器、变压器油、锅炉、钢板、钢管等项为难于搜集,倘能以英美所购机件,从苏联或印度运入,则当可减省许多困难。至于在新疆兴办工业似应尽力向机械化之途径前进,盖一则以减省劳力,二则以备战后应付外资之争夺市场也。由兰州经河西直达迪化之西北铁路干线之建筑,已势不容缓,即目前不能铺设重轨,似亦宜先办轻轨,即不能全路兴办,似亦宜分段先行着手完成之也。

陕、甘、宁、青、新五省均感有同一之困难,如:(1)除陕西外,均工业幼稚,地广人稀。(2)除甘肃之天水外,妇女界均不肯入工厂操作。(3)各省均系盐碱地。(4)能产极佳之甜菜、甜萝卜,而尚未能利用制糖,故食糖均仰给于四川或苏联。(5)水利、农田、草场均尚须再为扩充。(6)畜牧、兽医、血清制造、优种等多须再加推进。(7)尤感觉困难者,则为交通之不能畅达。然各省亦自有其优良之点,如:(1)可供水力发电之地区甚多。(2)石油及其他各种矿产,虽尚未得详细勘查,然其蕴藏量之丰富,希望甚大。(3)青、宁、新三省之政令较为贯彻,各方之牵制较少。(4)甘、青、宁、新四省之工业方始萌芽,可以从新计划,迎头赶上。故发展西北工业虽有困难,然亦非绝无办法者。回忆当年发动沿海工厂内迁之时,亦是困难重重。又如甘肃油矿局于戈壁中创办巨业,亦非易事,然卒能有所成就者,则赖政府尽量给予方便,负责者事权统一,故能迎万难而解耳。

二、乙部——新疆省之部（一九四三年二月二十日）

新疆省有为我国国防命脉所系之石油宝库，其农畜产如羊毛、驼毛、牛皮、奶品油脂、肉类、蚕丝、稻、麦、瓜、果等，矿产品如铜、煤、铁、铅、钨、钼、铋、硼砂、硫黄、石膏、石英石、地沥青等，其质其量均为陕、甘、青、宁所不及。棉花虽仅亚于陕西所产，然稍事扩充并改良棉种，则当可优越陕棉。盐虽仅亚于青海，然地区普遍则过之。碱虽仅亚于宁夏，然以自供自给而有余。该省资源丰富，地土广大，民众聪健，政令贯彻，实为我国建国之根据地，兴办工业甚为适宜。

该省目前经济情形甚为危险。民众多业游牧、农耕，其机制工业除有制革、面粉、肥皂、制酒、印刷、炼油、飞机配件、汽车修理等各一厂外，手工业除毛毯、绸织、棉织、染料、皮件、雕玉、造纸、陶器等规模极小者外，其余各业均无足述。以故市场品物，如布匹、五金、陶瓷、玻璃、纸张、笔墨、颜料、油漆、火柴、香烟、食糖，甚至小孩玩具、装饰裱糊、厨房用具，以及蒙古同胞所用之木匙羹，几无一而非靠邻邦供给。今因国际战争，外货已停止供应，若不速谋补救，势更险艰。故言兴办该省工业，此正千载一时之机会也。且游牧民族已为农业民族所屈，农业民族亦将为工业民族所屈，理所必然。今该省以半游牧半农业之民众，而外则强邻环伺，内则大漠隔绝，欲保边疆，若不加速完成西北铁路干线及兴办轻重工业，恐未易乐观也。

西北数省地广人稀，在陕西省关中、汉中两大平原，尚是面的发展，甘、青、宁三省已变而为线的发展，新疆则更形成点的发展。新疆面积一百六十万方公里，人口不足四百万，每平方公里人口密度不足三人。耕地面积，据民国二十九年所报，仅一千二百三十余万亩。普遍观察必须有水始能有人。实则水多钻进沙里，变为伏流。所谓瀚海戈壁，实际亦不过是假戈壁，并非不能垦殖者。盖天山石质多为风化岩，石碎后铺于地面，厚度不等，故掘地十数尺或三五十尺即可得水源。又靠山之处，水为毛细管现象吸升，在山麓亦可掘得水源。林文忠公当年即利用毛细管吸水现象，掘出水源，而推行坎井。哈密、鄯善、吐鲁蕃〔番〕、托克逊一带农田，赖坎井以灌溉者不下五十万亩。可见如能将戈壁中伏流掘出，则虽荒漠之地，亦可变为腴美之区。新疆一省容纳移民一千万人并非不可能。今谈移民新疆者，必首提交通，次及水利，然无工业断不能辅助交通水利之进行。新疆有铁矿、煤矿，而无炼铁设备，往年只靠从外国运至伊犁之少量灰口铁为用，南疆一带农民不惜千里跋涉，逾越冰达坂之苦艰，至伊犁购取数十斤之铁，驮回应用。今则外国铁来源已断，维族①同胞所使用以锹土之"坎土满"，只得数家轮用一把，且有用手抉土、以帽承土者。马掌铁亦为搜罗殆尽，以供制造农具之用。目前兴办驿运，即需马掌铁亦无处觅。又如坎井因无水泥为用，以致年年倒塌，修理大费人工，新疆劳动缺乏，何堪再受此累。又如戈壁地区多风，殊可利用风力，以风车吸取伏流上升，以资灌溉。上述之农具、水泥、风车等，均系工业产品。故言移民垦殖亦必需工业以为利用也。

新疆孤悬边陲，与内地远隔大漠，我国之西北铁路干线未通，而国外铁路已环绕其西北境，劳逸之势已成。万一边境告警，将何以资防御？故欲永保新疆，必须交通与工业同时并举。交通固足以促进工业之荣发，工业亦可以助交通之速成。例兴筑铁路所需钢轨及水泥为量至巨，断不能全靠外国供给，外国即能运来而内地一段路远隔数千里，运输亦非易事。故将来兴建铁路由迪化以达安西一段之器材，势非由新疆就地供给不可。其他如军事所需、民生所用，均需工业产品就地供给，方足以解除内忧外患之一部分困难。故该省之轻重工业，似均宜同时并举也。

兴办该省工业之方针有四：（一）以该省物资供给内地之不足；（二）就地供给民生日用需要；（三）就地供给军事及交通器材之用；（四）以多余物资换取外汇。内地所缺乏之石油、铜、硼砂、地沥青、奶品、肉类、毛织品等，青、蒙、藏所需之布匹、丝绸、食糖、纸张、五金用品等，将来均可取给于新疆。其钨、钼、铋、汞、奶品、肉类、毛织品、丝织品等，亦可输出外国，以供友邦之需用。

新疆民间资财尚多余裕，惟缺乏技术人才及工业机械。至于劳工缺乏，则可以移民补充一部分。石油、炼铜、钢铁、机械、血清、疫苗、重要矿产、电工器材等类之经营及地质调查、农业水利、工业试验等之工作，其规模巨大者，应由国家经营之，其规模较小者，可由省政府举办之，至于其他各项工业，除较为重要者应由省政府或官商合办外，似宜尽量奖励民间投资举办，尤宜奖励内地民营工业界以人才机械加入，襄此盛举。

倡导内地民间工业界迁往新疆工作，似宜由政府注意下列八事：

（一）提倡智能之士及为革命而奋斗者，应尽量往新疆去。

（二）时机不可失，凡事均以最速之时间赴之。

（三）新疆情形特殊，兴办工业易招人忌，故不宜过事宣扬，前往新疆工作之人员尤须埋头苦干，多做事，少说话，以与当地行政人员取一致步趋。

---

① 维族：指维吾尔族。后同。

（四）机械器材之运输、人员之旅行，必须尽量给予方便，凡持有主管机关之经济部工矿调整处证明文件者，应迅速拔〔拨〕给车辆吨位，减省沿途检查手续，免除关税及令饬甘肃油矿局迅速购油，以示优待。

（五）组织开发新疆工业团体，遴选中央大员主持其事，使负选择厂家及对外内一切责任，以减省民间工业界对付人事之困难。

（六）内地现有机械尚搁置不用而为新疆所亟需者，应饬令整理速迁设厂，或作价售给愿意前往设厂者。例如中国银行现运到纺织二万锭及全副动力设备，应饬令以一部分运往设厂，湖北官布局存有废纺机五千锭，应商酌作价售给愿意前往设厂者，整理添配应用。

（七）新疆地大，在国防线以内择可选设厂之地区甚多，不可设于靠近邻国之地区，以免重蹈沿海工厂之覆辙。

（八）该省处国际商业竞争之场，且劳工缺乏，所有兴办工业均应尽力走向机械化之途径，庶将来国际战争完结后可资立足。目前外来机件应设法假道苏联或印度运入。

三、丙部——新疆省工业建设计划（一九四三年二月二十四日）

提要〔略〕

新疆省工业建设计划：

就该省之资源及需用，并顾及供应内地需用起见，似应兴办下列各厂：

（1）棉纺织业　最急需　民营或官商合办

新疆年产棉花约三十万市担，足以自给，若再加选种扩充，则其品质产量或可超越陕棉，但目前尚无一枚之机器纺锭。该省年需棉织物约为二千万市斤，应建立机器纺纱锭六万六千枚，织布机三千台方足需用。拟：

（一）请令饬中国银行将现存未用之二万锭纺机及全套动力设备，分配一万锭，迁往迪化或托克逊等产棉地区设厂。

（二）请令饬申新纱厂第四厂速行筹制纱锭五千枚，迁往新疆设厂，为迅速进行计，拟请商湖北官布局将所存宝鸡之五千锭废机作价由本部收购，再由本部交申新纱厂修配，如此则半年内可得五千锭纺纱机，以速事功。

（2）毛纺织业　最急需　民营或官商合办

新疆省年产羊毛四十余万担，约合甘、青、宁三省总产量之三倍，其品质之佳，可称全国第一，但现在尚无一枚之机器纺毛锭子。全省每年需要毛织品七百万市斤，应建立毛纺机一万锭，毛织机二百五十台，方足需用，除本省自用外，尚余原毛百分之七十，应另设法纺织，以供内地及国外之需求。

拟奖励民营设厂,先改良土法应用,并同时向英美订购机件,假道苏联或印度运入,以期迅速。

厂址设迪化、伊犁、哈什、和阗等处。

（3）代水泥厂　最急需　水利交通用　民营

该省需要水泥至亟,代水泥厂之设立轻而易举,故应首先举办。厂址分设迪化、哈密、吐鲁蕃〔番〕、库车、阿克苏、哈什、和阗、乌苏、伊犁等处。

同时并筹建水泥厂一所,日产十吨,于迪化西山附近设厂。

（4）炼铁厂　最急需　小型省营　大型国营

农具、水利、交通器材,无一不需铁为用,该省铁矿及可炼冶金焦之煤矿与石灰石、黏土等,均质佳量宏,且煤铁之区均相近,拟先办五吨鼓风炼铁炉一所于孚远县之水西沟,以应急用。

机器可由重庆或陕西制造,并附办煤矿炼焦及耐火材料部门。该项制造所需之原料,可就地取给,机械亦可在迪化制造。

如为铁路钢轨需用起见,则应用国家力量经营方式,办巨型之炼铁厂一所或多所,俟大计划妥就乃可定。

（5）炼钢轧钢厂　急需　小型省营　大型国营

为便利就地供给工业器材及民间需用计,应由省营一小规模之炼钢轧钢工厂,设备半吨皮塞麻炼钢炉及三十公厘径钢条轧钢机各一座,加添一吨蒸汽锤一座,则可供应该省及邻省目前所需之一部分钢料。厂址附属于炼铁厂内。

如为供给兴建铁路之一部分钢轨器材计,则需用国家力量创办巨型之炼钢轧钢一所或多所。

（6）炼油厂　国营　供给当地及内地需用

新疆产石油甚富,如乌苏之独山子、旗杆沟、将军沟、四颗〔棵〕树,塔城之南山大小拐、青石峡,绥来之博罗通古、经□沟卡子湾,库车之苏巴什山,疏附之库斯浑山等处,均有石油溢出,其中只乌苏之独山子一处,现用机器炼油,库车及疏附两处,均略用土法炼油,此外尚未闻利用。此为我国国防之生命线,应用国家力量经营之。

（7）水力发电厂　急需　省营或国营

距离迪化三公里之红盐池,今已开凿完成,可储水三千五百万公吨,水位高低差三十五公尺,现有水沟每秒钟流水量四至六公吨,可供发电一千五百瓩之用,水至乌鲁木齐河,来源冬夏不绝。现只待发电厂之建立,此事关系迪化工业之兴发,似应早日协助其成。

尚有迪化南距七十公里之博克达山,山顶有天池,水量更大,高低差五百公尺,现正加工凿导。此处似亦可设水力电厂,尚待详勘,乃可决定。

（8）硫酸厂　急需　省营

制革、制纸、制磷、炼油等多项之化学工业,均需硫酸为用。库车产硫黄、土硝及煤,可资原料取给。

拟设日产四吨之硫酸厂一所,厂址设于迪化或库车。将来如须办肥田料厂,则需日产三十公吨硫酸厂一所。

（9）盐碱工厂　急需　省营或民营

制玻璃、制纸、制皂、染布、炼油等多项之化学工业,均需纯碱、烧碱及碱之副产品为用。阿山及哈密之土碱,均可精炼应用,精河及达坂城等处之盐亦可大量供给。

拟设日产四吨之纯碱厂一所于迪化,兼制烧碱及硫化钠。如能用电解食盐方法加制漂白粉更佳。

（10）精铜厂　供内地需用　国营

该省之拜城、库车、马耆、哈什噶尔、温宿、惠远、绥定、迪化及□□□□,尚未经地质专家勘查,然所见之矿苗均甚佳,现当内地正感铜荒之际,似宜派遣专家,前往测勘,如得佳矿,可办国营电炼精铜厂。

（11）机器厂　已有　需调整

迪化现有机器工厂两所,共有工具机四十部,刨床有大至五公尺者,各式车床、刨床、铣床等,均系苏联制造,式样新颖,尚有工具机约二十部,散置各处。新省若兴办工业,则此项机械自不敷用。然如能将各项机械集中,以一小部分作为专门修理车辆之用,以一大部分,作为专门制造工作母机之用,并充实其机械工程人才,则尚可应付目前所需。炼铁炼钢轧钢等厂成立后,方可发挥机器厂之效能,农田水利生产机械及交通所需一部分之器材,可以解决。

（12）面粉厂　已有　需调整

该省伊犁现有日产一万一千公斤(约五百袋)之新式面粉厂一所,而其产品四分之三销售于七百公里距离之迪化,其原料亦有一部分仰给于迪化者。由伊犁至迪化,驼运往返一次,需时一月有余,运费以每公斤约为新币一元(合国币五元)算,每年耗费新币二百余万元(合国币一千余万元),且其机器能力尚不能充分发挥,如能将该厂设备之一部分迁至迪化,并增加一小部分设备,改进其技术,则除保持伊犁厂之原有产量,而迪化分厂每日亦可产粉五百包。迪化厂所需之原料,就地供给不成问题。

（13）电工器材厂　急需　民营

水蓄电池一物为汽车及矿山所需用,手电筒亦为民生日用所需,其原料如铅、铜、硼砂、纸片、牛皮胶、地沥青，均可就地供给。硫酸则有待于硫酸厂之成立。其他如胶板、锌片等，一时尚须由外省运入。

拟设一厂于迪化。

(14) 奶品厂　急需　供给内地及外国需要　民营

新疆省畜牧发达，据民国二十九年所得不完全之统计，迪化约有牛九万头，羊一百十余万头，伊犁有牛二十三万余头，羊一百二十万头。塔子城有牛二十万头，羊二百三十万头。阿克苏、哈什、和阗，每处之牛均两倍于迪化所产，羊则当迪化之一.五倍。然上述之数目字，未免嫌过少。盖山里游牧民族所有之牛羊数目，尚未加入计算也。即此一项数目字，而可想及其奶品产量之大，用不胜其用，任其腐废，殊为可惜。内地儿童正感营养料之不足，似宜就迪化、伊犁、阿克苏、哈什、和阗等处产奶集中之处，各设奶品制造厂一所，产量每日暂为一公吨，生产种类如奶粉、炼乳、奶饼、黄油及干酪〔酪〕等。

(15) 血清及疫苗制造厂　最急需　省营或国营

该省事业以畜牧为最大宗，每年收入之数目甚巨，驼、牛、马、羊四项，均占全国第一位。(据民国三十年所得不完全之统计，全省约有牛一百二十余万头，马八十万匹，驴骡三十万匹，驼九万头，羊一千万头。就中马以伊犁区最多，塔城、迪化次之，牛亦以伊犁区最多，哈什、阿克苏、塔城、和阗次之。羊以塔城区最多，和阗、阿克苏、伊犁、哈什、迪化次之。驴则以和阗最多，哈什次之。塔城区最多，几占五分之二。)实关该省民众生活之命脉。现虽有兽医院九处，但血清及疫苗之供给，均靠外来。万一来源不继而突遇时疫流行，则为害不堪设想。且血清与疫苗之保存均有时间性，远道运输，终非良策也。

拟于乌苏、喀什，各设制造厂一所。

(16) 鞣剂工厂　急需　民营或省营

新疆省之制革及皮件制造工业，本已略具规模。其伊犁之福盛庄皮厂，为维族人①主办，创自前清末年，机器齐备，规模宏大，在国内至今尚居第一等。惜因制革之化学材料，如植物鞣剂、矿物鞣剂，疏〔硫〕化钠、疏〔硫〕酸、松节油、染料等，向恃外货，今以来源不继，被迫停工。伊犁、迪化、阿山等处所产之桦、榆、柳等树皮及麻黄根等，均含有丹宁质，可蒸发提取。

拟设日产鞣剂四吨之工厂一所，并附设松香、松节油制造部。为原料及销售方便计，该厂以设在伊梨〔犁〕为宜。

(17) 染料厂　急需　先作研究

---

①　维族人：指维吾尔族人。

和阗地毯所配之颜色，多系土法自制，以植物根为染料，而以矿物为助染剂，鲜艳夺目，永不退〔褪〕色，近来洋货酸性染料已告绝迹，西北五省之毛织业，均感恐慌，诚宜就和阗之染料制造业加以研究，一俟研究有成，即可设厂举办，以供需用。

橡胶厂　急需　先作研究

橡胶为国防工业重要资源之一。我国除海南岛外，尚无出产，而需用至急。查苏俄橡胶系利用一种草根炼制，非采自橡胶树，其方法甚秘。此次在新疆考察偶得两种草根，一名考克萨克斯（此系哈萨克族所称之名，汉人名之曰嚼牙根），一名达武沙克斯（亦哈族所名）。哈族、维族同胞多信回教，不用猪鬃刷刷牙，而其牙齿洁白晶莹，惟用此项草根咀嚼。嚼后吐出之渣滓，甚类橡胶，因未经化学处理，故弹性未佳耳。取得此项草根返渝，稍作试验，觉其愈类橡胶，甚有成功之希望。查该两项草根均系野生草本，在伊犁一带生产甚多。现采得种子及草根似可以试验。如试验有成，则可辟地广为种植，设厂巨量制造，以解决国防工业资源之一种困难也。

上述十八类工厂，除纺织、面粉、奶品、代水泥、血清等为急需之成品外，其余如水力发电、汽油、机械、钢、铁、煤矿、精铜、电工器材、疏〔硫〕酸、盐碱、鞣剂、染料、橡胶等类，均系必需之工具及材料、原料所取给，得此然后其他之工业乃可发展，故宜先办。此外如油漆、玻璃、陶瓷、火柴、制纸、制革等项工业，则须俟化学工业原料如硫酸、盐碱等厂成立后，乃得容易着手，否则就内地供给必需之材料，先行举办，以调剂市场之急需，亦未尝不可办到也。

录自《民国档案》一九九二年第四期。

说明：国民政府经济部工矿调整处和迁川工厂联合会，于一九四二年约集后方工业界人士和技术专家二十一人，组成西北工业考察团，以林继庸、颜耀秋为正副团长，考察西北陕西、宁夏、甘肃、青海、新疆等五省工业。该考察团于九月二十一日从重庆出发，于次年二月二十一日考察结束返回重庆。上述材料是林继庸整理的考察报告节略，由中国第二历史档案馆整理。

抗战以来四川之工业（一九四三年十二月）

李紫翔

一、绪言

一个农业经济的国家，像我们中国这样，有这么大的领土，这么多的人民，并且还有这么悠久深广的农业社会文化，由于受了外来进步经济的不可抗的压力，经过一步步的抗拒、退守和溃败以后，为了国家民族的生存，不得不放弃所谓自古以来立国的农业经济的基础，而模仿并采取外国的工业化政策，这其〔期〕间真不知绕了多少迂回曲折的道路，也不知受了多少不可计算的损失。我们试想我国自被迫的参加国际经济舞台以来，从自足自给的闭关主义到通商口岸的开放，从拆废外人修建的吴淞铁路，投弃于黄海海底，到拆迁沿海工厂建立内地的战时工业，这个近百年来的经济政策的演变，真是一部意义深巨的历史。

战前我国工业之地域的及部门的分配偏在状态，并非出于偶然，而是被种种国际和国内的经济条件所决定的。自然这种种经济条件出于自身的发展及由于政治的影响，必然发生种种或速或缓的变化，然而【有】意识地站在国防的和国民经济的立场上，主动地改变这种工业的畸形状态，换句话说，实行计划的一国的工业建设，却是抗日战争所激发起来的民族的觉醒。

日本帝国主义发动的侵略战争，是我国人民和平生活各方面的空前浩劫。这种浩劫所引起的直接、间接的损失，我们现在尚无法具体计算。不过有一个确定的结果，这是完全出乎日本帝国主义者的意料之外并且为其所最不欢迎的，即是客观地清算了我国舍己从人的买办经济和残垒自守的农业经济的双重错误，而从近百年来的醉生梦死嗜利忘义的迷梦中，走上国家经济建设的道路，不能不说是关系中华民族存亡兴替之关键的巨大收获。虽说这种收获，时间未免过于迂远，代价亦未免太大，然而只要我们正确的把握了这种认识，不气不馁，能知能行，也就是我们对于争取胜利和战后建设的最善努力了。

这种国家经济建设初步的具体的结果之一，就是经济比较落后的西南西北诸省的战时工业的迁建，而四川因为经济的地理的原因，又成为战时工业的一个最重要的中心区域。这篇文章,就是打算从这样的意义上检讨四川工业的发展及其特征,并希望从所引证的具体材料和分析中,能对我国战时工业以至战后工业建设道路上,获得若干有益的确定认识。

二、战前的四川工业

在叙述战时突飞猛进的四川工业以前,我们应先对它的战前工业和经济条件作一简要的说明。

四川的战前工业是有这样的几个特点:

第一,如果说前一世纪的六十年代以后,是我国军火工业、造船工业和输出物品的加工工业的新生产方法的输入,九十年代以后是化学工业、纺织工业和机械工业的民营事业的兴起,那么,四川的加工工业和轻工业却是迟至民国建立以后,重工业的萌芽更迟至抗战的前夕。换句话说,在我国近代工业的创建史上,四川是落后了四五十年。

第二,自然地或偶然地建立起来的近代工业,在数量和质量上都很微弱,既未在某一工业部门内树立相当的基础,在分布上也未形成一个工业区域。而在所谓新式工业中,在方式上更多地保留了手工业的各种过渡形态,在技术上也残留了许多改良的演进痕迹。

第三,四川工业的又一个特点,是与其他工业先进省区不同的,就是外国势力的薄弱。外国在四川的经济势力,主要的尚是停留于出入口贸易以及与此种贸易有直接关系的加工业务。战前四川有桐油加工工厂四家,其中施美、生利两家就是美商施美洋行等所设立。这种加工工业,系将毛油通过蒸气提炼作用,变为无杂质的净油,以适合出口之用。它的设备颇为简单,主要的是锅炉和油池,所以它不一定要设立固定的厂址,在有此种设备的驳船上也可完成提炼工作。闻美商一度曾拟在万县设一机器榨油工厂,因未能得油农油商的合作而作罢。此或可为外商与四川工业发生关系的一个例证。

四川新式工业的发展,在时间上或数量上都是以纺织业为最重要,也都是从改革固有的手工业中被发展起来的。

丝及丝织品的绸缎,是四川极有历史的名产。就丝而言,每年产量约自二至四万担,相当全国产量的百分之二十,仅次于浙江、广东,而与江苏相若。丝产的销路,内销、外销约各占半数。因为外销的需要,引起缫丝的改良和缫丝工业的建立。据估计土法缫丝的木机,全川约有三万具以上,新式铁机丝厂二十家,共有丝车六,二五八架。新式缫丝工厂的生产能力,最高额在八千担左右,所以丝的生产,大部分仍是成于手工业之手。四川的第一个铁机丝厂,虽于宣统二年(一九〇八)成立于三台,而缫丝的方法,自土法大车丝,而手工摇经丝,小车直缫丝,小车扬返丝,以至铁机扬返丝,改良的过程,仍复历历可指,除了摇经丝已被淘汰外,其他各种生产方法还是同时存在的。缫丝工业所以不能完全代替手工业的原因,一方面丝之外销,完全被动的决定于国际贸易的盛衰,新式缫丝工厂的经营每年都可有不同的变化,以致时在风雨飘摇之中。战前数年,四川设备较良的十一厂,曾在政府与银行的扶助之下,合组为九合公司,嗣又改为大华公司,以维护国际贸易,然终以外销减少,亏蚀一百二十万元而倒闭,至二十六年又不得不改组官民合营的四川丝业公司。另一方面,与丝业同具广泛基础的绸缎业,仍然保持手工业的生产方法,全川只有一家具有八台织机的乐山兴龙电机织绸厂,而手工织绸厂,成都一处最盛时即有工厂四百余家,织机一万一千余部。由此可知一种新式工业的输入,即使是半制品的轻工业,如果不与固有的手工业有了配合的改进,终究是缺少基础和前途的。

　　四川棉织工业的基础,亦是不稳固的,它的性质是与缫丝工业完全相反。缫丝工业是制成品的销路问题,棉织工业却是原料的供给问题。三台、遂宁、重庆、万县等地是四川棉纺织业的重要区域,重庆更是一个最大的中心。但是重庆的棉纺织业和三台、遂宁不同。三台、遂宁是四川最大的棉产区,所以它【们】的棉织业也是手工织布业的区域,重庆却是完全依赖输入机纱做原料的。重庆手工布业在前清光绪以前,完全是农家的副业形式,所用织机是一种古老的丢梭木机。至清末与机纱的输入同时,亦从外省输入了拉梭木机,产量因之大增,且能仿制宽幅洋布,因此在农家副业之外,又发生了手工织布工厂,每家织机有多至三四十架者,布匹销路,且能远达邻省。民八以后,铁轮机又代木机而兴,十九年三峡染织工厂复输入电力全铁织机,又为川省棉织工业开一新纪元。据云重庆棉织业最盛时,大小厂达三千家,铁轮机、木机合计二万四千台,年产布百万匹以上。二十年以后,渐趋衰落,据二十三年调查,重庆市共有铁轮机厂一六七家,铁轮织机一,八九三台,木机厂四九六家,木织机二,二九四台;其中有丢梭木机厂七家,丢梭木机二七台。但铁轮机停工者占百分之四十,木机停用者更占百分之六十。重庆的棉织业几乎是各种生产工具和生产方法的博物馆,从古老的丢梭木机至电力铁机,从农家副业到资本主义的工厂都应有尽有,不过木织机或家庭工业的生产形态,是处在灭亡的最后阶段罢了。

　　四川工业,依据我们手头所能得到的材料,约可统计如下:

第一表　战前四川工业统计

类别	厂数	百分比	资本数（千元）	百分比	工人数	百分比
总　计	583	100.0	6458	100.0	18710	100.0
缫丝工业	20	3.4	1500	23.1	6276	123.6
丝织工业	1	0.2	30	0.5	30	0.2
棉织工业	462	79.3	1130	17.5	4340	23.2
食品工业	6	1.0	390	6.1	128	0.7
火柴工业	34	5.8	446	7.0	5969	31.9
肥皂工业	18	3.1	300	4.6	400	2.1
皮革工业	3	0.5	200	3.1	270	1.4
玻璃工业	12	2.1	377	5.8	150	0.8
造纸工业	1	0.2	80	1.2	80	0.4
制碱工业	2	0.3	130	2.0	140	0.8
土石工业	2	0.3	1210	18.7	129	0.7
炼油工业	14	2.4	130	2.0	570	3.0
电器工业	2	0.3	35	0.5	18	0.1
机械工业	5	0.9	500	7.8	210	1.1
冶炼工业	1	0.2	——	——	——	——

上面关于四川战前的工业统计，自是不甚完全，并且被统计的工厂亦有不少在减产改组或停闭之中，不过我们可以说，凡是全部或部分的采取新生产方法而规模较大的工厂，多已搜罗无遗。所以上表统计数字，正不妨作为一众的代表看的。

从上面的统计中，我们可以得到这样几个初步的认识：第一，全川共有工厂五八三家，资本六，四五八千元，工人一八，七一〇人，平均每厂资本一万余元，工人三十人以上，可见工厂的数量既少，规模又小。其次，纺织及火柴等轻工业，在厂数、工人数额上都占到百分之九十左右，这些工厂，最大多数是不使用动力的，严格地说，尚是属于工场手工业的性质。而机器工厂在厂数和工人数量上不过只占到百分之一左右，后来发展为战时后方最大的造船厂的民生机器厂，那时亦不过是三十个工人的机器修理厂罢了。再次，具有近代工业规模的工厂，如水泥工厂和重庆炼钢厂，实都是开设于抗战的前夕，在此以前，我们可以说四川尚无重工业的。特别是重庆炼钢厂由筹备到开工的难产，正可以作为四川工业发展的一个具体说明。考重庆炼钢厂的创设，是在民国八年熊克武督川时发起，当委任鸿隽氏赴美调查制钢新法并购买机器。原来的计划颇大，后以资本限制，改为先行专办钢厂。民十因政变停止设厂工作，所购机器只得寄存沪渝两地的堆栈。民十一、十二又曾一度进行，且有改为官商合办之议，但皆不久中辍，直至二十年善后督办刘湘又复旧事重提，复委杨芳毓氏主持其事，添配机件，积极进行，始使停顿十六七年的炼钢厂建设完成，并对抗战需要尽了一部分任务。

就工厂的分布看，重庆是四川最大的并是唯一的工业区。这可以从两方面来说：上表的工厂，十之七八是设立于重庆或其附近的；同时，重庆的电力公司的发电，是有相当大的数量为工厂动力之用，这是别的城市，即是成都的电厂也没有的现象。重庆电厂发电机容量有三千瓩，电的用途统计如下：

第二表　重庆电厂发电用途统计（单位：千度）

期间	电灯	百分比	电力	百分比	电热	百分比	合计	百分比
二十三年下年	55	8.1	623	91.9	——	——	678	100.0
二十四年全年	1746	49.9	1745	49.9	5	0.2	3496	100.0
二十五年上年	1318	66.4	651	32.8	17	0.8	1986	100.0

重庆电厂的电力用途的比例之高，是可以作为重庆在四川省中的工业化程度的一种测量；不过我们应该说明的，即是不能因此误认重庆也是我国都市中工业化程度最高的一个，因为重庆的工厂都是规模甚小，自己没有发电设备的。

为了更进一步的认识四川工业的发展程度和地位，我们再与其他各省作一比较。下面两个表，是根据经济部二十一年至二十六年工厂登记统计算出的，这里也可以对于战前的我国工业作一总的检阅。

第三表　战前工业分省统计

省别	厂数	百分比	资本数（千元）	百分比	工人数	百分比
总计	3935	100.00	373359	100.00	456973	100.00
四川	115	2.93	2145	0.58	13019	2.85
云南	42	1.07	4216	1.17	6353	1.49
贵州	3	0.08	144	0.04	229	0.05
广西	3	0.08	913	0.14	174	0.04
广东	101	2.57	1427	0.38	10814	2.36
福建	170	4.33	3843	1.03	2597	0.57
湖南	55	1.39	4764	1.29	7546	1.65
湖北	206	5.24	20023	5.47	30072	6.58
陕西	10	0.25	2757	0.74	4635	1.01
甘肃	9	0.23	295	0.08	1152	0.25
河南	100	2.54	8642	2.31	13330	2.92

续表

省　别	厂　数	百分比	资本数（千元）	百分比	工人数	百分比
河　北	19	0.48	22049	5.91	7662	1.68
山　东	228	5.79	23127	6.20	18818	4.12
山　西	82	2.09	14056	3.76	12699	2.78
察哈尔	3	0.08	17	0.01	486	0.16
江　西	7	0.18	4382	1.18	2397	0.53
安　徽	2	0.05	300	0.08	136	0.03
浙　江	781	19.85	27183	7.37	39795	8.71
江　苏	318	8.08	39562	10.58	105223	23.03
上　海	1235	31.39	148464	39.73	145226	31.78
南　京	102	2.59	10213	2.73	4462	0.97
北　平	101	2.56	10629	2.75	4565	0.99
天　津	52	1.32	17952	0.80	10976	2.38
青　岛	148	3.74	6041	1.61	10458	2.16
威海卫	43	1.09	215	0.06	4149	0.91

第四表　战前工业分业统计

类　别	厂　数	百分比	资本数（千元）	百分比	工人数	百分比
总　计	3935	100.0	377938	100.0	457063	100.0
水电煤气工业	119	3.0	59807	15.9	5287	1.2
冶炼工业	60	1.5	2618	0.7	4671	1.0
金属品工业	139	3.5	4378	1.2	7500	1.6
机器工业	340	8.6	3686	1.0	10205	2.2
电器工业	58	1.5	3677	0.7	4534	1.0
木材处理业	65	1.6	778	0.2	2927	0.6
土石品工业	118	3.0	23010	6.1	13427	2.9
化学工业	534	13.8	46340	12.2	61019	13.4
饮食品工业	920	23.4	48373	12.8	23398	5.1
烟草工业	32	0.8	17326	4.5	13525	3.0
纺织工业	883	22.4	135877	36.0	259686	56.8
服饰品工业	307	7.8	5420	1.4	22041	4.8
土木建筑工业	3	0.1	4	0.0	76	0.1
木竹藤草器工业	18	0.5	309	0.1	1419	0.3
交通用品工业	34	0.9	2827	0.7	6375	1.4
文化工业	185	4.7	20343	5.4	11201	2.5

续表

类别	厂数	百分比	资本数（千元）	百分比	工人数	百分比
艺术工业	11	0.3	157	0.1	778	0.2
军械工业	3	0.1	423	0.1	316	0.1
杂项工业	97	2.5	3585	0.9	8678	1.8

第三表中关于四川工业的统计数字,远较第一表为低。所以差异的原因,是因工厂登记法所定的标准较高,如工厂登记法规定合于登记的工厂须具备使用动力,雇用工人三十人以上或资本一万元以上三个条件之一。这在第三表关于四川的数字本身亦已说明了这一事实,如果这里每个工厂的平均资本约为二万元,每厂工人超过一百人以上,都较第一表高得多,因此也可以说,四川的规模较大的工厂都已包括在内了。

第三表指示四川有工厂一一五家,资本二,一四五千元,工人一三,〇一九人。与各省市比较,厂数占百分之二.九三,资本占百分之〇.五八,工人占百分之二.八五,亦即在全国工业地位上,四川的工厂数占第八位,工人数占第七位,资本数占第十七位。从资本数额的角度上看,四川各厂平均不到二万元,而全国平均却达九万五千元,几乎小了五倍。各省工业资本较四川更低小的只有贵州、广西、广东、甘肃、察哈尔和安徽六省。这种资本地位的低微,即是意味着四川工厂生产力的微小和落后。并且要对各省工业的相对地位作一正确估认,尚须在此种工业的绝对数字以外,更将人口、面积和资源等条件估计在内的。这样,我们可以说,四川工业的实际地位更要远落在它的数字所表示的之后,甚至说是我国工业最不发达的一个省份,也非过言。

第三表是说明我国工业地域分布的畸形现象:在现在作为抗战根据地的西南、西北诸省,拥有一万四千万人口和二千万市方里面积的广大地域上,只占有厂数的百分之六,工人数的百分之七和资本数的百分之四;反之苏、浙、冀、鲁四省却占了厂数、工人和资本的百分之七七左右,尤其江苏一省更占了厂数的百分之四二,工人的百分之五三和资本的百分之五六。这种现象,不单表现四川和西南、西北诸省经济的如何落后和贫乏,亦且是抗战所以艰困和持久的主要原因。第四表则从另一方面说明各个工业部门分布的畸形现象:重工业部门只占厂数的百分之二二,工人的百分之一二和资本的百分之二六,而轻工业部门却占了最大优势,尤其纺织工业不单在厂数、工人数上占了第一位,即资本的比重上也占了第一位。重工业中除了水电、土石工业外,一般资本都在平均数字之下,且远在纺织业的平均资本之下,这不单说明我国重工业的卑不足道,亦说明我国整个工业的根本弱点。我们在这里虽没有工业部门之各省的分配数字，但如与第一表合看，则四川工业的畸形状态，自尤远在其他省区之上。

三、四川的经济条件

上一节我们已对四川战前的工业从数字上和与各省的对比上作了一个粗略的分析，然而我们如要从过去的分析，进而对于战时工业的现状和发展的前途，有一较深刻的认识，须再将四川的工业经济的条件，作一简要检讨。所谓工业的经济条件，在这里是指市场、资源和阻滞工业发展的诸原因而言的。

四川素号"天府之国"，是我国的"地大物博人多"的一个省区。它的土地面积共有一，七二五，二三五方里，占全国总面积的百分之三.七三，除了新疆、蒙古、西藏、青海和黑龙江等边区外，就要算它最大。共有人口四九，三〇〇，〇〇〇人，约占全国人口总额的百分之一一.七九，而居各省的第一位。其中有三四，二二五，八五四人，即占总人口的百分之八四.八七，是耕种于九千六百万亩耕地上的农民，每人平均才有耕地二.八亩，这是说四川的农村中也有过剩的人口可为工业劳动的人力的。

四川的地下资源，种类颇多。金属矿中有铁、铜、金、银、铝、锰、锑、锌等，非金属矿有煤、盐、石油、天然煤气、天然碱、石绵〔棉〕、石膏、石墨、砒、硫等，而以铁、铜、金及煤、盐、石油等为较重要的手工业的出产。关于储量调查现在所知的，煤有六，五一七百万吨，占全国百分之二.五，铁有三八百万吨，占全国百分之三。二者虽不丰富，但皆为西南诸省之冠。石油储量，估计有三九七百万吨，占全国百分之一一，盐的产量年约七百余万吨，占全国百分之一九，均为极有开发希望的矿藏。而主要的煤、铁等矿藏，虽说质量并不甚佳，但因位于相距不远的交通便利之区，所以经济的价值，已可因之增高。此外，四川还有一种可以用以发展工业的无穷的富源，即是水力发电的蕴藏，据初步估计，我国共有四千万匹马力，而四川即占有一千几百万匹马力，这是大可以弥补煤炭储量之贫乏的。

然而农牧林产仍要算是四川最丰富的和有极大增加希望的物产。就农产方面言，二十四年（因二十五及二十六年歉收）重要农产品的产量及其在全国所占的地位，约如下表所示：

第五表　四川重要农产品产量统计

类　　别	产量（千市担）	占全国产量之百分比
籼　稻	156125	17.93
糯　稻	13129	14.56

续表

类别	产量（千市担）	占全国产量之百分比
高 粱	13380	9.87
玉 米	27003	19.73
大 豆	10140	10.10
甘 薯	41431	11.15
小 麦	37067	8.70
大 麦	30119	19.05
燕 麦	1556	8.93
豌 豆	15551	23.39
蚕 豆	16313	25.71
油菜籽	13633	27.40
皮 棉	775	5.26
花 生	5320	15.16
芝 麻	876	5.74
烟 叶	4182	33.09

此外，牲畜的数量，牛、羊、猪、鸡、鸭等都占全国的第一位；糖年产八〇万担，占全国百分之四十，桐油年产量九〇万担，占全国百分之三三，生丝年产量四万担，占全国百分之三十，而森林面积一，三七二，三五五千亩，占全国百分之一五，犹为全未开发的储藏。这些农牧产品大都是重要的原料，可以供作发展工业的条件，多少年来也已成为四川输出的主要物品。下面引用十八年至二十年输出的平均值和数量的统计，以明这类产品在四川经济地位的一斑。（二十一年以后，海关贸易册中没有洋货转口的数字，故用二十年以前数字。）

第六表　四川输出货值及数量统计

类别	平均输出价值（千元）	平均输出数量（担）
总 计	58300	——
生 丝	15400	14000
桐 油	9700	300000
药 材	7400	——
夏 布	6300	32000
皮 革	3400	20000
猪 鬃	2900	14000
烟 叶	1700	30000
盐	1500	150000
毛 类	1400	35000（羊毛）
纸	1400	15000

续表

类别	平均输出价值(千元)	平均输出数量(担)
生漆	1100	10000
糖	400	30000
麻	400	26000
其他	5300	——

另一方面,四川每年要输入更多的工业制品,我们可以引证一个与上表同时期的输入统计:

第七表　四川输入货值及数量统计

类别	平均输入价值(千元)	平均输入数量
总计	62300	——
棉纱	36700	140000 件
棉织品	3800	
五金机器	3200	
纸烟	3100	
颜料	2700	
丝织品	2200	
煤油	2000	4000000 加仑
毛织品	1800	
其他	6800	——

对于上面输出入物品的统计,我们却不研究农产品与工业品交换的利害或入超问题,这里似乎明白提出了这样一个根本问题,即四川的资源储藏既相当丰富,农牧及手工业产品既相当众多,四川人民对于工业制品的需要亦相当巨大,并且这种工业品的输入亦是在长期的稳定增加之中,例如元年输出入总数为四千二百万元,二十六年则达一万六千万元,计约增加六倍,那么,为什么在我国输入新式工业已有了五六十年的历史,而四川的工业依然没有一点基础? 这里,我们当然不能从帝国主义的经济侵略,或是我国社会经济的一般原因说起,自然,四川也是半殖民地的中国经济的有机构成的一部分;我们只想就四川的几个比较特殊的原因,简要的探讨一下,以便对于战时工业的发展能有更进一步的认识。

据笔者所见,阻滞四川工业发展的原因,约有下列几点:

第一是手工工农业的结构比较强固。四川恐怕要算是对于近百年来国际资本主义经济侵略最能长久抵抗而尚可据守残垒的一个最重要的地域。我们知道四川的手工农业和手工工业都是颇称发达的,在人民日用必需品的供需中,一向也是比较占着极高的成分。比如依照第六、七两表出入口贸易价值的统计，四川每人口对于出入口值都不过分得一.二元左右，而在二十年全国平均每人口所分占的出口值则为三.一五元，入口值则为四.九六元。在以每人口分得出入口贸易值相互比较时，还应注意一点，即全国的平均数是纯以国际贸易作标准的，四川的数字，却包含省际贸易在内。我们现虽无关于省内货物流通的统计，但四川生产物的商品化程度较低，是毫无可怀疑的。形成这种自给成分的基础，是在于小农经营的普遍和手工业与农业仍保持了不可分的密切关系。四川的土地所有权不管有了如何高度的集中，而在耕种上却是分散的小农经营。四川的佃农和半自耕农合占农民总数的百分之七八，关于农户耕地面积，据中国银行调查一，五五六家的结果，耕种十亩以下者占百分之四七，十至十九亩者占百分之二一，两者合计共达百分之六八，而收获物的百分之五〇至七〇，又须交于地主，所以佃农必须兼营副业或出卖劳力，才可以维持家庭生活。依据二十六年成都平原的佃农收入调查，计收获占百分之八四.八，牲畜占百分之一〇.三，家庭工业占百分之二.八，出卖劳力占百分之〇.八，其他生产占百分之一.三。富裕的成都平原的佃农，家庭工业和出卖劳力的收入，已占到百分之三.六，其他各地，自更较此为高。再从手工业方面看，如占广大地位的棉麻丝的纺绩缫织，主要的仍是农家的副业形式。即土法煤铁的生产，也是全随农事忙闲而作季节的调节。同时，独立的手工业作坊式工场，也未脱离中世纪的行会的樊篱。这种农民为维持最低生活而进行的单纯再生产中所不可少的家庭手工业或季节性的手工工人，是阻滞手工业独立发展的最主要因素之一，另一方面，行会手工业又为其自身的特性束缚了生产力的发展。这种方式的手工业，不但是不能发展为新式工业，亦且是新式工业的顽固反对者。前面说到的万县桐油榨坊、商行和油农，联合反对新式榨油厂的设立，不过是许多悲剧故事中的一个显例罢了。

第二是商业资本的腐蚀作用。建立于独立的手工工农业经济基础之上的商业资本，是与土地资本、高利贷资本结成三位一体的关系，凭借行帮的特殊组织，以其对于市场和物价的垄断与调节的权力，剥削生产者和消费者以获到超额利润。在商业，土地和高利贷资本的利润超过了生产利润之条件下，商业资本永远不会转变为生产资本的。所以欧洲的商业资本曾经创造了工业革命，而在我国却反成为发展工业的锁链。尤其在四川，商业资本对生产资本更是居于优势的地位。我们现引重庆市棉布业的投资调查，以为例证：

第八表　重庆市棉布业投资统计

营业性质	户数	百分比	资本额(千元)	百分比
总　计	334	100	16783	100
生　产	3	1	1450	9
居　间	4	1	214	1
贩　运	119	36	1356	8
零　售	23	7	515	3
贩运兼居间	132	40	8706	52
零售兼居间	43	12	876	5
零售兼贩运	10	3	3666	22

这个表的调查时间是三十一年一月,是就已在平价购销处登记之单位统计的,所以数字较偏于商业,对于生产者只包括了三家较大的织布厂。但是这个表给我们的重要指示,不单在棉布生产者只占户数的百分之一与资本的百分之九,经营棉布商业者占户数百分之九九与资本的百分之九一,而更重要者是在棉布商业经营者中,零售商业的数量和资本的微小,贩运兼居间商业的势力的巨大,总计贩运及居间商业,共占户数百分之九二,资本的百分之八八。这种贩运和居间商业,就是支配生产者和消费者,调节市场和物价,资本周转极速,风险负担极少,而利润获得最大的行帮。在这样的情形之下,资本自然不会投向生产的,因为商业资本既已□□的支配了生产者,而使生产者必须自愿的以低于市价的价格及其他优越条件,才能销售它的制成品的。所以这种商业资本,连同土地资本、高利贷资本在内,它们和生产事业的关系,如同寄生于人体的细菌一样,只是吸食血液肥壮自己的。

第三是交通的阻滞。四周的高山大岭,在军事上作了四川的天然保障,在经济上也将四川从其他的省区隔离了起来。唯一交通要道的长江,又以三峡之险,限制了经常的和大量的运输,白木船时代固已无论,即浅水轮船的兴起,也未能满足工业运输的要求。在省内虽有五条大河纵横流贯,而彼此之间也被划分成许多自然经济的区域。这些大河都是奔放于群山万壑之中,水急滩多,两岸峻削,礁石既多,水位涨落亦复过大,这就大大地限制了通航的里程和季节。合计五河的航程,在洪水时期,可以通行中小型汽轮的约五千余里,通行小船的约达二万一千里;过去曾借此季节的和危险特多的航运,发展了手工生产的商业繁荣,然而要适合工业生产的要求,除了水道的疏浚和建筑坝堰的巨大工程外,尚须建筑多条主要铁道才可以说到运输便利的。

第四是政治的影响。一个经济落后区域的工业建设,对于政治条件的需要是很高的,比如交通、动力和基本工业的建设,常只有政府的力量才可以负担。退一步说，民营工业的发展，至少亦需要政治安定，税捐轻微的消极条件。但四川自民国以来，经过大小战争四百七十余次，防区分立，捐税繁苛，一切累积的财富，都浪费于毫不生产反而破坏生产的战争上面。这样，固有手工工农业，都要陷于停顿和破产的厄运，更何能说到新工业的建设呢？

由于这些原因，四川虽然具备许多便利工业建设的条件，也不能不"货弃于地"，而长期的陷于经济停滞之中了。

四、工业的迁建运动

上面检讨的阻滞四川工业之发展的条件，在某种程度上也是西南、西北诸省所同具的。这些条件，在平时由于外在和内在的原因，数十年中所不能克服的困难，不能去除的惰性，在抗日民族战争的发生与发展中，显现出来的战争胜负和民族存亡的严重危机，迫使我们不能不在经济上作种种艰巨的甚至于认为不可能的紧急和必要的措施。这种种战时经济的紧要措施中，工作最艰巨、影响最深远的自然要推自东向西的工业迁移运动。

这次工业的大迁建运动，能够获得意外的迅速的成功，是完全依赖于抗战的政略与战略的需要和国民的民族精神最高发扬之上，这里用不着再来申说。基于同样的理由，沿海区域的工业迁移到西部各省，特别是地理的、经济的条件均较优越的四川，亦似是极自然的趋势。然而在此种抗战的全民族动员的巨浪之下，四川的工业迁建所以特别重要和成功的原因，亦有不少的人事因素，是不能不给以一个相当的地位的。

考民营工厂迁建运动的发动，是始于上海"八一三"战争之前，主要的对象亦集中于上海一地。原来在芦〔卢〕沟桥战争发生不久，即由总动员设计委员会和资源委员会办理经济动员的工作，在解决全面抗战时期军需供给问题，除了迁移国营工厂外，自然又关联到重要的民营工厂的迁移问题。二十六年八月十日行政院决议成立的上海工厂迁移监督委员会，以及后来改组的工矿调整委员会及工矿调整处，就是政府的督促和协助迁建的组织；上海工厂联合迁移委员会及后来的迁鄂迁川等工厂联合会是民间企业家主持迁建的组织。在战争的特殊环境之下，短期内要将大批的既成工厂，迁建于经济条件较为落后的区域，是会发生许多技术的、经济的和人事的困难的。例如从拆卸、运输到设厂复工，都非有非常的决心、努力和牺牲不可。这里政府的协助、民间的热心和任劳任怨始终其事的许多工作者的劳绩，都是值得表出的。我们现仅举出一千余艘柏木船，从宜昌逆溯川江运来数万吨钢铁器材，其中一件机械有重至十二吨的这一件事，就可看出工作的艰巨和人力的伟大了。

上海迁出的工厂第一步目标是武汉,在战争形势发展后,才又计划迁到川、陕、桂、滇、湘等省。当在第二步计划尚未确定前,已有许多工厂在武汉部分的复工,那时由上海迁来工厂共有一百四十六家,器材重一万五千吨,技工二千五百余名。它们那时曾选定武昌洪山、播箕山为工业区,但在交涉购地时,地主一次次的涨价,无法成交,官府中人又在提倡农业救国,恐怕工业发展必致消灭了著名的洪山红菜薹。有一位开明的地主廉价卖了一段园地给新中工程公司,但长春观的道人,率领附近的佃户、地主,武力抗拒,一面又号召他的官府中的信徒,要"收复失地",竟使政府和民间的迁建负责者,欲在武昌购买一方土地而不可得。同时,他们又转向湖南当局商洽能否给迁湘工厂以协助,并免除其特有的限制工业发展的产销税,而所得到的答复,也是"无法免除"和"无暇帮助"。正在此时,川省前主席刘湘已到武汉养病,心念四川工业的将来,特派工业专家胡光麃君向沪汉工业家解说四川的资源及设厂的环境,又派建设厅长何北衡与迁川工厂代表讨论并解决运输、厂地、电力、劳工、原料、销场、金融、捐税及政治等具体问题。嗣后又派钢铁厂厂长杨芳毓敦促劝驾。同时川省府亦在刘主席的电嘱协助迁川工厂的原则之下,在重庆成立迁川工厂用地评价委员会,决定征地办法,不许地主刁难,又议决"凡迁川工厂地印契准免收附加税三成",后来又定减收至五成,以示优待。无疑的,这种政治的人事的便利,对于工厂的踊跃迁川,是起了很大的鼓励作用的。

关于这个史所未有的工业迁建运动,我们根据二十八年底的初步统计,从内迁工厂、器材和技工三方面,以观察四川与其他省的关系。

第九表　内迁工厂统计

类别	共计	四川	百分比	陕西	百分比	湖南	百分比	广西	百分比	其他各省	百分比
总计	410	319	53.4	26	6.3	119	29.1	22	5.6	23	5.6
冶炼工业	1	1	100.0	——							
机器工业	168	96	57.2	3	1.8	50	29.7	11	6.5	8	4.8
电器工业	28	18	64.4	——		6	21.4	3	10.7	1	3.5
化学工业	54	34	62.9	3	5.6	9	16.7	1	1.9	7	12.9
纺织工业	92	20	21.7	16	17.4	52	56.5	3	3.3	1	1.1
饮食品工业	22	12	54.6	4	18.2	1	4.5	1	4.5	4	18.2

续表

类别	共计	四川	百分比	陕西	百分比	湖南	百分比	广西	百分比	其他各省	百分比
文化工业	31	26	83.9	——	——	1	3.2	3	9.7	1	3.2
其他工业	14	12	85.8	——	——	——	——	1	7.1	1	7.1

第十表　内迁机器原料统计(单位:吨)

类别	共计	四川	百分比	陕西	百分比	湖南	百分比	广西	百分比	其他各省	百分比
总计	63769.2	40745.7	63.9	10414.0	16.3	8222.0	12.9	3333.6	5.2	1053.8	1.7
冶炼工业	1151.9	1151.9	100.0	——	——	——	——	——	——	——	——
机器工业	13255.0	9781.1	73.9	138.0	1.0	1198.7	9.0	1782.6	13.4	353.6	2.7
电器工业	5299.8	2273.2	42.9	——	——	2542.6	48.0	478.5	9.0	5.5	0.1
化学工业	8093.4	3411.6	42.2	140.0	1.7	3898.6	48.2	126.6	1.5	516.6	6.4
纺织工业	30822.0	20414.5	66.2	9256.0	30.0	424.5	1.4	726.0	2.3	1.0	0.1
饮食品工业	3212.7	2021.8	62.9	880.0	27.4	154.0	4.7	——	——	156.9	——
文化工业	1374.3	1137.3	82.8	——	——	3.0	0.2	212.4	15.5	20.0	1.5
其他工业	560.0	554.3	98.9	——	——	——	——	5.5	1.0	0.2	0.1

第十一表　内迁技工统计

类别	共计	四川	百分比	陕西	百分比	湖南	百分比	广西	百分比	其他各省	百分比
总计	11036	7311	66.3	352	3.2	2561	23.2	524	4.7	288	2.6
冶炼工业	360	360	100.0	——	——	——	——	——	——	——	——
机器工业	5588	3817	68.3	38	0.7	221	21.8	382	6.9	130	2.3
电器工业	684	545	79.6	——	——	114	16.7	25	3.7	——	——
化学工业	1378	642	46.7	33	2.4	593	43.0	8	0.6	100	7.3
纺织工业	1603	736	45.9	231	14.4	633	39.5	——	——	3	0.2
饮食品工业	549	444	80.9	50		——		9.1	——	55	10.0

续表

类别	共计	四川	百分比	陕西	百分比	湖南	百分比	广西	百分比	其他各省	百分比
文化工业	606	527	87.0	——		——		79	13.0	——	
其他工业	270	240	88.9	——		——		30	11.1	——	

上面关于内迁工厂的三个统计，在厂数上、在器材上及在技工数量上，都指示四川是占了最重要的地位，用不着再来重复说明。现在要补充的有下列几点：第一，这里所统计的仅是民营工厂，内迁的国营工厂完全不在内，未经过政府协助自动内迁的工厂也不在内。而经过工矿调整处协助的工厂，这里的统计似乎也不尽完全，因为根据三十一年三月的统计，内迁厂数已增到四四六家，迁入四川的有二四一家，较上表工厂总数增三六家，四川厂数增二二家。据此新统计，计迁入四川的工厂，除冶炼工业、电器工业厂数无变动，饮食品工业减少二家外，机器工业由九六家增为一〇三家，化学工业由三四家增为四〇家，纺织工业由二〇家增为二三家，文化工业由二六家增为三二家，其他工业由一二家增为一四家。内迁的器材则由六万三千余吨增为十二万余吨，迁入四川的也由四万余吨增为九万余吨。由此看来，四川在工业内迁中所占的地位，尤远较上面三表所表示者为重要，换句话说，即四川在内迁工厂厂数中所占地位，实为百分之五四，而非百分之五三；在内迁器材中所占之地位，实为百分之七五，而并不是百分之六四。第二，内迁工业中，尚有煤矿业六家，除陕、湘各迁入一家外，其余四家都迁入四川，而中福煤矿公司的二千余吨机器，更成为四川煤矿生产机械化的一支主力。第三，迁入四川的工厂，不单在量上占优势，在质上还要更占优势。例如把上面三表相互参看，即可见四川在内迁器材和技工上所占的地位，都远较厂数上的比重为高。举一个例说，纺织工业内迁厂数内，四川仅有二〇家，湖南却占五二家，但在纺织工厂的内迁器材内，四川却占二〇,四一四.五吨，湖南则不过四二四.五吨，这因为四川内迁纺织工业内有大型纺纱厂六家及织绸织呢织麻厂多家，而迁湘南者不过是铁轮织机的织布厂罢了。又如内迁工厂以上海迁出者设备较完全，技术较进步。而在上海迁出的一二七家工厂中，迁入四川的竟占一〇五家之多，其中如大鑫钢铁厂、上海机器厂、华生电机厂、天原电化厂、龙章造纸厂、章华毛织厂、美亚织绸厂等卓著声名之新式工业，都集中于川省。第四，迁入四川的工厂，分布的地区，以川东占最大多数，特再为分析如下，以瞻川省新工业区的趋向：

第十二表　迁川工厂之地域分布

类　别	川东	川西	川中	川北	不明者
总　计	324	7	2	1	11
冶炼工业	1	—	—	—	—
机器工业	98	1	1	1	3
电器工业	15	—	—	—	2
化学工业	35	2	—	—	3
纺织工业	21	2	—	—	—
饮食品工业	8	1	1	—	—
文化工业	29	—	—	—	3
其他工业	14	—	—	—	—
矿　业	3	1	—	—	—

这个史诗式的工业内迁运动,发生了几种直接结果:一方面使平时阻滞工业发展的保守因素,为民族战争的烽火所激起的爱国热情和伟大力量所克服;另一方面,这种迁建既鼓励了本地少数有志于工业的企业家的积极精神,而工业的战时特殊利润,亦曾一时的引起商业资本、土地资本之转向生产的趋势。同时,这种工业的大规模的移殖,不单移殖了上十万吨的新式机械,数千个熟练工人和数万万元的工业资本,并且亦移殖了数十年中积累起来的经营新生产事业的经验。这些条件与四川的丰富资源和人力结合起来,就产生了盛极一时的战时工业建设潮流。这种战时工业建设的本身,自然尚含有许多待克服的缺点和困难,但就现有的成绩言,我们可以说这已使经济落后的四川,一跃而成为全后方的第一个工业区,如果今后更能服务于经济条件的配合和改善,我们亦可以说,四川已开始踏上工业化的道路了。

五、四川战时工业的新面貌

四川战时工业的蓬蓬勃勃的兴起,最主要的原因,是由于战区工业的大规模的移殖,已如前所述。而迁移的工业的种类,原先亦是基于四川当局的希望和工矿调整处的计划,所以各种工业的配置,大致尚称完备;后来因为客观需要和利润的引诱,旧工厂的复工,新工厂的创建,不知又经过了多少改组、合并和分立的过程。曾经有一个时期,经营工厂成为一个最时髦的运动,不单是资本所有者,即是有经验的技工,亦多有合伙的或独立的设立工厂者。一时小规模的工厂,风起云涌,对于机器、原料和技工的争夺,造成过空前工业的繁荣;同时,其间各工业和各工厂的盛衰起伏,变化亦多。这种种演变,如果能具体地详细记载下来,对于我国战时工业以至在整个工业发展史上,都是极有价值的经验,可惜现在尚不能做到。我们现在所能做到的,是依据经济部统计处最近发刊的三十一年之《后方工业概况统计》,对于四川战时工业作一个初步的概略的分析。《后方工业概况统计》尚是我国一册最完全的唯一的工业调查,凡是后方各省一切稍备规模的工厂,可以说都已搜集在内,尤其是四川工厂的调查,更较周备,不过对于各厂的资本、设备和工人统计,因有少数工厂的表报〔报表〕不尽完全,统计的准确程度,或不免稍行减低,但这并不妨碍我们作一般的考察,亦不影响我们的结论之一般的正确性的。

现在我们即依据《后方工业概况统计》所供给的材料,先来对四川战时工业作一鸟瞰式的考察:

第十三表　四川战时工业统计(一)

类别	厂数	百分比	资本(元)	百分比	动力百分比
总计	1654	100.00	1130012285	100.00	100.00
水电工业	29	1.75	82747292	7.32	26.57
冶炼工业	66	3.99	183296000	16.22	13.59
金属品工业	68	4.11	17638900	1.56	1.10
机器工业	332	20.07	141532436	12.52	7.83
电器工业	63	3.81	33220600	2.97	1.39
木材建筑工业	22	1.33	3144100	0.28	0.32
土石品工业	47	2.84	29267800	2.59	3.35
化学工业	370	22.37	409557243	56.24	30.67
饮食品工业	163	9.86	57371850	5.08	3.67
纺织工业	263	5.90	148010974	3.09	10.80
服饰品工业	54	3.27	6362426	0.55	0.01
文化工业	158	9.55	14490664	1.28	0.51
杂项工业	19	1.15	3472000	0.30	0.19

上表的统计数字已经告诉了四川战时工业的配置情形,现在特别值得提出说明的有下列几点:第一,与战前的工业比较,则厂数由一一五家增至一,六五四家,即增加百分之一.三二五;资本由二,一四五千元增至一,一三○,○一二千元,即增百分之五三.一三八。此可见战时工业在数量上的空前发展。其次,战前工厂每家平均仅有资本一八,六五二元,战时工厂则平均有六八三,二○○元,战前工厂大半是使用人力,而战时工厂则多有使用动力,此可表示战时工厂的质量的进步。只是每厂的工人平均数,战前为一一三,二人,战时仅有五四二人,似乎战时工厂的规模反不及战前似的,其实亦不尽然。战时工厂为了符合的疏散目的,显然多采取了小型工业的形式,但其中亦有不少二三个人以上的小工厂,而为战前所没有的。对于各厂工人数量增减问题的合理解

释,是战前工厂多又是织布厂、火柴厂、缫丝厂的手工工人,人数既多,流动性亦较大,战时工厂多属机械工业的技工,且因动力的普遍使用,例如每厂使用的动力平均达数十匹马力,则每一工人生产力,或每个工厂的规模,自不能从工人数量上表现出来。此外还有一个特征,证明战时工业在质量上较战前已有极大的进步,甚至于可以说有了本质不同的,即现有的工厂已经普遍的分配于各工业部门之内,而基本工业的各部门所占的比重,恰好与战前颠倒了过来,如厂数百分之五八.九四,资本百分之七九.四二,工人的百分之四四.八四,以及动力设备的百分之八四.五〇都是属于基本工业之各部门的。所以就四川工业的各部门的配置而论,虽然战前和战时都有不平衡的畸形现象,但是战前的偏重是在轻工业,而战时的偏重却已转到基本工业上面来了。第二,就一,六五四家工厂在十三个工业部门的分配看,在厂数上,以化学工业居首,机器工业、纺织工业、饮食品工业、文化工业、金属品工业、冶炼工业、电器工业等次之;在资本额上,以化学工业居首,冶炼工业、纺织工业、机器工业、水电工业、饮食品工业等次之。第三,我们现虽不便对各业厂的设备作具体的比较,但就平均资本来看,则十四表所示,与上述分析又不尽相同了。

第十四表　四川战时工业统计(二)

类别	每厂平均资本额(元)	每人平均之动力数(匹)
统计	683200	0.57
水电工业	2854045	8.04
冶炼工业	2778738	1.13
金属品工业	259396	0.24
机器工业	426303	0.44
电器工业	527311	0.32
木材建筑工业	142914	0.29
土石品工业	621719	0.41
化学工业	106912	1.18
饮食品工业	351975	0.41
纺织工业	562779	0.15
服饰品工业	115971	00.02
文化工业	91713	0.09
杂项工业	182737	0.05

从上面改制的统计表观察:则资本方面,以水电、冶炼和化学三个工业部门每厂平均资本均在总平均额之上,更以水电工业、冶炼工业最多,每厂都有二百七八十万元;土石品工业、纺织工业、电器工业、机器工业次之,都在四十至六十余万元之间,而以文化工业资本最少,每厂尚不到十万元。不过我们在

这里应说明一点,即因各厂开办的迟早和币值不断变动的关系,法定资本额是不足以代表其实际资本的,换句话说,开设较迟的,资本数额较大;开设较早的,资本额虽小,而实际资产却可在资本的数十百倍以上。所以我们这里的分析,只应当作一种比例或趋势看,才不致与实际相距过远。工人方面,以纺织工业、杂项工业、冶炼工业及土石品工业最多,每厂平均在百人以上,机器工业、电器工业、化学工业、饮食品工业等都不过三四十人左右。动力设备方面,如将包含以发电为业务的水电工业除外,则冶炼工业最多,每厂平均有百数十匹马力,化学工业、土石品工业次之,各约有数十匹马力,纺织工业、机器工业、电器工业又次之。从每一工人分得的动力数看,以冶炼工业、化学工业最多,每人平均在一匹马力以上,其他各工业均不及半匹马力,即机器工业、电器工业及土石品工业也不过〇.三二至〇.四四之间。总而言之,从各方面的分析看,四川的战时工业,是以小型为其特征的,这些工业的规模,不用说不能和工业先进国的英美等国比较,即较战前在通商口岸的工业规模,亦是相差颇远的。

为了对于这些战时工业的发展过程,求得进一步的认识,我们特依各厂的设立时期,制成下列的开工年份统计:

第十五表 四川战时工业设立时期百分比(以各业之总厂数为 100)

类别	二十五年以前	二十六年	二十七年	二十八年	二十九年	三十年	三十一年	年份不明者
总计	13.12	2.00	5.44	10.76	15.72	21.22	9.59	12.15
水电工业	31.03	10.34	6.90	17.24	6.89	13.80	——	13.80
冶炼工业	4.55	——	12.12	9.09	12.12	22.73	13.63	25.75
金属品工业	32.36	1.47	2.94	10.30	23.53	14.70	14.70	——
机器工业	5.72	1.21	6.02	12.95	19.58	23.79	26.81	3.92
电器工业	4.76	6.35	6.35	11.11	19.04	25.40	25.40	1.59
木材建筑工业	18.18	4.55	9.08	27.27	9.08	9.08	13.67	9.09
土石品工业	19.17	6.38	12.76	6.38	12.77	21.27	14.89	6.38
化学工业	14.06	2.43	4.05	10.00	22.16	29.19	11.62	6.49
饮食品工业	5.52	1.23	4.91	3.68	9.20	25.15	41.72	8.59
纺织工业	21.68	1.14	2.28	13.68	13.30	15.97	21.68	10.27
服饰品工业	11.11	1.85	3.70	16.68	12.96	31.48	18.52	3.70
文化工业	13.29	1.27	7.60	6.96	5.69	2.53	4.43	58.23
杂项工业	15.79	——	15.79	10.53	5.26	15.79	26.31	10.53

从第十五表的各厂开工年份统计中,给了我们对于四川战时工业发展过程的几个明确认识:第一,从总的方面观察,在一,六五四家工厂中,二十五年前开工的仅有二一七家,约占百分之一三,其他百分之八十五左右的工厂都是

二十七年以后开工的，这是充分表示了四川工业的战时色彩。二十六年这一时期，我们可以把它看成战时工业的准备阶段，而水电工业的比数的开始增加，或者可以视为准备阶段的一个特征。开工工厂普遍增加的趋势则起于二十七年，如该年开工工厂占总数的百分之五.四四，较上年几增一倍半。嗣后逐年增加，以三十年百分之二一.一二达到最高潮。自二十七年至三十年四年之间，每年较上一年增加之比数均在百分之五左右，此或可以视为四川战时工业之发展的最大速度。三十一年比数开始下降，表明工厂的开设已渐达饱和状态。第二，从各个工业部门观察，二十五年前开工的，以水电工业、金属品工业最多，各占百分之三十以上；纺织工业、土石品工业、木材建筑工业次之，各占百分之二十左右。二十七年开工的家数以机器工业二十家为首，化学工业十五家，文化工业十二家次之，而占各工业部门之最大比重者，以冶炼工业、土石品工业为首，各占其总额的百分之十二以上。二十八年度开工的工厂，以机器工业四十三家、化学工业三十七家、纺织工业三十六家为最多，在各工业的部门比重上，以木材建筑工业的百分之二七.二七、水电工业百分之一七.三四为最大。二十九年开工的，以化学工业八十二家、机器工业六十五家为最多，在比重上以金属品工业的百分之二三.五三、化学工业的百分之二二.一六为最大，机器工业及电器工业的百分之一九以上次之。三十年开工的工厂，以化学工业的一〇八家居首，机器工业的七九家次之，而在比重上占其总额百分之二十以上者，有服饰品工业、化学工业、电器工业、饮食品工业、机器工业、冶炼工业及土石品工业等。三十一年开工的工厂，较上年增加的只有饮食品工业、纺织工业、机器工业、木材建筑工业及文化工业，在比重上亦以前三者为最大，其他工业，除电器工业及金属品工业维持旧状外，均已在迅速减少的趋势中，而水电工业更无一家新设者。在减少趋势的部门中，如与上年相较，则为化学工业减少百分之一七.五七，服饰品工业减少百分之一二.九六，冶炼工业减少百分之九.一一，土石品工业减少百分之六.三八。从上述工厂开工的趋势看来，一般的可以说基本工业的各部门都已达到了饱和阶段，与民生日用有关的轻工业则犹有发展的余地。基本工业是已感生产过剩，轻工业则为生产不足，前者是销场问题，后者是原料问题。换句话说，一时兴起的战时工业，又复触到经济条件的种种问题，似乎预示着战时工业已到了应该转变方向的新阶段了。

我们在前面已将各工业的资本作过一个分析和比较，结论说，小型工业是四川战时工业的特征。不过那是就一般的平均数而作的初步分析，实际上各业各厂的平均资本，都颇受少数资本较大工厂的影响，多数资本微弱的小型工厂，却为平均数所掩饰起来了。下表资本分组的统计，就是给我们对工业资本的组成一个更明确的认识的。

第十六表　四川战时工业资本分组百分比(以各业总厂为100)

类别	5000元以下	5001至10000	10001至50000	50001至100000	100001至500000	500001至1000000	1000001至5000000	5000001至10000000	10000001至50000000	50000000元以上	资本不明者
总计	6.17	10.21	28.90	12.64	19.17	5.50	6.41	1.57	1.15	0.18	8.10
水电工业	3.45	3.45	24.14	3.45	17.24	3.45	3.45	13.79	10.34	——	17.24
冶炼工业	——	4.55	7.58	3.03	19.70	13.64	10.61	1.50	6.06	3.03	30.30
金属品工业	5.88	7.35	35.30	13.24	27.94	1.47	2.94	2.94	——	——	2.94
机器工业	2.41	9.34	36.45	15.66	23.19	4.82	2.11	0.90	——	0.30	4.82
电器工业	26.98	11.11	19.05	9.52	15.87	6.35	——	1.59	1.59	——	7.94
木材建筑工业	22.73	——	22.73	13.63	9.09	27.27	——	——	——	——	4.55
土石品工业	8.51	8.51	19.15	17.02	6.38	12.77	17.02	2.13	2.13	——	6.38
化学工业	4.59	5.68	22.45	12.97	25.14	6.49	12.16	2.16	0.81	——	7.57
饮食品工业	6.14	22.70	33.74	8.60	11.66	0.61	7.97	0.61	3.68	——	4.29
纺织工业	11.03	6.84	23.19	15.97	17.87	7.61	7.61	1.90	0.38	——	7.60
服饰品工业	1.85	16.67	50.00	2.96	——	14.82	——	——	1.85	——	1.85
文化工业	3.16	20.25	41.14	8.22	8.87	1.27	1.27	——	——	——	15.82
杂项工业	5.26	5.26	21.06	21.06	36.84	5.26	——	——	——	——	5.26

　　从工业资本分组的统计中,使我们认识四川工厂资本的大小,数量最多的是一万至五万元的一组,共有工厂四七八家,占总数的百分之二八.九〇;次多的为十万至五十万元的一组,共有工厂三一七家,占总数的百分之一九.一七。计算五十万元以下的工厂,共有一,二七五家,占总数的百分之七七.〇九;其中五万元以下的小厂,亦有七四九家,占总数百分之四五.二八。如果在工厂总数中,除去资本不明之一三四家工厂,则五十万元以下工厂之比数更升为百分之八三.八八,五万元以下工厂亦升为四九.三三。再就各工业部门观察,则以冶炼工厂的资本较大,其在五万元以下者,仅占百分之一二.一三,五十万元以下者亦仅占百分之三四.二三;次为水电工业、杂项工业、化学工业、土石品工业及纺织工业,五万元以下工厂,各约占总额的百分之三〇至四〇之间,其他各种工业均在百分之四五至七〇之间,而以服饰品工业最高,竟达到百分之六八.五二。其五十万元以下之工厂,除冶炼工业外,以水电工业最低,但亦占到其厂数的一半以上,其他均在百分之六〇至九〇之间,而以金属品工业之百分之八九.八九,机器工业之百分之八七.〇五为最大。按常理说,机器工业的

固定资本是相当巨大的,何以在我们的统计中,机器工业资本在五万元以下者竟达到百分之四八.二〇,在五十万元以下者更占百分之八七.〇五。此中理由,除了工厂规模较小的原因外,主要似乎还是由于机器工业大多属于内迁工厂,一切固定资产的估价,多是按照战前的物价水准计算的。另一方面,资本在一千万元以上的工厂共有二二家,仅占总厂的数百分之一.三三;其中亦以冶炼工业所占比数最高,而在三家五千万元以上资本的工厂中,冶炼工业竟占二家,另一家则为机器工业。其他各工业部门的最大资本,木材建筑工业及杂项工业止于五十万至百万元的一组,文化工业止于百万元至五百万元的一组,金属品工业止于五百万元至千万元的一组,水电工业、电器工业、土石品工业、化学工业、饮食品工业、纺织工业及服饰品工业的最大资本曾达到千万元至五千万元之间。我们觉得在资本分组的考察中,值得特别指出的一个现象,倒不在于一般工厂的资本之微小,而在各厂间的资本大小的差异之巨大,如以机器工业为例,最小的资本在五千元以下,而最大的资本竟在五千万元以上,相差竟达一万余倍。这或者可以说明我国战时工业虽以小型工业占优势,但是大规模的集中经营,亦已被认是一种最经济的和最省力的方式。考查各厂设立的时期,这种较大规模的工厂,颇有日见流行的趋势。这里仍须说明一句,即因币制的变动和资产升值问题未获解决,使我们的资本分组统计,每与各厂实际资产相距甚远,例如纺织工业中的一家二千万元资本的纱厂,却是去年设立的仅有纱锭二千枚的小型纱厂,其他有二三万纱锭的大型纱厂,虽时值已达数万万元,但它们的法定资本尚只是几百万元。所以我们的资本分组的分析,亦只在求得一个大概的观念罢了。

我国近代工业的发展史中,最先是采取"官办"或"官督商办"的经营方式的,但因官僚作风从内部腐蚀的结果,除有独占性的军火工业和交通事业外,无不遭受失败。待国民政府在南京建都后,国营事业又渐抬头,而抗日战争的发展,使得公营(包括国营、省营及国立银行经营)方式更获得普遍而重要的地位,成为我国战时工业最主要特征之一。下列两表就是从公营、民营在工业中所占的比重上来作观察的:

第十七表　四川战时工业之公营民营统计

类别	厂数			资本数(元)			工人数	
	合计	公营	民营	合计	公营	民营	公营	民营
总计	1654	156	1408	1130012285	711337004	418675281	20374	87831
水电工业	29	14	15	82747292	70861037	12386255	689	1368
冶炼工业	66	18	48	183296000	159411000	23885000	1523	5933

续表

类别	厂数 合计	厂数 公营	厂数 民营	资本数(元) 合计	资本数(元) 公营	资本数(元) 民营	工人数 公营	工人数 民营
金属品工业	68	1	67	17638900	—	17638900	552	2464
机器工业	332	12	320	141532436	82602760	58929676	1059	10939
电器工业	63	7	56	33220600	23800000	9420600	1221	1487
木材建筑工业	22	—	22	3144100	—	3144100	—	676
土石品工业	47	4	43	29267800	8100000	21167800	513	4628
化学工业	370	25	345	409557243	300801133	108756110	1987	14164
饮食品工业	163	5	158	57371850	8050000	49321850	480	5030
纺织工业	263	53	210	148010974	56991074	91019900	10896	33417
服饰品工业	54	2	52	6262426	560000	5702426	420	2647
文化工业	158	15	143	14400664	660000	13830664	1034	2514
杂项工业	19	—	19	3472000	—	3472000	—	2564

第十八表　四川战时工业之公营民营百分比

类别	厂数 合计	厂数 公营	厂数 民营	资本数 合计	资本数 公营	资本数 民营	动力设备 公营	动力设备 民营
总计	100.00	9.43	90.57	100.00	62.95	37.05	28.21	71.79
水电工业	100.00	48.28	51.72	100.00	85.03	14.97	15.94	84.06
冶炼工业	100.00	27.27	72.73	100.00	86.97	13.03	86.80	13.20
金属品工业	100.00	1.47	98.53	100.00	—	100.00	37.33	62.67
机器工业	100.00	3.62	96.38	100.00	58.36	41.64	13.11	86.89
电器工业	100.00	11.12	88.88	100.00	71.64	28.36	20.44	79.56
木材建筑工业	100.00	—	100.00	100.00	—	100.00	—	100.00
土石品工业	100.00	8.51	91.49	100.00	27.68	72.32	7.44	92.56
化学工业	100.00	6.76	93.24	100.00	73.45	26.55	26.37	73.63
饮食品工业	100.00	3.07	96.93	100.00	14.03	85.97	29.63	70.37
纺织工业	100.00	20.16	79.84	100.00	38.50	61.50	9.37	90.63
服饰品工业	100.00	3.71	96.29	100.00	8.94	91.06	—	100.00
文化工业	100.00	9.49	90.51	100.00	4.55	95.45	5.3	94.69
杂项工业	100.00	—	100.00	100.0	—	100.00	—	100.00

上二表关于公营、民营工业的统计和百分比,已给它们的地位作了一个明确的比较,用不着再来重复说明。这里所要着重指出的有几点:第一,公营工业的地位,在厂数中只占百分之九.四三,在工人数中只占百分之一八.八三,但在动力设备中却占百分之二八.二一,在资本中更占百分之六二.九五。如前面我们所分析的,四川工业大多是小型工业,那么少数的较大规模的工厂,

大半都属于公营的了。以资本为例,民营工厂每厂平均资本仅及二七九,四八九元,公营工厂平均则达四,五五九,八五三元,约大于民营工厂的十六倍。民营工厂的平均动力为二九.八二匹马力,而公营工厂则达一一二.五一匹马力,约大于民营工厂的四倍。此可见公营工业已处于领导的优势。第二,公营工业的此种优势,在基本工业中更显得优越,特别是在冶炼工业的资本和动力的比重上都占到百分之八六以上。其次,在水电工业、化学工业、电器工业和机器工业的资本中,亦占有百分之五八以至八五的优势地位。反之,在一般轻工业中,公营工业的地位甚低,或竟没有地位,而民营工业仍占着绝对的优势,此可见国营工业的重点所在,及国营、民营工业范围的事实解答了。不过有一个例外,即纺织工业的棉纺工厂,除湖北、湖南各有一厂外,在战前都完全属于民营工业的范围,但在战时公营部分却已居于相当重要地位,并且还有日益发展的趋势,这是工业建设中一个值得重视的问题。

在四川战时工业的一般考察中,我们仍应与全后方的工业作一比较,以明四川在整个战时工业中的相对地位。下面的统计,就是为这个目【的】而制作的。

第十九表 四川战时工业在全后方之地位

类别	厂数			资本数(元)		
	全后方	四川	四川对全后方之百分比	全后方	四川	四川对全后方之百分比
总计	3758	1654	44.01	1949026035	1130012285	58.28
水电工业	123	24	19.51	143424236	82747292	57.69
冶炼工业	155	66	42.58	302319526	183296000	60.62
金属品工业	160	68	42.50	23304200	17638900	75.69
机器工业	682	332	48.68	337597611	141532436	41.92
电器工业	98	63	64.29	93044850	33220600	35.70
木材建筑工业	49	22	44.90	5668362	3144100	55.47
土石品工业	122	47	38.52	64400276	29267800	45.45
化学工业	826	370	44.79	559220372	409557243	63.24
饮食品工业	360	163	45.28	83435600	57371850	68.77
纺织工业	788	263	33.38	290508705	148010974	50.95
服饰品工业	147	54	36.73	11044040	6262426	56.70
文化工业	224	158	70.54	21422441	14496664	67.67
杂项工业	24	19	79.17	3645816	3472000	95.23

在全后方及战区二十个省区的战时工业中,四川在厂数、工人及动力设备方面都占到百分之四四左右,在资本方面更占百分之五八.二八。这说明四川

已成为全后方最重要的一个工业区域,各厂平均资本亦较其他各省为强大。在各个工业部门中,除杂项工业及文化工业外,厂数方面,以电器工业所占比数最高,竟达百分之六四.二九。在资本方面,首推金属品业,占百分之七五.六九;而占百分之五〇以上者,有化学工业、饮食品工业、冶炼工业、水电工业、木材建筑工业、纺织工业及服饰品工业等,而冶炼工业与化学工业之地位尤见重要。总而言之,无论从质上或量上看,各重要工业部门的一半以上的工厂都集中于四川一省。四川工业在全后方的这种相对重要的地位,一方面证明它在抗战期中在军需、民用方面所尽的巨大贡献,另一方面指示它在战后西南、西北建设工作中的可能负起的重要任务,这是我们在检讨四川工业的现状后应该有的一个认识,并且应该珍重这种已有的成绩而继续加倍努力的。

关于抗战以来四川工业之一般的发展、特征及其在全国的新地位,已略如上文所分析。然而这种一般的分析,无疑的只能给我们一个粗枝大叶的概念。其实,四川战时工业的最大特征,尚是表现在某几种工业部门,或是某一工业部门中某几个工厂,它们在设备、技术或产品上,已是取得了特殊地位的。不过这种每一工业部门或每一工厂的介绍,显然不是当前事实所能容许。现在我们只能再就几个最有重要性的工业部门,如冶炼工业、机器工业、化学工业、土石品工业、饮食品工业及纺织工业等加以较详细的介绍。

首先,我们来介绍冶炼工业。冶炼工业是一切工业的基础,这是在张之洞创办湖北铁政局时就已经得到的认识。自那时候,经过五十余年的时间,某些轻工业确已筚路蓝缕的创设了相当基础,但冶炼工业不单没有发展,并且一年不如一年的退步着,那个规模相当巨大的汉冶萍公司,除了向日本卖矿砂、生铁以外,简直成了一个无用的长物。这一存在于我国工业中的根本缺点,亦就成为战时工业急待解决的最大的困难问题。幸经数年来的努力,普通钢铁的冶炼问题,是已获有满意的成绩的,而四川钢铁工业的建设,就是这一努力的最大的具体表现。

四川被选为钢铁工业的建设中心,自不是偶然的。四川本来是我国重要的土铁产地,綦江区域的土铁,小三峡区域的"苏钢"在制造农具刀剪的原料上,尤属有名。四川煤铁的储量虽不甚丰,品质亦不甚佳良,但有一个优良条件,即煤铁产地相距不甚远,交通亦颇便利,所有平时阻滞钢铁业之发展的经济条件,由于战争需要而被弥补时,就在这里创设了新的钢铁工业区。小型炼炉的创造,冶金焦的成功,以及冶炼工程中的许多技术问题的解决,都是我国冶炼工业史上值得大书特书的事实。除了高度技术的特种钢不论,我们现在的钢铁问题的性质,已和抗战初期恰好相反,是已由生产问题转变为销路问题了。

前面的统计曾指出四川的冶炼工业，在四川及全后方工业中的优越地位，不过这还是就一般冶炼工业而言，其实，四川的冶炼工业完全是以钢铁工业为重点的，而全后方的钢铁工业又完全以四川为中心。以四川和全后方相较，冶铁厂在资本方面，则占百分之八八，动力设备方面，占有百分之八七，冶铁炉方面占有百分之四十，但几个较大的冶炉却全在四川。炼钢厂在资本方面占百分之五五，动力方面占百分之八八，炼钢炉方面占百分之八三，这些数字都是说明四川钢铁工业在全后方的真正地位。至于四川冶炼工业的概况，已详具于第二十表，我们可不用再来解说了。

第二十表　四川冶炼工业概况（百分比）

类别	厂数	资本	工人	动力设备
总计	100.00	100.00	100.00	100.00
冶铁厂	66.67	59.94	80.42	52.37
炼铁厂	12.12	28.97	14.51	27.54
炼铜厂	6.06	10.96	3.68	21.09
炼铅厂	3.03	0.01	0.13	——
炼焦厂	10.60	0.11	0.40	
硫黄厂	1.52	0.01	0.86	

其次，我们谈到机器制造工业。四川的机器工业，详细分起来，如第二十一表所示，又可分为七个部分。其中最值得重视的特征，是动力和工作机制造厂所占的比数的巨大。这两种工厂合计起来，共占到厂数的百分之四七.二九，资本的百分之八五.七七，工人的百分之五八.五二，动力的百分之六五.五二，尤其是动力机制造厂以厂数的百分之七.五二，竟占到资本总额的百分之五五.四二，可见四川机器工业的重心所在。这种由机器修理进步到工作机、作业机和动力机的制造，完全是我国战时工业的一种新进步，这不但完全改变了战前的四川机器工业的面貌，亦且变换了全国机器工业的重心。其次，船舶修造厂，在四川的全部机器工业中所占地位虽似不甚重要，但在全后方的船舶工业中却占了绝对的优势。例如全后方船舶修造厂共有二五家，四川即占了二一家；共有资本五，二五〇，三五三元，四川即占四，一五九，二七六元；共有工人一，四九一人，四川即占有一，二六四人；共有动力一，一四〇匹，四川即占有一，〇八匹。尤其值得特别指出的，民生机器厂在战前尚不过是一个小小的船舶修理厂，在战时却已发展为后方最大的一个造船厂了。它现在已拥有百余部大大小小的工作机，吸收了江南造船厂的数十位技师和技工，除了钢料以外，能自制造锅炉起，制造各种大小的轮船。下表就是四川机器工业的概况和分析：

第二十一表　四川机器工业概况（百分比）

类别	厂数	资本	工人	动力设备
总计	100.00	100.00	100.00	100.00
动力机制造厂	7.53	55.42	16.52	17.99
工作机制造厂	39.76	30.35	42.00	47.53
翻砂厂	19.57	4.49	12.85	5.38
零件制造厂	16.57	4.06	11.14	3.50
车辆修理厂	5.72	1.68	3.32	2.42
船舶修造厂	6.33	2.94	10.53	22.75
机器修理厂	4.52	1.06	3.64	0.43

　　再次，我们来考察化学工业。化学工业是占四川工业中厂数和资本的比数最大的一个工业部门，如下表所示，它共包含了十五个化学工业部分。其中以酒精厂的厂数最多，计占百分之二二.九七，炼油厂的资本最巨，计占百分之六三.八六。虽然酒精制造工业占了全后方二二一家工厂中的八五家，四〇，二〇五，六七九元资本中的二三，二八一，四四四元，炼油工业占了全后方四八家工厂的三四家，二六三，五四六，八一五元资本中的二六一，五五九，八一五元。可是这都是遭际时会的战时工业，在技术上和经济条件上却是最无基础的。四川的化学工业中，设备较善，技术较高和有希望的前途的，是要算酸碱制造业和机械造纸业。这两者合计，现虽仅占厂数百分之一三.七九，资本的百分之一八.四三，工人的百分之一八.四三，但在动力上却占到八三.七四，这就表明它的高度的机械化的程度。而且就全后方的酸碱工业和造纸工业比较，四川的机械化程度亦甚高。比如四川酸碱工业已占全后方四四家中的二九家，一二七，三一九，三〇〇元资本中的三七，七四九，三〇〇元，二，三六七名工人中的一，五九六名，一一，五七二匹马力中的一一，三九九匹。四川中的造纸工业占了全后方九五家中的二二家，四五，八七五，一二三元资本中的三七，七三七，二〇〇元，四，六八二名工人的一，三八六名，七，六〇三匹马力中的四，五七五匹。下表就是四川化学工业的分类统计：

第二十二表　四川化学工业概况（百分比）

类别	厂数	资本	工人	动力设备
总计	100.00	100.00	100.00	100.00
酸碱制造厂	7.84	9.22	9.89	59.76
酒精厂	22.97	5.68	14.88	8.80
炼油厂	9.19	63.86	9.00	0.86
颜料厂	1.08	0.61	0.52	0.72

续表

类别	厂数	资本	工人	动力设备
涂料厂	1.08	0.09	0.51	0.13
火柴厂	12.70	4.03	36.20	1.79
造纸厂	5.95	9.21	8.58	23.98
皮革厂	10.00	1.58	7.12	1.52
制胶厂	0.54	——	0.15	——
皂烛厂	14.33	1.02	5.51	0.76
制药厂	7.57	2.26	3.81	1.35
肥料厂	1.89	0.51	1.43	0.09
搪瓷厂	1.35	0.17	0.99	0.08
化装〔妆〕品制造厂	1.89	1.09	0.78	0.16
其他化学厂	1.62	0.67	0.62	——

复次,四川土石品工业与战前比较起来有值得提出的两个特点:一是战前四川仅有一个刚刚筹备开工的水泥厂,战时已增加为四个工厂了;另一是新建设了十个火砖厂。这些火砖厂的规模虽不甚大,但它在技术上解决冶炼工业所需要的火砖的供给问题,对于我国战时工业的供〔贡〕献,亦是不可忽视的。下面的第二十三表,就是四川土石品工业较详细的统计:

第二十三表 四川土石品工业概况(百分比)

类别	厂数	资本	工人	动力设备
总计	100.00	100.00	100.00	100.00
水泥厂	8.50	14.01	43.38	81.00
火砖厂	21.28	29.93	16.05	10.32
砖瓦厂	12.77	20.84	10.31	1.68
陶瓷厂	21.28	9.65	10.43	0.96
玻璃厂	29.78	19.08	17.03	3.74
电石厂	2.13	1.71	11.67	1.92
其他土石品厂	4.26	4.78	1.13	0.38

复次,四川的饮食品工业亦有值得特别介绍的二点:一是新型工厂的兴起,如机制糖厂、榨油厂、精盐厂、调味品制造厂、糖食制造厂、罐头制造厂、卷烟厂等是;另一是战前工业的扩充,如面粉厂、辗米厂等是。从这类饮食品工业的本身分析,都是规模微小,资本薄弱,不能引起怎样重视的,但如从农产品的加工,特别是从促使农产品的商业化程度上看,意义就不相同了。这类工业的发展,必然会对自足自给性相当高的四川农村经济投下深远的影响,而这类工业今后还有更大的发展前途的。

第二十四表　四川饮食品工业概况（百分比）

类别	厂数	资本	工人	动力设备
总计	100.00	100.00	100.00	100.00
面粉厂	9.20	19.60	10.24	34.40
碾米厂	9.20	1.73	7.84	17.51
机制糖厂	9.82	21.92	10.80	33.87
榨油厂	2.46	6.28	2.33	5.38
制茶厂	1.23	0.87	1.54	——
精盐厂	0.61	3.66	5.97	5.29
调味品制造厂	1.84	4.71	0.73	1.31
糖茶食厂	4.29	1.41	4.08	0.70
罐头厂	1.23	0.21	3.12	0.49
酿酒厂	1.23	0.21	0.25	——
制冰厂	0.61	0.05	——	——
卷烟厂	58.28	39.35	53.10	1.05

最后，我们来看四川纺织工业的战时新姿态：

第二十五表　四川纺织工业概况（百分比）

类别	厂数	资本	工人	动力设备
总　计	100.00	100.00	100.00	100.00
棉纺厂	11.79	58.92	30.56	70.38
棉织厂	62.74	15.04	38.80	12.89
缫丝厂	10.27	14.77	29.63	1.61
丝织厂	4.56	2.11	2.43	2.15
毛纺织厂	3.04	4.95	5.11	6.32
麻纺织厂	1.52	1.96	1.14	3.72
漂染厂	2.66	1.62	0.80	2.43
药棉纱布厂	1.90	0.50	0.77	0.39
轧棉弹花厂	1.52	0.13	0.76	0.11

纺织工业是在厂数及资本上占第三位，工人数量上占第一位的工业。如上表统计，战时的纺织工业和战前比较起来，不但面目一新，并且本质上也已发生了变化，就只有缫丝厂是例外。棉织及丝织，虽说是四川战前工业中最称发达的工业，但是由于动力织机的大量输入，却使手工工场变机械工业了。例如战前四川仅有三十二架全铁织布机，但在战时却已增至一，六八九台，计增加了五十二倍。至于棉毛麻纺工厂，更完全是适用战时需要而产生的新工业。这种轻工业在我国虽已有六十余年的历史，但就西北、西南各省尤其是四川而言，却完全是一种簇新的建设。在战前，中外纱厂的纱锭，合计已达五百

余万枚,而四川却没有一枚锭子,每年要从省外输入的机纱约有十二万件以上。另一方面,随着棉纺工业区域的失陷,后方一万四千人的衣着原料问题,更日益严重起来。我们现在来检讨四川对于棉纺工业问题的解决方法和成绩:

第二十六表　四川棉纺工业概况

类别	厂数	资本(元)	工人	机械设备	动力设备
总计	31	87210000	13541	519架 177904枚	4727.00
大型纱厂	9	47700000	1．332	现有锭数 171432	4420.00
小型纱厂	12	33580000	1263	6472	160.00
多锭木机纱厂	10	5930000	946	519	147.00

西南和西北各省,对于棉纺织问题,虽同感纱的供给缺乏,但对棉花供给问题,却有不同的遭遇。因此,四川棉纺问题除纺纱工厂建设以外,又有了原棉供给问题。我们先来看四川棉纺工业的解决方法。现在四川由于迁移和新建的努力,已有了九个大型纺纱工厂。这九个纱厂共有纱锭一七一,四三二枚,开工纱锭一一三,三六〇枚,前者约当于全后方现有总锭数的百分之五五.八一,后者约当于后方开工锭数的百分之六四.一三。开工纱锭的最高年产量,可达产纱七八万件,约能供给川省平时需要量的三年以上,现有纱锭全部开工,始能赶上战前棉纱之输入数量。但是目前的四川纱厂的出品,自然不能全部供给民用的,所以机纱的供需问题,依然没有获得解决。其次,战区纱厂的迁移,始于武汉会战的前后,沪苏及华北的全部纱锭,都不及迁出。所以当时为解决后方纺机的需要问题,曾由印度输入哥施式 Ghorh 小型纺机多部,并经后方机器厂的仿制,全后方现已有小型纱厂二九家,纱锭一五,四〇四枚,其中四川即占有一二家纱厂,六,四七二枚纺锭。小型纱机的长处,可以动力、人力两用,较适于内地小规模的经营。不过它的每枚纱锭的产量,仅及大型纱锭的一半以上,在我国地域广大、交通不便的情形下,在理论上似有推广小型纱厂的必要与可能,但在经济条件上能否有利,尚是在试验中的问题。再次,还有一个解决棉纱问题的方法,就是推广多锭木纺机。这种多锭木纺机的样式颇多,四川通行的约有业精式、敬业式、七七式、三一式、湖北式等,每架锭数约自十六枚至五十枚,亦分动力和人力两种。四川现已有十家使用动力的多锭木纺机纱厂。但这种多锭木纺机在纱产问题上占有相当地位,不是使用动力的木机纺纱厂,而是散在民间的家庭手工业。据我们调查,这种多锭木机推广于四川民间的约五万二千架,三台、遂宁等地,就是此种手纺业的重要区域。另据建设厅的统计,谓已有十九万架之多,此数如不是一种计划数字的累积,

则其地位尤足重视。此种家庭手工业的多锭木机平均年可产纱一百三十斤，则五万二千架年可产纱约一万八千件，如以十九万架计，更可产纱六万五千件，对于四川棉纱供给上自居于一个重要地位。不过，这种多锭木机的产量，虽可较旧式单锭手纺机增加数倍以上，但其捻度和匀度的不足，却只能作纬纱使用；更因机身容易损坏，农村中修理又较困难，所以，能否长期获得农家欢迎，尚须在制造上大加改良。总之，棉纱供给问题，在目前条件下如欲完全解决，困难自多，但就四川而论，经过大型纱厂、小型纱厂及多锭木机的多种方法，同时并举，至少可说已有解决的可能，现在的严重问题，反而偏重在棉花缺乏上面了。四川的棉花产量，本来才有四五十万担，且因长度不足，不能作为机纱原料。现在各厂所依赖的陕鄂棉花，即不论产量的能否充分供给，就是运输问题，亦极不合经济条件的，所以，必须在四川改种美棉，推广棉田，才是根本的解决办法。闻农业推广所已在三台试种美棉成功，可见四川的自然条件，已不足为棉花问题之阻碍，只是要看人为的计划和努力如何了。

六、结论

上面我们已对四川战时工业发展的各方面，作了一个粗略的介绍和分析。由于时间和篇幅的关系，我们尚不能对战时工业所含有的问题作详尽的检讨，在这里，我们只能提出下列几个一般的认识：

第一，从四川的工业史上说，这种战时工业之一时的蓬勃的发展，无论在质上或量上都已开创了新的一页。这在四川经济的发展上，或在全国各地的平衡发展上，无疑地已经投下了一个深巨的影响。短短的四五年的时间，使工业落后的四川"迎头赶上"地走完了东南先进省区五六十年的迂缓发展的过程。

第二，从全后方战时工业上说，四川工业无疑的已占到最大的和最重要的地位。这种工业生产的品质和数量，虽然距离战争的需要仍然极远，同时，假如有了更善的计划和努力，我们自必还有更多更好的成绩，但是这些战时工业迁建的完成，终应在我国经济史上写下在工业建设符合于抗战国策的目的下"自力更生"的空前奇迹。

第三，四川及后方各省战时工业建设的初步成功，我们自然不应对它作出夸大的评价。其实，除了某些工业的技术的进步外，一般的犹远在战前的标准之下，但是，另一方面我们亦不应过自菲薄的以为这些战时工业，在战后都无存在的余地，或是幻想战后工业建设，完全是一种"另起炉灶"的方式，可以从外国搬来各种各样巨大而进步的工厂的。我们应该从国防经济和民生经济的观点上,正确的认识我们的战时工业,是由抛弃买办经济和农业经济政策改变到国家工业化经济政策的起点。

第四,我国战前工业的轻工业部门的畸形发展,它的缺点,我们已在抗日战争中深刻地痛苦地被体认了出来,但是战时工业的过于偏重基本工业的结果,我们亦正在日益严重的经验各种工业不能互相配合的弊害。如果说,没有基本工业的轻工业,是一棵无根的树木,那么,没有轻工业的基本工业,却是一棵无枝叶的树木。两种现象虽是不同,而对于一国工业的发展,都会是一种阻力。这在检讨了四川战时工业的概况以后,使我们觉得对于"计划经济"应有进一步的实际认识。

最后,我们应该特别指出的,四川的战时工业究竟还是一种外来的移殖,并且是由战时的许多特殊条件所培养起来的。这种移殖的工业,本质上虽和帝国主义者在殖民地设立工厂不同,但是一个工业经济的建立和发展,不但要在各个工业部门有适当的配合,而在与农业、交通、商业及金融等整个社会经济有机构成的诸方面,亦都要有合理的调整和改革。这种种调整和改革,自然不是一时轻易实现的,但是必须有了整个经济以及各个经济部门间相互关系的深切认识,并须定下实行改革的计划和步骤,才能使移殖的工业发荣滋长起来;不然的话,工业的移殖,是和一栋房屋的迁建,是绝对不能同其性质和结果的。

录自《四川经济季刊》第一卷第一期,一九四三年十二月十五日。

抗战以来四川之矿业（一九四三年十二月）

雷宝华

一、引言

夫以工业落后，生产微薄之中国，平时物资之需要，尚多有赖于舶来，而抗战迄今，居然踏入第七年代，而仍奋斗不已，非达到最后之目的，决不放手。在此过程中，所以能担当此种有史以来所未曾有之艰苦牺牲而不感竭蹶者，其主要原因，固以有贤明伟大之领袖领导于上，使全民爱国热潮，始终支持以精神胜物质之信念，有以致成。而检讨七年来之事实，因环境之压迫与需要，促成大后方生产力之澎涨〔膨胀〕与资源之开发，所贡献于抗战之物资方面者，实亦不可忽视。例如工业生产，所需之钢铁，抗战以前，除一部分生铁，可自六河沟取给外，余均仰给舶来。而抗战军兴，以朝野上下之努力，使沦陷区域内之若干工厂，迁移后方，同时主管机关复以物力、财力、人力协助后方原有小型工矿之发展与改良，使灰口生铁，在民国三十年，除政府所办之钢铁厂出品不计外，月产已达二千吨之谱，可以应付普通需要，不感匮乏；而其他矿厂，亦复如雨后春笋之勃兴，对于动力燃料之需要，继长增高，促成各区煤矿之开发，故自二十六年以来，四川煤铁矿业，对于工业建设之贡献，实有不可漠视之成绩。惟其他金属矿产，如铜、铅、锌诸品，贵重金属，以及金银之类，川中分布之迹，虽亦所在多有，但或以质量不佳，开采困难，成为政府专管机关所经营，民间开办者已属寥寥，故本文仅举煤、铁两项，用作四川矿业发展之指标，而论列之，庶亦未为不可欤。

二、四川煤、铁矿之储量，与其在全国藏量上所占之地位

中国素负地大物博之名，而四川尤称天府之邦，资源丰富，蕴藏无尽，然而实际数字，可为丰富之界说者，究难多观。自抗战军兴，前方厂矿，相继迁川，对于开发地下资源，乃感切迫之需要，赖主管机关，与有关学术团体之努力合作，实地考查〔察〕之结果，对于川省主要矿产，煤与铁之分布，与其在全国储量所占之地位，始渐有相当之认识。惟矿产调查工作，需款需时，将来川省新矿

资源之发见〔现〕，犹属至有可能，兹仅就已知之数量，分述如次：

（甲）煤。川省煤矿，分布綦广，根据四川地质调查所之报告，以河流运道为范围，大致可分为九个区域。（一）岷江北段之成都区，储量约三二七，〇〇〇，〇〇〇吨；（二）岷江南段之乐犍区，八九，三〇〇，〇〇〇吨；（三）扬子江西段南岸之川南区，包括赤水、永宁、长宁、南庆等河，共约二八九，八〇〇，〇〇〇吨；（四）扬子江西段北岸之沱江区，四二，九三〇，〇〇〇，〇〇〇吨；（五）嘉陵江上游之川北区，八三，六〇〇，〇〇〇吨；（六）扬子江中段与嘉陵江交叉处之重庆区，一，〇四八，〇〇〇，〇〇〇吨；（七）渠江区，二九六，〇〇〇，〇〇〇吨；（八）扬子江东段之川东区，一二〇，〇〇〇，〇〇〇吨；（九）其他不通河运各区，共约一四六，二〇〇，〇〇〇吨，以上总计，四川全省储量，共为二十八万二千八百余万吨。查我全国储量总数，约为二千三百万万吨，约占亚洲总储量百分之三十五，其中约有百分之二〇.〇在中国战区内，余百分之一四.五（约一千万万吨），属于自由区，而四川储量二十八万万吨，约占中国自由区总储量百分之三，即约战前全国总储量百分之一.二，较之东北四省储量（四，六一〇，〇〇〇，〇〇〇吨）几等于其总数三分之二，若以战前全国年产最高额二千五百万吨为标准，四川一省，照目前所发见〔现〕之储量，犹可供给全国十年之采掘，故川省煤矿之开发，自有光明之前途也。

（乙）铁矿。中国铁矿资源，就储量言，仅十三万万吨，较之欧美产铁国家实瞠乎其后，而此区区之藏量，分布于东北四省者，已占总数百分之七十强，其次为华北，再其次为长江流域，至长江以南，及西北、西南各省，仅有零星之分布。而四川全省铁矿储量，根据调查迄今所得之结果，约为二二，〇〇〇，〇〇〇吨，仅占全国总量百分之一.八。而其种类有四：（一）赤铁矿；（二）菱铁矿；（三）磁铁矿；（四）褐铁矿。四者之中，以菱铁矿分布范围最广，为土法炼铁之主要来源，唯质劣层薄，开采困难，且分布散漫，难为大规模之开采，磁铁矿则仅发见〔现〕于川北广元之大河坝及水磨坝。褐铁矿虽有分布，为量尤微，故四种之中，唯以赤铁矿一种，最为川省主要之铁矿。盖就储量及交通情形论，除綦江、涪陵及彭水赤铁矿，可以较大规模加以采掘外，其余各地之菱铁矿，仅足供土法炼炉及小型炼炉之需。据各方调查报告，綦江赤铁矿储量，约为四，七〇〇，〇〇〇吨，涪陵一，九九四，〇〇〇吨，彭水约六二八，〇〇〇吨，以上三处，总计共为七，三二二，〇〇〇吨，代表全川铁矿储量百分之三三。而此外赤铁矿分布于广元、洪雅、巫山、梓潼、平武等处者，当共约四，五二〇，〇〇〇吨，故全川赤铁矿之总储量，为一千一百八十三万二千吨，而分布各处之菱铁矿总储量则为九百九十五万九千吨，两种合计，以代表全川铁矿量，共约二千二百万吨。其余磁铁矿及褐铁矿,因少开采价值,暂不计及,此川省铁矿储量之大概情形也。

三、四川煤与铁矿之地质成因,及其品质

四川煤、铁矿产之地质,颇相关连〔联〕,二者之主要地层,均不外二叠纪与侏罗纪两个时期,兹分别略述如次:

(甲)煤。四川全省之煤量约百分之四四属于二叠纪,余多在侏罗纪中。二叠纪煤层,最小之厚度,约六十公分,最大者至四公尺左右,平均厚度,常在一公尺以上,为川省之最厚煤层。至于煤质,则以烟煤为主,惟无烟煤亦往往有之,嘉陵江观音背斜层之天府煤矿及南川桐梓间之万盛场南桐煤矿,为其代表煤田,皆可大量开采。其次为侏罗纪煤层,分布甚广而散漫,其厚度常不及二华尺,故无大规模开采之价值,唯可随处采掘,供给当地需要,亦不失其经济上之价值,侏罗纪煤层储量,约占全省总储量之半而强。二叠纪之煤,大部存在于嘉沱(嘉陵与沱江间之区域)斜南(古蔺、叙永、赤水等县)及綦南(綦江、南川、桐梓等县)三区,其他各区,概以侏罗纪为主,煤质则均以烟煤占多数,无烟煤次之。二叙〔叠〕纪煤山,多缘四川盆地边缘分布,煤层时有变化,惟长江以南,西起叙南,东至涪西,以及川西绵竹、茂县之处,均有良好之二叠纪煤田存在。至较幼之侏罗纪煤田,其分布虽普及全省之大半,而在盆地中部,埋藏较深,开采不易,只能于盆地四周之煤层露头处,着手开工,故侏罗纪之煤,迄今仍以盆地四周或中部重要山岭处,为开采之主要地点。如隆昌、巴县及邻水一带,山脉起伏处,露出于小山之两侧,与重庆西白市驿附近露头,遥遥相望,而江、巴、璧、合之间,两时期之煤,往往聚合,可称四川煤田之大本营,此川煤地质与分布之大概情形。至于煤质,则一般以侏罗纪较二叠纪为佳,因前者含硫常低,大都不及百分之一,挥发物常在百分之二十五以上,固定炭常在百分之五五左右,多数均可炼焦。唯以侏罗纪煤层往往太薄,开采时易将夹石混入,不易分选,在炼焦之前,多需加以洗选,偶亦有灰分在百分之十以下,固定炭达百分之六十,如万源田家坝一带,则为不可多得之上选也。二叠纪,普通含硫较侏罗纪为高,常达百分之三左右,挥发物百分之二十以下,固定炭均在百分之五五以上,其灰分经洗选后,常在百分之十至百分之二十,大都均可炼焦。例如天府煤质,经洗选后,炼成之焦,含硫常在百分之〇.九至百分之一.二,灰分约百分之一六。如以更大规模之设备及较新式之方法,加以洗选,常可得更好成绩,故二叠纪煤质,虽较逊于侏罗纪,亦非不可利用,此川省煤矿品质之概况也。

铁。川省铁矿,可为大规模之开采者,以赤铁矿为主,前章已详及之。其地质之分布，在綦江区者，产于侏罗纪，其顶部上，即为白垩纪红色岩层，而涪陵彭水区之赤铁矿，则为石炭二叠纪之产物，以上两区，总储量占全省储量百分之三三，现已在开采利用中。其他如洪雅区之赤铁矿，则产于二叠纪上部之玄武岩内，占全省储量百分之十，其详状正在测探中。此外如广元及梓潼，储量零星，在有进步调查之前，暂无论列之价值。其次则为占全省储量约百分之五十而弱之菱铁矿，储量虽多，大都散漫成性，其地质成因，多系水成矿床，均属侏罗纪地层，唯其位置，各有不同。在威远者，位于侏罗纪上部砂岩中，在达县、渠县间者，则产于香汉煤系之上部，与煤层成交互层。又如万源境内，则各铁矿床，多位于四川赤色盆地之边缘地带，常夹于侏罗纪砂岩中，与煤矿距离，常不甚远，矿床厚者，达一.五公尺，为川省菱铁矿中不可多觏之铁床。至于铁矿品质，全省赤铁矿，含铁成分，平均百分之四七.七二，最高者，含铁百分之六三.五七。如屏山境内之赤铁矿，与綦江开采之矿质，平均含铁百分之五四.一〇，最贫之矿如富顺，则仅含百分之二六.五九耳。至于菱铁矿，全省矿质，平均含铁百分之三七.三九，最高者，如达县、万源两处之菱铁矿，亦仅百分之四一.九七，最贫者含铁百分之二九.〇六。至含磷成分，全省赤铁矿之平均为百分之〇.一四，最高者，如荣经赤铁矿，含磷达百分之〇.四四，而綦江矿含磷，亦在百分之〇.三以上，菱铁矿，平均含磷百分之〇.一二，最高者，为威远菱铁矿，达百分之〇.三一。故就含磷成分而论，川省铁矿，以制炼碱性生铁及普通翻砂生铁，较为合宜。唯其含硅氧成分，大多数又在百分之十以上，不适用作精良铁矿，亦碱性炼钢法困难之一也。总之，利用四川现有之铁矿，供给固定式碱性马丁炉炼钢，其技术上与材料上之种种困难，与夫成本提高等问题，如何克服，当待同志者努力以赴之也。

四、抗战以来四川煤铁矿之开发

抗战以前，四川矿产虽以富庶著称，但因交通不便，政治环境，常在波动状态中，工业生产，至形幼稚之故，对于全省矿产，素未利用新式方法从事开发。例如煤矿分布，虽所在皆有，因需要无多，迄未促成大规模之生产。在民国二十七年前，全省煤矿，皆用土法开采，规模至为狭小，其全年生产量，虽无精确数字可资凭证，而从各方估计，至多不过六七十万吨之谱，其大部分之销场，系供给制盐之用。而铁矿之开采，规模尤小，大部限于菱铁矿之随地发掘，冶炼土铁，供给制造农具及盐锅等工具之用，其年产数字，初无统计可凭，惟按其全年所产生铁量推计，每年约产矿四万三千吨左右。及民国二十七年以后，工厂内迁，原料与动力之需要激增，政府对于煤铁矿之开发提倡，不遗余力，或以公营方式开采新矿,或以物力、财力与人力之诸种方面,协助民营矿厂,改良设备,增加生产,于是天府、南桐、嘉阳等之新式煤矿,相继成立,加入煤斤生产战线,供应需要。同时迁建委员会及中国兴业公司等钢铁厂,亦先后建成,增□铁矿砂之需要,而綦江赤铁矿之开发,遂亦应运而生,又以土铁与硅铁渗〔掺〕合制炼,使其成为适宜翻砂之灰口生铁,增加土铁之效用,而促成其产量之增加,间接影响于铁矿砂之增产。计战前四川全省所产生铁,年约一万五千吨,自民国二十七年六月至二十八年六月,增为年产×万×千吨,则铁矿砂之产量,自必为比例的增加。

五、四川煤铁矿业之前途

论到四川煤铁矿之前途,不免涉及各人之主观色彩,以各人观点之不同,所获结论,自不免各异。依笔者管见,认为川省煤矿就已发现者而论,前途发展,亦必大有可观,而铁矿则难与相提并论也。何以言之?盖煤矿之分布于全省,就质量两方比较,均非甚劣,且所处地位,大半有水道航运之便,将来新铁道路线之开辟,与夫水道运输设备之扩充与改进,因交通便利而促成全省广泛的工业化,暨动力需要之大量增加,以及水陆运输本身所需之燃料,在在均足促成煤矿之普遍的与大规模的开发与利用。而四川已发见〔现〕之煤田,在现阶段下,因交通环境之限制,大部分仍保持其处女地之状态,未经开发利用,将来计划交通,此种现象,必然打破,故就任何观点论,川煤前途,战后必有加速发展之望也。而铁矿情形,则与此迥异。全省储量,仅约二千二百万吨,而其中占半数而强者,又为质贫而矿床散漫之菱铁矿,其沉淀集中,可为大规模开采者,仅有占全储量百分之三三之赤铁矿,换言之,即仅七百二十六万吨之赤铁矿,可供新法大量开采。而其含铁成分,为求简单起见,假定平均以百分之五十计算,则此储量之最大限度,亦仅能出产生铁三百五十万吨左右。而中国战后,全国重工业之钢铁生产建设,至少应以年产千万吨为努力之目标(按美国现已年产一万万吨,德国年产二千四百万吨,苏联年产一千七百万吨)。以全国资源,及其他条件适当地点分为若干重工业区,以共同达成年产千万吨之任务。假定以四川为重工业区之一,令其担任全国钢铁生产总量十分之一,即年产一百万吨,如以上述之赤铁矿储量而论,则只需三五年间之生产,已足将其全量采用净尽。若专为利用此区区之矿量而消耗巨资,从事溶冶之设备,就任何观点论,均非合理之举。故将来四川铁矿若无大量之新发现,则目前所有之矿藏,均只能为紧缩适当之开发,以供小型炼炉之原料,而生产普通〔遍〕适用之灰口生铁,供给翻砂及机器制造之需而已。虽然此不过就四川一省单独立论,倘能有特殊之配合,或与邻省合作生产,例如以西康宁属铁矿资源,通盘筹计,而以适当之交通路线,联络取给,渗〔掺〕合并用,则其前途,或又当别论,是皆有待于计划经济之负责者,深长思之也。

六、结论

现代化国家,所以能于预定时限内,加速的完成建国大计者,其领导原则,不外能使农矿工商,以及一切经济事业,供应配合,相辅相成,而实现最大的生产效率。返〔反〕观我国抗建途中,所遭遇之现象,乃多与此原则,背道而驰。抗战以来,朝野上下,虽励精合作,力图迈进,而后方各业之发展,往往屡进屡退,形成波动的状态。其主要原因,不外资金、原料与设备等等,不能为适当之配合,□至供需脱节,演成生产之停滞。例如在抗战时期,对于钢铁需要,理应何等切迫,而近年公私各方努力生产之区区数量,竟致发生过剩现象,其主要原因,盖为缺乏制造母机之设备,使钢铁原料,不能变作成品,以供利用,于是销场停滞,生产者立感资金流转之不灵,轻则减产,重则歇业。又如煤矿生产,本无问题,而或因资金之不足,或以设备之难改,不能为新式之开采者,亦比比皆是。而其他工矿业,因缺乏资金、原料或设备,至于停产歇业者,尤不乏例证。查设备与原料之缺乏,在此海运被阻之际,容有不可抗力之处,而游资之统制,使资金转入生产之途径,当非不可能之事。值此抗战紧张之际,一面需要绩〔积〕极生产,一面却使生产机构不能发挥其效能,无他原因,唯在缺乏配合之计划而已,四川矿业前途,允有发扬光大之希望,唯此一点,为其关键耳。

录自《四川经济季刊》第一卷第一期,一九四三年十二月十五日。

四川工业建设中的几个根本问题

（一九四四年三月）

李紫翔

一、问题的提出

笔者前于《抗战以来四川之工业》一文内，依据可能得到及可能发表的材料，将四川的战时工业作了一个粗枝大叶的介绍。从那些统计中，表明在三十一年底，四川已有合于工厂登记法的工厂一，六五四家，共有资本一，一三〇百万元，工人一〇八千人和动力设备六二千匹马力以上；而在工业部门的分配上，亦以冶炼工业、机器制造工业、化学工业及棉纺工业占了极大的比重。这种由于沿海工厂的大量内迁和后方新兴工业的风起云涌，在短短的五六年中，使经济落后的四川，突然变成战时最大和最重要的工业区域，这在四川以至全国工业的发展史上，都是一件划时代的奇迹。但是亦正因为在战争的特殊条件下，在经济落后区域移殖性质不同的近代工业，客观的条件和主观的努力皆有欠缺的缘故，所以我们后方的战时工业，恰如移花接木，植根不固。只是最初的阶段，新的工业与旧的社会经济的欠调及互相矛盾之处，既多回旋余地，而战时的需要，没有外货竞争的独占市场，以及物价不断上涨中工业品所占的优良条件等，不但掩蔽了问题的真相，反以特殊利润的优厚，引起了许多人以商业化精神作创立或分设新厂的投机。所谓只要有了机器厂房，甚至只要囤积了原料，两个月以后，就可本利倍增。就是这样的造成过工业生产的黄金时代。但是高峰过了，就要下坡。这个下坡路大概是开始于去年而加甚于今年下半期，年关前后，尤恐有更多更巨的变化。因此，目前工业生产上的问题，是非常复杂的，甚至是相互矛盾的。归纳言之，流动资金的缺乏，是一个最普遍而严重的问题，原料问题则比较地偏重于轻工业方面，销路问题则又比较的偏属于重工业方面，而原料价格和成品价格间的差异，以及运输、动力、机械、技术和工业组织等，则又是一般性的问题。同时，围绕这些问题的左右，又有另起炉灶的战后建设问题，及内迁工厂的战后返回通商口岸或是将工厂交给内地人士经营等问题。这些问题的来源和内容，虽极复杂而不同，但其表现于目前工业生产问题上的现象,却又具有大致相同的性质:那就是一切工业都感觉到经营的日甚一日的困难,以至减产、停工、合并和闭歇等一连串的不景气的图象。

其实,这些问题的发生与发展,并不是偶然的。故昔日昙花一现的特殊繁荣,既不可视为真正的景气,而今日左支右绌的重重困难,亦非即可对工业前途发生无望的悲观。如果我们真正认识客观条件的缺点,而在主观上又能尽到至美的努力,那么,斩除荆棘,自成坦途,而今日的困难挫折,亦未尝不是医治投机盲动的好教训。所以我们即不应忽视国家贷款及定〔订〕货等治标办法,而任各个工业的"自然淘汰",亦不应完全依赖临时救济,而忽略了各自的改革和共同的配合,换句话说,我们对于四川工业生产问题的认识与解决,不但应将战时的特殊条件和战后复员及工业化问题完全联系起来,并且应将工业的必需的经济条件和落后的手工业经济应该如何改革的问题完全配合起来。只有这样,才是解决战时工业问题并开辟战后工业化的光明道路。这种立场,或不免要被讥为迂远的看法,但是最直的路,并不一定是捷径。而一件新兴事业的存在与发展,特别是像改变整个固有的社会经济基础的工业建设问题,自然有其不可缺少的条件的。

这是笔者对于四川以至全国工业建设问题的基本认识和信心。

二、新工业与旧社会经济的关系

四川的工业是迁建于战争的特殊环境中,所以战时色彩非常浓厚,战争影响亦极重大。但当各种移殖的工业,由迁建而进入存在和发展的阶段,则由于旧的经济组织所发生的不协调以至相抗拒的作用,已在工业问题上日甚一日的增加了重量。而战争的和旧经济组织不能适应工业之要求的因素,并存并行发展,就是工业生产问题的关键所在,亦即是欧美工业社会或战时经济中行之有效的方策,在我国仿行起来,或是无效,或是适得其反的真正烦恼所在了。

我们在这里自不必研究我国为什么不能再〔自〕发的发生工业革命的原因,亦不必分析六七十年来输入工业生产方式的经过,我们要着重指出的,即四川虽是物产丰富的天府之国,但在我国近代工业经济的移殖与建设上,却是较东部远为落后的一个省区。换句话说,它的农工手工业的生产不但占了更大更重要的比重,即在社会经济的各方面亦保存了更多的保守的状态和势力。不可否认的,在战争的洗礼下,已使四川经济的自给性起了迅速的分解作用,例如手工业品的商业化的发展,就是一个普遍而重要的特征。但是这种小商品生产的发展,对于手工业生产的技术、方式和关系,并未能发生什么根本的变化,亦是无可争辩的事实。这就是我们今日工业的存在和发展问题的根柢〔底〕所在。因为我们的工业经营家和领导者,既未能深刻地认识到问题的真相,甚至于死抱着保守的旧观念或是外国的新思想,南辕北辙,相反相消;再加处于战争的复杂而多变的条件之下,益使本末相混,正反并呈,不但解决的方策,不能针对问题的症结所在,即是一般人的认识亦几已是非莫辩了。

任何一种形态的社会经济,都是一个有机构成体,各部门和各方面都必与主导的经济形态相协调,或随其性质而变化。近代工业虽是由手工业进化来的,但它决不仅是接受旧的遗产,并且起了品质的改革。所以工业与手工业的不同,在动力与人力,大规模的机器生产与自给的或小商品的生产之外,还有手工业经济是低级的有机构成,工业经济是高级的有机构成的根本差异。像在四川的工业建设的方式与全中国也是一样,外来的移殖还居于最主要的方式,则旧的手工业经济条件与新工业经济的需求之间,两者的差异,不只是程度的距离过远,亦还是本质的不能配合。这种差异,是不能"中体西用"的并行不悖的,如果真是认识了工业化是我国经济唯一出路的话,则为了新的"迎头赶上"地发荣滋长,对于旧的之改革,是丝毫无所用其迷恋与吝惜的。虽然,这些旧的经济基础和经济关系,是已有了几千年的长远历史,而在一般人的心目中,亦如老百姓迷信皇帝的观念一样,以为没有了皇帝即是不能生活下去的。"死的拖住了活的",是我国近代史中新式工业屡起屡蹶的主要的内在原因,我们的战时工业以至战后工业建设中,还能重复这种错误么?现在许多人都在发扬精神的伟大力量,或是鼓吹计划经济的巨大价值,假如是的话,我想应该首先并充分地表现于这种新旧矛盾和兴革的运动上。

低级构成的手工业,自然亦是需要各种必需的经济条件的,但是由于它的简陋的技术构成,却如下等动物一样,不但所需要的生存条件至为简单微小,即使自己有机体的构成部分有了缺损,亦仍能继续生活下去的。但高级有机构成的工业与此完全不同。我国一般人只知羡慕机械生产的产量之大和品质之精,而不知产量的大和品质的精,完全在于分工的细密,更不知在于细密分工的合作无间。我们常用"身之使臂,臂之使指"的成语,形容有机体的密切合作,其实这用在工业经济的有机构成上,还只是一种最粗略的说法罢了。譬如拿一架机器说,它本身即是几十以至几万个零件的复杂而精密的组织,而一架机器的性质优良与否,即常视各个零件配合的好坏而定。一个简单的零件的缺损,可以影响全部机器的工作效率,甚至于要使工作成为不可能。至于机器与机器之间,部门与部门之间,工业与工业之间,以及与原料、销场、运输、商业和金融等方面,亦莫不有其一定条件的要求和"身之使臂,臂之使指"的密切配合。否则，近代工业的发展，即是一件不能实现的事。换句话说，中国工业建设的成功，不只是有了机器、资本、厂房和工人等几个条件就可以做到的，必须国民经济的任何一方面，都要配合工业的一定的要求。

我国输入工业生产方法，虽有六七十年的历史，到各工业先进国家学习侨居的，也无虑有数十万人，现在工业化口号，亦已成为众口一词的国策，但是我们有几个人，不仍把建设工业视同在自己的花园中搬来一个盆景似的简单容易呢？他们以为任何一种工业，只要如盆景一样的孤独地供在花架上，甚至不须经过灌溉施肥的劳作，就能发荣滋长，开花结果，蔚然成林的。这里，我们可以举两件历史的例证：左宗棠创办的兰州织呢厂和张之洞创办的汉冶萍煤铁公司以为具体的说明。在上一世纪末，他们就从外国购买巨大的机器，聘请外国技师，一个在羊毛产地的甘肃，创办毛织厂，一个在铁煤矿藏附近的武汉，创办钢铁厂，他们眼光的远大，魄力的雄伟，自不能不令人佩服不已，而他们所置的毛织和冶炼的机器，相距五六十年的今日后方，犹仍部分的被利用着，但是他们都完全失败了。失败的原因，如资本、技术、组织、经营等问题，自然都是有关系的，可是最主要的还是他们只从外国购运来了机器，并没有，也不知道如何在社会经济方面准备工业生产所必要的经济条件。例如兰州织呢厂，在那没有交通、动力、技工、金融和市场条件下，虽有机器和原料——不合标准要求的原料，则任何有能力的工业经营家，亦都不能继续生产下去的。而汉冶萍公司最后的真正失败，亦不是铁矿与炼炉的不合、煤焦的困难，而是在这些技术和设备问题已经解决之后，大量生产的钢铁没有销路，才是致命的打击。它的最后要向日本帝国主义卖铁砂，卖生铁，即是没有国内市场后的苟延残喘的办法了。

我们现在的情形，和左、张时代当然已有多少不同。这种不同，亦不过是程度的差异，问题的本质，是依然没有变动的，而在四川尤其是如此。所以四川工业的建设，如果不愿再盲人瞎马，继续重复过去失败的覆辙，而加速达到工业化的目的和脱离当前的艰难处境，那么，我们在上面所指出的诸点，应该是认识和解决问题的出发点。虽然，基于这种认识的做法，在急功近利的人们看来，不免是过于迂远了，也免不掉还要牺牲若干眼前的利益；不过，我们经过殖民地化和抗日战争的教训，为国家民族以及为企业家自身的百年大计，似应有接受这种远大的决策的智慧罢。

三、四川工业建设的基本问题

依据上面论述的观点，对于四川的工业建设，我们应该改正"流亡工厂"或

"盆景工业"的错误认识,而从它现时在全后方战时工业中的特殊地位和它在战后中国工业化中的可能前途的联系考察出,觉得实在有许多基本问题,要依赖于我们主观的认识和努力的方向、程度而定的。关于四川可供工业之发展的物质资源以及人民对于工业产品的需要,笔者已在前一篇文章中略加论述,故在本文中恕不重复,现在只拟将四川工业发展中的几个根本问题和其应该采取的方针,略贡所见。

甲、工业技术和组织问题

近代工业是技术的最高发展的成果,也是一种综合的艺术组织。技术的某种发明,固然可以表示一国工业化程度的指标,而如何控制并应用此种有机构成的生产组织,更是兴替攸关的基本问题。要知道一切经济落后国家走上工业建设途径时,任何新奇的机器都是可以用输入方式解决的,但是由技术的部分的熟练,进而为全部技术和组织的控制,却非一蹴可跻的。从这一方面说,假如我国民族工业在过去数十年的艰难挫折的过程中,曾经积累了多少的宝贵经验,那么,这次工业的迁建,却使我们工程和管理人员充分地发挥了各自的才能,而为今后工业开辟了一个新的阶段。战时后方的工业界,在没有外来帮助的条件之下,自力更生地解决了许多技术问题,仿制并发明了各种冶炼炉、中小型的动力机,相当精密的工具机、作业机和零件等等,固已在我国工业史上写下了光荣纪录,而据笔者看来,更重要的还要算在没有完备工业的必需条件的落后区域,使许多迁移和新建的工厂,能够恢复并增进生产,足见我国的工程师已经从战争的烽火中,锻炼出了对于工业的控制与组织的能力。我国历史上东晋、南宋曾有两次大规模的南迁,是与东南经济和文化的发展种下颇为深巨的关系。但这次西迁的范围和性质都是与那两次南迁不可同日而语的。就经济上言,这次迁移的工厂,是代表了与西部的固有经济完全不同的进步形式,它在技术上、生产方式上以【及】社会经济的关系上,都是一种崭新的革命性质。西部各地虽说有相当丰富的资源,然而将这种潜在的分散的资源,改变成为具体的生产条件,是需要极艰巨的努力和伟大的组织才能做到的,况且新旧的生产方式问题存在着多种多样的不协调和斗争呢?这种组织能力的珍惜和培养,对于我国今后工业的建设,是占有无上的价值。在这里,因为多数规模较大和技术较精的工厂,差不多都是分布在四川境内,所以我们如能使"流亡工厂"继续生存下去,并把这些宝贵的经验能够接受而发扬起来,则在战后工业化运动中,极能使落后的四川,"迎头赶上"的立在前锋地位的。但这里所说的,只是光明的一面,还有另一面,即是最大多数的工厂,不单没有获得技术和组织上的进步,反之,却利用了战争的需求和保护,而从战前的水准上堕落下去了。战争扩大了工业产品的需要,阻绝了外来货物的竞争,同时通货膨涨〔胀〕又提高了生产利润,在这样的条件之下,许多工业生产者不只由于客观条件所限制的因陋就简,更重要的是在工业经营者中形成了这样的一种主观的意识,即是无论产品的优劣,甚至亦不论有产品没有,就可以名利双收。据我们所知道的就有不少的工厂,是完全建立于两月之后即可因物价变动而大获超额利润的侥幸计划之上的。因此,我们可以说除了少数的例外,工业是商业化了,而且是投机化了,我们的多数工业家,谁都没有并且也不愿在技术和组织上树立自己的基础。这实在是我国工业建设的一个最重大的危机。这种商业化的工业,不但战后决不能在国际自由贸易的竞争中获得幸存,即在战时的特殊环境之下,亦将遭受自然的淘汰,不用说物价下落,即是物价上涨的速度渐见平缓,亦必有大部的工厂归于毁灭。近来发生的普遍而严重的工业生产的危机,亦即可以认为此种淘汰和毁灭的开始表现。我们虽同情工业界各种救济方案的呼吁,但如上述的本身缺点不能改正,则任何其他的救济办法,亦不能挽回它的被淘汰的命运的。所以我们的工业家,如不能从国防或民族工业的观点,即从自己事业的存在和发展的观点出发,亦必须从商业化的泥淖中猛醒过来,首先致力于工业技术和组织的改进。问题很明白,如果在技术和组织上建立基础的工业和工厂,无论在战时或战后都会有它存在与发展的光明前途,不然,是决不能幸存的。

乙、工业型〔形〕式的大小问题

我国战前的工业,因为生产要素的限制,本来多是采取中小型的经营,这次战争中,既多被毁坏或被侵占,又因时间和运输条件的限制,拆迁的机器又只有一部分,巨型的更多没有办法,所以后方工厂益加小型化了。此外,后方各地经济条件的不完备,亦限制了大型工厂的建立。不过,现时颇有一部分人极力主张以中小型工厂为我国工业建设政策的,却有慎重考虑的余地。他们的理由,或是从国防安全的见地,以减少遭受敌机轰炸的危险;或是从社会经济的观点,以限制私人资本主义的发展。而一般与农业有关的人士,更大声疾呼地主张"工业农村化"和"农村工业化"。这些主张的浮浅、偏见和错误,是显然可见的,这里自无暇详加指正,我们所要指出的,即是现代工业技术的高度发展的基础,完全是建立于大规模的集中生产之上的。同时,集中的大量生产又是最合于经济的效率要求。我们只要稍稍留心欧洲工业革命的发展史,就可知道工业革命的第一步,是发生于工场手工业的形成,而后来的机械化、动力化,又无不是以大量生产为前提。另一方面,工业先进国家对于经济落后国家经济竞争无往不胜的原因,亦就是因为有了合于经济原则的大量生产作为基本武器的缘故。再说,我们当前所谓遭遇了减产停工的危机的工厂,亦都是些小型的工厂,那些较大型的工厂,除了少数有特殊原因的外,多是能够维持现状以至增加产量的。所以我们认为小型工厂的合并或联合组织,是消除目前生产危机的基本方法之一,而采取大型工厂的建设方针,亦是战后实现工业化的一个必要条件。其实,国防的和社会经济的诸目的,尽可以并必须以其他的方法达到的,如果"因噎废食"的采取不合经济原则的方针,则我国工业即等于没有了生存的能力;工业既不能生存,自然也更无所谓国防或社会经济的政策可言了。

丙、工业区域的建设问题

按照经济原则说,工业不但须是大规模的经营,并须依照一国经济的自然条件的分布,建设多种多样的工业区域。这可以从两方面说:一方面各个经济区域常包含多种重要和次要物资的藏蕴和生产,为了资源的充分利用,自然不能取其一而舍其他;另一方面,每一种工业,不但须依赖于各种经济条件,并亦依赖于各种联〔连〕带关系的工业的,所以一个工业部门的工厂,会常常发展成一个复杂的产业组织,或是一个面积广大的工业区域。从欧美工业先进国家的事实言,无论他们怎样极端的着重国防安全的条件,亦不过将全国多划分几个工业区域,而他们每一工业区域的范围之大和其工业集中的程度,亦非我们所看到战前上海的情形所能比拟的。例如钢铁工业,凡是一个较具规模冶炼厂的所在,必须具有动力、炼铁、炼钢、铸钢、钢条、钢板、机器制造,以及铁矿、煤矿、炼焦、火砖、水泥和运输等有关的工业部门,无论这些部门是附属于一个或不同的企业组织,总之,任何一种工业是不能孤立于荒原旷野之上的。所以许多名人的"工业农村化"的主张,如果不是反对工业化者的改头换面的反动论调,就是仅有手工业意识者的梦呓胡说。其次,就四川一省论,依照物资的自然分布,动力燃料的供给,技工劳力的召集,交通运输的条件,销路以及商业、金融的状况,则四川似可分下列四个工业区域:一、由巴、江、涪、长、綦、南、合、璧、永等县组成的重庆区,煤、铁、水力蕴藏较富,交通便利,商业发达,极宜建设冶炼、水泥、电力、煤蒸溜〔馏〕、机器、电器、氯肥及硫酸等基本工业。二、东自自流井西至大渡河的嘉威区。盛产盐、煤、丝、木等物,且有岷江及其支流的水力发电,可为工业动力,在此区内,则宜设立电力、水泥、碱、氯肥、煤蒸溜〔馏〕、造纸、丝绸及木材等工业。三、东起简阳,北自彭灌的成都区,盛产铜、毛、棉及农产品,如利用灌县水力发电,则于此区内,建设电力、棉纺、毛纺、织绸、冶铜及农业加工工业,颇为相宜。四、东起荣隆西至资中的内江区,盛产糖、麻,如利用沱江之水电及荣隆的煤,则制糖、酒精及麻织工业,极有发展的可能。再次，从四川战时工业的分布看，则可统计如下：计重庆区占有冶炼工业六六家的百分之八十，金属品工业六八家的百分之五十，机器制造工业三三二家的百分之八十八，电器制造工业六三家的百分之九十，木材建筑工业的二二家的百分之一百，土石品工业四七家的百分之六十四，化学工业三七〇家的百分之五四，饮食品工业一六三家的百分之三十五，纺织工业二六三家的百分之六十，服饰品工业五四家的百分之九十，文化工业一五六家的百分之八十六，以及占取杂项工业一九家的百分之九十四。此外，成都区仅占有饮食品工业的百分之五二，化学工业的百分之一八，纺织工业、文化工业的各占百分之一二，及机器工业的百分之五；嘉威区仅占有土石品工业的百分之一五，纺织工业的百分之一一以及化学工业的百分之八；内江区仅占有纺织工业的百分之十二，化学及饮食品工业的各有百分之九而已。依据上面的统计，四川工业的分布，虽已与资源蕴藏大致相符，但其偏在重庆一区的畸形状态，显然可见。况且这里所说的工业集中的区域，亦只是若干工厂的形式的聚集，实际上还没有形成一个真正的工业区域。即以重庆区而言，凡是构成一个工业区的种种必要条件，尚须我们今后的努力建设，今天的情形，还只是浮沙聚塔似的作奠立基础的工作而已。

丁、工业部门的配合问题

一国工业的建设，究应着重何种部门及其如何配合的问题，不能取决于〈的〉单纯的理论，并须依据一国国民经济的具体情况和全盘的系统建设计划的。从我国近代输入工业历史看，从单纯追求利润的轻工业的模仿，转变到意识的着重重工业的建设，实在是一个非常重大的进步。一般地说，重工业是一切工业和国防的基础，自是世界性的实际经验。而我国战前和战时工业各部门间之比重的变化，尤能显现战时工业的特质及其重大的进步意识。比如重工业的厂数，则由战前总厂数的百分之二三增为战时的百分之三七，资本额更由百分之二五增为百分之五〇，就是事实的证明。再就四川而言，则重工业部门，虽只占总厂数的百分之三八，总资本的百分之四七，但如以冶炼、机器及电器制造三部门论，则所占比例却为百分之二八与三四，由此亦可知重工业已在四川战时工业中占得如何重大的地位，而成为我国自有工业以来的一种新现象。然而从各个工业部门的相互依赖和适当配合的实际方面来看，这种重工业的单独的突然的增加，却又构成整个工业经济之长足发展的一个重大的缺点。正因为重工业是一切工业的基础，它的生产用品的扩大再生产，必须依赖于交通业、轻工业和农业的改进，不然，这些不能成为消费对象的生产用品，时时会有发生生产过剩的恐慌。现时重工业部门所发生的产品的销路问题，正是重工业不能与轻工业配合发展的表现。重工业如没有其他的工业作辅助，也就等于缺少了它的生存发展的条件。但是我们这里所指摘的重轻工业间不配合的缺点，并不能误解为我们现时的重工业已经有了怎样巨大的发展。实际上，我们的重工业，规模既小，产量亦微。所谓钢铁生产问题，今日对于过剩的嚣嚣，正如二三年前对于缺乏的嚣嚣一样，并不是有了这样巨大的过剩产品或是有了怎样大量需要的市场，假如计划建设一条五百公里的重轨铁道，那就需要全部冶炼工业日夜工作两三年，同时又要发出相反的生产或原料不足的呼声了。因此，我们可以知道所谓生产用品的销路问题，只是起因于迁建的重工业与后方的其他工业之间暂时失去了适当的配合，只是起因于对于重工业似乎有了多少的迁建计划，而对于其他工业完全采取了任其自由发展的态度。这里，不但供给与需要的量上发生了若干问题，即供给与需要的时间上亦存在了若干先后的差异。我们知道，任何一种工业即使不为利润而生产，但因资金的种种限制，谁也不能靠囤积产品的方法继续扩大再生产至半年以上的。虽然这种囤积，由于币值的不断下落，包含了极大的超额利润在内。所以理论的真确性，是须附以事实和时间的条件的，不然，"橘逾淮而为枳"，常常弄得啼笑皆非。我们已一再说过，四川的工业尚有极大的发展前途，现时的工业不过是将来巨大建设的一份微弱的基础，然而却莫高谈将来的工业化，即当前工业的再生产的维持，仍需要撇去一切高谈阔论，切切实实的在各个工业部门的配合生产上做些实际工作哩。

戊、动力供给问题

工业革命，开始于工具的机械化而完成于动力使用的发展。假如没有动力，则所谓现代工业自仍停滞在工场手工业的阶段上。四川的燃料贮藏虽不算贫弱，水力资源尤有巨大的前途，然而后者的开发，因所需工程和资财的巨大，对于当前需要全属画饼充饥，而前者的增产，特别是原动力和发电机的缺乏，实成为许多工程家的最困扰的问题。现在许多急需物品的大量生产，尚不是机械和技术的问题，实是动力不足的问题。动力不足，即使有了进步的机械和技术，亦等于"英雄无用武之地"。所以如何增加动力的供给，实是工业生产的中心问题之一。现在的几个工业区，不但有因动力不足而发生停工及不能充分利用生产力的痛苦，更因动力机的无休止的负荷过甚，犹有发生不能修复的故障的可能。所以战后数十万匹马力水力发电的建设，固须从长计划，而如增加并维持现有动力的能力，似尤属急切的要图。要解决当前的动力问题，一方面要作动力机的计划的增产，另一方面要将那些公私机关所闲置的动力设备，迅速的修复和开动起来。无疑的，这些闲置了的动力设备的开动，首先须打破各自的利害打算,而在一个有力的督导及管理机构之下才能实现的。

己、交通的配合问题

交通如人身的血脉,是要在工业经济的发展需要上才能真正了解其重要意义的。许多人都说没有交通的发达,即没有英国的工业革命,同样的,我们可以说没有交通的改革,四川的工业建设也是没有前途的。现在交通问题,似乎仅由于战争条件所形成,但是实际上在战争的偶然条件下还掩藏了一个手工农业经济的交通条件与工业的需要完全不能适应的根本问题。四川的通航河道虽是相当的多,但因季节的水位升降过巨,水流过急和滩礁的危险,纵有数千万艘的帆船往来行驶,亦决不能够担任工业经济之运输任务的。过去省际交通的阻碍,既加甚了经济生活的自给成分,而省内几个重要工业区域间的缺乏大量而有效的交通工具,亦必限制着工业的发展。为了促进工业建设的发展,则疏浚河道,使在几个重要经济区域间能够经常通行中小型的轮船,建筑几条纵横的铁道,担起陆路交通的主要任务,应该作为四川工业建设的先决条件之一。至于公路汽车和飞机航运,在适应工业发展需要上却是不能估价过大的。

庚、工业资本的成长问题

工业资金在战时工业再生产的维持或在战后建设计划的拟议上,都已成为一个难以解决的困扰问题。在目前物价不断高涨的趋势上,每一批商品的生产行程的终点,自然都是获得了投入资本之数倍的货币收入,这在获得利润的目的上,可以说是皆大欢喜的如愿以偿,但在扩大再生产的目的上,却须一次一次不断的按照级数甚至倍数的增加它的流通资本。工业生产的对于流通资金越来越大的需要,恰如资本家累积资本的心愿一样,总没有满足的一天。另一方面由于战后工业的复员,特别是因战时工业设备的简陋狭小,由于改革扩充的需要以及建设计划的大规模的实施,是需要空前巨额的工业资本的,而且战后所需的巨额资本的一大部分是要在国外支付。许多远见的工业家似乎都已意识到这样一个问题,战后的工业化固是国家兴替所系,但即从私人企业的立场上,如果不能在设备和技术上来一次彻底的改革,则在战时保护条件撤除和恢复国际自由竞争以后,我们的战时工业中最大多数的工厂都是不能继续存在的。然而目前对于解决方法的拟议虽多,而见之实行的似不外下列数种:对于流通资金,公营及较具规模的私人工厂,依赖于国家银行的贷款,其次,则依赖于商业银行的比期放款和私人存款,而姗姗其来的票据承兑和产业证券两个新职关,似尤维系了一部分人的期望。至于战后建设资本的筹集,几乎都依托于利用外资和敌人赔款上面。其实,流通资本问题的发展,通货膨胀固然是一个主要的因素，但在通货膨胀的掩蔽之下。或换句话说，通货膨胀所依据的基础之上，而与固定资本问题有一个相同的根本原因，即是我国量少质弱的所谓工业资本并没有形成欧美先进国家那样的工业资本市场这种东西，而在国内资本市场占据绝对优势的亦只是由高利贷资本和官僚资本所组成的商业资本罢了，我们的工业资本尚是处在附属于商业资本的阶段。关于通货膨胀问题，我们放在后面再说，现在却先说我国工业资本的如何形成问题。一般人从欧洲工业发展史上，知道资本的发展，是有土地资本、商业资本、工业资本的三个连续的历史形态，但不知道商业资本转变为工业资本，是需要一定的条件的，而这种一定的条件，我们尚只在逐步地形成中，同时许多基于农业和商业经济的腐旧意识和由半殖民地的买办思想凑合成功的种种人为的政策，又拖住着这种历史性的转变的向前发展。我国商业资本自在春秋战国时代，获得了小农业和小工业的广泛基础后，一直就与生产行程越离越远的独立发展着。它以行帮的地域的组织，控制商品流通行程上的价格、产量和分配的特权，从生产者和消费者两方获取商业的特殊利润，它可以迫使生产者自愿的以低于市价以至成本的价格卖出产品，同时它又可以迫使生产者不敢以低于市价的价格直接出售产品于消费者。它就这样地保证了商业的特权和利润，同时又限制了自身的接近生产行程。另一方面，近百来国际经济势力的侵入，为了达到推销商品吸收原料的目的，又以"佣金"和经销权的方法而将我国商业资本收编为买办制度的组成分子。因此商业资本的积累与它的势力的扩大同时增加，而终视投资于生产事业是一件风险大而获利难的畏途。加以以不义和不劳而获的官僚资本，发现存款于外国银行是一个最好的政治保障，使我国国民经济中可能积蓄为资本的一部分，甚至是最大的一部分，更加离开了国内的商业资本行程而成为国际商业资本的"助纣为虐"的一个来源了。这样，就更加减少了商业资本转变为工业资本的可能，而我国战时通货膨胀和物价的不可控制就发展于这样的基础之上，同时，另一方面亦更加助长了商业资本的猖獗。在这样的历史的和现实的条件下，又何怪乎一切资金都走上商业资本的道路，以至工业资本亦更多的带了商业化的性质？国家银行的借增加通货手段而来的工业放款，无论总额怎样巨大，对于战时工业流通资本的日益巨大的胃口，终究是"杯水车薪"；而所谓"产业证券市场"在现存条件之下，恐亦不会在银行承受之外，再开辟一条吸收民间资本的道路。由此说来，我们固然赞成用种种方法吸收更多的外资，而如何利用外资、外资的条件和可能数量，亦暂不讨论，不过这里所要特别指出的，即我国国民经济中可能积蓄为资本的数量无论怎样微小，但如不能将现存于商业资本不合理的关系，特别是商业资本的固有的和外来的离开生产而独立发展的性质,加以根本的改革的话,则我们所希望的工业化的工业资本亦还是不能形成的。因为一个国家工业建设资本的主要来源,总应是出于国民经济和国民自动的节蓄,外资只能尽起部分的和暂时的作用。一般人只知国民收入的贫弱限制了国家税收的增加,而不知国民在自愿的条件下节衣缩食以蓄积资本之力量的巨大;只着重利用外资的容易和数量的巨大,而不认识商业资本猎獗以及纵容其猎獗的经济、社会和政治的种种因素对于工业资本之成长,已经给予并仍将给予如何重大的影响。比如说现行的财政政策所以为工业家所诟病的原因,并不在于税负的加重,而在工商业资本在形成的平等纳税的原则下,工业资本所负担的远较商业为多。由于这样的差别的待遇,自然更加鼓励和保障了一切可能剩余资本益向商业集中了。有人说,我们的工业化的经济政策和商业化的财政政策正在作着矛盾的发展,正是一个恰当的批评。这种矛盾,即是上面所说"死的拖住了活的"的一个实例,必须有大智大勇才能从进步的立场上解消这样的矛盾的。

辛、国营民营工业的配合问题

这是战时工业发展中带有实际意义的一个争论,那种非采取国营方式宁可不建设工业,或是国营工业都是无效率的腐败衙门等极端的说法,我们不愿于此加以论述。我们只可简略的指出,国营工业和民营工业在主义上既非不可并存,在事实上,工业化的实施亦非一种方式所能包办,而须依赖全民的积极努力。那么,现时许多因噎废食的主张,对立侵吞的行为,正是自相损耗力量的浪费。我国的主义和政策,与苏联不同,而社会经济的措施,亦尽有各种预防的方法。此次联合国反轴心战争的胜利结束,自为我国实现工业化的最好和最后的机会,所谓急起直追,时不我待,全在我国人民协力同心,埋头苦干,经过数十年的努力,才可望达到工业发达、国强民富的地步。而国营、民营如何具体地划分和合作,又为实施工业化的政策的先决条件之一。

壬、农业与工业的配合问题

我国经济政策的论坛上,讨论工业化的是最时髦的论题,讨论农业与工业之关系的却为数不多。而在此少数的讨论中,犹复曲解真相,谬论百出,真正站在工业化国策上提出农业改革政策的尤属不多见。比如保守者期图恢复自耕农式的小农主义,务奇者高谈"农村工业化"或"工业农村化"的玄谈,而一般耳濡目染于帝国主义推销商品之殖民政策者,亦图在小农经济现状下用改良土地利用农产品质量的枝节办法,提高农民对于工业品的购买力。以上的种种议论,虽已多少带上了配合工业化的帽子,实际上不但与工业化绝不配合,相反的却正拖住工业化的快步前进。关于从农业经济〈的〉史的研究,指出农业企业经营的大农主义,才是我国农业改革的唯一出路和趋势,而土地国有又为实现农业企业经营的前提,笔者已于《农本主义之最后清算》(载《经济建设》季刊第一卷第三期农田水利特辑)一文中,已有分析的论证,这里恕不复述。现在我们再从实现工业化的工业政策的行程中对于农业条件的需要配合上,研讨我国农业的政策应该采取怎样的一种方针。提高农民购买力,原可以视为发展工业的重要条件之一,然而这须是工业高度发展和农业改革完成的国家才发生的,〈她〉特别是如美、英等国对于经济落后国家的主要要求,反之,在由落后经济走上工业化道途的国家自身,这决〔绝〕不是对于农业的全部要求,也不能视为主要的要求。因为工业化行程中对于农业的首先而主要要求是原料品的大量而品质纯一的生产,购买力尚在其次。我想,我们在百余年来经济侵略的苦痛中,特别是抗日战争血的教训中所体认到的工业化的内容,决不是"农村工业化"的手工业,也不是殖民地式的加工工业,而是综合国防经济和民生经济双重目的的近代工业。换句话说,即是机械化、动力化的集中生产的大规模工业,不然,即失掉了工业化的本来意义。但是机械化、动力化的工业生产,除了机械、资本、技工诸要素外,必须有品质纯一的原料品的大量供给,才能使它的再生产维持于不坠,而这一任务决非我国现存的农业条件所能担负,已不知有多少历史的和具体的事实证明了。比如四川农产品的多种多样,也许可称为丰富,但是生产的区域既极普遍,每一农业经济单位的产量又极微小,而品质的优劣不一更是一件无可奈何的事。在农产原料不能有效的充分供给的情形之下,我们还是使工厂停工等待农业增产呢,还是像战前的工厂一样从外国购买农产原料呢?无论从国外或国内的历史上,都证明要使农产原料的质量合于工业的要求,必须由农产品的自给生产进到商品生产,由副业生产进到专业生产。而要达到原料作物专业而大量的生产,则如上面我们从农业经济史的发展的研究所得的结论一致,即农业经营方式必须由小农经营改变为企业经营,以至最后达到农业工业化。这真是历史进化轨道上的一件无可奈何的事,小农经济虽曾作了我国几千年来"东方文化"的基础,而今日为了国家民族的生存发展,终不能不毫无吝惜地把它送进历史博物馆里去,如同我们舍弃乘马坐轿改用汽车飞机,或如舍弃专制皇帝改用民主政治一样,在怀古的深情上虽不无多少迷恋,而在生存斗争上又以抛弃的越快越彻底越好。而且这种认识,并非单由于我们的主观的希望,实亦由于客观的进化的必然,不过我们如能见得深远而又行得彻底,正可以缩短"迎头赶上"的行程,不然的话,即使在战胜了日本帝国主义之后,我们在经济上还须在半殖民地的深渊中长久沉沦的呢!或者有人说,正因为我国耕地面积过小,农业人口过多,所以过去以至将来都不能不采取小农经营的方式。其实,这犯了形式的静态的观察问题的错误。因为农业人口过多固是事实,而小农经营不足以解决人口过多问题也同样是事实,另一方面,工业化却是解决我国农业人口问题的最有效的方法。以美国为例,在工业化以前,农业人口占人口总数的百分之八十以上,而现今却已减到百分之卅几了。或者可说四川山陵起伏是不适于大农经营的。其实也不然。成都平原既是实行企业经营的理想区域,而其他棉田区域,亦只有在企业经营的原则之下,才能收获土地利用和技术改良的效果的。总之,农业改革问题对于工业建设的关系,虽似微远而实巨大,亦正唯其如此,我们不能不于考虑工业化的直接问题之外,同时确定解决农业改革的方策了。

最后,我们还要一论物价对于工业的影响。这个问题虽是战时的特殊现象,但是我们的战时工业的蓬勃兴起,物价的不断上涨是起了主要的杠杆作用的。同样的,当前工业的急激的淘汰作用,以及所谓工业生产的萧条,物价亦不失为主要因素之一;同时又有许多敏感的工业家,对于物价高涨或下落更怀着傈傈〔栗栗〕危惧。这一问题的内含〔涵〕及其关涉的方面,极为广泛,笔者在这里想简单阐明的只限于下列几点:第一,微缓的及有限度的通货膨胀,本已为资本主义国家视为刺激生产的重要方法,但一般经济学者依据第一次世界大战时德、俄、法、英诸国的经验,均一致主张恶性膨胀将是破产和动乱的根源。而他们所依据的历史经验,亦不过物价上涨数倍,就已视为最高的限界了。为什么我国物价能够成百倍的上涨,而且上涨的趋势,似乎还是没有止境似的,使得欧美经济学的一切原则都失去了效用,这根本的秘密,究竟在什么地方?要知我们和欧美国家不同的,不单是农业和手工业生产占国民经济中最大的比重,而且这种农业手工业都是小规模的独立生产者,薪资收入者占的地位并不重要。这些小农小工的经营者和土地所有者,都是可以分配到一部分生产的实物,所以他们的收入,可以随着物价的上涨而水涨船高。同时农业雇工和手艺工人的工资计算,亦还保了以实物为比价的计算方法(如重庆附近仍流行以一老升米为一日工资的标准计算法),所以亦能不断地做自动的调整。因此之故,由于物价的暴风急雨似的可能引起的危机,却都被我们农业社会的特质所解消或忍受下去了。在高物价的下面,只有公务人员和工商业雇员所受的压迫最甚,不过公教人员因发家属食用的实物而获得相当缓冲,工商业又因利润的优厚能够自力调剂。这样,我们虽不能说物价即可以因此无限止的倍涨下去,但物价上涨所引起的经济崩溃是可以不会实现的。不过,非直接生产者的过分牺牲和痛苦,以及新兴工业之成败升沉的变化的激烈,除了农业以外,一切经济事业都已失去了安定的基础,亦谈不上长久的计划,只是艰苦和盲目的挣持罢了。其次,依据上面的理由,我们可以确信,在战争期间,物价的一般下落,亦是不可以实现的,只是依照各种物品的需要程度决定它的上涨比数的差异而已。至于战后却是一个极严重的危机,而上涨的倍数越多,将来下落的程度亦必更甚。我们现在虽尚无抗战以来之原料品与制成品价格的真确指数,但可断言的,二十九年以前,工业品价格上涨速度远过于农产品,三十年以后农产品价格则亦逐步的追踪上升,而今后农产品价格的稳定上升,似已有超过工业品一般价格的趋势。这因为在一般人民不可再低的生活程度上农产品的需要已占了最大的并不可减少的地位,另一方面工业生产者对于农产原料的获得,已没有工业制成品可资交换而仅恃法币作为最初及最后的交换手段。这就为农产品造成了稳定上涨甚至部分的超过工业品价格的条件与可能。不过,这只是一种可能的趋势而已,实际上由于统购统销的政策和向农村征取税捐的增加,仍是可以影响于农产品之价格的。再次,对于我国物价问题,笔者虽作了如上的乐观观察,但为了增加作战力量,维持并发展生产及安定人民生活,则稳定物价实为一件急切的重大措施。谈到稳定物价,在目前不单有其必要,而且亦极可能。因为政府除把握了大量物资、巨额税收,现在更加了一批巨额黄金,如以此逐渐收回法币,而以减少,至少不再增加通货的流通量,则对于物价的稳定,已不十分困难。不过在这一艰巨的工作上,政府和人民都须有深见巨识和忍受目前若干现实的牺牲的决心和勇气罢了。

四、结论

从上面的考察看来,可见横亘于四川工业之前面的问题是非常之多,就其性质的区别说,大概一部分是为战争特殊环境所造成,另一部分则为工业经营者的弱点所助长,而此二者又皆在一个新兴工业与现存的社会经济条件不协调的矛盾基础上发展起来的。这种旧经济条件与新工业相矛盾的事实,虽自我国输入工业以来就已开始了,但要以四川今日的问题为最严重最复杂,而客观上解决的可能性既较大,主观上似也已不能再盲目的无所作为了。这因为在战争的特殊条件之下,客观的困难和主观的缺点错综发展,千头万绪,扑朔迷离,几使人无可捉摸问题的中心所在,同时这些问题的如何发展,既影响全后方的国防和民生经济,并且亦决定战后建设问题的难易与趋向。现在现实问题既逼迫着寻求解决,而政府亦已握到支配整个经济的空前力量,所以现在应是解决问题的最好的机会。

我们觉得我国现在最多的是侈谈条陈,或者是枝枝节节的技术设计,而在现实的基础上融合理论与技术于一炉的实际而统一的计划却才是我们真真需要的。如果说,我们过去如瞎子摸物似的横冲直撞,或者如老农望岁似的任其自然,那么,我们现在应该真正学习计划的作为的时候了。

四川的工业建设和全国工业化问题一样,都是有伟大的前途的,然而关键却在如何认识和解决这些错综复杂的问题。从这一观点上看,本文的论述,或者不算是多余的空谈罢!

录自《四川经济季刊》第一卷第二期,一九四四年三月十五日。

省营公司发展声中的川康兴业公司
（一九四四年九月）

杨及玄

一、引言

远在抗战发生以前，各省即有省营经济事业的举办，尤以广东、广西及山西各省举办的省营事业为最多。或由省府独资创设，或与人民合资经营，或以特许方式委托银团代办，形形色色，不一而足。但在一省内，由省府组设一个以省区为限而带有综合性的公司，负责经营一省的各种经济事业，则以廿二年八月山西成立的"西北实业公司"为嚆矢。这个公司，在总协理之下，分设纺织、特产、矿业、化工四组及机械厂管理处，所有主要的省营厂矿，均归其经营。该公司组织之完善，规模宏大，堪称为我国省营公司的先河。抗战军兴后，采取公司方式以经办省营事业的第一个组织，就是贵州省府倡设的"贵州企业公司"。这个公司于廿八年六月一日成，最初资本仅有六百万元，直至三十二年二月三次增资，资本总额始达三千万元。综计该公司五年来主持设立或参加投资的事业，共计廿九个单位。其中属于工业部门者为十六单位，属于矿业部门者为三单位，属于农林部门者为二单位，属于交通运输部门者为二单位，属于金融贸易部门者为四单位。其余两单位则系调查研究机关。以各事业所有机器及设备之全部价值而言，资产增值平均只以百倍计算，则现在的总值至少在十五万万元以上。至于各单位的产品，总计不下二千余种，其中主要者为煤汽〔气〕炉、电力、煤焦、水泥、动力酒精、面粉、火柴、卷烟、肥皂、油漆、油墨、玻璃及陶瓷用品。在贵州经济建设上，贵州企业公司的贡献之大，由此可见一斑。自贵州企业公司成立以后，各省继之而起，设立类似组织者，大有风起云涌之势。三十年三月，福建即有企业、运输、贸易三公司的设立。江西兴业公司、湖南实业公司、陕西企业公司、广西企业公司及甘肃水利林牧公司俱系先后相继成立，以公司组织，经营各该省的经济事业。至于川、康两省，号称我国大后方的复兴根据地，经济建设的重要，更是不言而喻，所以才有"川康兴业公司"的产生。由上看来，各省省营事业的阵容，在公司方式之下，日趋齐整，日益发皇,这已成了我国经济建设上最近发生的一种显著特征。此种趋势,影响所及,只有待诸将来事实的证明!

二、省营公司在理论上的根据

省营事业,在以省区为限而带有综合性的公司方式之下,形成了一种"省区单位经济"。此种趋势,不管是否健全,如从客观的立场上观察,它自有其理论上的根据存在,是不容吾人忽视的。现在,可从下列各方面加以分析和考究：

甲、省区单位的建设

在我国政治史上,地方主义的作祟,为我们留下了不少的惨痛教训,国人至今莫不概乎言之。因此,对于省营公司的产生,责难者有之,怀疑者有之,以为那只是加重经济割据的局面,阻碍全面经济建设的进行而已。但是吾人须知,在封建经济笼罩之下及帝国主义劫持之下,经济割〈剧〉据局面始易形成。今后的我国,迥非日可此〔比〕,经济割据主义是绝不会重演的。近来,国内的学者专家们,对于经济建设的区域分划问题,莫不各有主张。从实际方面来说,或分为本部新疆东三省三区,或分为华中、华北、口外等十一区,更有分为华中、华南、西北等七区的。其实,最自然的建设区域,就是在历史上、地理上和文化上均有其深厚的背景之省地方单位。以省区为建设区域划分的标准,不惟顺而易行,而且事半功倍。我国幅员广大,人口众多,一省的面积,往往数倍成数十倍于欧美国家。贵州仅有一七九,四七八方公里,然一经比较,则几及比利时的六倍,而等于荷兰的五倍半,瑞士的四倍半,或捷克的一倍半,俨然能与欧洲的第二等国并驾齐驱。若以四川而言,拥有四〇三,六三四方公里的面积,相当于一个纳粹德国,或三个敌寇日本。各省的土地既如此广大,省与省间各种差异的条件,复使省区经济形成了一种自然的分野。以这种自然的分野为基础,而从事于区域经济的建设,岂不是一种最合理的办法么？只是要中央有整个计划,统筹完善,复有全面管制运用得宜,在分工合作的方式下,各省分担一部分的责任,分头工作从事建设,岂不是于国于省,两得其所么!

乙、省营范围的划定

国营这个名词,以言广义,固是与民营对待的,以言狭义,则是与省营对待的。省营与国营的范围究应如何划分,这确是值得研讨的一个问题。以范围来说,凡关系全国经济命脉的锁钥工业及国防直接所需的兵工制造事业,应由中央经营。反之仅以地方为限的公用事业如省内的乡村电话及公路建设,则可留待地方经营。以效用来说,须由中央全面统筹的重要事业,如对外易货的各种产品之收购、加工、营运等项,应由中央经营。反之,发展各省现有的或可能的特产,则是省营事业最大的前途之一。以规模来说,凡有关民生迫切需要,而规模宏大,地方政府不能、不易或不愿举办的事业,应由中央经营。反之,与民生直接有关的事业,在可能中,务须留给各省地方政府举办,以免分散中央的建设力量。二十六年上期,行政院有鉴于此,对于国营、省营事业范围的划分,曾经订〔制〕定了《建设事业审议原则》十二项,予以明白的规定。其中有两项与这个问题有关:

(1) 凡于国防或民生有重大影响之建设事业,及需要高深技术、巨额资金或含有统制性质者,原则上,由中央政府负责广办理。但若干部分,亦得按实际情形,与地方人民合办。

(2) 凡关于一省或一市之特殊建设事业,于各该省市经济上有更重大影响者,或需要提倡改进者,经中央之核定,原则上,由地方政府办理。但若干部分,亦得斟酌实际情形,由政府与人民合办之。

(3) 上列两项原则,对于国营、省营的划分,不仅原则上予以明确的界限,而且给予一种弹性的例外规定,使实施方面不致引起一些扞格不通的毛病。《省营工业矿业监理规则》,更进一步,对于省营事业,明白规定一种管制的范围如左:

① 省政府经营工业矿业,应在中央整个计划及法令范围之内,注重开发本省特殊物产,以求民生必需品及外销品之增加,及工矿业之进步。

② 省政府不得经营重要国防工业矿业。但主管部或其直辖机关得许省政府加入资本于其主办之重要国防工业矿业。

为监督省营事业起见,中央特别设立一个"监理委员会"。该会如能切实遵照经济国策,认真推行中央法令,过去各省省营事业的纷纭杂沓现象,不消说,定能走上轨道,逐渐得到合理的调整。

丙、特种公司的创制

普通所谓的公司,是若干私人组合而成的一种商业经济集团,在法律上,有他独立的活动,有他独立的关系,有他独立的生命,所以就取得了一种法人的地位。现在,政府经办的事业,也采取了公司的外形,这在法律上是否说得通站得住呢?对于这个问题,各国学者的意见则颇不一致。但是,政府公司既有其自身的董事会主持于上,复有其独立的财务和会计运用施行。而普通公司在法律上应有的一切权利、义务,如纳税、起诉、借贷、发行公司债及参加市场自由贸易买卖等,莫不为政府公司所有。那么,政府公司的根本精神,岂非与普通公司趋于一致吗?政府与人民合组的公司,欧美各国称为"混合公司"。

此种混合公司的组织，颇盛行于德国。抗战前，我国的中国银行、交通银行及中国欧亚尔航空公司，可以说是混合公司的典型。抗战以来，我国混合公司的组织，更如雨后春笋。各省的省营公司，就是一种显著的例证，经济部有鉴于此，乃于纯粹国营的特许公司之外，并制定一种公私合营的《特种股份有限公司条例》。该条例于二十九年三月公布，共计十一条。从此，混合公司在我国法律上才取得了相当的地位。该条例第一条，对于混合公司的内容，即明白规定如下：

本条例所称特种股份有限公司，谓由政府机关组织，准许本国人民或外国人民或国人认股之股份有限公司。

该条例对于外国人认股，虽有特殊的限制，但对于本国人民的参加，则未尝稍予限制。除较不重要的少数几点外，大体上，特种公司仍适用普通公司法的规定。这个说法，不仅从该条例第六条及第八条对于公股与非公股的同一规定，可以证明，而且在第十条内，还有明文的规定。至于其余各条的规定，如"发起人数"不受七人以上之限制，发起人并"不得享受特别利益"，"公股代表决权"可以超过全体股东表决权五分之一，又如公股董事监察人由政府机关指派，并得依其本身职务关系，随时改派，均不过适应事实上公股所有的特殊情形而已。三十年内，又先后颁布省营贸易及省营工矿业两种监理规则，均明白规定，应遵照公司条例，组织公司，依法经营。由此看来，省营事业采取公司组织，在法律上，已成为当然的要求了。在经济活动日趋繁复的现代社会下面，对于经济事业的经营，欲求运用灵活，效率增进，决非政治化的机构徒重形式，所能胜任。欧美各国近来所以逐渐以公司组织方式，负责经营各种经济事业，其故即在此也。公司组织的基本精神，在乎"商业化"，即等于经营一般所谓的"开铺子主义"。在商业化的组织之下，第一经营有机动性，可以适应业务的变化；第二财务有独立性，可以随时伸缩资金的调度；第三措施有实际性，在实际生活中，实事求是，不尚虚文；第四效果有经济性，务须以最少的代价求得最大的效果。省营事业过去往往归于失败，此中症结即在乎缺乏上列四个条件而已。近几年来，省营事业既日趋于公司化，不消说，前途的发皇，定可预卜。但是，凡带有官办性的事业，纵令披上公司组织的外衣，也不免流弊横生，为国人所诟病。一方面在业务上，各不相谋，破坏了全国统筹的精神，忽略了国家真正的需要。一方面在人事上，仍趋于官僚化，对于企业的盈亏，既无切身关系，于是往往不出于敷衍苟安，即易于引起贪污舞弊中饱和浪费情事。在此种情况之下，对于省营事业的统筹及对于省营公司的监理两项工作，岂非更应加强吗？

丁、实业金融的开展

省营企业公司,不仅是一个实业集团,同时也是一种金融机关,可以说是介乎实业与金融间的组织。意大利的动产金融公司及产业复兴公司,即是欧洲的先例。一九二九年,英国银行领导发起的"证券管理信托公司",也是一种实业金融机构。成立后不久,该公司即投资于原有的造船厂与纺织公司,以助成其发展。一九三三年,美国罗斯福总统开始实施复兴建设计划,美国政府经由各种特设的金融机关,直接参与实业金融的活动,其中最重要者,为建设银公司与战时金融公司及所有附属的子公司。及到美国由备战而参战以后,该两公司的活动、发展,达于最高峰。我国省营公司的发展,也在抗战以后,对建国工作,关系重大,这是不言而喻的。尤其因为我国过去的金融重心,均偏于商业方面,实业金融可以说是绝无仅有,故省营公司这样一种综合性的实业金融机构,对于我国经济建设的前途,所负的使命异常重大。同时我们必须注意,省营公司,在组织上,是带有综合性的,可以称为"公司的公司"。母公司透过子公司,控制着各种产业,故子公司须受母公司的指挥和监督。这种组织,一方是地方经济建设所有计划主持监督和推动的总枢纽,一方又是银行和私人投资地方经济事业的中心机构。在母子公司综合组织之下,省营公司表演了如此一种重大的作用,这点特征岂是可能期望于普通公司的吗?

以上的讨论,是就省区单位、省营范围、特种公司及实业金融四点,把省营公司的性质,分别研究过了。现在,拟就川康兴业公司的概况,略加叙列,以便吾人从实际方面,获得上列理论分析的印证。

三、川康兴业公司的产生

蒋委员长兼理四川省府主席时,以川、康两省为后方的复兴根据地,非在经济建设上加紧工作,不足以完成抗建大业,乃于二十九年秋季,设立"川康经济建设委员会",负责办理筹划和准备的工作。该会的主任委员,即由委员长自兼,并以邓汉祥氏为秘书长。一面着手调查川、康各地的经济情况,拟定经济建设的进行方案,一面则积极筹备川康兴业公司的组织,作为实际上负责推行经济建设的中心机构。及三十年上期张岳军先生来主川政,兴业公司筹备工作始见具体化。经长时期的筹备以后,"川康兴业公司"始于三十一年三月宣告成立,总公司设于重庆。同时,川康经济建设委员会即行裁撤。川康兴业公司,系由中央与川、康两省的省府及人民合资组织而成,故适用中央订定的特种股份有限公司条例。

甲、股本的认定

四川兴业公司,额定股本为国币七千万元,以一百元为一股,全部股额分为七十万股。其中四十万股为公股,由中央认购三十万股,四川省府认购七万股,西康省府认购三万股。其余三十万股则为商股,可以分为三类。第一,四行两局及四川省行认股最多,总计超过商股二分之一以上。第二,商业银行如金城、和成、美丰银行,亦踊跃参加。至于各县市的商股,仅以内江、江津、泸县、自流井及成都市等处为最多。截至三十一年底,商股尚有四百多万元未能收足。故七千多万元的额定资本,在三十二年内,方才足数。

乙、人选的分配

该公司设董事二十七人,以公股董事张群等十五人及商股董事钱永铭等十二人充之。又设监察人十一人,以公股监察人潘文华等六人及商股监察人宁芷邨等五人充之。并以张群与钱永铭分任正副董事长,以康心如为常驻监察人。兹将董监全体人员列表如下:

表一　川康兴业公司董监一览表

董　事　长	张　群				
副董事长	钱永铭				
常务董事	顾翊羣	秦　汾	卢作孚	黄季陆	邓汉祥
	刘航琛	何北衡	潘昌猷	戴自牧	
董　　事	邓锡侯	俞鸿钧	庞松舟	陈　行	徐广迟
	赵季青	梅恕曾	丁次鹤	陈介生	吴晋航
	杨晓波	孙越崎	沈　鹏	税西恒	陈国栋
	廖海涛				
常驻监察人	康心如				
监察　人	潘文华	刘攻芸	石体元	胡子昂	李万华
	陈筑山	宁芷邨	范崇实	李汉文	张筱波

至于总公司的内部,则设总经理与总稽核各一人,以邓汉祥与陈介生分任之。前月,总稽核改由彭革陈充任。协理原为戴自牧、何北衡二人,何氏于去年解职后,即由程志颐接充。兹再将总公司主要职员列表如下:

表二　川康兴业公司主要职员一览表

总　经　理	邓汉祥	协　理	戴自牧	程志颐
总　稽　核	彭革陈			
董事会主任秘书	雷鸿堃			
秘书室主任秘书	罗国钧			
业务处主任	江昌缙	副主任	吕祖琛	费遇舜
技术室主任	税西恒			
稽核处主任稽核	陈英竞			

总公司全体职员约为七十多人。除总公司外,尚无分公司的设立,只在万县设有办事处,专负收购桐油的责任。

四、川康兴业公司的组织概况

川康兴业公司的组织概况,具见于该公司的章程及组织规程中。章程共计五十七条,组织规程共计十八条。前者系该公司的根本大法,后者则仅系补充章程中尚未详细规定的地方而已。现拟就下列各点,稍予论列,则该公司的组织全貌,自可略见一斑了。

甲、关于业务

在章程第一条内,组织该公司的宗旨,即明白揭示如左:

本公司以经营及协助川康各项实业,促进川康经济建设委员会计划之实施为宗旨。

该公司在其业务进行方案中,曾标举四大纲领:一曰经营内外物产,二曰扶助已成事业,三曰促成新兴事业,四曰注重地方建设。此四大纲领,恰与上列宗旨所揭示的"经营""协助"及"促进"三大工作相当。所谓经营,自然,是完全就开发实业的使命而言,绝没有经商营利的企图在内。只要能使地尽其力,物尽其用,货畅其流,即可谓尽了经营的能事。协助是就已成的事业而言,促进是就原有的计划而言。在如此一种宗旨下面,所负的任务,如何能够达成呢?自然,这就要说到该公司的业务方面了。关于业务方面,则在第十八条内列举,多全十一项:

(一)关于农产品及畜产品之生产及其制造事项。

(二)关于林木之采伐及其加工事项。

(三)关于矿产之开发及其冶炼事项。

(四)关于动力之发展事项。

(五)关于农工矿等生产工具及交通工具之制造事项。

(六)关于基本化学工业之倡办事项。

(七)关于一般工业之发展事项。

(八)关于农工矿产品之购备及其运销事项。

(九)关于农工矿之生产设备事项。

(十)关于各项生产事业资金之代募事项。

(十一)关于其他有关川康经济建设事项。

自上列各项业务看来,川康兴业公司,不仅是一个综合性的实业组织,举凡农、林、工、矿各种生产事业的经营,均可包括在内;而且是一个地方性的贸易集团及一个实业性的金融机关。既可以为平抑物价,调剂供需,代办原料或代办外销物品起见,购销省内的各种产品,又可以为各种生产事业的创设,或代募资金,或参加投资,更或代办设计调查保险及训练人员等事,以助其发展。对于如此广泛的业务,究将如何举办呢?第十九条列举了四项办法:一独资经营;二倡设公司经营;三对已成事业,加入股本;四贷借资金,协助发展。该公司于三十一年内,为十一单位,代垫款项购办原料,即是第四办法。倡设成都自来水公司并投资于万县水电厂,即是第二、第三两办法的例证。至于独资经营的事业,只有炼油厂一种。

乙、关于资金

计划中的业务虽经确定,如无资金以供周转,如无人力以主其事,则业务不能由计划见诸实行,徒成空谈而已。故资金的来源和运用,对于业务的成就,关系甚巨。章程第六条规定,资本总额为七千万元,公股占四千万元,商股占三千万元。这种官商合资经营的混合公司,即是我国法律上所谓的"特种股份有限公司"。川康兴业公司所应经营的业务,既那么众多,而又庞大,在物价高涨声中,如此区区七千万元的资金,如何能够运用呢?除资本外,资金的来源尚有下列各途:第一,为生产事业代募资金,这是章程上已有明文规定的一个办法。第二,代为保证发行公司债。第三,代为向银行接洽借款或订定透支契约。第四,为发展地方事业起见,或可发行兴业公债,以充基金。除第一办法外,其余三种办法,虽未在章程中明白规定,但在该公司业务进行方案中,曾经一一提及。

丙、关于机构

章程第二十八、第二十九两条规定:"设董事二十七人,组织董事会。内十五人,由行政院及川康两省政府指派。其余十二人,由商股股东,就商股在五十股以上之股东票选之。董事会设常务董事十一人,由行政院就公股董事中,指定六人,其余五人,由商股董事互选之,并由行政院,就公股常务董事中,指定一人为董事长。商股常务董事互选一人为副董事长。"此处有两点值得注意,第一在董事长之外,复设副董事长一人,第二董事长由政府指定,副董事长则由互选。第三十七条所规定的监察人为十一人,"内六人,由行政院及川康两省政府指派,其余五人,由商股股东,就商股在二十股以上之股东票选之。设常驻监察人一人,由监察人互推之"。由此而言,商股股东,只要在二十股以上,即有候选监察人的资格。至于商股董事的候选资格,则须多至五十股以上。第四十五条,特提出"董监联席会议"的规定,其职权计有四项,在一般公司章程中,这是仅见的。若以其第一项职权而言,凡"关于公司之重大兴革事项",须经该会议决定,则该会议的职权,似在董事会之上了。第四十八条及第五十一条规定,总公司于董事会下,分设总经理及总稽核各一人,前者的职责是处理全部业务,后者的职责是掌管全部稽核会计事宜。这种平行分治的办法,与贵州企业公司的组织相似。但川康兴业公司的会计职务与稽核职务,是合并为一的。同隶于稽核处之下,故没有单独设立会计室,贵州企业公司则于稽核处之外,另有会计室的设立。川康兴业公司的技术室,则相当于贵州企业公司的专员室。川康兴业公司成立之初,亦如贵州企业公司一般,设一业务部,以经副襄理主持之。为时不久,该公司于卅一年十一月,即将业务部改为业务处,而设正副主任主管其事。兹将川康兴业公司的组织系统列表如下:

表三 川康兴业公司组织系统表

```
                        股东大会
              ┌────────────┴────────────┐
           监察会                      董事会
         ┌───┴───┐              ┌──────┼──────┐
       监察人  常驻监察        常务董事 董事长 副董事长
                              └──────┬──────┘
              ┌───────────────────────┴─────────────────────┐
           总稽核                                        总经理
                                                         协理
         ┌───┴───┐                  ┌──────────┬──────────┬──────────┐
       稽核处  秘书              技术室      业务处                秘书室
         │                          │           │                      │
       主任稽核                    主任         主任                  主任秘书
       稽核                      专门委员      副主任                   秘书
                                   专员
         │                                     │                      │
      ┌──┴──┐                              ┌──┴──┐              ┌──┴──┐
    会计课 审核课   文书            文书  出纳课 业务课         事务课 文书课
```

五、川康兴业公司两年来业务的开展

川康兴业公司,自三十一年三月成立以来,迄今已两年有余。在此两年内,该公司实际上在业务方面的开展,可以分为两期。第一期的业务,侧重于垫款代办原料一事。第二期的业务,则以直接投资生产事业为主。兹特分别叙述如下,以供关心川康经济建设者的参考:

甲、第一期

自三十一年三月至同年八月,为第一期。这一期适值公司创立之初,故其业务的进行,尚未走入轨道,不免带有试办性质。董监联席会议决定初步业务方针,虽以吸引游资及扶助并提倡民营事业为主。但实施之后,则因金融市场的变动,原定扶助民营事业的方式,如代募股本及公司债与办理保证等项,均无法举办。该公司乃侧重于简便易行而又为各方所申请的"垫款代办原料"一事。兹将办理各件列表如下:

表四　川康兴业公司第一期业务表

委托机关	代办物品	垫款数额(以万元为单位)
(一)中国植物油料厂	桐油	300
(二)中国建业公司	桐油	600
(三)四川丝业公司	春茧	90
(四)民治纺织公司	羊毛	90
(五)恒顺机器厂	元铁钢锭灰口铁等	100
(六)渝鑫钢铁厂	冶铁机器	200
(七)大华实业公司	酒精原料	200
(八)嘉乐造纸厂	白煤及水渍棉花	120
(九)四川公路局	车胎机油	99
(十)三才生煤矿公司	钢轨	400
(十一)四川电话管理处	瓷头等	25
总计		2230

由上看来,该公司为那十一单位的事业,代购原料,垫款达到了二千二百三十万元之多。因为取息既低,而物价复节节上涨,各单位所得的原料,成本方面,遂无形减轻。各单位自然受益不浅。

第二期

川康兴业公司以垫款代办原料的办法,对于民营事业的补助固大,但因到期收回垫款时,货币购买力变动的结果,垫款势难保持原值,这种损失,对于公司的影响,颇为不小,遂决定转变方针,另觅出路。乃于三十一年八月,经董监联席会议，通过一个改进业务方案，将该公司的业务重点，放在产业投资上面，以期公司的事业基础得以树立，公司所负的使命得以达成。关于产业投资，计有下列各项：

1. 设立四川机械公司

这个公司，系就原有四川省立机械制造厂、无线电机制造厂及四川工业试验所所属机械厂，接收合并而成。后又收购天藏机器厂原有的重要机器，以为扩充之用，资本额定三千万元。四川省府以上列三厂作价，并补拨现款，凑足一千万元。经济部及重庆各银行分担七百五十万元。川康兴业公司则投资一千二百七十万元。在卅二年内，因为资金周转恒感不灵，乃向四联总处，借入工业贷款一千万元，以资运用。该公司并将重复及不必要的机器，酌量出售，对于急待添置的重要机器，则积极加以补充。从此，在川西北工厂中，该公司的各厂，即占了一个重要的地位。除制造及修理小型动力机、无线电机及农工水利各种工作机以外，并承制成都自来水管，总价约为二千八百万元之多。

2. 组织四川农业公司

这个公司，由四川农业改进所所属骨粉农具等厂改组而成。资本六百万元，由四川省府及四川兴业公司各占二分之一。最近复增资为三千万元，除原有股东各增资七百万元以凑足两千万元外，其余一千万元则由中国银行及中国农民银行分认之。业务方面，一为经营农畜产品的生产加工及运销，二为供应农民所必需的肥料及农具，三为重要外销物资的收购。

3. 创办西康毛革公司

西康省府与四川兴业公司各出资本六百万元，创办西康毛革公司。除在康安设有洗毛厂，又在雅安设有毛织厂及制革厂外，并拟经营羊毛生皮向国内外运销的业务。所出成品，如军毯、毛呢、皮件等，尚属优良。唯以物价高涨的结果，成本不免增加，资金自感缺乏，故川康兴业公司随时为其代借款项，以资周转。最近，该公司又增资为一千万元。

4. 投资四川丝业公司

四川丝业公司成立于二十六年。到了三十一年，增资为三千万元，川康兴业公司即参加八百五十万元。四川省政府颁布的《四川蚕丝业管理办法大纲》第四条规定："本府为便于达到提高品质、减轻成本之目的，奠定四川蚕丝业基础，特投资创立四川丝业股份有限公司，经营下列业务，一独家制造改良蚕种，二独家收买改良蚕茧，三独家缫制及运销改良蚕丝，四其他有关蚕丝之事业。"这种独家经营的特权，到了二十八年以后，虽然取销〔消〕，但由此项规定看来，四川丝业公司的业务为何，自然可以明白了。

5. 独资成立炼油厂

四川兴业公司投资三百五十万元,将重庆大陆化学制造公司所办炼油厂的全部资产及设备,作价收买,加以扩充。独自设一炼油厂,以桐油为原料,提炼代汽油、代柴油及煤油等项。该厂并拟作炼制油漆厂等的试验,以期树立战后桐油工业的基础。

6. 参加万县水电厂

该厂原系资源委员会与四川省政府合办,资本共为一千六百万元。三十二年内,四川省政府以其所认股额,转让四百六十五万元于四川兴业公司。最近,该厂复增资为三千万元。其中五百二十五万元,即由川康兴业公司投资,故该公司参加的资本共计九百九十万元。现在,万县水电厂先以柴油及蒸汽机发电供应。至于水电工程,约可于本年内完成。将来发电后,成本既低,供应自可增加数倍。

7. 筹备富源水力发电公司

富源公司系就北碚、高坑岩、高滩河、狮子口等地的水力,建设发电工程,以供应北碚及其附近区域。资本额定二千万元,由川康兴业公司投资四百七十万元。各项工程预计在本年内,即可完成。

8. 倡设成都自来水公司

成都为四川省会,日常饮料,向系取给于地下水井,对于市民卫生,影响至巨。四川省政府有鉴于此,早拟筹设自来水公司。川康兴业公司乃本协助地方事业的宗旨,积极促其实现。该公司资本定为八千万元,决定募股四千万元,其余四千万元以公司债充之。公司债,已由四联总处认购三千万元,在未发行前,已由川康兴业公司为其代借款项,先行购办工程上所需的各种器材原料。至于股本,川康兴业公司亦投资七百万元。

除上列八项投资事业外,尚有两项事业,正在设计与商洽中。其一,川康兴业公司与四川水利局会同办理灌县水电厂设计事宜。测量地形水文,查勘地质及计划各项工程设备等事,业已开始进行。最近,资源委员会亦参加设计工作,共同进行。一俟设计完成,拟即招募资金,着手筹备。其二,川康兴业公司已与川康实业公司及其他矿商接洽,后者将其犍为五通桥盐区附近的矿权,完全转让。双方现正商订接收手续。

在第二期内,川康兴业公司的业务,由上看来,完全以产业投资为主。但是,同时,还有一种以商养工的办法,也是值得注意的。第一,该公司以桐油为重要的抗战资源,曾经陆续购储,以备供各厂家炼制代汽油之用。油价既仅照成本及市价酌定,而应付款项,又可于三个月内分期偿付,对于各厂家,这真是裨益不少。该公司并与复兴公司商订《经营桐油联系办法》，分别施行。第二，羊毛为衣着的主要原料。该公司一面与四川农业公司合组运销部，以安县茶叶，运赴松潘，换取羊毛。一面又委托四川农业公司与西康毛革公司，分别代购灌毛及康毛，以供毛织厂织造之用。该公司仰赖这种贸易业务的经营，不仅各项必要开支，得以取给于此，即生产事业的投资，亦可借资挹注。

由上看来，川康兴业公司的资金运用途径有二：一为生产事业的投资，一为物料收购的经营。兹特将各项细目，表列如下，一加审阅，即可知该公司的资金如何运用了：

表五　川康兴业公司第二期业务表（截至卅三年五月底为止）

第一企业部门

性质	事业名称	资本总额	川康兴业公司所占数额（以万元为单位）
（一）合办	（一）四川机械公司	3000	1270
	（二）四川农业公司	3000	1000
	（三）西康毛革公司	3000	1000
	（四）万县水电厂	3000	990
	（五）四川丝业公司	3000	850
	（六）富源水电公司	2000	470
	（七）蓉自来水公司	8000	700
（二）入股	（一）民生公司	8000	100（股额甚小，故不列入合办项下）
（三）自营	（一）炼油厂	350	350
总　　计			6730

第二贸易部门

收购品名	原投资数	现估价值（以万元为单位）
（一）羊毛	510	892
（二）小五金	292	400
（三）烧碱	49	140
（四）桐油		5938
总计		7372
上列两部门合计		14102

六、川康兴业公司业务简则的分析

在前节内，川康兴业公司的业务概况，已经分为两期略予说明了。我们知道，该公司在第一期，是以垫款代办原料为主，在第二期是以投资生产事业为主。对于这两项业务，该公司订有代办原料简则及投资简则两种，以为实施的准绳。兹特分别将简则中的要点说明如下：

甲、代办原料简则的要点

这个简则共计有十七条。（一）声请垫款代办原料的生产事业，积极方面，应具如何的条件呢？在第二、第三两条内，即明白规定，须"已办有成效者"，须为"股份有限公司"，并须"领得注册证件者"。（二）任何原料，均可代办吗？不然不然。第四条指出，"有下列情形之一或不属于本公司业务范围内者，概不承办：一违禁者，二妨害公共道德及卫生者，三易于损失腐损变质或不易保管运输者，四不易鉴别品质者"。（三）关于垫款方面，必须提供实物担保，偿还期限不得超过六个月，计算利息时，其利率由该公司斟酌原料种类、代办数额及偿还期限各项订定之，这些条件是在第五、第九及第十六各条内明白规定的。（四）对于委托代办的单位，在垫款未结清前，还有一种监督办法，第十二条即规定如下："每月造具资负损益月报，以供考核，必要时，本公司得派员稽核及管理。"

乙、投资简则的要点

这个简则共计九条。（一）对于那些事业，川康兴业公司方愿意投资合办呢？在第二条内即可寻出答案。"凡合于下列标准之一者，得声〔申〕请投资：一民营事业之与抗战军事有密切关系者，二民营事业之为战时民生迫切需要者，三民营事业其产品能代替必要舶来品或具有改良重要生产功能而适合国民经济需要者。"（二）第三条并规定，投资的事业"以股份有限公司为限"，这点与代办原料简则的第三条相同。（三）凡参加投资的事业，就是川康兴业公司合办的事业。故第六条即规定"得按投资数额之多少，派员参加经营或管理"。（四）各项合办事业，或办理不善，或与原议不符，该公司究将如何应付呢？以第八条而言，"得依法提议改组或解散之"。对于投资事业，这是消极方面的看法。但是贵州企业公司则在章程中，更有一种积极的规定："本公司投资经营各事业，发展至相当程度时，本省公司团体或私人，愿承受该业之全部或可能划分之一部者，经本公司股东会之决议，得让与之。"这么一种规定，固在表示只以开展地方资源为重，绝不意图垄断或独占。然而如从其中的含义推来，那就与省营公司的根本精神完全相反。

七、川康兴业公司前途的展望

川、康两省，自古号称天府，抗战以来，又为首善之区。川康兴业公司以这块大好土地为凭借，努力两省的经济建设，前途的发展，定可预卜。但吾人认为，下列三点，对于该公司今后的业务，关系至巨，势非特加注重，不足以言发展。

A. 实业金融与商业金融，不惟性质迥异，而运用的方法亦复各别不同。实业方面的投资，其时限是长期的，其形式是固定的，其数量是巨额的，其利润的获得又往往不能与商业的投资相提并论。故实业资金的筹措，第一须有适当的来源，第二须有充分的供给，庶足以运用自如，不致有捉襟见肘之虞。川康兴业公司仅有七千万元的资本，在此物价高涨、货币跌价的趋势之下，要想经营那么广泛的企业，区区此数，何济于事？仅对九个单位投资，即将全部资本几乎用尽，若再增加投资的数额，其将何以为继？故今后欲求发展，资金筹措有无把握，这确是该公司的一个紧急关头。

B. 川、康两省虽可自成一个建设区域，但这个区域的建设，必须与全国整个的建设计划，适当配合，方有其伟大的意义，又必须在分工合作的局面之下，与中央全面性的建设，取得密切联系，方能事半功倍，收效最宏。川、康两地，地大物博，经纬万端，急待建设，纵以全国力量经营之，尚恐不济，何能奢望于区区七千万元资本的一个省营公司呢？故今后，该公司与中央建设机关，在业务上究应如何划分，在工作上究应如何联系，在资金上究应如何分配，这确是一个急待解决的问题。

C. 一个综合性的省营公司，因为业务广泛、往往不免将所有的力量和资金分散了。事事均要参加，样样均想举办，结果，不是所投资的事业经营不善，即是公司不能控制所投资的事业。一切都要投资，岂非等于一切都未能投资吗？故任一省营公司，对于产业投资，似均应详审各项有关条件，务须选定那些关系最大而收效又最宏的事业，集中力量以经营之，则省营公司的功能方有最大的发挥，省营事业的基础方能日趋于稳固。这个原则的适用，对于川康兴业公司，自然不能例外。然则在其今后的业务计划上，这个原则岂容忽视吗？

录自《四川经济季刊》第一卷第四期，一九四四年九月十五日。

抗战结束期之四川工业
（一九四五年十月）

刘　敏

一、引言

过去大家都判断抗战进入胜利的最后阶段，将是我们最艰苦和最困难的阶段，如果根据这一判断来观察大后方的工业，恐怕将以抗战结束到复员时期这一过渡阶段，为达到艰苦与困难的最高点。本来，在一个政治、经济都很稳定而有组织的国家，由战争到和平的阶段，虽不能说丝毫没有困难，但至少他们的工业，是不会发生被震动到有遭遇摧毁的危险的，他可以在短时期内即相当恢复常态。但在我们中国则不然，由于政治、经济缺乏稳定性，由于国家和社会的一切在组织上缺乏坚韧性，在抗战结束的阶段，从各方面表现出一种混乱状态。特别是这次战争的胜利结束，来得相当突然，因而更行加重了这一混乱，乃是一个无容掩饰的事实。因为如此，所以我们这点原已困难重重的后方工业，他们将因于资金、原料、劳力、市场、物价的剧烈变化，因于交通运输情况的变化，因于金融市场的变化，因于国家财政经济政策的变化，乃至因于政局的复杂而使工业移动问题得不到迅速解决等等，必然会加重他的困难和危机的。此种困难和危机，若不能即日努力来设法解救，则处此风雨飘摇的时期中，后方的工业实大有被湮没和摧毁的可能。老实说，后方这点工业，不但也是承继了数十年积累下来的一点残余的民族工业遗产，而且还大部分是另起炉灶重新建立起来的，费尽无限的心〔辛〕苦。我们不能坐听其全遭毁灭，而让明天又来一次另起炉灶的新建设，所以企图唤起大家积极起来挽救这一危机，便是作者本文的唯一目的。

二、抗战结束期工业上可能遭遇的困难与危机

后方的工业，在抗战时期，即已痛感到资金的缺乏，原料的不足，销路的窄狭，运输的不便，物价波动使工业成本过高，利润和资本均被侵蚀，财政、经济政策的失当，金融政策的失调，管理制度之不良等等困难，而使他〔它〕日趋萎

缩了。但这些困难在抗战时期尚不是最严重的,最严重和危机最大的时期,则是目前这战争初停,复员未能完成的阶段。因为如果我们不否认经济不能脱离政治,政治的安定是经济的安定与发展的前提,那么在抗战时期不管政治上有好多缺点,总还有点战时的常态,因而经济的衰落,也还有点缓慢衰落的常态可寻。可是在目前这个阶段则不然,政治是失常的,于是经济也不能不失常;一切都有一种剧变的姿态,所以可以说一切都表现了他的混乱的象征。政治的混乱,他会必然地引起经济的混乱,后方工业在这浪潮中是非常危险的。比如说,政府现在是倾其全力在从事战区与敌后区域的收复和争取的,在这比战时更为扩大的政治军事活动与需要上,就必然会转移他的注意力,把一切物力、人力、财力均集中到那方面去使用,而对于后方经济则采取不闻不问的态度,以此造成经济上相当的混乱,都已有事实的表现了。同样,在经济界的自身,有许多的人,现正徘徊于急欲复员而又不能立刻实现的歧途上,也自乱步骤地助长了这一混乱。这些都已成为一种严重的现象,而由目前的物价暴跌、金融奇紧、工业恐慌等事实加以证明了。但这些混乱的最根本的原因在哪里呢？主要的还是由于我们向无坚强的团结的民主政治基础,而这次日寇的突然投降,更增加了民主团结的障碍,不能很常态地去处理一般政治军事问题,形成了政治的不安,并由这政治的不安影响到经济的混乱。因为如此,所以目前的经济混乱,是以政治不安为其主导的原因,工业界乃至一般社会人士,都必须认识这点。明白了这点,我们现在再来分析目前工业上的许多严重问题罢。

（一）工业资金必将更感缺乏

后方工业资金,原是由下列几种方式取得的:(1)国营工业系由国家财政支付而来,民营则由私人集资而来;(2)民营工业的周转金,近年来一部分靠政府的放款和津贴,另一部分则靠向私家银行借贷;(3)工业资金从工业利润上积累而得。可是,除国营工业的一切均随时由国家财政开支不说外,民营工业的所谓私人集资,差不多自三十二年工业衰落日甚起,即逐渐趋于半停止状态。因为工业利润不但远不及一般投机事业,反而是渐渐只有失本而没有利润可言,所以工业界早已不能吸引私资。在目前的状况下,工业在本文所叙述之种种困难和危机中,将更谈不到丝毫利润,因此也更吸引不了私资,乃是当然的道理。民营工业靠国家津贴和放款吗？以现时政府的动向言,为了达成其政治企图计,在军事与政治的开支上,我们敢于断言必比过去还要大,必无财力来扩大津贴放款政策,恐怕还相反的会在种种方式下来降低这种政策实施的程度,例如生产局取消定〔订〕货办法,即其证明。此外向私家银行借款,不说在此风雨飘摇之际，他们不放心放款，就是放心放款，在现在各银行自己都感到头寸奇紧，无法应付的状态中，也将无款可放，这是已经表现出来了的事实。至于由工业利润来积累资金，上面已说过，工业界早已没有这种幸运了，现在更是毫无把握。民营工业的资金无法筹集，国营工业也好不了多少。政府的财政开支方向，既然大大的转向于应付目前政局方面去了，许多国营工业，必然也只有向隅唾涎，得不着充足的资金补助。从目前的情势推测，不但后方工业不能有新的资金补充，而且因为原料、市场将更行缺乏，无法发展生产，支持营业；因为物价波动太利〔厉〕害，不管看涨看跌，均将更会亏蚀他的原有资本，减少资金，所以工业界的资本，很可能在这剧变的环境中损耗至山穷水尽的地步。

（二）原料将必然更感困难

后方工业，在许多部门中，本早已感觉到原料缺乏的苦闷。不过就一般常识想来，在这抗战结束的期间，有的工厂将因种种困难而停闭或收缩一部分，有的工厂要暂时结束准备复员，如此在同种工业的原料供应上，必然会减少消费和竞争；并且战争一停，前后方的商货已可自由流通，则原料缺乏的问题必可因此得着解决。其实这种看法是不大可靠的。因为第一，原料的供应大有赖于交通的灵活，很少的工业是可以仅赖当地原料来养活的。但是就交通运输言，在这时期将比抗战时期更为困难，因为政府的军事运输需要，显然已比抗战时期扩大了，而政府机关的迁移复员，工商业的迁移与复员，大批逃难人员的还乡与复员，其所需要的交通工具，将比战时大好多倍，一切交通工具都将被征用来供上述各项需要之用，目前政府已决定征用长江大批木船，即是证明。如此则对于维持工业生产所必需的原料运输能力，必比战时更行降低，原料的供应必将更感困难。第二，许多靠半制品作工业原料的工业，如织布业以厂纱为原料，炼冶业以铁沙毛铁为原料之类的工业，将因那些半制品工业之本身原料缺乏而减产，将因一部分工业准备复员而使生产停顿，均足以造成这些依赖于半制品为原料的工业发生原料恐慌。总之，在抗战结束之政治、经济剧变时期中，工业原料之将更感缺乏，是十分可能的。

（三）工业劳力亦将有不足之虞

后方工业，因为多半是移置和新建的工业，没有长期培养技术熟练劳工的基础，故在抗战时期，多半是靠逃难内移的技术工人作主力来支持的，所以在以前即已经常发生技术工人缺乏和跳厂频繁的现象。这种现象，虽因八年战争的长期训练和生产紧缩与退减，而逐渐减轻了，可是在这抗战结束期，必有许多熟练技工还乡复员,这就可能造成工业劳动力的缺乏现象。

(四)市场将愈感窄狭

尽管抗战停止了,更尽管在复员声中许多工厂会停止生产准备复员,但仍将不会立即扩大一般工业生产品的销场。因为在农村负担依然奇重,农民生活未能改善,工业生产将继续衰落,一般公教人员及市民生活无所改进中,社会购买力在各种场合下均不会增加,市场依然是无法扩大的。实际情形会恰恰相反,广大的逃难民众在准备还乡复员中,最迫切的川资问题,均将靠更高度的节约和典卖旧货未〔来〕筹集,目前已经发现的沿街充斥的旧货贩卖,正说明了这一事实。如此不但购买力和市场不能增加,反而是旧货将占领工业的新制成品的广大市场。假使再加上囤积居奇者看到战争结束而急于抛售囤货,则工业的新生产品的销场是会更加窄狭的。至于许多制造半制品的工厂,虽一方面如前所述,由于此种加工工业的减少而使依赖半制品为原料的工业缺乏原料,但反过来说,他方面亦有可能因那些依赖加工半制品为原料的工业的减少,而使此种加工工业亦缩小了市场。由此可知,在任何情形下,这一时期一般工业的市场,不但不会增加,而且是会大大的缩小的。

(五)交通运输的偏向更增加了物资流通的困难

我们在研究抗战结束期的工业原料时,已经叙述过这时的交通工具,无论是空运或陆运与水运,均将集中于应付目前政府的军事政治需要,集中于应付政府及一般人的复员还乡的需要,所以对于工业的原料运输和供应,对于工业产品的推销运售上,都是会更见减少而增加他们的困难的,工业的经营将受到很大的障碍。

(六)物价的波动更将增加工业的困难

在抗战时期,由于物价的不断高涨,使得工业制成品的价格,常落在工缴费和原料的价格上涨之后,已曾给予工业界的巨大损失。但物价波动的情形,在这抗战结束时期,将是更加厉害的;此种物价波动,并且将和抗战时期采取不同的姿态,即抗战期的物价变化,大体上是一直上升的,而此一时期的物价,一定会有上涨也有下落,甚至可能在回涨后常常有暴落的情形发生。因为这时的政局的变化,可能是时好时坏的,复员的工作也可能是时紧时弛的,以此会影响到物资在物资掌握者手中更难安静,商业的投机是会更为机警但又更加短促的。在这时谁也不能把握一个较远的有弊无利的前途,谁也不敢把他的资金较长期的冻结在任何一种固定形态上来运用,这就会造成波动性很大的物价变动。不过,我们要知道,就在这破格的跳跃中,无论看涨与看跌都将不利于工业生产,都对工业有损害。因为工业生产过程要在较长的时间中才能完成,无论物价上涨或下落,都须要有相当的持续常态,他才有可能对他的前途做相当的预见,有把握地来规定他的营业计划。反之,在任何预见都成为不可能时,则他一定也不可能去确定一个计划,这对于工业生产的进行上是极端困难的。因为如此,所以当物价不断地飞速上涨时,工业家往往是于卖掉他的生产品后,再也买不回来再生产同样产品的原料,收不回他所支付出去的全部工缴费和成本。近几年各工厂就陷于此种苦闷,而亏蚀了大量的资本,是一个显明的事实。同样,如果物价像现在这样,采取失常的暴跌姿态下落,则工业家由于以前是用贵原料与工缴费制成的生产品,此时却被迫以贱价卖出,其足以亏蚀他们的资本更大,也是当然的。总之,在抗战时期物价不断暴涨,已使后方工业大吃其亏,但那还只是从物价上涨一方面来威胁工业生产者,在抗战结束的今日,物价的总趋势虽然是会看跌的,但在这一过渡时期,必将采取涨跌失常的上下波动姿态,他【们】将更从两方面来夹击久已疲惫不堪的后方工业,所以他们的处境将更比以前要危险得多。

(七)财政、金融与一般经济政策的变动,更可能增加工业的困难

在这抗战结束期,政府将采取怎样的财政、金融与一般的经济政策,来抚辑流亡,休养民生,稳定经济,在有利的方面,我们除了看见过最近拨了廿万万元来调节金融恐慌外,其余任何计划,都是尚一无所知的。不过就大体上看,以现时政府的政治企图和目前的客观情形言,为了实现他那种政治和军事要求,则其财政的开支,恐怕将比战时更大,因此所谓目前的财政、金融和经济政策,也更会发生一种偏向,偏向于集中全力去满足他那种政治军事的需要,而会无暇顾及甚至忽略了安定后方经济的方策的。事实是可靠的证人,我已说过,关于休养民生、平衡财政、稳定金融、维护工商业现状的一般计划尚未见到,可是那种偏向的政策则却已有了不少的端倪,是无可讳言的。

就工业政策本身来讲,翁部长在八月廿五日举行的工业团体会议上的谈话,主要的对后方工业指示了三点:(一)政府对工业的救济不采取无限制的一般救济政策,只有与政府有用和有利的工业才能予以救济。(二)各工厂应行裁减员工,以减少成本,图谋自救之道。(三)较小工业单位应予以合并,不能维持者听其倒闭停工。就他对于工业政策的这三点方针来说,我们以为是和休养民生、安定经济、保全并发展后方工业的途径全部或一部【分】相左的。因

为以第一点说,与政府有利和有用的工业,大半是无关于恢复和提高民生之日用所必需的工业,这类工业是即将不予以积极的救济的;同时配合他所指示的第三点看,则如在后方的织布工业,大部分还是小型的甚至半手工业性质的工业,不能合并即将听其停工,更证明他将会置一般民生所急需的工业于不理的。其实在抗战的军事第一的条件已不存在时,政府的责任,若欲(而且也应该)改进战时人民久感匮乏和民生贫困的状态,则民生日用必需品的工业,正是当前亟需〔须〕救济和发展的工业,不然即无从恢复和改进今日的民生。就第二点看,政府的这种工业政策,乃是不从扩张和发达后方工业生产着手,而是缩小生产机构,制造广大的失业员工与贫困。就第三点说,我们乘着这时把许多工业合并加以重编,把小厂变成大厂,把较优良的机器组合为可以增加生产力的大厂,当然是对的,但若果立刻梦想到最新的机器和工厂,马上可以建立许多许多来,对于那些小厂立刻不管,采取淘汰方式,我们实在不能苟同。因为目前一般人民的生活需要品是急切需要增加的,我们不能让大家更贫乏地坐待新式的机器和工业建立后,才再来穿吃使用。所以现时的一般小型工业,不管他的生产工具怎样落伍,只要大规模的新式工业尚未建立起来,其生产品尚未达到足够可以满足人民需要以前,他将仍比纯手工业的生产要好些,仍可以供应一部分人民的需要,而是可宝贵的东西,若听令其消灭不加救济的结果,只有降低工业生产,增加人民的贫乏。这样看来,目前政府的工业政策,在总的方针上,已经是不利于后方工业的了!

其次,在财政政策上,以现时政府之政治与军事的要求,必然比战时还要扩大财政上的开支,因而一方面便不能立即希望减低一般的捐税,改善人民的贫困状态,增加消费能力,扩大工业生产品的市场,他方面即连对工商业本身的税捐,也将一时不能减低的。最近黄金的献金政策,正指明财政上还在多方设计加重税捐来增加财政收入。至于通货的发行,我们想象得到暂时是不会紧缩,而还有大为增大的可能的。一般的财政政策如此,他将同样影响于金融政策的愈益恶化。首先是政府目前的扩大支出,将使法币的流通大量转移到收复区去,后方的金融将一时失其周转与调节的灵活效能。同时,政府以黄金储蓄及捐献方式,吸收了大量法币使之回笼,造成一时头寸不足的现象,已经使得好些银行、钱庄感到应付不灵了。在银根紧俏情形下,即一般商业也感到筹码不足,这不但促使他们亟求商货抛售,构成物价狂跌的因素之一,并且一般商店也在生意萧条、资本周转失灵的状况下,发生动摇。所有这些错综复杂的原因,自然会造成信用放款的极不安全,银钱业不但缺乏放款的头寸,并且亦不敢大量放款,更会增加高利贷的作祟。工业所急需的资金既无从取得,则更要忍受高利贷资本的无情剥削，工业的危机，将是不可想象的。

根据以上所分析的各种理由，已经可以看到目前工业的前途是非常困难而暗淡的。可是在一般管制限价及统购统销政策仍无取销〔消〕的迹象时，相反的是政府的补贴政策（如嘉陵江煤矿的补贴），已宣布取消，这一政策是必将逐步普遍实行的，生产局的定〔订〕货办法也已停止。这样一来，使得工业久已赖以维持残生的希望都断了，所剩下的就只是一副严格管制的枷锁，后方工业的全部坍台是很可能的。事实已经告诉我们，目前各工厂不但已开始缩小生产，如重庆毛纺织业即其一例，而且连工人的伙食工资都发不出来，已成普遍现象，如果不积极起而设法挽救这一危机，其后果是不堪设想的。

三、挽救危机之道

我们已经说过，后方的这点工业，是经过千辛万苦才保存和建立起来的，并且对于抗战会有其宝贵的贡献，我们绝不能对于昨天才为抗战尽了力的工业，在今天抗战刚刚结束就弃置不理，让他崩溃下去，到完全复员后又再来另起炉灶重新建设。我们必须立即设法来挽救他的危机，保存这份抗战中的遗产。怎样挽救目前已临绝境的工业呢？根据前面的现实事态的分析，我们以为在政府和工业界自身双方都应各负其应尽的责任而加以努力。尤其是政府方面所负的责任更为重大，因为目前工业上的危机，主要的也是大部分的原因系由政治环境所造成，只有政府才有力量来解救他。因为如此，所以就政府方面来讲，我们以为：

第一，政府应立刻采取政治的民主团结方式，来解决国内团结问题。因为只有从政治上做到民主团结，中国才能在这国际和平已经实现的时候，同时实现国内和平，安定中国社会，立刻进入休养生息、稳定经济的阶段。很明显的，日寇是投降了，接收敌伪武装，收复沦陷地区，本不是十分困难的工作，问题就在于中国未完成民主的政治，未达到民主的团结，因而在抗日战争终结后，仍不能使军事行动告终，反有更行积极的趋势。可是军事需要的扩大，他必然更要增大财政的开支，于是首先落在工业家头上的灾难，便是国家定〔订〕货、贴补、放款与救济政策的取消和缩小；便是通货的继续膨胀与货币紧缩的双管政策造成的金融混乱；便是税捐无法减轻，反以特种方式变象〔相〕地增加，造成购买力低降。至于交通运输能力的更行困难，物价的失常态的波动，复员工作不能顺利进行，均无一不与政局的不安为其总因，而影响于工业生产的困难。所以政府立即以民主方式促成国内的团结，无疑的是安定社会与救济目前工业危机的主要方策。

第二，既然国家财政问题与解决目前一般经济和工业危机，有极其密切的关联，那么在对外战争结束后，政府的财政政策绝不能再以军事第一为前提，而要以安定和改善民生，稳定经济，救济工商业的困难，进行复员等为第一和前提，按照这一前提去处理财政的收入与支出。在这一前提下，我们主张：（一）减轻田赋征实及一切税捐，停止一切强迫性的捐献和名目繁多的各项杂捐，借以复苏民力，恢复他们的购买力，复兴工商业的销售市场。（二）立即停止通货膨胀，使物价不再继续上涨，而得着稳定和缓慢的下落；同时努力运用政府的财力，采取各种方式来调剂物价，使其不至〔致〕发生剧烈的暴跌，以减轻工商业的困难。（三）为了要达到前条所述的目的，一方面政府仍须采取进步的财政政策，依照社会各阶层的负担能力，使财力充足者能尽到应行负担的义务，以公债及累进税制来开辟财源，求得国家财政收支的平衡。在另一方面，不但应继续过去的工业救济与放款，并须扩大正当的工商业的救济和放款的尺度，所以定〔订〕货、贴补和四行放款等办法，不唯不能停止，而且还应该斟酌情形在暂时使之更行普遍。这种救济办法绝不只直接有益于工商业本身，他还可以尽到调剂物价的作用，不致增加工商业的意外困难。自然这种救济是应该有选择的，但这选择只能以工商业的正当程度为标准，绝不能以国营民营或与政府有利无利为标准，因为不如此，绝不能普遍挽救目前的工商业危机。

第三，在金融政策上，除掉停止恶性的通货膨胀外，主要的政府应由国家银行准备和掌握大量的通货资金，准备随时依市场上通货需要的程度和缓急，有伸缩性地做灵活的抛出和紧缩的处施，以调节银行业头寸的松紧，使金融进入安定状态，并安定一般的经济，重新恢复对正当工商业放款的常态，则其便利于工业生产一定是不小的。过去政府想以黄金来操纵通货，其政策是失当的。因为今日的黄金已完全变成了投机的商品，其本身已失掉了控制和调剂通货的能力，相反地他却助长了通货价值的混乱，引导游资乃至正当资金走入邪途，捣乱正常经济的发展，也使资金凝固，通货失其在市场上灵活运用与调剂金融荣枯的活泼作用。所以黄金政策应该立即停止，仍应由国家银行以通货资金之充分准备来把握通货市场，才能活泼地调剂金融与工商业的荣枯。

第四，一切管制政策，应当立即停止。物价限制，在普通市场上早已失效，而限价制度，结果只限制到正当工业家的生产成品，使他在成本以下出售其产品，这对于工业生产久已成为制〔致〕命的打击，此种管制办法固然是应该马上取消的。同时如统购统销政策，他不但阻碍了物资之自由买卖，同时也阻碍了物资之自由运输，甚至压低了农业原料生产，造成工业上的原料不足，市场缺乏种种困难。如果目前的管制政策再无限继续下去，则工业的危机将是无法挽救的。

第五，政府不能因目前的政治上的需要，因单方的复员需要，便忽略了后方工业生产的维持，而把交通运输的全力集中到那一方面去。在不能让后方生产事业停顿的理由下，必须设法拨出一部分交通工具专供后方运输之用，使后方的原料、产品和一般物资商品仍得灵活流通。否则后方工业将因原料的更行缺乏，产品更难推销而破产，一般社会经济也更会衰落混乱。

第六，政府应立即准备将迁来后方的工厂中之准备复员者的生产工具，计划予以收买，交由后方公营或公私合营。因为一方面需要返回沿江沿海一带去的工业家，自不能白牺牲一切而空着手走，另一方面后方的工业仍需维持继续开办下去，而这些工业单靠私人来接手，其中困难甚多，只有由政府来设法接收过来，保留在后方。

第七，政府必须立刻明定出没收敌人和附逆的汉奸工厂，作为补偿一切有功于抗战的工业和迁来后方支持抗战的工业者的损失的详细办法，以鼓励民族正气，同时使一般迁入后方的工业家不致因失望而慌乱，造成经济上的混乱。不仅如此，政府还应详细而又公平地规划一般复员工业之先后次序及其办法，使一般工业家能安心从容地计划复员，而不至影响到目前生产。老实说，当工业界一经明白他们将无分取得敌伪工业来补偿其迁移损失，便感觉到进退无据的苦闷；政府未能详细规定出他们复员的先后办法时，大家都毫无秩序地争着设法抢先回去争点东西。如此绝不能安心于现有事业之经营。这种慌乱情形对个人固属不利，并足以造成生产衰落，经济混乱，影响于后方经济不小。

以上几点，是作者认为在目前工业危机中，政府所应特别注意并采取紧急处施的方法来挽救的。自然，这些处施中仍以第一点所指出的政治处施为主，没有那一前提，其他的一切问题都将只成为一种理想而已，是不能如愿实现的。在这里，我想除了政府所应注意和负责者以外，对于后方的一般工业家，也有几点希望。

第一，既然经济的安定以政治的安定为前提，要建立经济的常态发展和秩序，又以建立政治的常态发展和秩序为条件，那么一般工商业者仅从经济的行动上去要求救济经济的危机是不够的，大家实应进一步努力促成政治的民主和团结，以安定今日的政局。只有政局在民主团结基础上得着了安定，然后经济的危机才能被挽救，否则，破产的命运是逃不脱的。

第二，在抗战结束了的今日，只要中国内部和平能在全国人民努力得以实现，物价是会逐步下落的，一切投机的幸运已不可能继续存在。同时在这种情形下,工业的生产纵然在今天仍是艰苦的,可是在明天则是光明的。工商业乃至银行家们,不能再抱着近视的目光,不肯把资本投在工业上去。目前工业的困难,谁也希望政府来救济,但一切全靠政府不但没有可能,而且也不应该。因为政府的资金也是人民大众的血汗,我们不应把自己的钱装在荷包里,一切都指望着用人民的血汗来解决问题,来建立自己的长城和宝塔。工商业金融家们也应该自己努力去筹集资金,来解决资金缺乏的困难,挽救垂危的事业。

第三,一切需要复员的工业家们,准备复员固然是应当的,但应持之以从容镇静,要有条理和步骤来准备自己的复员,不可像现在这样慌乱,使自己的现有事业陷于停顿与混乱。一天未能实现复员,便一天要使现有事业照常进行,并期其能够维持常态。因为这种精神,并不只有利于自己个人,同时也尽了安定后方经济的作用。大家慌乱的结果,必然造成整个经济混乱,加深目前的危机。

第四,在目前社会购买力尚未恢复和提高以前,后方工业生产品的市场当然是一个严重问题,并且这一问题还是工业上的基本问题。没有销路不但没有钱赚,并且就是不图赚钱的生产也无法继续再生产。因为如此,我们以为在收复区还未达到完全复员和恢复生产时,那些地方的残破和复兴工作,将会有物资缺乏与急切需要之感的,至少在短时期内是如此。所以在后方销路不旺的某一部分工业,某程度地可以随着复员工作的前进,去找得部分新的市场,来维持后方生产。这是要靠工业家们自己的努力的,政府的定〔订〕货向来即只是对部分工业的,专靠这一出路一样不能解决全般工业的市场问题。

总之,目前后方工业危机是严重的,要解救这一危机,实在需要政府和一般工商业金融家共同努力,尤其需要政府采取贤明的政策才能见效,这一努力的中心,则应以政治的民主和团结为主。

四、四川工业上应有的措施

前面所叙述的一切,虽说是关于全后方的工业问题,但由于四川是大后方的一省,他在一般问题上,与政府的政策和整个后方是不可分离的,因而那些现象和问题的分析与解决,适用于全后方也适用于四川,就等于在说明抗战结束期四川工业之一般的问题。话虽如此说,但立足在这一时期之四川特殊地位与处境上,我们还得单独对四川工业应有的处施,提供一点意见。

自抗战以来,后撤和新建的工业,大部分集中于四川,这一变迁是把四川向来的落后性改变了,把原无近代工业的四川,提高到可以列入幼稚的中国所谓工业省区之林了,这是四川的幸运。但是,很显然的,现有的许多迁川工厂,因为他们的工具并不是很新式的,重新迁回沿海一带颇不合算,必将大部分留在四川。四川人为了保持这份曾为抗战尽过伟大力量的工业遗产,为了使四川经济不因抗战停止而倒退,并能从现有的工业基础上向前发达,也为了改进川民的生活,提高生活水准,发展四川的文化,都必需〔须〕好好来接受这笔财产,作为发展四川经济的资本。实在说,四川的资源,虽不算十分优裕,但各种资源都有一点,亦有能力来接受这点工业遗产,发展工业。因为这样,所以我们愿在抗战结束和准备复员期中对四川工业的处施上,提出以下几点,希望中央与四川省政府及四川工业界人士,予以积极的注意。

第一,后方的工业大部分在四川,救济四川的工业就等于救济了后方的大部分工业,这是不待言的。可是救济工业并不只在于补贴放款之一端,最重要的是设法为工业界恢复市场,而恢复市场又在于恢复人民的购买力,因此我们希望中央与四川省政府,立即采取行动,减免四川的田赋和苛税,恢复人民的购买力,开辟工业市场。四川为抗战曾担负全部战费的三分之一,此时抗战已停,也应该一纾民困,并作为救济四川工业的积极处施之一。中央不能以为抗战已经结束,政府将还都南京,以后再不需要四川了,即对四川置之不理,这是不公道的。

第二,中央应将迁川工厂的机器设备出资买过来,交由四川省政府公营或用官民合办方式继续经营。四川省政府也应采取同样处施,准备将这些工业接收过来,免使其停顿废置。

第三,四川的工商金融业家及一切有资力的人应当立即集资来维持现在的工业,以自力设法挽救危机。同时并自行收购迁川工厂,实行合并和重加编整,使其组织趋于合理化,以提高生产能力。凡一切为大生产所不适用的小型旧式机器,应设法分配到工业落后的地区去组织小型工业继续生产,以代替并改进那些地区的手工业。我们不应过分鄙视这些机器,只要他〔它〕们比纯手工业生产是进步的,只要更新的大工业尚未建立起来,他〔它〕们能尽到为人民生产一部分必需日用品的责任,便是很有用的,而且至少在三五年内仍有他〔它〕们的前途。

第四,这次抗战,四川在财力与兵员的负担上,既尽了最大的努力,那么在抗战后没收得来的敌伪工厂物资和一切赔偿,中央政府应依人口比例,至少移拨十分之一给四川,作为发达四川经济的资本。

除以前所述的一般工业危机的救济办法,同样适用于四川外,在目前的抗战结束期,四川所应特别注意者,尚有此四点,希望政府及川中有志人士,共同努力以赴,万勿使四川工业竟随抗战结束而衰落崩溃。(三十四年八月三十日脱稿)

录自《四川经济季刊》第二卷第四期,一九四五年十月一日。

四川战时工业统计（一九四六年一月）

李紫翔

两三年来，笔者曾依据经济部统计处的统计资料，写过几篇关于四川工业的论文。那些资料中较有系统的数字，多是属于三十一年底以前的。同时，那些统计也不免过于粗略而不完备。近来该处又依据截至三十三年底的资料，作成后方工业的新统计，分类较多，计算较密，颇可当成胜利前的后方工业一般概况看。笔者有见及此，即就该项统计原稿中，将有关四川的分别摘录并计算出来，打算作为写一篇《四川战时工业的总结》一类论文的资料。待到这些资料分门别类的整理出来，哪知竟多到二十三个统计表，以致陷于两难地步：如果把这些统计表都引用到论文里，即会使论文不能保持一个严紧〔谨〕的结构；如果适应论文的要求，将统计加以必要的删节，那么又是不会将这一关于四川工业之较新及较完备的数字全部刊载出来的。因为这样，在得了主编的同意之后，即将此项资料，合辑为《四川战时工业统计》，而由笔者对此项资料的来源、性质等，作一个总的说明。

一、此项统计资料的来源

都是依据经济部三十年起举行工厂（电力厂不在内）重登记时，各个工厂所附填之表格的数字计算出来的。所以这些原始资料的数字除了资本额外，可靠性都是较高的。战前的登记工厂统计有一个最大的缺点，即是履行登记的厂家常不热烈普遍。这种现象，在战时因为经济管制，贷款及免缓兵役等种种关系，大中型的工厂（兵工厂例外）不登记的是极稀少的；反之，因为工厂登记的三个标准：（一）雇用三十工人以上；（二）使用动力；（三）资本一万元以上。只要具备一个条件（特别是资本一万元的一个条件）即可合格的缘故，以致许多极小的工厂，甚至工场手工业（例如电机米厂和手工卷烟工场等），也被统计进来了。

二、这里辑录的二十三个统计表

可分为三类：一至十一表是属于登记工厂的总统计，一二至一九表是属于变动工厂的统计,二〇至二三表是属于现存工厂的统计。这三类统计,综合起来,差不多可以表现战时四川工业静态和动态的全貌了。

三、在登记工厂的统计中

四川工业的厂数、资本数、职工数以及在各个工业部门中分配的情形,都有了一个新而较全的统计。为明了实际发展状况,除了资本的分组统计外,又做了两种依据开工年份的统计:一种是厂数的统计,借以表明历年工厂设立的状况;另一种是资本的统计。由于货币价格逐年猛烈的下跌,所有累计的资本数字,既失去了它自身的真实价格,也失去了它所代表的资产价值。所以我们计算开工年份的厂数时,同时也将它们的资本统计了出来。我们在假定法定资本是和开工年份相一致的前提下,计算出第七和第八表的依开工年份之资本统计,并以经济部编制的物价指数折合出依战前货币价格之资本估计的第九表;其年份不明者的资本,则是以三十年的货币购买力作标准的。这种估计自然相当粗略的;因为我们所依据的工厂报表,都是从三十年举行重登记中得来的,可能在其履行登记时已经增资。这样,三十年以前,特别是二十六年以前开工工厂的资本,有因折合战前币值而增大的可能。另一方面,我国采用独资、合伙甚或公司组织的工厂,在其填报法定资本时常常也只报明实际资本的一部分。这样,我们的估计又是可能较实际为低的。不过,话又说回来,我们的估计虽有可保留的地方,但是在币值未定和资产升值也未定的时候,我们这个估计尚是一个唯一的拭〔试〕作;把它和依据票面数值计算的统计对照起来,是更较有参考价值的。

四、变动工厂的统计

我们的原意,是打算将战事损失,宣告歇业,改变组织,转让产权,撤销登记,短时停工,改换产品,迁移地址,改换经理及增加资本等各种变动都统计出来,俾可以和登记工厂统计各自表现工业动态的一个方面,但是变动统计的可靠性还不如登记统计来的大。这因为履行变更登记的实没有设立登记来得踊跃,虽在其他的调查上知道它的变动,但要等到经过地方行政机关正式复查证实,即使获得答复,亦不知延缓若干月日;同时,厂家自动申请变更登记的,更常在变更事实过去好久之后。又如经过停工而至歇业的,在歇业确定以至实行,一般是不作停工的申报的。由于这些原因,除了战时损失一项可以由我们依据登记工厂和战争的地域发展自动的计算外,其他变动工厂的厂数和时间,都是远落在事实之后的。

五、现存工厂的统计

分重要设备和主要生产能力两部分。这些设备及生产力主要皆是依据各厂登记报告上的数字,其中一部分亦曾依据续得的调查报告数字详加校正,不过登记时间有先后,工厂的扩大或缩小,亦时所不免,所以这些统计,亦只能说是近似而已。加以各种设备和产品的种类、性能或单位,既极不一致,填报更多不完备,我们于异中求同,就只有以粗略代精密了。大概说来,重要设备的动力部分,算是最精密的,每种动力机除了部数外,还有马力或K·V·A·的数字,使我们知道数量之外,还能知道它们的能力。工具机的统计,就只分出它们的种类,分不出每一种类中的大小和性能,虽然它们的效率和价值有很大的差别。作业机部分,只有炼铁炉、炼钢炉,有座数和生产力的吨数;大型纺纱机以锭计,小型纺纱机锭组并计;面粉机在部数外,还有生产力的袋数,皆较为确定,其他各种作业机的数量的含义就大多颇为模糊了。至于生产能力的统计,性质意义,亦略同于上。

六、在各项统计中

为了显现四川工业的相对地位,均将全后方工业的数字分别列载于前;为了表现四川工业的中心所在,又将重庆市的数字分载于下(我们所谓重庆市的范围是包括重庆市区、巴县、江北及北碚而言),以资互相比较。本来尚拟将它们做成百分比或指数,以便能更清楚地看出它在那一部分的地位或其发展的趋向,亦因为时间过于忙促,不得不暂时放弃;好在各项实数均已列举出来,读者亦可自行比较了。

一　四川工业厂数统计(三十三年底止)　单位:家

业别	全后方总计	四川合计	四川	重庆
总计	5266	2382	864	1518
冶炼工业	198	65	38	27
机器工业	1016	494	58	436
五金工业	337	155	52	103
电器工业	124	86	9	77
化学工业	1520	670	288	382
纺织工业	1026	333	180	153
服饰品工业	182	58	10	48
饮食品工业	601	408	213	195
印刷文具工业	154	58	10	48
杂项工业	108	55	6	49

二 后方工厂开工年份统计（三十三年底止）　单位：家

年别	总计	冶炼工业	机器工业	五金工业	电器工业	化学工业	纺织工业	服饰品工业	饮食品工业	印刷文具工业	杂项工业
总计	5266	198	1016	337	124	1520	1026	182	601	154	108
廿五年以前	300	10	64	25	6	83	54	14	19	19	6
二十六年	63	4	20	5	2	14	4	3	5	4	2
二十七年	209	10	58	29	2	41	30	12	8	15	4
二十八年	419	35	100	31	10	84	93	25	20	16	5
二十九年	571	23	146	47	16	148	104	20	35	19	13
三十年	866	41	165	57	18	250	168	44	82	21	20
三十一年	1138	28	241	65	36	266	248	30	185	18	21
三十二年	1049	37	94	49	21	416	218	8	144	35	27
三十三年	549	8	126	28	8	138	100	26	98	7	10
年份不明者	102	2	2	1	5	80	7	——	5	——	——

三 四川工厂开工年份统计（三十三年底止）　单位：家

年别	全后方总计	四川合计	四川	重庆
总计	5266	2371	850	1521
廿五年以前	300	98	70	28
二十六年	63	26	9	17
二十七年	209	77	15	62
二十八年	419	170	44	126
二十九年	571	248	82	166
三十年	866	366	127	239
三十一年	1138	609	220	389
三十二年	1049	455	142	313
三十三年	549	290	22	168
年份不明者	102	32	19	13

四 四川工业资本数统计（三十三年底止）　单位：千元

业别	全后方总计	四川合计	四川	重庆
总计	4801245	2542522	1134397	1408125
冶炼工业	748005	618988	93580	525408
机器工业	704722	376252	180684	195568
五金工业	135137	96602	37515	59087
电器工业	170160	90653	33320	57333
化学工业	1475058	704012	426978	277034
纺织工业	808332	307725	181403	126322
服饰品工业	64846	16828	4128	12700
饮食品工业	466266	231790	163221	68569
印刷文具工业	106155	45192	8630	36562
杂项工业	122564	54480	4938	49542

五　后方工厂资本分组统计(三十三年底止)　单位:家

组别	总计	冶炼工业	机器工业	五金工业	电器工业	化学工业	纺织工业	服饰品工业	饮食品工业	印刷文具工业	杂项工业
总计	1266	198	1016	447	124	1520	1026	182	601	154	108
10000元以下	43	4	96	27	5	49	62	19	49	7	4
10001—50000	1211	45	518	129	18	215	247	70	126	29	24
50001—100000	745	24	182	44	14	191	148	26	65	55	16
100001—500000	1678	47	270	80	54	569	550	44	241	44	50
500001—1000000	570	25	72	27	26	214	115	16	128	19	18
1000001—5000000	555	42	55	20	17	230	99	15	58	15	14
5000001—10000000	84	6	11	5	5	22	19	——	13	1	1
10000001—50000000	45	7	4	——	2	15	7	——	10	1	——
50000001—100000000	5	1	1	——	——	1	——	——	——	——	——
100000000元以上者	3	3	——	——	——	——	——	——	——	——	——
资本数不明者	51	4	8	5	5	15	8	5	1	5	1

六　四川工厂资本分组统计(三十三年底止)　单位:家

组别	合后方总计	四川合计	四川	重庆
总计	5266	2371	850	1521
10000元以下	322	120	45	75
10001—50000	1211	453	167	186
50001—100000	745	302	82	220
100001—500000	1678	798	267	531
500001—1000000	570	309	111	198

续表

组别	合后方总计	四川合计	四川	重庆
1000001—5000000	555	301	139	162
5000001—10000000	83	44	26	18
10000001—50000000	45	18	10	8
50000001—100000000	3	1	——	1
100000000元以上	3	3	——	3
资本数不明者	51	22	3	19

七　后方工厂依开工年份之资本统计（三十三年底止）　单位：千元

年别	总计	冶炼工业	机器工业	五金工业	电器工业	化学工业	纺织工业	服饰品工业	饮食品工业	印刷文具	杂项工业
总计	4801245	748005	704722	155141	170161	1475058	808552	64846	466266	106155	122564
廿五年以前	117950	1795	15406	5011	12996	50767	22877	2188	7482	2541	897
二十六年	22588	80	468	4060	115	7254	1077	950	588	4006	4050
二十七年	117750	11270	10319	4079	10950	51645	14540	280	6265	8107	1310
二十八年	286569	56711	65859	4321	42470	42848	54052	1092	25836	4022	378
二十九年	378973	129411	17342	4229	12012	66857	77756	975	14477	3088	53846
三十年	709979	286182	46395	6919	8338	230254	61054	8756	30568	27279	4236
三十一年	447631	45209	75327	16268	42303	61534	126985	17747	53534	10710	7995
三十二年	1486887	184280	249646	37972	44096	499430	227016	14780	154165	35462	40040
三十三年	1119502	50067	225983	57278	15300	382772	196041	18098	163181	10950	19832
年份不明者	113635	3000			1580	81700	26965		590		

八　四川工厂依开工年份之资本统计（三十三年底止）　单位：千元

年别	全后方总计	四川合计	四川	重庆
总　　计	4801245	2542520	1134396	1408124
廿五年以前	117950	54755	41085	13670
二十六年	22388	15391	6944	8447
二十七年	117750	81892	30885	51007
二十八年	286569	116221	28355	87866
二十九年	378973	246696	63583	183113
三十年	709979	445814	109012	336802
三十一年	447612	179254	128100	51154
三十二年	1486887	778568	339037	439531
三十三年	1119502	579259	358075	221184
年份不明者	113635	44670	29320	15350

九 四川工厂依战前货币价格之资本估计（三十三年底止） 单位：千元

年别	全后方总计	四川合计	四川	重庆
总计	487480	262570	108671	153899
廿五年以前	117950	54755	41085	13670
二十六年	22166	15239	6875	8364
二十七年	86583	60216	22710	37506
二十八年	120914	49037	11963	37074
二十九年	59031	38426	9904	28522
三十年	45718	28706	7019	21687
三十一年	9896	3959	2830	1129
三十二年	14486	7585	3303	4282
三十三年	3419	1770	1094	676
年份不明者	7317	2877	1888	989

一〇 四川工业职员人数统计（三十三年底止） 单位：人

业别	全后方总计	四川合计	四川	重庆
总计	59246	25568	11051	14517
冶炼工业	4741	2913	889	2024
机器工业	7757	3569	659	2910
五金工业	3048	1297	739	558
电器工业	2061	837	179	658
化学工业	18666	7977	4219	3758
纺织工业	12424	4094	2202	1892
服饰品工业	1769	499	88	411
饮食品工业	5739	3079	1917	1162
印刷文具工业	1815	611	108	503
杂项工业	1226	692	51	641

一一 四川工业工人人数统计（三十三年底止）

业别	全后方总计	四川合计	四川	重庆
总计	359663	154403	64773	89630
冶炼工业	49136	28836	6757	22079
机器工业	45424	20706	3810	16896
五金工业	15533	6110	3009	3101
电器工业	8551	3370	762	2608
化学工业	80860	34697	19423	15274
纺织工业	113558	42346	22177	20169
服饰品工业	12999	2920	580	2340
饮食品工业	18967	9370	7094	2276
印刷文具工业	9554	3146	787	2359
杂项工业	5081	2902	374	2528

一二　后方变动工厂厂数统计(三十三年底止)　单位:家

业别	共计	战事损失	宣告歇业	改变组织	转让产权	其他
总计	1516	1114	186	99	21	96
冶炼工业	64	56	1	3	3	1
机器工业	356	274	36	20	8	18
五金工业	130	102	17	6	1	4
电器工业	26	17	4	2	1	2
化学工业	376	241	45	39	7	44
纺织工业	325	221	69	18	——	17
服饰品工业	62	50	4	6	——	2
饮食品工业	88	73	7	2	——	6
印刷文具工业	57	52	2	1	——	2
杂项工业	32	28	1	2	1	——

一三　四川变动工厂厂数统计(三十三年底止)　单位:家

变动原因别	全后方总计	四川合计	四川	重庆
总计	1516	181	48	133
宣告歇业	186	73	21	52
转让产权	21	15	3	12
战事损失	1114	——	——	——
改变组织	99	55	10	45
其他	96	38	14	24

一四　后方变动工厂资本数统计(三十三年底止)　单位:千元

业别	共计	战事损失	宣告歇业	改变组织	转让产权	其他
总计	978686	733168	101231	65291	9715	69281
冶炼工业	20295	11700	1000	7000	95	500
机器工业	125813	102055	9209	8600	1380	4569
五金工业	29137	20440	3343	3180	500	1674
电器工业	24070	17040	310	750	10	5960
化学工业	352638	242184	32466	31836	7670	38482
纺织工业	261372	211535	29564	12260	——	8013
服饰品工业	24896	18068	4413	355	——	2060
饮食品工业	69536	65797	786	760	——	2193
印刷文具工业	54125	27695	20100	500	——	5830
杂项工业	16804	16654	40	50	60	——

一五 四川变动工厂资本数统计(三十三年底止) 单位:千元

变动原因别	全后方总计	四川合计	四川	重庆
总计	978686	95711	39296	56415
战事损失	733168	——	——	——
宣告歇业	101231	25306	7858	17448
改变组织	65291	40485	15035	25450
转让产权	9715	9430	5620	3810
其他	69281	20490	10783	9707

一六 后方变动工厂职员人数统计(三十三年底止)

业别	共计	战事损失	宣告歇业	改变组织	转让产权	其他
总计	16562	12122	1429	1547	190	1274
冶炼工业	892	656	7	124	19	86
机器工业	2408	1892	237	145	45	89
五金工业	1166	969	115	36	10	36
电器工业	575	515	17	14	1	28
化学工业	4708	2592	432	868	110	706
纺织工业	4034	3150	469	242	——	173
服饰品工业	741	596	67	52	——	26
饮食品工业	1048	874	49	45	——	80
印刷文具工业	674	591	24	9	——	50
杂项工业	316	287	12	12	5	——

一七 四川变动工厂职员人数统计(三十三年底止)

变动原因别	全后方总计	四川合计	四川	重庆
总计	16562	2008	811	1197
战事损失	12122	——	——	——
宣告歇业	1429	577	246	331
改变组织	1547	904	325	579
转让产权	190	146	50	96
其他	1274	381	190	191

一八 后方变动工厂工人人数统计(三十三年底止)

业别	共计	战事损失	宣告歇业	改变组织	转让产权	其他
总计	99281	75826	7954	8267	880	6354
冶炼工业	10078	7153	28	1664	133	1100
机器工业	14058	11379	1024	902	222	2531
五金工业	6466	5381	711	135	54	185
电器工业	2164	1902	72	60	9	121

续表

业别	共计	战事损失	宣告歇业	改变组织	转让产权	其他
化学工业	21205	13442	1683	3133	428	2519
纺织工业	29475	22551	639	1856	—	1429
服饰品工业	6164	5145	538	356	—	125
饮食品工业	5588	5195	128	99	—	166
印刷文具工业	2785	2498	77	32	—	178
杂项工业	1298	1180	54	30	34	—

一九　四川变动工厂工人人数统计（三十三年底止）

变动原因别	全后方总计	四川合计	四川	重庆
总　计	99281	11631	4552	7079
战事损失	75826	—	—	—
宣告歇业	7954	3992	1905	2087
改变组织	8267	5077	1565	3512
转让产权	880	617	244	373
其他	6354	1945	1838	1107

二〇　四川工业动力设备统计（三十三年底止）

类别	单位	全后方总计	四川合计	四川	重庆
总计	部	5225.00	3173.00	871.00	2302.00
	马力	77092.05	46134.60	13253.25	32911.35
	KVA	18710.36	12947.60	4667.00	8280.60
蒸汽机	部	262.00	137.00	77.00	60.00
	马力	25261.50	13874.00	3386.00	10488.0
柴油机	部	222.00	88.00	29.00	59.00
	马力	4459.35	1940.85	807.00	1133.85
煤汽〔气〕器	部	170.00	63.00	18.00	45.00
	马力	3753.50	1374.00	410.00	964.00
水轮机	部	83.00	41.00	27.00	14.00
	马力	1214.00	540.00	420.00	120.00
其他动力机	部	328.00	137.00	58.00	79.00
	马力	7079.00	3075.50	1944.00	1131.50
发电机	部	265.00	127.00	58.00	69.00
	KVA	18710.36	12947.60	4667.00	8280.60
电动机	部	3896.00	2580.00	604.00	1976.00
	马力	35324.70	25330.25	6256.25	19074.00

二一 四川工业工具机设备统计（三十三年底止） 单位：部

类别	全后方总计	四川合计	四川	重庆
总计	8727	5133	813	4320
车床	4348	2846	429	2417
刨床	826	535	84	451
铣床	616	297	107	190
钻床	1427	814	120	694
锯床	47	13	2	11
磨床	164	55	9	46
搪床	409	230	27	203
其他	890	343	35	308

二二 四川工业作业机设备统计（三十三年底止）

类别	单位	全后方总计	四川合计	四川	重庆
炼铁炉	座	88	58	42	16
炼铁炉	公吨	462.3	367	148	219
炼钢炉	座	34	29	11	18
炼钢炉	公吨	81.4	76.9	32.3	44.6
轧钢机	副	20	12	4	8
电化炼钢炉	座	23	14	13	1
非铁金属炼炉	座	7	——		
铅室	座	35	8	2	6
电解槽	座	97	205	150	55
高压裂化炉	座	266	199	98	101
水泥窑	座	43	21	——	21
造纸机	部	17	11	9	2
打浆机	部	72	50	29	21
转鼓	座	99	51	31	20
打光机	部	33	17	7	10
调和机	部	74	11	1	10
三轴磨	部	29	13	3	10
离心机	部	78	101	51	50
制烛机	部	440	379	69	310
大型纺纱机	锭	252250	137970	45800	92170
小型纺纱机	组	140	23	7	16
小型纺纱机	锭	12910	3978	1290	2688
多锭木纱机	部	700	398	358	40
单锭木纺机	部	7008	1224	1220	4

续表

类别	单位	全后方总计	四川合计	四川	重庆
电力织机	部	2152	1266	159	1107
铁木织机	部	13994	4540	2132	2408
木织机	部	4978	2265	1763	502
织毯机	部	427	313	200	113
针织机	部	882	694	289	405
面粉机	部	207	91	42	49
面粉机	袋	25330	6760	1895	4865
印刷机	部	508	293	235	258
整毛机	部	17	17	——	17
切纸机	部	77	24	4	20

二三　四川工业生产能力统计（三十三年底止）

产品别	单位	全后方总计	四川合计	四川	重庆
铁	公吨	113347	86560.5	31534	55026.5
钢	公吨	50043.7	47967.7	5625	42342.7
精铜	公吨	7605	6013	5913	100
动力机	部	1692	1498	415	1083
动力机	马力	15517	11000	300	10700
发电机	部	298	294	——	294
发电机	KVA	6551	3195	——	3195
电动机	部	653	642	——	642
电动机	马力	10586	4921	150	4771
各式车床	部	7640	6328	214	6114
其他工具机	部	576	456	——	456
炼铁炉	座	6	4	——	4
轧钢机	副	5	4	——	4
蒸溜〔馏〕机	座	73	67	——	67
高压裂化炉	座	571	571	——	571
离心机	部	345	327	——	327
造纸机	部	55	55	——	55
大型纺纱机	锭	17060	16060	100	15960
小型纺纱机	组	1285	639	——	639
小型纺纱机	锭	22032	7896	——	7896
木纺机	部	578	——	——	——
毛纺机	锭	813	812	——	812
铁木织机	部	2141	386	200	186

续表

产品别	单位	全后方总计	四川合计	四川	重 庆
木织机	部	88	——	——	——
面粉机	部	769	598	476	122
	袋	1250	1250	——	1250
造船	艘	724	420	200	320
印刷机	部	1303	930	51	879
炼钢炉	座	4	4	——	4
收发报机	部	2369	246	110	136
电话机	部	5549	5240	5240	
电线	公吨	2721.6	120	120	
	卷	123000	——		
硝酸	箱	134086	107907	106105	1802
硫酸	箱	308915	164692	156603	8089
盐酸	箱	23722	15413	234	15179
烧碱	箱	76901	66979	60000	6979
纯碱	市担	900788	892777	887097	5680
酒精	加仑	21835101	9560426	8420776	1139650
代汽油	加仑	3837524	2408964	1289000	1119964
代柴油	加仑	5050688	3117768	1956008	1161760
水泥	桶	387011	276611	——	276611
机制纸	令	498200	296378	194307	102071
重革	公斤	3858200	2832750	——	2832750
轻革	方呎	10174510	3050380	1093000	1957380
火柴	箱	169578	45340	34900	10440
肥皂	箱	1327272	1015640	63750	951890
蜡烛	箱	237510	191380	14960	176420
机纱	件	213805	114863	38829	76034
厂布	匹	4838401	2443967	962983	1480984
毛呢	公呎	1141995	243890	238052	5838
针织品	打	553247	382158	48302	333856
面粉	袋	5189496	1903051	578689	1324362
油墨	磅	10271300	10250800	——	10250800
熟猪鬃	公担	6150	6150	250	5900

录自《四川经济季刊》第三卷第一期,一九四六年一月一日。

胜利前后的重庆工业（一九四六年十二月）

李紫翔

一、前言

重庆是西南工业的中心。重庆的这种工业地位，完全是在战时跑步似的迁建起来的。重庆的自然资源、交通条件和社会经济的地位上，虽是西南诸省中一个最优越的都市，可是它在战前几乎是无工业可言的。它那时所有的工业，只少量的农产加工工业和利用外来原料的手工织布工场而已；筹拟了二十多年的炼钢厂和水泥厂，也待到抗战前夕，才行开工。

战争，改变了重庆的面貌，也变改〔改变〕了它的地位。而经济上的改变，从远大目的看来，还比政治上的暂时影响要深巨得多。在战前，重庆只是商品的出纳港，战时却已成为工业都市了。重庆较优越的经济条件，过去因在内战中，没有被利用，到了战时，东部工商都市一一沦陷，始被空前的重视起来。所以工业西迁中，最多和最大的工厂，都选中了这一区域。因此，短短的七八年间，重庆的市区、长江嘉陵江两岸和渝黔、渝蓉两路的数十里内，都兴建了各种各样的工业，而成为支持战争和供应四川以及西南的工业产品之主要来源。如果说，支持战争的农产品，主要的是来自四川，那么，支持战争的工业品，也应说主要的来自重庆了。

但是，胜利却又带给了重庆工业的一个艰危的厄运。重庆的工业，在战争的后期，原已遭遇了慢性的危机：不只是发展的速度已经大为减缓，某些重要部门的现状亦已没有维持的可能。然使重庆工业走入全部破产的境遇的，无疑的是胜利带来的灾祸。

胜利灾给予重庆工业的打击，到了如何的深度，同时，重庆工业要怎样克服当前的困难，开辟继续发展的光明前途，是大家最关心的事件，亦是我们在这里试作商讨的课题。

二、战时的发展

依据经济部的统计，重庆的工业，到三十四年底止，登记工厂的累计数，共达一,六九四家,资本二,七二六,三三八千元,工人一〇六,五一〇人。这些数字,在战时全后方的工业中所占的相对地位是:在五,九九八家中占百分之二八.三,在八,四九〇,九二九千元,资本总额中占百分之三二.一,和在三九五,六七五名工人中,占百分之二六.九。这是表示重庆工业在各方面,都占了四分之一以上的优越地位,而资本方面也几达到三分之一的优势。至于工人的比率较低,不是说重庆工业规模较小,相反的,是由重庆工厂使用动力的程度较高的缘故。这里,我们还要进一步指出的,上述的重庆工业的优势,是就全后方的范围而言的,如以重庆对西南——川、康、滇、黔,或以重庆对四川看,那么,它的地位,还要显出特殊的重要来。从西南四省看,则在三,三一四家工厂中,重庆占了百分之五一.一;在五,九八四,五三八千元资本中,重庆占了百分之四五.六;在二二二,八七八名工人中,重庆亦占了百分之四七.九。至于再把我们的观察范围,缩小到四川一个省区内,则重庆更占取了二,八五二家工厂的百分之五九.四,四,七二九,九九四千元资本的百分之五七.六,一八三,五五九名工人的百分之五八.〇。这些,都已显示重庆的工业地位是怎样特殊重要,用不着再来说明的。

不过,我们要加重指出的,重庆工业的这种重要地位,都是战时特殊发展的结果。重庆在战前,虽亦居于西南经济的重要地位,但那是商业性的,即重庆是西南商品最大的一个集散中心,它在工业上是渺不足道的,虽然,那时的西南各地的工业,比较重庆还要落后得多。这里,依照重庆工厂开工年份所做的统计,即可为我们明显地指出重庆工业的战前及战时各年发展的经过。

重庆工业依开工年份统计(三十四年底止)
单位:工厂家 资本:法币千元

年别	工厂		资本	
	实数	百分数	实数	百分数
总计	1694	100.0	2726338	100.0
二十五年前	28	1.6	13670	0.5
二十六年	17	1.0	8447	0.3
二十七年	62	3.7	51007	1.9
二十八年	126	7.4	87886	3.2
二十九年	163	9.6	183113	6.7
三十年	239	14.1	336802	12.4
三十一年	389	23.0	51154	1.9
三十二年	313	18.5	439531	16.1
三十三年	168	9.9	221184	8.1

续表

年别	工厂		资本	
	实数	百分数	实数	百分数
三十四年	176	10.4	1318214	48.3
年份未明者	13	0.8	15350	0.6

为了减少通货膨胀中的币值低落，对于资本的票面数额所形成的幻象，我们依据重庆趸售物价指数，折算成战前的币值，则上表历年的资本数字及其百分比，有如下列的差异：

依战前币值折算之重庆工业资本　　单位：法币千元

年别	四川		重庆		重庆对四川之百分比
	实数	百分比	实数	百分比	
总计	264074	100.0	154805	100.0	58.6
二十五年前	54755	20.7	13670	8.8	25.0
二十六年	15239	5.8	8364	5.4	54.9
二十七年	60216	22.8	37506	24.3	62.5
二十八年	49037	18.5	37074	24.0	75.6
二十九年	38426	14.5	28522	18.4	74.2
三十年	28706	10.9	21687	14.0	75.5
三十一年	3959	1.5	1129	0.7	28.5
三十二年	7585	2.9	4281	2.8	56.4
三十三年	1770	0.7	676	0.4	38.2
三十四年	1504	0.6	906	0.6	60.2
年份未明者	2877	1.1	989	0.6	34.4

从上面两个统计中，对于重庆工业的发展行程，已可一目了然。在战前，重庆仅有厂数百分之一.六和资本的百分之八.八（币值估计资本。各厂履行登记在后，在中途，特别是币值跌落后，增加资本的为数颇多，因为无法剔出，皆被视为战后资本，故估计不免偏大了，因而百分比也为之提高，这是要特别指出的；不然，就要引起战前工厂都是规模最大的误解）。而厂数的增加，是集中于三十年至三十二年，资本的增加，又集中于二十七年至三十年，这是极富趣味的。换句话说，三十年以前开工的，都是迁建来的规模较大的工厂，三十年以后的，则是以中小型的居多。虽然，三十年以后的设厂特别增多，还含了一个重要意义，不能以其规模小而忽略了的，即是那时许多商业、农业界的人和官吏及地主，都开始认识了工业的重要和它的光明前途，纷纷将一部分商业资本和土地资本，转投到工业上来，所以造成小厂林立的现象，亦即是我国史上的空前一页。如果在一个开明【有】远见的政府领导下，能在工业发展条

件上多着点力,那么,重庆以及西南都可真正踏上了工业化的第一步。可惜官僚及买办政治,始终占了领导作用,以致全部民族工业,昙花一现似的从兴盛而转入衰败,与"战时工业"名实相符的,因战争而迁建,亦以战胜而衰亡了!

至于重庆工业的配置,则见于下表的统计:

重庆工业业别统计(三十四年底止)　单位:厂家　资本:千元

业别	厂数		资本	
	实数	百分数	实数	百分数
总计	1694	100.0	2726338	100.0
冶炼工业	26	1.5	466051	17.1
机器工业	464	27.6	416375	15.3
五金工业	117	7.0	277882	10.2
电器工业	88	5.2	87248	3.3
化学工业	447	26.4	855993	31.3
纺织工业	173	10.2	246349	9.1
服饰品工业	52	3.1	38180	1.3
饮食品工业	216	12.7	145090	5.3
印刷文具业	49	2.9	80420	3.0
杂项工业	58	3.4	112750	4.1

由上项统计中,可以看出重庆工业的特征,是在重工业部门占了最大的优势。如将冶炼、机器、五金、电器四业合计,在厂数上占了百分之四三.三,资本上占了百分之四五.九,尤以冶炼工业,以百分之一.五的厂数,占了百分之一七.一的资本,更显出重点所在的特征。其次,为化学工业,在厂数及资本上,占百分之二六.四及三一.三。至于在战前我国工业中占取优势之纺织业及饮食品业,在重庆工业的配置中,已被降低至厂数的百分之一〇.二或一二.七,资本的百分之九.一或五.三而已。这种配置的特点,从好的方面看,战前工业,多是偏重于轻工业,以致缺乏了民族工业的自立基础;那么,重庆工业恰已纠正这一缺点,各个工业部门都是具体而微的分建起来,且将其重点偏重到重工业或基本工业上来。例如包括化学工业的基本工业部门,即占取了厂数的百分之六九.七和资本的百分之七七.二的优势了。不过,这种工业分配的优势,如要使其能够生存与发展,则必需〔须〕有更大更好的经济条件。换句话说,重庆工业的性质,规定了它必须是一个大规模的工业区,而在周围地区工业都较落后的条件下,重庆工业,不单是需要西南市场,甚至亦需要华中的市场,作它的营养腺的。而动力交通和金融条件的大加改善,尤【其】是首须着力的所在。关于此种需要的程度,可以从下列重庆工业生产能力的统计数字上,

获得证明：

重庆工业生产能力统计（三十四年底止）

产品列	单位	生产能力	公营部分	民营部分
□铁	公吨	53550	48000	5550
钢	公吨	41193	32100	9093
电铜	公吨	36	——	36
蒸汽机	部	657	4	653
	马力	6090	2000	4050
柴油机	部	300	——	300
煤气机	部	62	——	62
	马力	1044	——	1044
水轮机	部	4	——	4
	马力	720	——	720
其他动力机	部	319	40	279
	马力	4146	3050	996
锅炉	座	10	——	10
	马力	3400	——	3400
煤气发生炉	座	168	——	168
发电机	部	294	——	294
	KVA	3095	——	3095
电动机	部	614	——	614
	马力	4571	——	4571
车床	部	2972	210	2762
刨床	部	1110	14	1096
铣床	部	656	18	638
钻床	部	1021	6	1015
锯床	部	10	——	10
磨床	部	43	31	12
搪床	部	69	7	62
其他工具机	部	474	——	474
□铁锅	吨	96	——	96
炼铁炉	座	4	——	4
炼钢炉	座	4	——	4
轧钢机	部	4	——	4
球磨机	部	5	1	4
蒸溜〔馏〕塔	座	67	6	61
高压裂化炉	座	571	151	420

续表

产品列	单位	生产能力	公营部分	民营部分
离心机	部	327	36	291
造纸机	部	57	——	59
大型纺纱机	锭	105960	14960	91000
小型纺纱机	组	639	510	129
	锭	7896	4160	3736
毛纺机	锭	811	——	811
力织机	部	10	——	10
铁木织机	部	186	——	186
缝纫机	部	1512	——	1512
针织机	部	571	——	571
面粉机	部	124	10	114
	袋	1250	250	1000
碾米机	部	210	——	210
印刷机	部	988	——	988
造 船	艘	20	——	20
铜皮	公吨	3126	——	3126
	张	270000	——	270000
铅皮	公吨	140	——	140
	张	270000	——	270000
锌皮	公吨	443	——	443
金属管	公吨	274	——	274
	支	11072100	——	11072100
	呎	50500	——	50500
木螺丝	公吨	135	——	135
	罗	42070	——	42070
钉	公吨	667	——	667
保险箱	个	470	——	470
收发报机	部	136	136	——
电话机	部	1500	——	1500
电灯泡	个	2273800	201800	207200
蓄电池	个	805500	95300	710200
单节电池	打	342880	——	342880
硝酸	箱	1802	31	1771
硫酸	箱	8141	20	8121
盐酸	箱	15225	79	15146

续表

产品列	单位	生产能力	公营部分	民营部分
烧碱	箱	6979	——	6979
纯碱	市担	6032	——	6032
酒精	加仑	1669650	472440	1197210
代汽油	加仑	1146364	630680	515684
代柴油	加仑	1310560	918160	392440
水泥	桶	277023	1588	275435
玻璃	市斤	306000	——	306000
玻璃器具	千件	5074	240	4834
瓷器	千件	2240	——	2240
陶器	千件	480	65	415
砖	千块	46571	751	45820
瓦	千片	85352	——	85352
纸	令	100070	70000	30070
重革	公斤	3682250	25000	3657250
轻革	平方呎	2227000	30000	2197000
颜料	公斤	2093460	——	2093460
油漆	加仑	125543	30000	95543
火柴	箱	11740	——	11740
药品	磅	6106000	10500	6095500
肥皂	箱	813800	6000	807800
蜡烛	箱	206420	——	206420
牙膏	打	124760	——	124760
轮胎	只	5100	——	5100
机纱	件	76360	33930	42430
厂布	匹	1493700	200000	1293700
毛呢	公尺	25800	——	25800
毛毯	条	7000	——	7000
毛线	磅	10000	——	10000
麻布	匹	38500	——	38500
绸	匹	14000	——	14000
染布	匹	3342000	150000	3192000
针织品	打	333900	——	333900
毛巾	打	332200	——	332200
被单	床	295000	——	295000
鞋	千双	170	——	170

续表

产品列	单位	生产能力	公营部分	民营部分
帽	打	3000	——	3000
精米	市担	4662000	——	4662000
面粉	袋	1459860	3270	1456590
纸烟	箱	8580	——	8580
糖	市担	7800	——	7800
茶	市担	600	——	600
糖食品	市斤	400000	——	400000
植物油	市担	137200	——	137200
酿造品	市斤	742000	——	742000
铅笔	打	53350	——	53350
墨水	打	398700	——	398700
墨汁	打	8000	——	8000
油墨	磅	10250800	——	10250800
打印油	打	14700	——	14700
腊〔蜡〕纸	筒	1500	——	1500
踞木	方丈	376250	——	376250
牙刷	打	244780	18000	226780
煤球	公吨	30580	——	30580
熟猪鬃	关担	5900	——	5900
度量衡器	件	45560	45560	——

三、胜利的萧条

胜利,给重庆工业带来了一个非常的灾难,简直是给或兴或废的趋势,到了一个明显的鸿沟。本来,重庆及后方工业,在战争的后期,已经遭受到严重的困难。这种困难的主要原因,是来自战争的封锁、通货的膨胀和不合理的片面管制。封锁是增加了器材、原料及成品运输的困难,膨胀是削夺了工业资本,而政府单独限制成品价格的结果,使售价与原料、运输及工缴费等所组成的成本,增大了距离,致使工业经营家苦于高利贷资金和成本增大的双重重压,那时,产品的销路,固已受到缩小的影响,但最主要的,还是接受了一批定〔订〕货,筹不到必要的流通资金,或是预计着物价上涨和资金高昂,而不致接受大量的订货。这可以三十三年及三十四年的工业生产指数作证明,计生产用品是由三二四.九五降到三一七.八四,消费用品由九二〇.三六,降至七八九.二九,前者约减百分之二.一九,后者约减百分之一四.二四。但到了胜利以后,情形即大为不同:产量固以加速度的减少,而停工歇业,亦成了风吹草偃,莫可止的颓势了。

我们说,胜利带来了重庆工业的灾难,仅仅是以这一历史的大事件,作为划分发展行程的标志和许多打击民族工业的势力乘机爆发罢了,真正的原因,还是来自政府当局的故意的措施。诚然,在日本宣布投降以后,激起物价一时的普遍大跌,这对生产者无异是一个当头闷棍。不过,这种物价下跌,一面固由囤货心理的动摇,一面亦更由于以胜利者心理故意压低伪币比值,所致的虚伪跌价。实际上,这种暴跌,并无事实的根据,所以不过一个月的时间,即由跌势转为复涨,并且复涨的趋势,是更快更猛。假如有能干负责的当局,因势利导,努力经济条件的补充,尚可收到平稳物价的可能。谁知他们既儿戏似的造成物价猛跌,复以更大胆的膨涨〔胀〕通货,掠夺物资,阻塞交通等手段,又促成物价的扶摇直上。一跌一涨之间,操纵自我和捷足先得的文武官吏,转瞬间发财亿万,但正当的工商业者,却已完全无所措其手足了。然而,对于工业的打击,犹不止此;决策当局,复又采取制〔置〕民族工业死命的经济政策,或说是帝国主义的殖民地经济政策,更是名实相符的。即是他们以民族工业和美国工业相比,在设备和技术上都落后了几十年,认为绝无存在的经济价值,所以在胜利的前夕起,就斩断了政府与工业家共同支撑战争的合作关系,而一意接收敌伪工业和盼望美国移殖整个的新式工厂。其次,又以国货价格的昂贵——既由通货膨涨〔胀〕,提高物价于前,复由不合理的外汇率,压低外货价格于后,而以经济为理由,率先大量订购外货,大量运进外货,自生产原料的钢铁、棉花,到日常用品的罐头、草纸,无不潮水似的涌入各个港口,涌入各个都市,现在更将侵夺各个农村市场了。这些人为的条件之下,民族工业既失去了自政府订货的权利,复又为廉价外货夺去了各地市场,最后,连自力更生的希望,也一天天黯淡起来。这一切,就是胜利后,重庆〈以〉全部民族工业遭遇危难的原因。

这里我们再来依据胜利落后的工业生产指数和停工歇业的统计,检讨一下重庆危难的深度和高度。

三十四年工业生产指数　基年二十九年
——依据经济部编制工业生产指数改制——

类别	夏季	秋季	冬季	冬季较夏季减少之百分数
总指数	488.26	458.05	386.41	20.86
动力类	392.85	377.48	334.31	14.90
钢铁类	840.99	791.96	461.74	45.10
机器类	466.17	353.47	205.16	55.99
水泥	285.91	191.44	158.20	44.67

类别	夏季	秋季	冬季	冬季较夏季减少之百分数
酸碱类	404.92	344.64	238.46	41.11
日用品	602.72	552.34	490.36	18.64
文具类	542.46	489.29	427.65	21.16

我们这个改编的指数，比较原编的指数，更能显示同一性质或用途的产品的跌落程度。依此指数，胜利后的冬季，比较胜利前的夏季，仅经几个月的时间，在总数上即几有百分之二一的下落，可见工业所受打击的重大。而依产品种类看，则机器业所受影响最为深巨，计下落百分之五五．九九，即减产了一半以上。其次，为钢铁、水泥、酸碱三类基本工业，各减产百分之四五．一〇、四四．六七及四一．一一。再次，为文具印刷及日用品类，减百分之二一．一六及一八．六四。从上面减产的程度看来，恰好表明了一个严重现象，即是在工业经济上愈居于重要的基本的产品，减产的程度亦最巨大，可见这个胜利灾难给予工业的打击，是怎样的重与深了。基本工业的生产，是工业兴衰的指标，依此指标看去，所谓情况较佳的日用品生产，亦只是苟延残喘罢了。只有动力燃料类的减产最少，仅有百分之一四．九〇，似与一般趋势不同。其实，这是因为动力燃料的生产，一向不足需用，虽许多工厂关门，不一定受到同比例的影响；另一方面，复员声中，政府在外国燃料未能运到以前，仍是大量订购的。由此更可证明政府订货对于后方工业生产，是占了一个怎样重要的地位。

至于工厂的变动资料，是不易搜集完全的资料。厂家既多不报告，官方亦少调查。这里引用两个统计数字：一个是从去年八月中旬至今年五月止，在经济部所收厂家报告中汇集的；另一个迁川工厂联合会关于会员动态的统计，以作进一步观察的依据。

重庆工厂变动统计
三十三年八月十五日至三十四年五月　单位：家

类别	共计		歇业		改组		迁移		增资	
	实数	百分数	实数	百分数	实数	百分数	实数	百分比	实数	百分数
总计	363	100.00	344	94.76	11	3.03	3	0.83	5	1.38
冶炼工业	7	1.93	7	1.94	——	——	——	——	——	——
机器工业	165	45.45	163	44.90	2	0.55	——	——	——	——
电器工业	29	7.99	28	7.71	——	——	——	——	1	0.28
化学工业	73	20.11	63	17.35	4	1.10	2	0.55	4	1.10
饮食品工业	1	0.28	——	——	1	0.28	——	——	——	——

续表

类别	共计		歇业		改组		迁移		增资	
	实数	百分数	实数	百分数	实数	百分数	实数	百分比	实数	百分数
纺织工业	84	23.14	79	21.76	5	1.38	—	—	—	—
杂项工业	4	1.10	4	1.10	—	—	—	—	—	—

重庆迁川工厂动态统计
三十五年九月调查

类别	共计		纺织		机器		电化	
	实数	百分数	实数	百分数	实数	百分数	实数	百分数
原有厂数	433	100.0	23	100.0	345	100.0	65	100.0
开工厂数	236	54.5	17	73.9	181	52.5	38	58.4
迁移厂数	50	11.6	1	4.4	45	13.0	4	6.2
停工厂数	101	23.3	4	17.4	80	23.2	17	26.2
歇业厂数	46	10.6	1	4.3	39	11.3	6	9.2
可停厂数	107	24.7	8	24.8	92	26.7	7	10.8
原有员工	107835	100.0	34678	100.0	65675	100.0	7482	100.0
现有员工	50041	46.4	16154	46.6	31010	47.2	2877	38.5

这两个表示重庆工业动态的统计，包含的范围和时期，是不尽相同，所以指示的意义，亦有广狭深浅的分别。前一个表，是表示从胜利到今年五月一般的变动情形，在三六三家工厂中，属于歇业的竟达百分之九四.七四，含有进步意义的增资、改组及迁移，仅不过只占百分之五，这可见危机的深度。再从各个工业部门上看，除了饮食品业没有关歇的工厂，纺织业中多属织布及服饰品业外，其他各业无不普遍的遭受了倒败的厄运，尤以冶炼、机器、电器及化学等业，遭受的最为惨重。后一个表，单是表示迁川工厂的动态。不过因为后方工业是由外省迁移的工厂所发动、组成，并是规模最大、技术最精的关系，它的变动，更加大了数字以上的重大意义。据此统计，四三三家工厂中，歇业、停工的虽只一四七家，或占百分之三三.九，可是可停厂数，还有一○七家，即百分之二四.七，亦是少有继续工作下去的希望。此外，所谓迁移工厂五○家，或占百分之一一.六，多是闭置，或出卖了设备以后，再到原地复工的，所以在迁川工厂联合会看来是迁移，而在重庆工业的观点看，又是歇业或停工的。这样，迁渝工厂已经歇业停工及可能停工的合计有三○四家，约占总数百分之七○.二，剩下能够长期开工的工厂，不过只有百分之二九.八的少数了。就各业情形说，亦以机器业的状况最劣，现在开工的仅有百分之五二.五，可能停工的还有百分之二六.七，是其能够存在的只剩四分之一左右了。其次，为电化业，开

工的有百分之五八.四,可能停工的百分之一〇.八,较佳的为纺织业,开工的为百分之七三.九,可能停工的为百分之二四.八。再就员工人数方面看,各项百分数皆较相关厂数的为低,可见开工工厂亦已缩小规模或减低产量了,而这种缩小生产的情形,似在电化业中表现得更甚,如开工厂数仍有百分之五八.四,而现有员工数只占原有员工数的百分之三八.五了。

胜利后重庆工业的变动情形,已如上述。我们如与上一节所述的战时工业的发展情形,比较观察,已经可以得到两个一兴一衰的显明画面了。

四、结 语

重庆工业的突兴突衰的概况,略如上文的介绍。它的兴起,固是由于战时的紧急需要,但就西南经济的平时需要说,这点工业,并不能是多余的奢侈物,而就经济发展的前途说,更仅仅是可珍护的微弱基础。虽然,重庆工业的自身和其周围的经济条件,是存在有许多严重缺点的,可是,一个区域和一个国家的经济改造,总要通过并克服许多应有的阻碍,同时,并应为新的工业建立许多必要的条件。照理论及事实说,我们总应积极地做些应该做的事,不能任其自然地等待下去,更不能再增添反工业发展的障害。很显明地,从我们分析过的事实看,不能否认,从战时转变为平时的生产中,是有谁都不可避免的困难,尤其是我们既受长期战争的巨大损害,复在落后的农业经济的改造行程中,困难之多,自在意料之中。不过,行政当局,如能站在人民的和民族的工业立场上,因势利导,去旧生新,则决不至于败坏的如今日之惨,并迫使工业的自力更生,也到了无可着力的绝地。这种反人民、反民族的工业的阻碍,除了整个国民经济共同遭受的内战和通货膨涨〔胀〕两大压力以外,工业上更受到两个致命的打击:一个是在国营名义下的官僚独占,或政府名义下的官僚统制;另一个是买办主义的迎承外资。在这种内外夹攻的压力下,民族工业就失去了国内市场,并也失去了企业自由,民族工业不单得不到政府的微小扶助,相反的,更得来了力所不胜的重大压迫,以致重庆工业、西南工业及全国工业都在本可不应败坏的而坏败下去;全国工业家更抱着一腔热血,一身力量,无可奈何地看着事业败坏下去了。所以,重庆工业的危机,不是不可以挽救,也不是没有它的发展前途,但要达到这个目的,在立现和平和立停膨胀两大前提下,更要对外得到民族工业的保障,对内得到个人经济自由,然后一切工业技术和经济条件的改善才是可能的。

录自《四川经济季刊》第四卷第四期,一九四六年十二月三十一日。

著名人物

当代中国实业人物志·林继庸

徐 盈

林继庸,广东人,现年四十七岁,北京大学预科毕业,北洋大学采矿科毕业,美国润色列工科毕业(Rensselaer Pulyloshiure〔Polytechnic〕Institute),曾任大南制革厂厂长、广东化学工业委员会委员、资源委员会科长、工矿调整委员会厂矿迁移监督委员会执行组长、经济部工矿调整处组长,三十一年赴新疆考察,三十二年起受任为新疆省建设厅长。

一、强烈的对比

抗战以前农业中国的新式工业偏处在沿海的少数市埠,新式的煤矿又都在太行山脉以东。百年来的外力造成了无数的买办资产者,而没有民族资本家。中国工业界的一般论调是:

"机器怎么办?"

"到外国去买!"

抗战以来,北方的新式工业,全部沦陷了,上海有规模的工厂一,二七九家,千辛万苦仅仅迁出一个尾数。广州较大的工厂一六四家,经过多少奋斗,迁出来的为数更少。这时候,在西部高原上重建自己的工业,一般工业家的论调也改变了,改为这样说:

"机器怎么办?"

"试验着自己来造!"

绵亘的海岸线被敌人的海上铁箍紧紧地封锁起来。近三十年来的一点新工业成果,好像是老树从根拔起,甚至于配件中的一颗小小螺丝钉,也要自己来设计制造。

瞻前顾后,虽然后方的机器变成一个杂货摊,但还是值得兴奋的。因为,这是多么强烈的一个对比!

二、一笔糊涂账

西部高原上的新工业的建立,主要的要靠着东部工矿单位的内迁,数目不多,作用很大。这十分之一的民间工矿内移政策的执行负责人,是林继庸。有些工业家尊之为"迁川工厂之父",但他却承认自己是"摇旗呐喊的小卒",把后方工业的"小小成绩"归功于主管人员及厂家的努力。

中国人认识新工业应当从鸦片战争时候说起,那时候朝野上下都怀着被征服国家的悲哀,要在"中体西用"的理论下,建立起自己的现代工业。

林继庸氏和近来的一些史家的意见并没有两样,他认为那个时候从军火工业着手是有眼光的,从一八六三年的江南造船厂起,开始踏上制造军用工业的途径。可惜由于官僚腐败和资本缺乏,自完全官营变为官督商办,商业资本原可就此抬头,又因《马关条约》允许"外人在中国自由设厂",于是外资侵入,外厂林立,外人伴着武力侵略更来了经济侵略,乃激起了一场亘古未有的大革命,而步入于政府奖励及收回工业的新阶段。最近三十年不能说中国工业毫无发展,特别是第一次欧战时候,新的市场刺激得中国工业一度灿烂,可是这些发展是在没有计划之中迈进,工业家只是装配匠的代名,头脑只有一个念头:

"没有——为什么不到外国去买?"

我们始终没有建立起自己的钢铁工业、机械工业和基本化学工业。"只有轻工业,没有重工业;没有重工业,我们就不能建立起自己的任何工业。"等到"九一八""一·二八",暴敌使中国认清了这些缺点,主持人正在设法纠正时,时间不再等待,大风暴已经来临。

"最使人痛心的是我们的工业百分之七十都是在沿海,资本家们考虑了一切大小有利的条件,不过就是忘掉了一件:国防。面粉厂沿海占百分之六十二,纱厂占百分之七十七,火柴厂占百分之五十三,国防工业和有成就的咸〔碱〕酸工业也都在沿海沿江。这样一来,战事发生的时候,也就是全部工业毁灭的时候,畸形的分布,就是最大的致命伤。"

成群的中国买办工业资本家在火山口上嬉游,"你看'一·二八'大战时上海工业也不过停了十天"。他们根本不相信中国会战,会为民族自卫来决斗。终于抗战起来了,结束了这百年工业发展史上的一笔糊涂账!

三、划时代事业

"中华民族是不会没有办法的!"

我们能够建立工业,我们也能急救工业。抗战发生以来,工业界的领导者决心要把这些无计划下创立的工业迁移到后方去。工业的总动员,这是中国史上没有过的事,也是划时代的革命事业。

"太艰难了——"

在上海,"一·二八"的教训,使军事工业开始向后搬,民营工业却丝毫不动。"七七"事变起来之后,这群工厂负责者还在说:"林先生不要太兴奋吧,你看'一·二八'大战,我们工厂也共总停工不到十天呢?"要他们搬到后方去重建,真是谈何容易。

长期的抗战开始了,预定计划是要绝对的执行。二十六年七月二十八日决定成立组织,八月十一日上海工厂迁移监督委员会成立了,十二日各厂方面的组织也成立了。跟着就是风声紧急,搬运艰难。"八一三",上海的战事终于不免地爆发了。

在万分的困难中间,工作仍然没有停止,这时候的林继庸,一只脚因为受伤肿痛,就用一只脚跳来跳去的工作,对于民间的厂矿,一面施以政治的压力,一面给以经济的利益,一方面动以爱国的情感,这样终于迁出了民间工厂一四六家。他说:"到处都遇着意想不到的困难,可是我们都加以克服了,这中间,最使我们感动的是决定迁厂的厂家们的热诚,百折不回的勇敢和毅力。"

在抗战第一年的九月里,翁文灏秘书长从外国回来主持扩大工矿内迁运动。这样,就陆续的有三百四十多家工厂从沿海陆续内迁,从沿江转向西部,由政府贷款,建设在指定的地方。

"巨大的工业车轮正在转动着永不停止,实业树丛的根干,一面熬受着狂风暴雨,一面吸收得死者的血,生者的汗,培育出鲜艳的花果。工业界人士全体动员负担起抗战建国的重责,来追着时代向前!"

中国四千年的历史,也许从没有像今天这么动人的人民大迁移,但我们敢决言说,更决〔绝〕不会有像这一次同样的工矿业大迁移。前方和后方,生者或死者,都这样的希望着:这迁建能够奠定了中国反攻力量的物资基础。

"自然,太艰难了,因为历史不会重演,也就不能不说是空前的一个运动。"

四、迁建中的故事

迁厂中,随时都发生了许多可歌可泣的故事。林氏又追忆过去道:

"在炮火连天的时候,各厂职员拼着死命去抢拆他们最宝贵的机器,敌机来了,伏在地上躲一躲,又爬起来拆,拆完了就马上扛着走。当时看见前面那位伴侣被炸死了喊声哎唷,洒着眼泪,把死尸抬过一边,咬着牙根,仍旧向前工作,冷冰冰的机器每每上面涂上了热腾腾的血!

"白天不能工作,只好夜间开工,在那巨大的厂房里,暗淡的灯光,常常笼罩着许多黑影在那里攒动,只有锤凿的轰轰声响,混合着外面的炮火声响,打破了那死夜的岑寂。"

　　血与泪交织成的大场面,多少人是在顺利的遵守着政府的意旨在迁厂。譬如顺昌铁工厂,领到了补助费是第一个迁移的,同时也是二十七年四月第一个在后方复工的。有些人始终阻挠着迁厂,譬如上海纺织业,为了生意眼,始终阻挠着迁厂。结果除了大成厂迁出一部【分】外,其余有的牺牲于炮火,有的为敌人占领。这是过去最成功的轻工业的最悲惨的结果,尤其值得哀悼的是薛福基氏因迁厂受炸身故,应致最大的敬意。

　　化工家吴蕴初先生辛苦经营的天原电化厂、天利淡气厂、天盛耐酸陶器厂,迁的迁了,拆的拆了,毁的毁了。吴氏到重庆来说:"誓不以厂资敌,这句话,算是真的做到了。"天原厂的职员顾乃智君为敌人绑去,迫他交出厂中重要机械,因为不肯而受极刑,终于为尽忠职务而牺牲了。

　　二十七年十月二十二日,战争危急,指导民营厂矿的工矿调整处的某职员,把该处最后一批机械和天原厂的机械同时从汉口运出,因为太重,轮船拖不动,某君乃想到天原迁厂不易,化学机械少一件也不能开工,所以便硬着心肠把处里的机件船凿沉,而将天原的物资救出,使能在后方开工,为国家化学工业保存着一口元气。

　　至于反对迁厂的,大半都如龙章纸厂董事傅筱庵那样的心理。这位汉奸曾这样表示过:

　　"多少日本人都是我的朋友,他们一定能帮我们的忙!"

　　可是该厂的庞赞臣却反对这样的办法,他在每天二元半请一位小工的困难情形下,将全厂拆为十班,分别离沪。江阴封锁以后,所有的物资都是用筏子运出,一路的辛苦,真是不堪言状。最足惊人的事情乃是将每个重十四吨半的大烘缸两个,从陆到水,从水上又运到山上,而交通设备毫无。这样的奇迹很多,人力胜天,都要永远成为工业史上不可解的迷〔谜〕。林氏说:

　　"从宜昌到重庆,这是庞赞臣常说的,我们的机件八百五十六吨,除了其中极小的一部分能得到轮船吨位以外,大半是用白木船拉纤上来的,内中除了两只在云阳失吉,损失了五十多吨,现因水退,我们又捞回一些,结果损失了不过二十吨。"这些话证明了白木船的伟大成就,惊涛巨浪也压迫不了人力的奋斗。

　　"我们试游江畔,便觉得烟突骤增,机声聒耳,看见数十家内迁工厂正在平地建筑,置机正轴,或在日夜开工制造。虽然短屋茅棚,各位技术家正在绞脑汁,挥血汗,其发奋努力犹如前方战士在战场。"

　　后方的新厂,就在这样的情况下建立起来,这些单位的技术人才,地质、矿冶、土木、电机、机械、化学、纺织，一队队专门人才，一队队的到后方来埋头苦干，譬如范旭东、侯德榜及其高级干部二百余名，除区嘉伟一人因事滞留津门外，都已先后全部入川。

这个时期的林继庸，是军委员工矿调整委员会指导下的厂矿迁移监督委员会的执行组正组长。

五、后方的新厂

正当中国要积极建设的时候，战事终于不可免的爆发了。

资源委员会是在"一·二八"战役以后成立的，以建立重工业为目的的兵工署也开始感觉非往内地设厂不可了。浙赣铁路及粤汉铁路两条大动脉，正由曾养甫、凌鸿勋两氏及其同事们兼程并进。陕、川、黔、滇、湘、桂、闽、粤、苏、浙十省的公路网已逐渐贯通。民营事业在后方比较值得述及的，在四川有刘航琛、胡光麃诸氏排除万难把重庆电力公司的两个大发电机，四川水泥厂及华兴机器厂的设备加紧筹划进行，卢作孚也将他的民生公司增强组织，杨芳毓氏正在竭力完成钢铁厂的设备。在云南，缪云台、金龙章数氏正筹设云南第一家纺纱厂。在陕西，韩威西及其友人致力实业，惨淡经营。此外，长沙有大发电厂、纱厂及机器厂各一家，四川有面粉厂三家、纸厂一家、机器厂两家，陕西有纱厂一家、面粉厂二家，贵州有纸厂一家，江西有机器厂一家，湖北有纱厂五家、面粉厂三家，较具规模的机器厂四家及水泥厂一家，全面抗战以前，后方的工业不过如此。

到了迁厂运动开动，而〔内〕迁的一百二十三家中，第一年就复工的有七十二家，第二年除了少数特殊的工业外，全部复了工。除了有国防性的之外，林氏在这里随便举出几个例子：

河南的豫丰纱厂，二十七年二月二十九日奉到迁移命令，八千九百多吨机件以两个月的时间完全拆清，由郑州到汉口，转宜昌到了目的地。在那里每天用三千多工人，花了七个月的时间把三丈多高的山铲平了，建立起厂房，现在已经开了工。

庆新纱厂从汉口和其他工厂一起迁出来的在后方同时建厂，结果却以他的厂子开工最早，因为厂长章剑慧把全部工作交给了他的妹妹章映芬，她成为工业界公认的女豪杰，第一个实施八小时工作制的也是这个厂，直到今天。

规模比较大的渝鑫钢铁厂平山设厂，机器间在二十七年七月已经开动，二十八年正月初四已经出货。这一天的贺客们留诗为祝，翁文灏部长写了"造就坚强骨，应钦忠真心"为奖。张一麐氏，当时也有诗曰："华严楼阁现平畴，百炼钢成绕指柔,天道终由人定胜,考工子弟亦同仇。"

建立新工业,"时间高于一切",这个时期的工业,一面装机器,一面建厂房,机器装好,在露天地里也就开始出货。

六、无名英雄的创造

中国走上了一个新时代,千千万万的无名英雄正在创造历史,林氏说:

"工矿调整处是为厂家服务的,不是个做官机构,希望官民能打成一片。这个机构以低息贷款奖励人民投资实业,力图动力机、工作机的自制,化学材料及五金材料的自给,机制工业与手工工业的共同推进,生产技术的指导与改良。

"首先,我们注意的是各工厂的联系,使彼此间能够互助互给。联系线上每一个环链都有它的用处,不能缺乏一个。

"其次要技术人才都能自己动手。今天工程师因为找不着原料,找不着现成的工具非要从头干起,一件件的从头开始不可。青年的工程师给他们以到厂实习的机会,造成经验,渡过这重难关。

"原料的供给,我们很是注意,主要的是想自己造原料,如果没有,再找代替物,万一真是没有,只好暂时去买,必需买的原料我们也都有充分的预备。

"最后就是希望交通方面能有相当的改良,我们可以把几个工业中心区联络得很好,使产销得到更好的调剂,那时候,也许可以关起门谈自给自足了。

"世界上除了美国、苏联以外,没有国家能比得上中国的伟大……"

林继庸在改任为新疆建设厅长以前,我时常得着和他谈话的机会,但每一次他都是再三叮嘱:"不要提出我的名字!"

千千万万的无名英雄正在创造历史,在无名英雄没有名字之前,他也不希望单独有个名字。

录自《新中华》复刊第二卷第四期,一九四四年四月。

当代中国实业人物志·卢作孚

徐　盈

卢作孚,四川合川人。民初在嘉陵江三峡负治安责任,督练团队,建立现代化的乡镇。民国十四年创设民生公司,首先经营航业,民国十八年任川江航务管理处长,次年辞职;民国二十四年秋任四川建设厅长,为期一年半。"七七"事变后,任交通部次长,主持水运;中间并兼任全国粮食管理局局长一年,至三十二年,因病辞职,完全摆脱政治任务,回任民生公司总经理,最近健康恢复,准备赴美考察。

一、对效率的追求

见过卢作孚的人,第一眼一定会有精明强干的印象,因为他那瘦小但有骨骼的身材,朴素如学生的服装,多表情的面孔上有两颗发光的眼珠子,在忧劳多皱的额下转动着,时常是有点寒光。

因为职务上的关系,卢作孚氏最繁忙的时候,我却时常要去再给他添一点繁忙。我看见在宜昌——中国工业上的顿克尔克撤退,他是如何的分配船只。我看见在重庆——中国战时的首都,他在如何为全国的交通改进而焦躁。我看他就任中国有史以来的首任粮食管理局内为了昼夜用电话发号施令而嘶哑了喉咙,我更就朋友之间的传颂,知道他是如何的刻苦自己,成全别人,实现他的口号:

"个人为事业服务;事业为社会服务。"

"个人的工作是超报酬的,事业的任务是超利益的。"

有人攻击他,当他听到了的时候便笑一笑,有时候还会说一句:"我知道的比这话还要多。"有人赞美他,当他听到了的时候也不过笑一笑,有时也许加一句:"那是某某人的努力。"他有时是热情的,但有的时候,却也非常冷酷。最奇怪的是他的清脆声音,有时候,从话里透出了温暖,有时候则透出来的是冷冰冰的毫无感情。

一个坦白的人同时也是一个很难被了解的人,他的求效率的心切,造成了多少的疑惧。他发脾气,恨别人不能像他自己一样的努力从公,同时也会理解每个人都各有特长,不能勉为其难时,他释然了,但别人却每每不能释然。

给我印象最深的是有一次在他的重庆村私宅里作访问,这是他的一位得意的青年秘书给我约定的时间。由于他的事务过忙,打了几次电话探询他的行踪,才知道他从交通部出来,到了民生公司另外处理一些要公。终于他回来了,立刻我们便开始了寒暄。

忽然他信手翻了翻桌上的文件,无意中抽出一件封好了口但是没有寄出的信来。这封信使他皱了一下眉头,他不再对我说话,那封信像有千钧重载似的压得他的手微发颤,用一种非常冷酷的声音叫了他的年青的秘书来。

"这信,"他说,"为什么还没有送出去?"

"也许因为你还没有看过?"

"收信的人,"他冷笑着说,"这个时候已经坐着飞机到了昆明了……"

"耽搁了——"

"如果是有要紧的事,"卢作孚氏的口吻是严峻的,他这么郑重地说,"这不就完全耽搁了吗?——"

"……"

"我总想,"卢氏跟着说,"别的大机构,办不好,我们这么个小小的机构还办不好么;大的机构受别的牵制,我们这么个小小的机构还有什么牵制,怎么也这样的没有效率?"

对着并不十分熟悉的客人,随便就说出他内心的苦痛,在我是觉得有点儿惊讶的,但是卢氏仍然在一本正经地说下去——

"他们那老的已经不可救药了,难道我们这年纪青青的也不可救药吗?……"

一个精明强干的人,面对着这么为古老陈旧所腐蚀着的社会,难怪他时常肝火上升,对老的一代都失望了,而新的一代又是这么使他不能完全信任,完全满意,我想他在说话时,他为效率而忘记了一切。

这虽是一件小事,但可显示出卢作孚的性格。没有这么认真的精神,卢作孚恐怕不会有这么大的成就。

二、民生公司的努力

国家对外战争开始了,有人说,民生公司的生命完结了,但卢氏的感觉却是:

"国家对外的战争开始了,民生公司的任务也就开始了。"

"七七"时候,卢氏正在南京帮助中央研究总动员计划草案,他那时便电致全体同人说："民生公司应当首先动员起来参加战争。"这个期望,他认为公司同人已经实践了。

首先是四川需要赶运四个师两个独立旅到前方去,公司便集中了所有的轮船,两个星期内,全数从重庆万县赶运到宜昌。紧跟着是上海、苏州、无锡、常州的工厂撤退,民生轮船以镇江为接运的起点,协助撤退。接着又从南京起,撤退政府的人员和公物,学校的师生,仪器与图书;从芜湖起,撤退金陵兵工厂;从汉口起,撤退所有的兵工厂及钢铁厂。

第一期运输一万二千吨,两个月里完成了,第二期运八万吨,分为二段,集中在扬子江上游的轮船,担任宜昌、重庆间的一段;集中扬子江下游的轮船,担任汉口、宜昌间的一段。这时除这八万吨以外,还有政府的全部,学校的大部,航委会航空器材的全部,民间工厂的大部,统统需要内迁,其总量又远在八万吨以上。

差不多用了半年多的时间,以扬子江中下游及海运轮船的全力,将所有一切人员和器材集中了宜昌。但扬子江上游的运输能力究经〔竟〕还嫌太小,在汉口陷落以后,宜昌岸上还拥挤着三万以上的待运人员,九万吨以上的待运器材,全中国的兵工业、航空工业、重工业及轻工业的生命,完全交付在这里,到处都是人员,遍地都是器材,人心非常恐慌,因为都在争着抢运,情形尤其紊乱。

"我恰好这时飞到宜昌,看着各轮船公司从大门起,直到每一个办公室止,都塞满了交涉的人们,所有各公司办理运输的职员,都在全力办理交涉,没有时间去办运输了。管理运输的机关,责骂轮船公司,争运器材的人员,又在相互责骂。我才商请由船舶运输司令部召集会议吁请停止交涉,以便办理运输。因为扬子江上游还有四十天左右是中水位,较大的轮船尚可航行,于是估计轮船四十天的运输能力,请各机关根据来分配吨位,各自选择重要器材配合成套,先行起运,其余交由木船运输,或者等到四十天后,另订运输计划或者来不及,也就只好抛弃了,至于哪个轮船装运哪个机关的器材,由我帮助分配,各机关完全表示同意。开始执行以后,效能提高不止加倍,四十天内,人员早已运完,器材运出了三分之二,原来南北两岸各码头遍地堆满的器材,两个月后不知道到哪里去了,两岸变得萧条,仅剩了若干零碎废铁,一位朋友晏阳初称这个撤退,为中国实业上的顿克尔克,……"

中国的顿克尔克的撤退的紧张程度与英国在顿克尔克的撤退并没有什么两样,或者我们比他们还要艰苦些。这二十四只扬子江上游的中国轮船当中,只有两只不是民生公司的船(挂法旗的中国船),中国轮船为了报效国家,兵工器材每吨只收运费三十元至三十七元,其他公物只收四十余元,民间器材只收六十至八十元,但同时只装商品的外轮,每吨却要收到三百至四百元。中国公司的牺牲精神于此可见。

三、从一只船到一三七只船

当民国十四年民生公司在重庆嘉陵江上游五十二浬的合川成立时,扬子江上游宜渝一段,触目可见英、美、日、法、意、瑞典、挪威、芬兰等国的国旗,倒不容易看见本国的国旗。这个公司最初想办航业,募股五万元,收股不过八千余元。抗战开始,资本额已达四百万,而今天的资本却达到八千万之多。

"我同一位发起的朋友,从重庆调查了所有的轮船公司和所有的轮船后,认定航业应作新的试探和新的试验,不应在原有轮船过剩的航线中,去与正在失败的同业竞争,以加速其失败,遂决计经营短短的嘉陵江新辟的航线——从重庆到合川,一般轮船公司以货运为主是不定期航行的,民生公司则以客运为主,试试定期航行,以便利往来的客人。在上海与各船厂研究了两个月,订了一只长七五呎,宽十四呎,深五呎,吃水较浅,专任客运的小轮,并在德国Benfz厂订了体重较轻的一对九十匹马力的柴油引擎,民国十五年夏季,这只小轮完成了,取名就叫民生。"

民生轮试航成功,但跟着枯水的到来,便不能航行了,所以结果认为"一半成功一半失败",决定加募股额五万,加订吃水更浅的小轮一只,又为了修理轮船的机器厂远在一三〇〇浬外,重庆的小修店不能解决问题,又决定自办机器厂。民国十七年,这只新轮成功,机器厂同时成立,民国十八年又买了一只比民生轮稍大的浅水轮。

四川善后督办刘湘请卢作孚在民国十八年就任川江航务管理处的处长,一年后辞职,决心整顿整顿民生公司。民国二十年先与重庆宜宾间的各公司商量,加入民生共同经营。不到一年,就合并了七个公司,接收了十一只轮船。这时候,重庆上游,只有两个有组织的公司,三年以后,完全并入民生公司了。

"民国二十一年进一步整理重庆、宜昌间的航业,在半年内接收了七只轮船,合并了四个中国轮船公司,接办了一个英国轮船公司,航线延到上海。二十二年和二十三年又接收了三只船,合并三个中国公司,购买了太古沉在水底的船一只,美孚停在上海的船一只。二十四年又接收美籍捷江公司轮船五只,这时除了英商太古、怡和、日商日清、法商聚福及华商招商、三北而外,差不多没有别的公司。"

民生公司在同一时间内从事轮船改造,航行改善和人才训练等准备,"站在轮船的地位,一方面为客人服务,使一切客人感到舒服;一方面为货物服务,使一切货物得着保护。因此更必须为船服务,使轮船健全,航行安全"。截止到民国二十六年中日开战时止,添造了二十一只新轮,中间已完成十四只,编入航行,其余在沦陷之后,也就不知所之。

"开战以前,轮船航行在上海、宜昌之间的经常有五只,上海、重庆间的经常有七只,宜昌、重庆间的经常有四只到八只,重庆、宜宾间和重庆、乐山间的经常有十只以上,重庆、合川间及重庆、涪陵间的船经常有四只以上,……大小共有轮船四十六只,总吨有二万四千余吨。其中有三十二只以柴油为燃料的,当时便储备了四千多吨油和二千多吨五金。"

抗战以来,民生公司陆续接收了轮船六十多只,同时又改造和订造以煤为燃料的新船。增加轮船最多的时候为二十八年,共有轮船一一六只,三万零四百吨。后来新轮十七只先后完成,又购得海关轮船四只,总计为一三七只,三万六千余吨。

"但事实上,能走的只有九十八只,二万六千余吨,原因为一部分扬子江中下游的小轮,不适于上游航行,拆卸了二十多只,一部分是主要轮船被毁十五只,这被毁的中间,已救起了八只,修复了七只,其余的尚在万难中施救或在万难挣扎修复。"

四、牺牲与创造

一部川江航运史和民生公司的创造史是不可分的。战前的枯水三段航行的发动,买办制度的废除,工业化四川的准备,战时的对民生造船厂的扩充,天府公司的改善,渝鑫炼钢厂的扶植,大成纱厂迁到北碚与三峡染织厂的合并,使民生公司的性质日益复杂,不再是一个单纯的航业公司了。

"今天钢板的价钱,超过战前千倍以上,圆条超过战前五百倍以上,柴油超过三百倍,机油超过二百倍,煤超过一百六十倍,……唯有轮船票价运价仅仅等于战前四十余倍,更困难的是差运,使公司收入支出,更是无法平衡。"

据说去年十二月底结算,即不敷了二千万元之多,使炸后船只修复,至少还要一万五千万元。但按战后需要的数字,这个数字实在还嫌太小,然就今天的总量,民生公司却已占了小半数。(川江现在有轮船三百艘,七万吨,炸损待修的船有三十艘。)

"当一般人高谈战后问题时候,"卢作孚氏说,"民生公司还是忙着战时问题,作为战时应负的运输责任。它相信国家对于战后的航业必有整个的筹划,必责成几个主要公司分担各主要航线的责任,而由政府妥为分配,何家公司主力用在远洋,何家公司主力用在南洋,何家公司主力用于沿海,何家公司用在扬子江,相互配合而不致相互冲突,这是国家必定把握的大计。"

谈到民生公司,卢氏更坦白说明了他的希望。

"民生公司当然是主要负责轮船公司之一,在国家整个筹划下,本着它战前计划和现在基础,扬子江上流仍应以绝对优势,保持航业上的长期和平,使不再发生惨酷的斗争。扬子江中下段,它应是几个主力中间的一个主力,使足与上游航业联系,沿海也许视能力参加,以与扬子江联系。它还不得不有几条相互救济的,使不致因为一段航线不景气,致受致命的打击,这是它得自己努力的,也必荷蒙政府予以准许的。"

没有卢作孚,没有民生公司;没有民生公司,没有这些牺牲,也没有这些创造,也许不是今天的局面。

录自《新中华》复刊第二卷第六期,一九四四年六月。

当代中国实业人物志·翁文灏

徐　盈

翁文灏,字咏霓,浙江人,现年五十五岁,留比,地质学博士,民初归国后即与丁文江等从事人才培育,今日地质学之有声于国际,翁氏实为创立者之一。九一八后应政府召,曾任行政院秘书长、国防设计委员会秘书长、资源委员会主任委员。抗战以来,经济部成立,翁氏任部长迄于今。

让我首先例举一点小事说明翁文灏部长的性格。

中华民国三十三年正月是经济部的六周年纪念,经济部是抗战中的产物,开始包括着工矿商农林渔牧,后来才另外成立了农林部,方把非工矿商性质的划分出去。在今年一月十日,经济部要举行一个纪念会,请翁部长来批示,翁部长亲笔先勾掉了"聚餐",最后批准筹备费为四千元。

到了开会的那一天,小小的礼堂外面站了两排卫兵都挂着盒子炮。当部长来到的时候,一声令下,高喊致敬,把翁氏吓了一跳。他到办公室把皮包放下,怒冲冲地出来喊:"出去,出去。"那两排卫兵愕然不知所措,翁氏更郑郑重重地说:

"我用部长的名义,叫你们出去。我不要这种场面——"

在庆祝会上,翁氏训了一个钟头的话,大骂贪官污吏,阐扬民生主义。下午在党员大会席上,翁氏又对那不尽职守的人们"大骂了一顿",晚上的游艺会里原定的京戏,也因为怕外面的"物议"临时取消了。有一位亲身经历者对我这样说:

"这就是我们经济部的庆祝会。"

为什么往年没有,偏偏今年有庆祝会呢？据说是因为三十二年度中央各机关考绩,经济部列为第一,不仅翁部长为之高兴,全部上下闻之也莫不高兴,这就是第六周年特别来举行一个庆祝会的缘由。

我走了九个省份看地方的工业回来以后,便请求翁部长给我一个半小时谈话的机会,那一天虽然在宾客环绕中,谈话的时间还是超过了半小时。

民营工业的若干负责人希望我能带一点消息,给翁部长。我仅仅把他们希望我能说的说了不到一半,翁部长就摇头叹息了:

"民营工业真是太——他们还是这样的不谅解政府吗？"

这天他穿着一身旧的藏青颜色的旧哔叽西装，他那瓜子型长脸上的笑容消失了，他用手轻轻按着胸口用一种感情的声音说：

"我相信政府已经对得起民营工业了，一个国家打了七八年的仗，难道就一点困难都没有吗？我想，他们也太不了解政府的困难了。"

于是我又把话继续下去，民间对于经济部的工矿调整处是失望了，因为他的力量太少，既不能调又不能整。民间的希望是有一个最高的工矿调整机构，不仅能对于经济部的机构调整，而且能够调整到军政部的工业、交通部的事业和一切有关的事业，使之配合与联系。

"这么一个小小的机构，"翁部长这样回答，"已经不容易办了，更大的机构也有更大的困难，不要忘了这是在战争的时候，有利同时也就有弊——"

翁部长像是要避开这个问题的样子，我不能不追着问道：

"有人说今天的财政政策是杀鸡取卵，翁先生认为用什么方法可以使财政政策和经济政策更配合一些呢？"

"不要忘了这是抗战的时候。"这是对方的郑重回答，"人人都是要向财政当局要钱的，而且一要不是几千万的小数目，他有什么办法！哈哈哈……"

不等翁部长笑声终止，我就跟着追问下去："怎样才能打开这个不景气的僵局呢？"我看着翁部长的笑容渐渐收敛，他这样说道：

"我们可以把工业分作两部分：一种是日用品的工业，这是可以维持的，不需要政府来救济；一种是生产的工业，如钢铁机器工业之类，这是政府要帮忙的。政府的办法也不外两种，一种是由政府出面向他们定〔订〕货，作指定的机器生产；一种是用技术来协助他们，减低他们的生产成本，能够跟得上市价销售。"

经济部对外一向是坚持并在解释这样的一个对于工业的理论。在目前这个工业倒闭声中，但真正的优秀工业是不会塌台的，那些本来已经没有生产而又不能不撑着一个单位的厂家，与其扯他在那里浪费器材，不如早一些关闭了好，反正在总的生产指数上没有什么出入。再从工业的成就上看，大而好的工厂，政府是一定要维持下去。那些小而劣的工厂，政府根本也就不能负救济的义务，因为这不是慈善事业。

二十九年是后方工业景气生产的最高峰，三十年下半年起就有了显著的疲倦，到今年由于物价的继续高涨，已经不能维持。"譬如重庆的机器厂共计三百六十四家，歇业与停工的共占百分之十九。资本总额二亿八千万元，歇业及停工的资本共占百分之五，这些厂子的工具机总数为三千一百三十五部，歇业及停工者也共占百分之五。这可见歇业及停工者全为规模较小之各厂,其他各厂的能力并未因此而减少。"虽然,没有新兴事业的勃发,则旧事业即感市场缺乏,钢铁及机器工业今后一般的不能维持,经济部当局也是慨然承认的。

"今后我们要在财政允许的情况下来帮助他们,政府要扩大定制机器的范围,自然我也很希望现存的货能够早点卖出去,使我们能够周转,再来贷给别人。我们还想在衡阳也办一个公库——"

翁部长连指出有些想办工业的人,专想等到战后向国外购买机器这是不对的。自然美国纺织机,每个锭子不过美金三十元,折合国币不过六七百元,而国产的要到八千元以上。又如美国的发电机,每瓩为美金八十元,折合法币不过一千六百元,国制者则达一万六千元。"国产的虽然贵,可是也不能不用,因为到了战后时候,我们要运输的物品很多,一时也轮不到这些非国防器材。"

最后谈到今天中国的工业经济学者,已显然划分为两派,一派主张增产,一派主张节约,究竟在实际主持人的眼光里哪一派的主张正确呢。

"都是不错的,"翁部长又哈哈地笑起来,"一个主张同时有利也有弊,是因时因地而有不同,我不能告诉你哪个是完全对的,哈哈哈……"

从翁部长的笑声里,我听出他内心的辛酸。

一位工矿业的主持人拟定了一个"中国工业政策纲要"。他的基本原则只有三点,翁先生同意这些话。

一、发展国家资本——规定国营事业的制度,以造成国家资本的基础。制造及发展国家资本为民生主义的要旨,总理遗教中特为郑重昭示,如不从此着手,则民生主义之根本要义,无从实现,其他各节,自尽成为空谈,欲实行此要旨,首宜重视者,厥为国营事业。国营事业中最关重要者,计有三种,一为金融事业,其宗旨在将全国财力集中运用,以达建设近代国家的目的,而不使之分散消耗于与此无关的用途。对于储蓄、汇兑、保险、借款、投资、信托等项重要业务皆须妥密办理,以实行集中建设的任务。二为交通事业,如铁路、公路、水路及航空的运输,邮务、电报及长途电话的管理,皆应由中央政府统筹主持,庶足以定全国统一的规模,免分歧紊乱的现象。三为工矿事业,总理亲着实业计划中将各事业分为国营民营两类,而明文声叙计划中规定之工矿以及运输各事,皆属于国营一类,其重视国营的意旨至为明显。吾辈对于遗教,当特重其精神所在,而不宜过泥于文字之枝节,惟重其精神,斯用心确为忠实,亦惟不拘泥文字,庶实行克有进步。凡此方针,确为事实之所必从,绝不容有丝毫疑义,此时所宜实行者,整个国营制度,须待彻底建设,使之运用灵活,效力宏大,庶足以发挥国家资本的效力。

二、节制私人资本——发挥为国服务之精神,实行依法进行之秩序,辅导保护向前推进。节制私人资本之用意,依照目前实况观测,尤在防止私人资本垄断市场,致酿成资本主义之流弊,并在防止官僚资本免使做大官者皆为资本家,致使资本家皆想做大官,以致因私利而争政权,亦即因私利而害国家。但社会资力,仍当许其存在,且当助其发展,故要点所在,唯有鼓励从事实业之兴趣,与服从法律之精神,使社会上凡有资力者皆深知辅助公益效忠国家为国民应有之任务,乐为勉力以赴,并知因公害私,因利废法,为极端可耻之行为,尽力避免,庶可养成全国良好之风气,政府对民间所营正当事业,则宜在税制、运费、器材、技术、劳力各方面,认真扶助,竭诚护导,使民间资力悉能安心工作,亦即使有用之力,悉能发挥于有用之途。

三、增加外资输入——在自力更生之中,发扬国际合作。总理于民生主义演讲中,力持对于本国事业认真保护之必要。在实业计划内,又力主欢迎大量外国资本来华投资。或者以为不免前后矛盾,实则二者皆为正当方针同时进行,并不冲突,亦即因此。总裁在十一中全会时,提出自力更生与国际合作,共加注意。良以中国工业落后良多,积极建设,非有相当规模不能符建国意义,而同时国民富力甚为薄弱,又非有外资匡助,不易积极建设,故欢迎外资诚为建国要举。且国于世界,必有与立,我们抱天下大同的精神,对于友邦竭诚合作,亦欢迎友邦对我们认真联系,正当以合理的友谊,奠定世界和平。惟所宜顾全者,中国创办工业萌芽方始,人才无多,资力较弱,必须力避摧残之险,方能确定自力之基。因此正当政策,唯有对于本国事业尽量保护,而对于外国资力充分容纳,依此方针,善为处理,事业得有保障,国基益臻安定,中国固大受其益,外资实亦得同等之保全,并受大益,而不见其害。

根据着这三个原则,他拟出了一套《战后工业政策纲要》。这个纲要由三十二年的工业建设计划会议,八月中国国民党十一中全会议决的战后工业建设纲领十六条,及九月间国民参政会第二届第二次会的拥护案而拟议。原作者的本意是:

"我写出让大家看看,多批评批评。"

这是由欧美学来的民主作风。

翁文灏氏虽然作了大官,但他没有发了大财。除了公家给他的一些享受,他在酌量享受外,他实在还是在学术空气中严肃地过活。南京时代作行政院秘书长的时候,他却住在地质学会的小楼里,家眷留在北方,公余之后却是在过着书斋生活。身在政治圈中,但却未尝忘掉了学术界的地位。

翁先生为了自己的事情特别烦〔繁〕忙,不免有些时候大发脾气。从抗战前夕,他从欧洲赶回来,开始主持迁厂,跟着就为全国的经建而努力——特别是对于重工业方面,奠定了不拔的基础,中国的经建史上几乎是"前无古人"的能够应付这样伟大的场面。这么多的人,这么多的事,好的固多,坏的也不少,自然难免发脾气,而且得罪了他的多年共事的学术老友,吓坏了他的家人。

虽然,他还是为了整个国家,为了整个经建,因公而忘私的,譬如他和李四光教授在地质史的看法上略有不同,如冰期的有无之类,使这两位老地质博士不免有时小有意见。但在最近的这一次工程师年会席上,因为中央地质研究所及锡业管理处在锡矿区发现了稀有金属"铀",翁部长为了要开发这个宝藏,亲自携着一批地质矿冶界的人士从桂林坐车到良丰去看望李四光,请他为这矿物多负一点责任。李老博士也就为了这工作意义重大,欣然允诺。地质学界的后辈看着这两位老博士的欣然色喜,也都欣然色喜了。

翁部长办公在城里,但家住在沙坪坝,一所简单的小洋房,地皮是从南开学校借用的。翁部长在百忙中最关心的仍然是中央地质调查所的事情——他是这个机关的保姆,一眼看着他壮大和成长的,他不能忘情于这个机构里的大小巨细各事,每到北碚,他留在中央地质调查所里的时候也最多。

接近翁文灏部长的人,都说这是一位最少有官气的人,特别是一些陌生人,更是有这种认识。在他的极度节约中,最苦的莫过于他私人的厨师,这位要人的厨师据说时常在换,因为物价涨得太快,而主人一定要节约到底。据他的家人传说,每次女儿上学还要当卖东西。

我却还知道他有一个儿子已经参加了空军,有一次便中飞过南开,空中绕了三匝,为他父亲祝寿。

录自《新中华》复刊第二卷第八期,一九四四年八月。

当代中国实业人物志·范旭东

徐　盈

范锐，字旭东，湘之湘阴人，现年七十一岁，留学日本，归国后即从事久大公司之建立，半生尽瘁化工事业，先后继续成立永利公司碱厂及硫酸锭厂，而黄海化工社之研究工作亦为社会所推重，氏现任国民参政员。

一、怀念"海"的人

二十五年前，范旭东氏在战败的凄凉塘沽岸上，望着羞惭的渤海发誓，扶植起三个化工幼儿，那就是久大盐公司、永利碱公司和黄海化学工业研究社。以私人为国奠定了化学工业的基础，后来在洋商围攻中，为国家在明媚江畔又建立起硫酸锭工厂。

二十五年后的今日，这些化工基础已随国土沦陷，机件越海东流，范旭东氏更从敌伪的威逼与游说里突出重围，率领他的干部迁到四川来，为华西建立化学根据地，国家更贷以三千万元的巨款，以保育这个华西的化工新麟儿的成长，俾能像过去一样地负起"国防与民生"的重载。

有国际声誉与地位的这些大工业的领导人，在迁到华西来第一次会面的聚谈中，他曾用毫无火气的声音淡淡地说：

"中国的生命线在海洋——"

那时候，后方的新工厂的茅棚正在搭盖，机器与机器的接吻的声音伴着装设者的叫器乱成一片，官方对于迁厂的人百般鼓励百般安慰，劝他们安心在这片新的处女地上成长。漫长的海岸线全部沦陷了，过去工厂发展的畸形正受到朝野一致的严厉批判。我时常在想：每一个迁到后方来的工业家的心底究竟在想些什么呢？

"工业建立不能没有基础，特别是盐碱化学工业根本不能离开海洋——"

范旭东先生谈了很多的话，延到目前已然不能完全记忆，但我至今还不能忘记的便是他那"无火气的声音"像火一样地燃烧着我的心，使我们很久不能忘怀那广大的蔚蓝的海，那海上海下无穷无尽的宝藏，我自己问自己！

"为什么放弃了自己的无数资源？我们不能永远转进，为什么不要积极的进取而只求消极的退守？为什么过去眼睛里面有沙子,而拖到今天还不肯去掉？"

偏重海洋的人,是畸形的意念;忽视海洋的人,同样也是畸形的意念。多少怀念着海洋的人,今天被封锁在华西山国里,根本便已丧失了高唱"回到海洋之歌"的勇气。范旭东先生的身材并不十分高,他的心胸却是广阔的,他的气势更是岸然伟丈夫。六十岁的老翁,头发是黑的,嘴边没有留着一丝胡须,而面庞润泽如童子,谁也不会相信这样的一个人曾经终年在艰辛中寻觅国家与事业的出路,从第一次欧战到第二次欧战,那么漫漫悠长的不平凡的岁月锻炼出来的一位工业战士,神情却像一位老儒。

范旭东氏说,他这个事业的开端不过五万元,逐渐随着需要,一再增加和扩大,由普通招股,而发公司债,而领政府补助金,以及复兴化工案专款二千万,类别繁多,财务复杂,在民族工业毫无基础,经济能力既薄且弱的中国社会,要用较多的款项,无凭无借的纯靠个人的信用,这种情形之下,负责人的煞费周章,是可以想象得到的。但范氏自己却是没有钱的,在南开中学的一角上,他过着简单朴素的生活。

"同我们创业时候的环境比较,"他说,"现在的社会是进步得多了,二十五年前的孤独挣扎,工业的伴侣可说是绝无仅有。机械生产的路是走得通的,工业建设的过程是必须经历的。这两点,经我们长期的试验得到了证明。"

华西的新化工虽然结果证明了十分难产,但是国际风云的因子要占最大的成分。虽然他们为华西的盐业改进,已提高到现代化的生产,地质与化工的配合,一个新井的深凿,不仅对事业,对于学术上也有了很大的贡献。这个大企业的同人承认:

"范先生领导我们,打倒了办实业来发财的俗套,基于生产、研究、训练三位一体的态度,在中国首创国防民生兼顾并进的事业"。

二、回首二十五年

从第一次欧战的前夕到第二次欧战的揭开,这短短的二十五【年】中有多少惊风巨浪,在千头万绪的变化里,中国的化学工业不能不说有了相当成就。

三十二年十二月十八日,在万山丛中的新塘沽为侯德榜总工程师获膺英国化工学会名誉会员荣衔庆祝会席上,范先生非常兴奋地报告"中国化工史"上的一页,他说:

"永利公司创办在民国六年,正当第一次世界大战,欧亚交通梗阻,几十年用惯的洋货运不进来,市场大感不安。就化工原料说,颜料、纯碱等欧洲特产,比黄金还宝贵,上海靠存货发几十万大财的大有其人,谁不眼红,谁不欣慕?

"少数平日对工业制造感点兴趣的人,极力想利用这个时机设厂自制颜料,他们知道技术艰深不敢高攀。酸类,如硫酸、盐酸,可由日本输入,不愁没有。唯有制碱,看来似不大费劲,但英国卜内门公司不把存货放出来,使有行无市,许多用碱的厂家因此停业。后来有一位李先生在上海开了个食盐电解厂,又有一位葛姓在山东汝姑口开了个罗卜郎法碱厂,想从食盐一直制成纯碱,种种副产一个也不让他丢弃。四川有一个碱厂,也是成立在这时候,可谓盛极。此外还有一部分人,认识比较深刻,不敢贸然从事,在上海听见久大精盐厂设在塘沽,辗转托人来搜求参考材料。

"当时一位最关心久大事业的朋友就是遵义寨先益先生,由吴次伯先生主持,一行三位来塘沽调查。吴氏在上海、苏州曾办过几个工厂,还有数理学家王小徐先生,和协助二位的化学家陈调甫先生,那是民国五年,到了天津,经过几次研讨,才知道久大公司和一般盐商一样,用盐是要完税的。制碱要用盐做原料,如不免税,当然无从下手。这事实使他们一股勇气,不无沮丧。既然远道而来,决定还是依据他们从上海携来创办章程,试行举办,永利这个名称,也是他们当初指定的。

"原盐免税,经过相当周折,幸亏发起人中间有萧山张弧(岱杉),时任盐务署长。长沙李穆(宝四)任长芦运使,杭县景学铃(本白)是盐务专家,极力斡旋,财部居然批准原盐免税。这是中国二千多年的盐务史上,恐怕这是第一次。阻碍横生,几个月得不到一点进步,各人的信心,远不如以前热烈,前后两次发起人拿出来的少数创办费,因为做了一次试验,加上近一年的开支,所余无几,不容易再谈募集了。陈调甫先生等得不耐烦,变卖了陈夫人的嫁奁到美国读书去了。加上欧战一停,碱价大落,这一幕只好暂卸下来,所幸天津一部分发起人,没有灰心,仍在不懈不息中踱着方步向前走去。

"民国八年先兄源廉赴美游历,认识纽约的华昌贸易公司湘潭李国钦,来信说李先生很关心这类事业。那时候国内的设厂准备,又有了实现的可能,随请先兄托李先生帮忙,一面打听陈调甫先生到了美国,去电委托他代表永利协助进行,着手聘用专家,设计绘图,永利事业到了这一阶段,才算有了眉目。侯德榜先生是这春芽初发时,在纽约受聘的三位专家中的一位。

"民国十一年,我们团体的神经中枢,黄海化学工业研究社成立。侯先生恰于此时回国,先任碱厂工程师。碱厂装置是请纽约一位号称专家设计的,委托王小徐先生在上海所办的大效机器厂制造。当侯先生到塘沽时,已经动手安装。现在回想,真是初生之犊不怕虎,苏尔维法制碱,如其这样就能成功,今日的世界应该无国无碱厂了。侯先生奋不顾身,寝馈于工厂,从事死拼,先后四五年,从掉换炭〔碳〕酸化塔的水管,另行设计新分解炉,历次加强冷却设备,改造滤碱机和石灰窑,以至补救种种临时故障,煞费苦心,这工作不比从新发明有任何不同。

"原来苏尔维法制碱,在原理上十分简单明了,并没有十分难懂,但是诱惑性最大,轻于着手的没有不感到万分棘手的。此所以苏尔维公〔工〕会独霸世界碱业,垂数十年不辍。当日和侯先生先后受聘的,还有美国李佐华先生,也尽力不少,但如不是侯先生以身作则,李先生决不会在永利长久做下去,因为他太看不惯当日有些员工对于工作的松懈,气愤辞职不止一次。侯先生始终书生本色,他的著述风行各国,打开制碱工程秘境给全人类。碱厂成功之后,永利发起人将章程内每年应得酬劳金全数捐赠黄海化学工业研究社作费用,也是和侯先生的技术成功有连带关系的。

"侯先生第二期的成就,当然要算硫酸铔厂的创建。这工业能够不为外商攫去,而由永利接过来自办,未尝不是国家之福。侯先生负全责办理,出国设计、采购,以至回来安装、出货,整个工程系统由他一个主持,这是人所共知。这次英国化工学会,表彰他的功绩,重在化学技术上的成就,或者还不知道他在事业经营方面,也有这样广泛而精密的才能。我们常说他如其经营商业,一定是把好手。铔厂不幸,开工不到半年,三次遭敌机轰炸,我们工作如故。随着国军西撤,侯先生是最后离厂的一个……

"二十七年春,同人聚集川湘,决定借此机会,奠定华西化工基础,侯先生开始第三期的工作。先赴德国,为的要适合华西目前环境,设计一个新碱厂。这是他的一个大英断。浅识的人,以为他从事制碱工业多年,有成就有著述,何必再请教别人,而且丧亡之余,能省则省,何必花冤枉钱?但为把塘沽原有设计,缩小几十倍,移到华西能够运用自如,制碱工业也就不值得重视。他在德国周旋多时,厂家提出无理要求,侯先生愤而赴美,自行设计,一面指导化工研究部,在国内循序实验,居然完成了一套新碱法,厂务会议全体同人一致赞同命名为'侯氏碱法',从此世界制碱工业,又开辟了新径。

"我们在四川的硫酸铔、炼焦两工程一部分因为国际运输路线阻塞停顿了,一旦停战,必然很快的建造成功。"

范旭东氏赞美了他二十多年共事的友人的伟大,但谁也不会忽视这个大企业的建造的定向人,就是他自己。

三、经济参谋部的建议

范旭东氏近些年在困难中度日,当我每次访问他的时候,他总是要求我不要公开一字,他总是这么微笑着说:

"我也不需要来说明什么了——"

一般人批评范旭东在抗战以来有三点错误:"北方的厂,当毁不毁;南方的厂,当迁不迁;华西的厂,当建不建。"每当一次敌人用强占的工业来诱惑后方的工业家时候,便会发生范旭东氏的若干风传。我们相信,这些事,历史家将会下最后的判决。只是就目前的工业生产无政府状态下,有一位内行人说:

"范旭东假如有本事把大碱厂在后方建成,那么开工之日即是关厂之时,因为一是工业没有配合,没有这么大的胃口,二是自己根本也没有这么许多的流动资金来周转这么大的企业……"

抗战第八年头,他更以参政员的地位向政府建议,设置经济参谋部,制定战后建设计划纲领一案。他认为"战前经济建设的机关,有建设委员会,有全国经济委员会,有行政院实业部,有军委会之国防设计委员会,各有成立原因,各谋所事,识者病之。抗战初起,复设置农矿贸易三委员会,此为适应军事需要,诚有设置理由,但与原有机关之职权及其所掌实务,则颇多雷同重复。二十七年春,中央调整行政机构,于是改设经济部,付以统筹全国经济行政之全权。建设委员会与全国经济委员会遂即撤销,农产与工矿调整委员会均改处而隶属经济部,且将国防设计委员会改成之资源委员会亦改隶经济部管辖,机构调整,粗具形式,而行政与实物之职权,不幸开始混淆。未几,原隶属军委会之贸易委员会与前隶属实业部之国际贸易局合并,改组为贸易委员会。此诚合乎调整之原旨,但为迁就事实,隶属于财部,则不得谓符合经济行政之正常系统。嗣后农林成为专部,原有经济部之职权已见减缩。最近复将原隶经济部之农本局改组而为花纱布管制局,且从而改隶财部,经济部职掌又复缩小。其无法推行全国经济行政之全权,反而趋重局部实务上之得失,势所然也。……

"欲免现病,而树新规,窃谓宜仿军事组织,在最高国防会议之下,设置经济参谋部,以为经济建设之神经中枢,兹例〔列〕举要点如次:一、经济参谋部之任务,首应依据吾国建国急切需求,制定全国经济建设之总计划,以为建设之纲领,俾各部门实施方案,完全依此纲领拟订而付诸实行。二、上述总计划之纲领不仅着重于农工矿之狭义建设,举凡国防所关,如军政部之兵工设施,以及财政部所管中央与地方之税制及金融业务,国际贸易经济事业之方案,均应包括在内。三、总计划之纲领内，应将建设所需资金之筹集、运用、偿还等办法确切列举规定，俾建设不受阻滞，不宜临事周章。四、总计划制定之前，应切实审度国内资源，人力与确实可运用的资金，以及可能改进的运输力，更应虚心采纳国内外各门专家之正确主张，务期实施后，不致因遇到困难而失去信心，陨越中途。更当明白规定全国经济建设，无论中央地方及任何部会，以及人民团体，只能遵据纲领实行，不得各自为谋，再蹈互相牵制抵消之覆辙。五、总计划一经中央批准，在执行期内，应倾全国人力、物力、财力之所及绝对贯彻，不应更变。"

这个建设议书的收效处，即是三十三年度的中央设计局扩大了二十倍，为了制定战后总纲领。在整个紧缩中，经济参谋部的计划，一时却难实现。

四、他们在华西

"我们要把自己健全起来，到别人叫我们来挑担子的时候，——我们准能挑得起来。"

他们到了华西，范旭东氏一再用这话来勉励同人。黄海化工社到了新塘沽仍然继续沽塘时代的研究，如菌类研究，肥料研究，轻金属如铝的研究，水溶性盐类的研究。特别是后者，成立专室，以犍乐两盐区为试验中心，对于枝筱架浓卤，减少煤的消耗，每年为全川省煤一万万元以上。发明塔炉，使可用热力，自旧有百分之三十增到百分之七十，各方灶户，群来仿效，创制砖盐，以便运输。利用旧汽车头代牛力推卤，经济耐用。利用副产品，创设新型化工工业，钡质的解除及卤汁的应用，都有良好研究，且有划时代的贡献。

在海滨的久大盐公司，入川以后，不仅在自贡生根，且挟技术上的成就，行经川东川北，远达云南和新疆，滨海未沦陷的盐区，也不时来信希望得到协助。久大的盐也能长期保持四口平锅生产不受任何阻碍了。没有奋斗没有牺牲，没有这代价。

当这朝野研讨国营的时候，范旭东氏却认为这还是近于浪费，他说：

"今天我们谈不到讨论什么国营与民营，因为我们的脚根〔跟〕还没有站得住，我们要埋头研究，要追求进步。"

这种不合时的声音，当然引起一些批评，但他从不愠怒，这么些年头，他就在默默地求自己的进步。

录自《新中华》复刊第二卷第九期，一九四四年九月。

当代中国实业人物志·吴蕴初

徐 盈

吴葆元,字蕴初,江苏嘉兴人,现年五十四岁,化学家,以苦学研得日本制造"味素"之化学成分,民国二十年创立天厨厂,以原料问题待决,乃先后成立天原盐酸厂、天利氮气厂及天盛陶器厂,尤以天厨味精,名振〔震〕一时,将敌货味の〔之〕素驱出国境。

吴蕴初氏当抗战发生把他自己的工厂迁到后方以后,自己便到欧美去,为香港的新厂订购机械。但是不久第二次欧战爆发了,他绕了许多的路才回到重庆,并且下了决心,把迁到后方的天原化工厂赶快恢复。

踏着满地的木石,我到临河的一个山坡上去看他。这位胖大而有欧洲人风度的大化学家,双手拿着蓝图,穿着骑士般的格子呢马裤,正在指挥为造漂白粉而盖起的回旋塔。他带我回到他那有几张旧日图片的会客室里,把话题从欧战爆发谈起,这次的迁建虽然受着空前的牺牲,不独没有挫折了他的锐气,反而增加了他的民族优越感。

"我幸而是中国人,"他说,"有国籍的中国人,所以才能够平平安安地回到中国。"

他所以这么说的原因,是因为道经意大利还经过了一度麻烦,这位大化工家因为被证实了的确是中国人,因之才能继续了航程,回到了抗战中的祖国,重建他的事业。

"为什么华侨都是这样的爱国呢?唯有离开国门才知道国家对于国民的重要,才能够献出了那么大数目的捐款。"

他又说到抗战使中国的国际地位提高了很多,这又有他出国后的新的感触:

"外国人看到欧洲国家打不到几个星期便灭亡了,不由得对于打了几年的中国人佩服起来,可是在外国的中国人,看来看去都是洗衣服开菜馆的,遇到我这样的中国人,都要拉回去作上宾,听听中国在抗战中的经过。这样以〔一〕来,我也省了不少的饭钱,哈哈哈……"

这位胖胖的化工家,摸着灰白色的短髭,闪动着圆圆的眼睛,而大笑起来。

他是乐观的,抗战以来,他失掉了上海的工厂,太平洋大战爆发以来,他又失掉了香港的新厂和二百余万元的新机器,但是他的华西新厂,却在利用着一切新旧机件,拼拼凑凑的装齐开工,而为了装备化工厂的天盛陶器厂却首先建立完成。他在哈哈笑着,看着一部机器跟着一部机器开动了。盐酸出来了,漂白粉出来了,烧碱出来了,味精出来了,维他命B出来了,一切的副产都出来了。

天原化工厂正式大量出货的时候,吴蕴初氏的笑容减褪〔退〕了,为了工人,为了销路,使他不能不抓一抓灰白的头发。后方的市场胃口,就是这样,没有货的时候,十二万分的需要;但到了大量出货的时候,又愁没有出路。

"从作味精到办化工厂基本工业,从化工基本工业又到了作味精。"

吴蕴初氏跟着又笑起来,他为化工创立了天厨奖学金创立学会,本身又当选为中国全国工业协会的负责人。他不肯离开自己的岗位,但多少琐事在拖他,要他为公众服务。资源委员会近更投质〔资〕天原厂,使他为国家化学工业的一部。

一般人对于吴蕴初这个名字并不生疏,因为这个名字常和抗日联系在一起——吴蕴初用"味精"打退了日本帝国主义经济侵略的先锋队"味之素"。那时候是天厨厂的成功第一声。

后当民国十七年时,吴蕴初氏鉴于盐酸、烧碱、漂白粉各国竞相倾销,日本劣货尤其充塞市场,吴氏亲赴国外,订购机件,运到上海装设,用电解食盐方法,专制工业原料盐酸、烧碱、漂白粉及其他气制品。十八年向前工商部注册,跟着就正式出货。这部中面海防远东化学公司转动的机器,一天可出盐酸九千磅、漂粉三千磅、液体烧碱八十担。当时资本仅为二十万元,但机器就值八十万元,二十年增资二十万元,二十二年增资二十万元,二十五年增资为三十五万元,二十六年又增资三十五万元,总计股本已超过一百万元,公司资产尚超过几倍。每次增资,跟着就增加设备,电解槽由一列增为六列,产量亦由一倍增加到六倍。这说明了天原的成就不是偶然的,而是逐渐地,一步一步爬上了大工业之路。(今天资本额已超过千万元。)

"跟着天原工厂同时发展的还有天利工厂,这是氮气工业的先驱。当时因为制造及盛装盐酸所需的化学陶器,本国没有工厂可以承造,向外订购,漏卮也大。二十三年成立天盛陶器厂,自建厂房,自建机器,并用本国原料,二十四年正式出货,不特本公司所需的陶器不再仰给于外商,本国其他化学及军需工厂所用的化学陶器也都向天盛来定货。"

天原工厂决定内迁了,天盛陶器厂也跟着内迁了。天原厂的机器,运出了一部,厂房就被炸毁。天盛厂的机件,因为距离战区较远,得以全部迁出,本来想在汉口刘家庙设厂,但因为首都不久便沦陷,虽然买妥了厂地,仍然又把全部机件改装木船,历尽了艰难困苦,到了目前建厂的地方。

正当后方筹划设厂,设法由海防或滇缅路运进必需的零件的时候,攻入上海的敌国工业家正以"利诱威逼"的手段来要求合作。天原化工厂的董事和员工,抱定"有敌无我,有我无敌"的宗旨,始终加以拒绝。利诱之后,便是威逼,公司职员顾乃智被敌人绑票,硬指天原厂内有日商中山钢铁厂的机件,非刑拷打,并不屈招,二十八年八月十八日,以身殉职,全部厂址,强行占用,这消息传到重庆,只有增加了全体同人复兴"天原"的勇气。

一年以后,天盛陶器厂全部复工出货,除了自制耐酸耐碱的陶器以外,兼制火砖及高压磁料,就用自造的火砖砌起锅炉间和厂房,耐酸耐碱的器皿像玩具似的在厂房内装置起来,通上电流。就在这个时候,重庆每天都有空袭,每次空袭跟着都有轰炸,在轰炸底下拆厂,又在轰炸底下建设,同一轰炸,自然心头的滋味大有不同。

"今天不比往日",主持人还在这样打着算盘,"邮件既不容易,运输又是艰难,无论煤炭泥土、石灰石膏等原料,沿途运经关卡,都要征收营业税,电力、盐斤,价格较过去场〔扬〕涨不止十倍,有一天一个炸弹落在头上便要全部覆灭……"

虽然有这么多的困难,但这个厂还是建立起来了,"我们不计成败利钝,不计成本高昂,能否立足,只想创造起川境的化学工业,救济当前的酸碱恐慌"。

味精工业到化工基本工业,这历程是顺序而且艰苦的。即如在华西的工厂每天出品,烧碱四吨至八吨,盐酸二吨到四吨,漂白粉三吨到六吨,也就使后方的胃口不能完全消纳。

结果,赚钱的又是味精及其附产品。

有一次我去天原化工厂参观的时候,工厂大半已在完成,吴蕴初氏这时候却在烦恼中,他说:"我们这里的工人跳厂跳得凶,好容易请来的工人,一转眼就被别人用高价拉去了,是我对不起他们呢,还是他们对不起我呢?"

资本家的烦恼这时候充分表现出来,他自己一再表示对于工人福利特别注意,"在厂子里,我们的饭食差不多是一个样子"。可是,工人们还是不能知足,"我要给他们吃什么才能满足呢?"人类的天性本是不能满足的……

假如拿"味精"为制造中心的话,那么盐酸、烧碱和漂白粉,都可以说是制造中的副产物。为造"味精"先造盐酸,为制造盐酸,便先有副产物烧碱;同时从盐里提取出的绿〔氯〕气也非常多,除了制造盐酸之外,不能用完,可以拿来加入到石灰里面去,使成为漂白粉。

电解室是一间最安静的房子，水和盐在那耐酸的陶瓷罐内分解，默默地不作一声。水经电解变成氢和氧，盐经电解，就变成氯和钠。这两类电解在这时并进，水里的一个氢原子便和盐里的氯化合而成为盐酸；水里所余的一氢一氧遂和盐里的钠化合而成为轻养〔氢氧〕化钠，也就是碱。这还是制造盐酸比较新的方法，所得的盐酸是极纯的水，要加水才能使用。

在制造味精的部门，是把面粉中的面筋提出来，加入一定比例的盐酸，如要里面的化学把戏演得迅速，必须在坛子外面加热，十八小时后，便成为一种液体，过滤一次，再来一次"真空滤"，设法减少其中酸的成分，乃成为固体；这固体加入烧碱，再加水来中和其中的酸，用炭过滤一次减消原有的色素，又变为淡黄色的液体（即酱油精）；再把这种液体放到酒精里面发生沉淀物，经过离心机的挥发，酒精散尽，复经干燥，就成为踏入大小人家的"味精"或孪生兄弟"味宗"。

化学家究如在变魔术，用些盆盆罐罐，各色的液汁为人生增加了不少的迷彩。但是能够支配物质的人，不一定就是能够支配人的人，吴蕴初氏一方了解全盘技术，一方面又能主持厂务，乃发生了为工人跳厂的叹息。

天天的空袭使他们天天为那新式真空熬烧碱的机器、石英制的盐酸合成器和那高耸的漂粉塔而担心，"不能再有损失了，天原虽然是国内唯一电解食盐和制造酸碱的工厂，但同时也是经济周转极困难的工厂"。就在这种心情中，又建立起天厨厂，除了味精而外，他们还有大量的淀粉、葡萄糖和维他命 B 应市，都是后方民众的营养必需品。

一个 Hargraue 法的酸碱工厂也在建造中。

任何一个优秀的工业家，没有不特别注意于研究工作的推进。吴蕴初氏当然也是不能例外。民国十八年时候，吴氏与天厨工厂出资各半的中华工业化学研究所，在上海成立。吴氏被任为永久董事。

到抗战以前，该所十年来的重要工作，初期是：一、防腐剂的研究；二、芳香油的研究；三、饮食品的研究。等到天利淡〔氮〕气厂出货时，为了扩展硝酸用途，又委托该所研究"氯苯"各种耐酸耐热及特殊钢料的分析，以及钛质在高温高压下淡化程序的研究。当抗战开始以后，他们却正在天厨味精厂的四楼上研究活性炭，为了军火工业的需要而努力。

西迁到汉口以后，一方【面】从事在武昌建立酸碱工业的准备，一方面派人到湖北应城研究膏盐矿的实况。可惜各项工作都没有展开，就入华西重建实验室，为社会"无条件服务"。例如：一、由五倍子提取硫酸，成立工厂；二、威远臭水河各天然气体的分析；三、利用川产松香及生漆为基本，作耐酸耐氯材料的研究;四、盐水池内陶砖填料的研究;五、耐酸耐腐材料的研究等;以及纯粹盐酸的提制,氯化钡、氯化钾的试造;大批人员的训练;这些实验室工作都大大有助于天原工厂在短期间内的恢复。

三十一年度天原电化厂及天厨味精厂共同出资三十万元,为中华化学工业研究所正式建所,希望在华西也有了基础。渝沪双星,共相辉映,专刊《化学工业》跟着也在三十二年一月恢复。

吴蕴初氏更生技术之余,从事工业化的运动,成为中国全国工业协会负责人的他,一度畅论"中国工协的使命"。他认为:物价高涨最主要的原因就是物品生产的不足,而生产的不足即在于生产的工厂与矿厂的不够。换句话说:就是没有工业化。

"促进工业化,是全国国民的责任,但责任最大的莫过于我们工业同人,特决意联合工业界的同志,来组织成一个全国性的工业团体,因是个别的努力,是不及集体的努力来得更有力量,更有成绩。"

三十二年四月二十二日正式成立的全国工业协会,据吴氏表示目前的任务有四:

第一,我们要促成工业会法的制定——我国各同业公会向附属于商会。查工业乃以生产为主旨,而商业则重在运销分配,旨趣互殊,自难合一。环观世界各工业先进国家的工业团体,靡不有强有力的单独组织。盖如是,始能相互合作,而收声应气求的效果。十中全会所决义〔议〕关于迅速制定工业会法一案,实为切中时要的宏图,我们准备努力催促政府早日制定颁布,使我们工业界能作广泛的团结,以增厚我们一致努力的力量。

第二,我们要加紧工业经济的研究——工业经济至为繁衍。譬如国际工业的动态,我们应有工业政策与夫工业立法,工业发展的程序,工业区域的规定,以至土地、金融、交通劳工等问题,均须切实加以研究。尤其对于赞助政府平衡物价,管制物资的方案,畅通原料的供应,协调劳工的生活,以免牵动成本影响生产。又若政府课税的标准,计税的方法,应求上下融通祛除塞闭,以免狡黠者逃避税捐,愚愿者意外受损。我们对于这些皆应详加研究,并以研究结果,提供政府采择,使我们的工业能够顺利发展。

第三,我们要妥筹战后工业的设施——战后复员问题,所涉范围至广。例如内迁工厂战后的迁留,以及新设工厂的战后改进,亦均应先事筹维。夷考第一次欧战期间,中国的新兴工业,一时蓬勃而起,欣欣向荣,但至欧战结束,外货纷至,所有的新兴工业,无不遭受挫折,陷于一蹶不振。当时我国犹居于平靖之局,而战后尚不能与外货相竞。这次大战,我国创巨痛深,一旦事平,国际运输恢复,外货成本低廉,大量拥至。我国现有工业以高昂的成本,宁能与之抗衡。倘不预筹妥善适应办法,是我国现有的工业不难摧毁,遑论再求进一步的工业化。所以我们要事先妥筹。

第四,我们要贡献关于修改商约的意见——中英、中美新约订定以后,我国已取得国际平等的地位,百年耻辱,一旦湔除,凡属国民,同深庆幸。惟将来修订商约应采用何种办法,始足予我幼稚工业以合理的保护,期能在平等原则之下取得公平的辅助,以保卫国家工业化的及早完成,极关重要。我们对此要详为研讨,并随时向政府有所贡献,以策万全。上列的几点,是举其荦荦大者而言。他如促成产品标准化,促进工业金融的发展,增进劳工的福利,推行事业保险,以及请求政府对于生产事业的维护等等,亦均为我们目前的重要任务。

化学工业界素有"北范南吴"之称,至少在抗战以来,"南吴"比"北范"在社会上特为活跃些。我们相信,他们在事业上的竞争,可以提前化工的进步。

录自《新中华》复刊第二卷第十期,一九四四年十月。

当代中国实业人物志·吴任之

徐　盈

吴健字任之,民国纪元前三十七年七月生于上海。纪元前二十年至十七年在圣约翰大学科学系第一期毕业,民元前十年奉武进盛公奏派随同李维格赴欧考察铁政,并在英国伦敦大学矿冶系及机械系,歇斐尔大学工业系得冶金硕士学位。民国纪元前四年又奉派赴美考察钢铁工业。民国三年为建设大冶钢铁厂赴英美订购机器炉座,归任汉阳铁厂工程师、厂长、总工程师。汉冶萍总公司总管技术事务,扬子铁厂顾问,创办汉口商品检验局,经造津浦、陇海、湘鄂、正大、个碧等铁路钢轨。民国二十六年随孔副院长与翁部长赴英德两国,参与钢铁厂建设事宜。

一、DOCTOR

吴任之,这位钢铁界的老博士,到达后方以后,就被推举为中国矿冶工程师学会重庆分会的会长。到三十三年,他已经是七十五岁高龄的老工程师了,在钢铁界服务有了四十三年的历史。他是在三十岁光景才学习西文,然后奉派到欧洲去学习矿冶的,他是钢铁界的最早的留学生中间的一个。"Doctor"——一般人士,包括了他的学生,都是在这样地尊称他。

到后方来,他被中国兴业公司钢铁部聘为最高级的顾问,同时受经济部钢铁管理委员会的委托,协助各新建的钢铁厂作技术改进的工作。当我去到嘉陵宾馆去拜访他的时候,他的头发已经花白,但嘴唇上却刮得干干净净,没有一点胡须,而一身合适的西装穿在脊骨笔直的身体,到〔倒〕显得英气勃勃。

"我很高兴看到这些战时的进步,"他非常兴奋地说,"战争时候本来是人力物力最艰难的时期,可是我们没有能够开发的金属矿物,煤铁和耐火材料,都在战时开发出来了,这是多么使人高兴的事。矿冶在中国本是比一切科学都落后的,可是没有想到在战时有了一个划时代的成就。"

中国进步了,吴博士跟着便指出外国的进步却更加飞跃,像五百吨到一千数百吨的大化铁炉,在装置方面都有了新的设计。电炉过去不过只有五吨,而现在到了五百吨,已从小炉变为大炉。英国冶炼的原料,本来是用西班牙和瑞典的矿砂,但因为第一次世界大战的教训,使他不得不想法自给自足,利用自己的劣矿,从事于改装炼炉和去磷去硫的工作。到了本届大战,大大得到自力更生的收获。

"过去,"他又转回来谈到中国的矿冶事业,"我们的矿冶有个办了就停的说法,这是真的,因为出了货就感到没有销路。我们那个汉冶萍公司,每日可以出到二千吨,可是不能不卖给日本,六河沟出铁了,国内仍然没有胃口,也不得不送给敌人。今天我们后方又有些钢铁炉要出铁或者是出钢了,我不能不希望政府能够本着已定的政策,从事于统筹和统制,使这次战争中间,在社会相信我们工程师是有用的,就像前线打仗的武装同志一样。"

这个谈话过了一年,到三十二年春天,钢铁界的乐观空气却在逐日减少。"出了货就感到没有销路"的旧话,果然又被重提出来。为了钢铁产量实数不及可能产量的一半,在矿冶工程学会年会席上,一个维持后方钢铁工业的具体办法被提出来。一、临时性的办法,请国家银行尽量发行原料成品及机器抵押借款,使钢铁业资金能得暂时的周转;二、永久性办法,由政府大量收买成品,以发展铁路及造船事业,并扶植较优良的钢铁厂扩大及更进一步的发展。但,提议终是提议。

吴任之氏在这个年会席上,以会长资格向学矿冶的翁文灏、陈立夫和曾养甫等三位表示:后方各厂在适当的配合之下,是可以负起这个重任来的,不能再等了。

"物价的高涨要是因为交通,我敢保证,九十五磅一码的钢轨,目前我们已经可以轧出来,供给铁路的需要。交通有了办法,物价有了办法,我们钢铁业也就有了办法。"

究竟什么时候才能有办法呢?谁也不知道。

二、创造的经历

中国的新式钢铁事业不过只有五十岁的年纪,吴任之便是亲历过这半世纪辛酸的人。这一些斑白了头发的人,都在后方从事创造新的事业。

南满地质调查所一个小职员发现了鞍山铁矿,虽然养〔氧〕化铁很少的矿,但他们却用了最大的毅力来做。大冶汉阳的铁等于替敌人在制造的,后来我们虽然定了不准外国人开矿的办法,自己也在极力整顿。比较龙烟最有希望,可是又因为股东不行,没有办事业的人而中止了。抗战以来,过去的基础全失掉了,中日的悬案也就不解决而自解决了。

在一个特为钢铁界人士召集的大会上,这里坐着的都是为重工业努力的设计人。他们建起一百吨的大炉将汉阳的旧厂在内地复兴了;他们适应地方资源的特性,分别建起五吨到十五吨的小炉,在散兵线式的出铁。他们在奖掖扶助土炉,使农民式的工人为国增产,实验室里,做完了铁的试验,又在试验着钢。因为,铁的设计成功,炼钢的需要跟着又来了。

"这一生,"吴任之氏在这个集会上说了话,"虽然我只进了三家公司,我却从来没有见过像今天这样的艰苦。战争时候,调整起来都是这么困难,我提议像今天这样的团体应当是常设的,有人专门作研究,有地方出钱来帮助,将各种各式的小炉子一个接一个作起来。……"

从技术方面讲,炼炉的大小,铁矿的差别,煤焦的品质,对于钢铁冶炼事业的建立,随时都要发生影响。吴任之继续说:"我希望严冶之先生谈一谈,他看得多,他比我要清楚的多。……"

严冶之,一位瘦瘦的学者模样的人站起来。他曾在吴氏主持过的汉阳钢铁厂里受过他的教育,多年的艰辛研究,使他成为国内冶炼权威中间有数的一个。目前,他在主持云南钢铁厂。

"抗战以前本是不必谈铁的了,"严氏说,"抗战以来我们只得把这个问题又重新拾起来。小型炼铁炉是需要试验的,不是绝对没有希望。后方的五吨小炉有三个,我已看了两个,为省钱省时间,一个由土法改造,一个由新法缩小,可是都有很多的缺点。"

跟着便是一批问题提出来,炉身问题,风嘴问题,鼓风问题,煤的去硫问题,耐火材料的可靠性问题,他像一个临床的医生,在解剖着病人的各部,指出病源的所在。

"按目前情形看,铁的产量已然增多,但是钢的产量还没有大量增加。我们冶金工作的人,必需〔须〕要各方面合作,请地质学家帮助我们,请各专门研究所替我们化验,我们不仅要能炼铁,还要对炼钢材料的供应做更进一步的研究。"

中国兴业公司钢铁总工程师胡叔潜自己谦称没学好冶金,但二十年后,在唐山交大,曾做过电炉炼钢,那时便很感〈到〉兴趣。他指出两点技术以外的事情:

"第一,社会上不知道冶金是这么困难,时常来责难,使大家鼓不起勇气来向社会公布。

"第二,这小炉子在艰难中完成了,仗打完以后,能不能存在?我常这么想:这么大的机构,这么小的设备,决不能够存在的。那么,非请政府保护不可,而政府也非保护不可。"

胡叔潜的事业和四川每一种工业都有联系。他懂得事情太多,他在慨叹,今天有些非专家范围以内的事情,要专家来负责,真是浪费。

"过去也是这样的——"吴任之氏在摇头。

余名钰,他是迁川的钢铁厂中间第一个开炉的主持人。他以非凡的勇气,在轰炸中间,炸了建,建了炸,克服了多少困难,使同行人都为之起敬。

"我在办了一个土炉子,"余氏说,"还没能开炉,一切都在设法改良。现在的实业家都说,实业,办不得了,本来十万的,如今百万也不成功。我想如果从小型的作起,也不一定要花太多的钱。"

他报告他在怎么解决着技术问题之后,他的结论道:

"设小厂子最应当注意技术上的改进。钢铁的生产能力增加了,为的是多造机械。只要是现有的小化铁化钢炉子增加,机械制造的能力也就跟着增加了。"

这时候他的化铁炉已被敌机炸到江心里去,"我们自己添配零件,"他说,"一个月后全部恢复。"在他们的厂子里,十吨以下的零件可以翻砂,可以车,为着自己用的小机械在繁忙着。

翁德銮,他是百吨炉迁建到后方新厂中的一员。他说那个大炉子因为胃口太大,运输来不及。所以不能即刻开工。为了兵工用铁,先建起一个二十吨的中级炉,逐渐在解决着各样的困难。什么都是几百吨的原料,这比本身的问题还要多。

"工业计划是和战前不同了,"他说,"为了要防空,就不能做到完全合理化,这给技术上不知道又增加了多少新困难。"

对于散兵线式的动力、打风、给水、出铁,在防空原则下他们有了精彩的装置,百亩的山峦地带,布景妙得宛如一个大森林。

刘刚,这位优秀的工程师,以创设大熔炉的魄力来建立五吨的小炉,可是一而再地失败着。不次的改造,他终于得到圆满的收获,这是很多人都知道的,那人和钢铁公司化铁炉的故事。

"百吨炉在后方建设成功了,"刘氏说,"何以五吨的小炉子会有这么多料想不到的困难呢?当初以为炉子本身没问题,要有,只是打风机的问题。谁知道结果却是水箱漏水,风管又塞着,上面热,下面烧不住。又是铁结在炉心,放不出,……"

他把同样的炉子作了又做。容最小,热量也小,那边打风那一边热,怎么常〔长〕期地防潮保热,是个大问题。他经历了六次困难,而又打破了六次的困难。在红光四溅中,铁水平安地流出来。他把这个六次失败的纪录公开了,给同界人士做参考。

"错路可以不再走了,"他说,"我很感激佩服投资的人,他们耗资一百多万,使我这试验终于成了功。"

"不容易——"吴任之在点头,他知道刘峙氏和刘刚氏都是江西人,刘峙总司令对于他这位同乡的设计是用全力来支持的。

余蕴兰,一位四川退伍的师长,一位最早注意到四川冶炼事业的人。在川境内,他自己的土法小熔铁炉,就有五六起之多,大同小异,最有名的是蜀江铁厂。

"兄弟是个武人,"他说,"不大会说话,因为运输上的困难,避空袭,兄弟要求当局多设十吨炉子。兄弟因为自己有五六个炉子,也曾注意到炉底的设计,风嘴的角度,冷却装置,……"

他追述二十六年办蜀江的经过,他那时感到没有铁钢不能建国,便请老工人邓朗岑出面设计,用木炭代油机打热风,勉强可用。又因为煤质优良,出铁尚好。目前这个方法,已经多方面所采用。余蕴兰的创造精神,便很为专家们钦佩。

周志宏,冶金专门家,为兵工当局制造第一个炸弹的人,他用钳锅〔坩埚〕来炼精钢与合金。他说:

"我们在外国学的是大炉子,现在做的是小炉子,在普通冶金书上,也是没有这类小炉,日本就有不少。

"我们不必怕小型,只要矿石变了铁,就成功了。实验室里天天都有失败,可是一个基本问题,大半困难已经不困难了。

"我们今天不仅要有小型炼铁炉,还要有小型炼钢炉。铁的亟需时代过去,钢的需要就来了。"

这些钢铁人是像熔炉里的钢铁一样地被锻炼着。吴任之氏结论这么说的——

"按着客观环境,随时改变,我们不必贪多,救了一个再救一个。"

三、要保护关税

钢铁业一天比一天困难起来,吴任之又重新看到这种没有通盘配合之下的悲惨故事在重演。

三十二年下半年,中国兴业公司为了资金周转不灵,也不能不把化炉铁〔铁炉〕停开,而平炉炼出的钢也是没有可靠的销路。当我去参观时,唐之肃经理就这样说道:

"你看,又是没有的时候各方来磕头打躬,如今有了,胃口太小,一时又消化不了,我们该是向别人磕头打躬了。"

就在这时候,吴任之氏拿着手杖和傅汝霖总经理一齐出来,忙叫了一声"DOCTOR",但从他的平滑的面庞上,却挂着忧虑的笑容。

"你看,我们这些钢又搁起来了,你想,这一堆值多少钱,……"

他好像想起在汉阳的时候,那成堆的乌金售给敌国的旧事,他似乎不需要我来回答,我也没有勇气来问答。他约我到办公室中去坐。

"那一年,"他陷入深深的回忆中,"我特地找到交通部长叶恭绰的家里去,对他说到铁轨一定要用自己铁铸,差一点不要紧,只要你提倡,一定会好的。可是他说这样困难,那样困难,结果还是为了一大笔回佣订了外国货。而且不只一国……"

还是他自己说下去,眼睛在闪闪发光。

"为什么今天还是这样呢?战时都过不去,战后还得了,政府要不要自己有工业呢?"

照中国兴业公司的例子,炼铁成本每吨三万五千元,最低三万元,但官价二万二千元,多用一吨多赔一吨;一时元钢的成本十三万元,限价又是距离很远,而且钢非有各式各样,不能外销,成本尤其加大了。中国兴业撑不住的时候,其他厂子就更困难了。

这位老工业家发气道:

"失败的路子不能重演了,除非不要国家民族的才不要自己的工业;学学人家先进国,工业的成就也不能一步登天的,要在政府保护之下慢慢成长;就算是开头不行,不要紧,给他改进的机会,一定可以成功的,一定可以成功的。怕的是自己不相信自己,有私心,想拿回佣。这种人害了国家,也害了工业。"

"那么,"我说,"DOCTOR 的意思——"

我要喊:"要保护关税,要保护自己的工业嫩芽,要立刻来扶植这下坡走的钢铁工业。"

老工业家的悲哀,也是每一个钢铁工作者的悲哀。我的心头感到十二分的沉重,我握着老博士的手,感到他的手在发颤。

录自《新中华》复刊第二卷第十一期,一九四四年十一月。

当代中国实业人物志·孙越崎

徐 盈

孙越崎,浙江绍兴人,北洋毕业后,以优级生留美,专习矿冶工程,曾在陕西延长主持油矿,后在中福煤矿公司任总经理。当选为工程师学会董事、矿冶学会理事。抗战以来,曾任天府、嘉阳、石燕等矿总理,并为甘肃油矿局第一次总经理。

流、流、流

石油、石油、石油。

流啊,流啊,流啊。

石油、石油、石油!

——《咏石油河》马铃梆作。

石油河,抗战中间开发的,中国人本不会笑的,中国人都为这件开发笑了。来的往的,你看那些工作者的热情眼睛,那嘴角上挂着的是贪馋的笑啊。

石油河,几千年来油就露出地面。沙里掺杂着黄金,水面上浮着油,一条汽车路陪伴着寂寞的河水在终年不断地流。他的四周本来没有人烟,一块块咸滩长着芨芨草、骆驼刺和马兰,放牧的边人赶着大批的羊群过路,羊群之白,像那祁连山在晴明佳日的雪顶。走长路的乡下人,偶然也从河里收集些油水,贮到瓦罐里,用来膏车,谁也不知道这里长流的河水,对国家,对世界,对人类有什么用途。

海成岩石的背斜层上,从抗战以来有些人到这里来淘金,希望实现每个人的梦境。石油河边,也就成为黄牙和手脚有厚茧的人们的集中地。沙漠边沿上难得有水,石油河的水白天淘金,确〔却〕放射着辉煌的光芒。夜里点灯,又像鬼火似的照遍了大地。

正当中国的艰苦时代,抗战第二年,地质学者孙健初骑着骆驼率领着一个勘查队到河边上来。这十几个来咸滩上的陌生客人,在那没有什么人定居过的土地上竖起帐棚〔篷〕,并没有打算久住,可是石油河比妖艳的美女更能迷人。孙健初这一个勘查队的脚跟钉着了那里,每天都在敲打石头钻探地层。他们饱经风霜,不怕野兽,不知道是一种什么力量,使他们掀开了中国石油史的第一页,奠定了中国石油工业的基石。

一切都是在秘密中进行的,这个消息震动了全国研究石油的学者的神经。世界上最重要的油田从地质构造上看来都与大内斜构有关,而且多半与阿尔布士造山运动有关。例如罗马尼亚油田、巴库油田、卡索布达尼亚油田、波斯油田、缅甸油田、荷属东印度油田、加利佛尼亚油田、德洒土油田,以及赫新运动造成的阿克拉合马油田及阿伯拉轻油田等。中国除了少数地域以外,阿尔布士运动不大显著。大内斜构造,也不多见。天山、阿尔泰、昆仑山、祁连山、秦岭等,虽然都可以认为是远古时代的大内斜地带,但因受剧烈造山运动影响,此种内斜构造除昆仑山外大半从中生代以来,已不存在,乃使良好油田构造无法存在,但是中间有希望的地层,则为天山南北路、塔里木盆地边沿、祁连山北麓、秦岭南路。这个谜,如今却已揭开。

跟着地质学者到这矿区来的就是矿冶工程师。在陕西主持过延长油矿的孙越崎就负起了开采的任务,更由于陕北油田的希望不太大,从严爽矿长以下的技术人员,也就分批向那个新油区移动。因为主要油田可以分为海成和陆成,而陕北的油田,从三叠纪到白垩纪都是属于陆成,不能对他抱更大的奢望,而这个新油田,则是毫无疑问的海成岩石。

"第一次用机器采油,"孙越崎氏笑着追忆过去,"油被地心压力压到天空上去,我们没有办法,到后来,我们用重晶石,四川来的,在到四百尺深时加下去,压着了油的喷出,我们才有了办法。"

那里是距离重庆有二,五八四公里和海拔二,四〇〇公尺的河谷地带。他们在最艰辛的景况下一个井继一个井地开凿,最初完全是土法,因为滇缅路中断了,凿井机器十二套,拼拼凑凑只有四套,便把新井从河谷打到岸上,并且划定了沙漠边沿上的国营矿区。

凿井工程,本来是从中国创始的,经过二千年的时间,传遍了全球,其他国家都在一天比一天的进步,其中二千年来没有进步的,仅仅是我们自己。自从一八五九年 Drake 井见油以后,开凿油井的风气蜂涌〔拥〕一时,技术设备,大有进步,确定了所谓冲击钻井法。一九〇一年以后,又发明了旋转凿井法,用各式的钻头,辅以各种不同的改正仪器,旋钻速率,自每分钟数十转进而至于数百转,钻深的限度,已经可达到一万五千尺以上。我们的新式凿井机器便是用的美国钨钢钻头和套管。

中国的油田有多大仍然是一个未知数,但因为探勘和采产有了进步以后,世界的油田面积是在一天比一天的扩大。譬如美国油田储油最早估计为七,〇〇〇兆桶。嗣后使用新法,在一九三七年底止,所采出的总数已达二〇,〇〇〇兆桶，至今实储量仍有一五，〇〇〇兆桶之多。从这一点上看，中国油田估计为一，三七五兆桶，不过是陕西延长一地试采结果，区域既未恰当，钻井也仅有几个，而款额支出达二百五十余万，大半耗费在西人的津贴、旅费、食用、交际等费中，用在探凿工程的为数实在不多。今后采用了新的技术一定可以得到新的数字。

"我们今天的问题在运输，"孙氏告诉我，"在于运输工具和盛油的器具，却并不在凿井和冶炼，譬如高级汽油，不是不能炼的问题，是在有没有机器的问题。"

三十年三月十六日甘肃矿局正式成立的总经理就是孙越崎氏。他说，实际上炼油工作是在二十九年就开始了，那个老式的炉子是自己造的，原油用胶轮大车从井口运来倒入原油储箱，里面有加热的管子，以免天冷时候结冻。"我们的油里腊〔蜡〕质很多，不能不有特别防备"，每天可以出到三千多加仑。这一套机器到三十年时代，就拆卸了。一个新的工厂又由自己设计完成，三十一年的炼油数字突破了预定，引起沙漠边沿上的一度空前未有的欢欣：

"中国成为有油的国家了。"

当油矿局正式成立的时候，从美国订购炼油厂设备。又利用国内器材，先自筑蒸馏炉×组，分立在×××的四周。炼锅保持首〔着〕二百六十度左右的温度，每组日出汽油××加仑、煤油××加仑。二年内全部完成了。

由于炼厂厂长金开英氏的努力，三十年到过那矿区的人，如今日新月异，已经不能认识这套新设备。三十二年秋天的大水是八十年来所没有的，这场大水的冲刷，使石油河畔整个变了样子。炼厂集中在一个新地方，×××××吨的原油罐和高耸的分馏塔，说明了这已经是完全近代化的设备。并且把原有的炉子改为管状，裂炼当然比蒸气好。每天可出汽油××××加仑、煤油×××加仑，这就完全是自己设计的成品。

"我们在着手建筑那美国订购的××××××，一天的裂炼厂和蒸馏厂，总有一天这新式机器会来到的。只要来到，装起来我们就可以立刻开工。此外还有 T.C.T 飞机油厂在三十三年六月以前可能有一部完工。"

孙越崎叹口气，意思是说在战争期间，前途的困难重重。"谁让我的名字是有山字的崎呢！可是有些朋友却常写作是王字旁的琦了，我的事业还没有那么平坦过"。一个本是没有人烟的地方，现在却集中了职工眷属合计有××××××人，计工人××××××人，职员××××人，眷属×××××人。"不能没有眷属啊，沙漠太荒凉，没有眷属留不着人，可是有了眷属给事业增加多少麻烦呢？这又是难以计算的。就水的一项说吧，水车每天运水就要×××公吨。"孙越崎的眼睛里闪铄〔烁〕着机警的光彩,有时候这光彩上微微涂着一层微晕。

他们给我一张生活必需的账单,说明了这个事业的创造中的艰苦,一个完全现代化的工业品,都摆在沙漠的边沿上,而且又在战时更加重了不便。"这将近××职工住在海拔二千四百公尺的高地上,造房子的木头运自三百公里的安西、四百公里外的敦煌和二百公里外的新坝,前两个地方木头差不多被斫完了,后一处在祁连山里,最近为了保护森林,不让他一年再深入五公里,最高当局也有手令禁采。砖瓦来自一百公里外的赤金和十公里外的白杨河,粮食来自一百公里外的玉门和二百公里外的高台,菜蔬来自一百公里外的酒泉和三百公里外的张掖,水泥来自七百公里外的永登,仅就这些主要用品来说,半年的需要量就是×××××公吨,这都是起码的生活必需品,然而当地却是什么都没有的.除了金沙、咸滩、马兰、骆驼刺和芨芨草外,没有养活人的东西。"

"最后就可以谈到运输问题了,"这位主持人仍然笑着说,"这是我们一切问题的中心,各种运输品运进不容易,运出去也是并不容易的,你不信,我再给你另一个账单。"

国产汽油已然走遍了全国,北边可以走进新疆,西面可以到达昆明,前方的后方到达有西安、三斗坪和衡阳。输运路线长达万里以上,运输的工具为二又二分之一吨汽车×××××辆,四又二分之一吨汽车×××辆,五又二分之一吨汽车×辆,此外还有载重十公吨的羊皮筏十只。每月规定的汽车运量,北运××吨,南运××吨,羊皮筏水运为一百公吨,而各机关自运的数量却并不在内。在矿区售油每加仑只要四十八元,而且掺着汽油精,蜡烛只卖四十八元一包。从三月一日,按照液委会的核价增为八十元一加仑。各机关自运的还有折扣。

"我们的油是这样的,能运出多少我们就产多少,否则产多了,反而没地存储,最怕的是矿厂上闹火灾,非断绝人烟不能停止。这油运到重庆来,卖四百十二元一加仑,比酒精便宜的代汽油更便宜,十五大桶汽油到了重庆一个来回不过只剩二大桶,国营机构当然也不是为了赚钱,可是这价钱也就太便宜了。用油的人,谁肯替我们的艰困着想呢?我们不仅没有运输工具,而且缺乏盛油桶,谁拿着油桶到矿上来装油,我们是最欢迎的。"

今天的一切为了油,对于副产物是没有工夫来仔细提炼,而且大部的精力过去是在防止喷出,今后才能注意到精炼,石油河仍然吞食着无穷无尽的宝藏,用不了的只有让他来流走。

"从三十年成立局子的时候起,"孙氏说,"到现在为止,可以说是在发展时期,不到战后,我们的真正工作不能开始。"

孙越崎氏不仅是第一个国营油矿的总经理,这个矿的资金恐怕已投下×万万元以上,同时还是四个大煤矿的经理,民营的有天府、全济,国营的有威远和嘉陵,这些矿的设备都和孙氏过去所主持的中福公司有技术上的联系,内迁的中福的设备便分散在四个机构里。天府和嘉阳在全川又都是举足轻重的大矿,同是在战争中间成长的,这一点一滴都含有主持人的艰辛,拿油矿作为一个例子,也就可以想见其他。孙越崎氏,是一个爱笑的人,用笑脸得到别人的尊敬,有些人给他一个绰号——"煤油大王"。

煤油大王的意思是煤和油的大王,不是纯指石油而言。对于煤,他主张可以炼焦的好煤矿,应当封存起来,专供冶金的需要,因为中国这个资源为数并不多。至于各地的一般煤矿不应当全由国家经营,事实上也是各有其主,政府决不能一个继一个的收过来,自找麻烦。他一身兼营了国营与民营的事业,他了解国营事业的困难,同时也了解民营事业的困难。

"我认为,"他的对于资源的结论是这样,"铁在东北,煤在华北,油在西北,为了建国,是一样也不能少的。至于农业,据农业专家告诉我,也是少不了北方的。可见中国不能不收回东北和华北的——这是从矿冶方面的看法。"

矿冶方面的看法,也就是每个中国人的看法。中国抗战一定要到收复东北为止,不然我们立国还是没有巩固的基础。

为了石油,让我们用诗人的句子来歌咏吧!

茫茫的大野。

莽莽的草原。

皑皑的雪山根。

激放的奔流。

神秘的石油河滨啊!

录自《新中华》复刊第二卷第十二期,一九四四年十二月。

当代中国实业人物志·钱昌照

徐　盈

钱昌照,年四十四岁,江苏人,留英,曾任行政院秘书、教育部次长、国防设计委员会副主任秘书、资源委员会副主任委员、战时生产局常务委员。

一、繁重的工作者

钱昌照是资源委员会的副主任委员,只要知道中国国家资本及重工业发展史的人,便不能不推重钱氏近十年来默默中努力与辛劳——翁文灏主委和钱昌照副主委在领导着一个十八万员工的机构在那里"动"。这是一个"前无古人"的事业,其中的繁杂不是没有魄力和组织力量的人,所能想象得到的。

翁文灏氏的作风,和钱昌照是不同的,一个收缩,一个开扩。翁文灏把全国的技术人才统一在这个机构内,由负责日常事务的钱氏,以大刀阔斧的姿态来开拓局面。这个曾任教育部次长的过来人,一面在那里运用人才,一面又在那里创造人才。他管理着冷冰冰的机械与事务,但为人却极富于文学风趣,健谈而且热情。

每当见面的时候,他一再地叹息人才不足。国家有了领路者,可是有能力的、有技术的群众呢?从一个农业社会过渡到工业社会,需要多少领导者和中级干部呢?尤其是到了战后,我们要从敌人手里接过那千千万万业已破坏的和没有破坏的事业来,我们的人才在哪里?我们虽然不一定办得怎么好,但也不能办得比在敌人手里更坏吧。

在那间小小的公事房里,挂着几张表图,那上面有事业上所必需的数字。在接近钱氏左臂的一幅,那是台湾资源的地图,上面对于几种特殊的资源,都标着最可喜的彩色标志,显然这是他所最注意的一幅,同样也为每一来宾所特别注意着。

"战后我们要,"他站起身来兴奋地说,"收回我们失掉的土地和资源,我们不能够不立刻从事了,了解和准备的工作,再也不能耽搁了,再也不能耽搁了。……"

先从东北四省说起,那富源上今日已改旧观,跟着又说到台湾的烟煤和石油数字,及可惊的热带产物。我恰巧方从福建回来,知道福建的铁矿贮藏量已至全国第二位,但焦煤却是全国煤储量中的倒数第二位。如果过海获得了台湾的资源,解决了燃料与动力的问题,大有助于滨海工业的发展,而这些事情,都是在三十二年底开罗会议以前所想不到且不必想的问题。三十三年中又遭遇了一次中南工业中心的总破坏,这些都是要恢复的。

"今天自然是够苦了",他说,"想起了明天,我们的未来工作好不繁重! ……"

这位在创造国家资本的主持人张大了嘴,用一种特殊的表情,沉默了几秒钟,来表示这问题的严重。

二、重工业的开端

钱昌照氏一向是对外界沉默的,近十年来,他仅以自己的名子〔字〕发表过两篇文章,第一篇是《两年半创办重工业之经过及感想》。三十一年六月,他又公开了一篇《重工业建设之现在及其将来》。这两本小册,可以作为是中国重工业发展或国家资本发展的一重〔种〕具体说明。钱昌照氏的整个谈话不出上述的范围。

回头看一看头三年创办工业的情形,颇可供目前想要引用外资者的参考。他说:

"这两年半创办重工业得到不少教训,痛苦而深刻的教训。"

自然,这并不是故作触目惊心的话,任何事情开端都是困难的。资源委员会的前身是国防设计委员会,办的是调查研究工作。到二十五年三月告一段落,那时决定了三个方针:一、从二十五年七月起创办重工业;二、尽量利用外资;三、尽量利用外国技术。于是一方面顾到国防,一方面顾到经济,又估计自己的力量,定了一个三年计划。预定的内容是:

(一)统制钨锑,同时建设钨铁厂,年产钨铁二千吨。

(二)建设湘潭及马鞍山炼钢厂,年产三十万吨。

(三)开发宁乡及茶陵铁矿,年产三十万吨。

(四)开发大冶阳新及彭县铜矿及炼铜厂,年产三千六百吨。

(五)开发水口山及贵县铅锌矿,年产五千吨。

(六)开发高坑、天河、谭家山及禹县煤矿,年产二百五十万吨,补充华中华南需要。

(七)建设炼煤油厂,同时开发延长及巴县、达县油矿,年产二千五百万加仑。

（八）建设氮气厂,年产硫酸铔五万吨。

（九）建设机器厂,包括飞机发动厂,原动机厂及工具机厂。

在那时候计算,以上各种重工业约需国币二万万三千万元,除拟向国库请拨七千二百万元外,其余全部想利用外资。在技术方面:钨铁与德国合作,炼钢与英、德合作,电工器材与美、英、德合作。从二十五年七月起,至二十八年三月止,由国库领得二千八百二十万元,加上锑钨盈余八百四十万元,共计花了三千六百六十余万元。

"二十五年的困难不能算什么,"钱氏说,"二十六年七月开始了抗战,全部计划才受了莫大的影响。我们的钨铁厂原定二十七年八月一日开工,但在六月间江西形势吃紧,七月初便不能不把装好的机器拆运到安全地带,两年之功,废于一旦。湘潭炼钢厂,德方计划告一段落,我方平土、建屋、造码头等工作,也已经就绪,只因地点关系,不得不在战争中停顿了。中央机器厂、电工器材厂迁入内地,辗转数千里,完成期不得不为延长。天河、高坑等煤矿早已生产,如今不得不陷于停顿,大冶阳新铜矿、水口山铅锌矿既不能从容探勘,只好暂时放弃。这时候,各厂矿已有二千多左右的职员、八万多劳工,经此波动,困顿可以想象。"

一方面迁厂,一方面又不能不作一些应付目前需要的工作。于是因为煤荒,不能不管理煤矿。因为需要液体燃料,不能不创办川中一千加仑一天的酒精厂。因为前方需要动力,不能不建立湘西小电厂。这样,到了二十八年,资源委员会的事业便有了:

（一）在管理方面的有钨业管处及四个分处,锑业管处及两个分处,锡管处及一分处,铜管处及汞管处。

（二）工业方面:有冶炼部门四个单位,机电部门四单位,化工部门四单位。

（三）矿业方面:金矿有五单位,铜矿有两单位,铁矿有两单位,锡矿有三个单位,汞矿有一单位,煤矿有八个单位,油矿有两个单位。

（四）电业方面:火力电厂有八个单位,水电有两个单位。

重工业开动后,发现了两大困难,一是人才不够支配,二是资料不够应用。对于人才,不仅在技术方面要人才,业务方面一样的要人才。资料方面,也是同样作得不充分,乃使建设的发展,变得越来越发迟缓了。

钱昌照氏更指出重工业的国营与民营已有□定,国家随时予私人事业以政治上、经济上及精神上的协助,他说:

"要把现在的公务员看作前清莫明其妙的官僚,乃是一个极大的错误。"

三、抗战中的重工业

过了三年,钱氏又发表了《重工业建设之现在及将来》。他说,我们遇到不少困难、不少障碍,但我们对他的前途,始终积极,始终乐观。自己固然有长处有短处,但外国人的优点,我们不能不效法。

"在眼光与魄力方面,应该学学俄国,虽然俄国的主张和办法,我们绝不赞同。在彻底和认真方面应当学一学德国,虽然此刻德国是我们的敌人。在社会公道方面,我们应当学学英国,虽然英国也有他本身的缺点。在技术与经营方面,许多地方应该学学美国。"

战时并没有忘记了对于资源的勘查,钱氏指出我们的资源如果有余,不妨供给人家。如果不足,当然公开向世界要求。大致说来,煤尚有余,铁大不足,石油大约不成问题,天然硝较少,但不难用空中窒素法来补足。琉璜〔硫黄〕分布颇广,或不至〔致〕发生恐慌,钨、锑、锡、汞仅有多余,铜、铅、锌绝对不足,其他矿藏如铝、锰等,均有相当数量。盐的生产,不必忧虑。植物油的来源也还可靠。木材自给很易办到。橡皮过去没有生产,将来海南岛不妨试种一下。

"这以后,"他说,"这四五十年,是国家民族的最大关键,大时代到了前面,要是放他过去,我们都要成为千古罪人,而国家从此也就更困难了。"

资源委员会的使命是促成经济方面的工业化,为政治方面建设国防,为社会创造国家资本。经过了这三年,职员增加到一万人,工人增加到十六万,账面上的投资近六万万元,实际上的资产,当然远过此数。虽然,资委会的预算从没有超过中央总预算的百分之一,有时却少到百分之一以下。全部事业增加到九十六个单位。

(一)矿业方面:管理部门有钨、锑、锡、汞六单位,生产方面有煤、铁、石油、铜、铅、锌三十一个单位。

(二)工业方面:有冶炼十一单位,机械四单位,化学十八单位,电器四单位。

(三)电业方面:火电有十八单位,水电有四个单位。

除了管理单位比起三年前的生产单位增加了一倍以上外,民营工业这个期内也普遍了大后方,新工业这个期内的确有如雨后春笋的现象,这是抗战时期的黄金时代,同时也奠定了国家资本的基础。

"我们只要研究苏联三个五年计划、德国的四年计划的起草经过,就晓得人家如何认真如何彻底,因此我们资源委员会在这二年来费了很多的时间,不厌求〔其〕详地讨论战后重工业计划,不久就可以脱稿。我们的基本工作是工矿电,我们也就分门别类的在几种基本原则下,拟有比较细密的五年计划,凡是国防民生的需要,原料的来源,市场的分配,都已相当顾到。

"在计划中间,工的部分,属于冶炼的,战后五年,钢铁及合金的生产,务必达到相当的数量。属于机械的,凡属原动机、工具机、机车及车辆、汽车、轮船、飞机、农业机械及纺织机械等等,要做到自己可以制造。属于化学的,所有酸咸〔碱〕肥料、炼油、炼焦、橡皮、木浆、水泥等,要使他能完全站得住。属于电气的,希望发展到类似德国西门子、美国 RCA 等厂的规模。

"在计划中间,矿的部分,钨、锑、锡、汞可以取得外汇,可以用来和外国易货,或是向外国借债,当然继续开发。煤、铁、油、铝,因为资源不足,只好就国防民生的需要尽量去做,用来充实自己。

"在计划中间,电的部分,凡是设立电气网的区域,以及政治、军事、交通、经济各中心,均将由国家负责办理。

"这计划的推动全靠人才。据我们估计,初步推动工作,最少要有职员三万,工人八十万至一百万。我们现在仅有职员一万二千,工人十七万,差得太多,因之训练人才是刻不容缓的了。有了人才,还要有人事制度,就是说,为国家服务的人,国家要给以相当的保障。外国资本、外国技术、外国的人才都要尽量利用,过去不能用,是我们自己的不争气。

"重工业的精神有三个字,就是公、诚、拼。还有两句话,就是坦白心地,活泼精神。我们这一辈子恐怕看不到中国的真正现代化,以后数十年,牺牲还是免不掉的,这些老年、中年、壮年的人,只好作为桥梁,使青年达到彼岸。青年到了彼岸,还有许多荆棘须待铲除,那些荆棘铲除了,才能走上现代化的大道。"

四、注意组织与联系

如今在军事严重的时候,工业更增加许多的困难,资源委员会的事业不免又有一番调整。如铁钢厂的一元化,不能开采矿区停顿了。……

生产局设立了,钱氏在负起一份相当重的责任。对外资利用,他说:

"在开头,我相信还是以政府与政府为对象的,这一阶段,是一个必经的而不可避免的阶段。……"

对当前的生产情形,他说:

"我们过去的注意力仅仅放在技术方面。今后则不能不注意到组织与联系,纵的是组织,横的是联系,这样才有良好的管理,有希望的前途。"

钱昌照最近可能出版第三册小书,那就是讲解萨凡奇博士的"扬子水电厂计划"的。自从有了这个大计划,中国工业计划要全部改变了。

录自《新中华》复刊第三卷第一期,一九四五年一月。

当代中国实业人物志·刘鸿生

徐 盈

刘鸿生,浙江定海人,圣约翰大学学生,一度赴美考察实业,今年五十七岁,以经营火柴工业名于时,被称为"中国火柴大王"。前后主持国营招商局、中国火柴专卖公司,曾任财政部专卖事业管理局局长。现任中国毛纺织公司及西北毛纺织公司总经理。

刘鸿生,今天是把眼光注射在西北的人物之一。因为他与交通银行、经济部工矿调整处、贸易委员会合组的西北毛织厂,对于西北的羊毛起了本质的改进作用。一方面洗毛专供外销,一方面织毛扩大人民的服用品,这是七十年前左宗棠的毛织厂的唯一承继者。

自从第一次欧战以来,中国的工业有了短期的繁荣,这时期走出来不少的工业人物,刘鸿生便是中间的一个。这位时代的宠儿在五十七年前降生在宁波定海,一个中产的商人家里。他的父亲供给他到圣约翰大学一年级,忽然因病去世,使他在中途不得不退学,不到二十岁便为了自己的事业去开拓了。

刘鸿生有个弟弟,名叫刘吉生。这兄弟二人性格并不一样,哥哥长于对外,弟兄却长于对内,两个人同心协力为了自己的事业努力。在抗战前一年,他们已经有了二十多个事业,据刘鸿【生】记账房的内部人氏估计,他们那时候的资产总额是六百万元国币。

这个天才的宁波企业家主办的工业可以分为十大类,他的兴趣却不只这十大类,而随时在设法创造中。刘鸿【生】记账房的负责人说,"我们的老板不能听说账上有十万现款,假如有,他一定不肯让永远存在账房里,他总要想个方法使他使用出去。"他有大批的码头,大批的仓库分布在六十多个据点,给他增加财富的是商业却不是工业。

一、从煤业开始

刘鸿生初入社会是教了一个短时期的书,后来又在工部局做了个短时期的翻译。民国二年,他经过朋友的介绍,到开滦煤矿公司作经纪人,开始没有薪水,后来也只有三十六元一月。但是欧洲〔战〕发生了,国内的产业复活了。

刘鸿生以其经营商业的长才,为开滦公司在华中一带开辟了广大的销路,赚了钱,便在山海关外,自己也开办了一家柳江煤矿公司,与别人合资来开矿。在上海却开创了中华煤球厂,以碎煤末来机制煤球,那时候还是破天荒的事。煤这一方面最后的事情是华东矿煤,地点在皖境。

欧战中间,外货日缺,水泥的销路也是一天比一天的增加起来。刘鸿生以其在开滦观察他们制造水泥的经验,聘请德国专家,在民国九年开办华商水泥有限公司,地点在龙华,于民国十二年正式出货。这个公司在欧战结束后出现,营业大大不如理想,有一年在十二月底债主逼得非有十万元现款便要倒闭了,他在苦斗彷徨中幸赖徐新六氏雪里送炭,使他的厂子能够维持下去。刘氏在感激之余,认为工业非有一个供应工业资金的机构不可,这就是日后又在张公权、徐新六扶助下建立中国企业银行的动□,这时便已埋伏下了。

二、火柴大王的由来

在刘氏一生中间最辉煌的一件事业便是火柴工业。战前的火柴联营与战时的火柴专卖,实在是一件事情的两方面,其区别只是一为商人自营,一为政府专营而已。刘氏的岳父叶澄衷氏,是中国火柴工业最早的经营者之一,那就是江南的荧昌公司。刘氏虽然和这个厂并没有关系,但是从中了解了不少史料,为日后建立鸿生火柴厂的参考。刘氏在十三年创立的鸿生厂,十九年便与荧昌、中华两厂联合而成立大中华火柴公司,其后各地都有火柴厂加入联营,全部的产量年达二十万箱,占全国的出品约四分之一。二十年初他开始从事于江苏全省的火柴联营,后来在民国二十五年又从事于全国火柴业的联营,他们彼此相约五年之内,不再增加新厂,已有各厂共同约定出品计划,不再彼此杀价竞争。那时候日本的火柴无税横行全国,这一个联营组织开始先击碎了火柴大王克鲁波的阴谋,后来又与日本或瑞典的火柴对抗,到最后瑞典或日本火柴溃退,由美国人收了燧生厂改为美光工厂,这时候"七七"的全面抗战也就爆发了。

中国的火柴工业,不可讳言的,在开始完全是用的日本原料,用敌人的原料和敌人战斗,即有胜利也是一种侥幸的行为。鸿生工厂成立时候,聘请林天骥博士到厂指导技术,林氏当时改进火柴防潮装置,但对于火柴原料却有心无力。到了抗战发生,刘鸿生在香港附近一小岛建立大中国火柴厂,重金聘请张挺峰氏主持,这时候才能电解食盐,使氯酸钾能自给自足。二十八年刘鸿生氏到了大后方,决定建立火柴原料工业,除了四川长寿原料厂外,在贵阳,在昆明,在八步各有分厂,以求各种原料自给,而资金由二百万在几年中也增至二千万,出品全部由火柴专卖公司收买,把握着整个的火柴原料,四川十九个火柴工厂都无例外地平均供应,专卖的利润虽然不多,但专卖的目的却达到了。

三、专卖的主持人

就因为有这一点成就,政府可以成为火柴的最大囤户,其他专卖品价格飞涨的时候,只有火柴例外地挺立不动。刘鸿生虽然被一部分人批评为"与民争利",但他的成就却使他为政府特任的专卖局长,同时还特允他经营自己的另外的企业。今日的专卖局内,除了火柴便只剩了纸烟。对于纸的制造、烟的改进,刘氏都有自己的计划,希望在不久的将来,像火柴一样的也解决了纸烟的原料问题,而且这些原料是由政府来控制的。过去在上海刘氏也曾试办过一个小小的卷烟厂。

"我不怕失败,"他常这样说,"决定了就做,做了有错,立刻去改,不怕做,多做多错,多错多改。我是喜欢做事情的;决不为了有错就不做下去。"但到了今年春天,政府决心顺从民意,专卖政策已成为过去,刘鸿生于是又弃官为民专心作他的企业了。

四、招商局的经历

在刘鸿生氏的半生内,从民国二十年到二十四年,这个时期他就已经从事国营事业了。今日的专卖事业的经验,有若干都是从他那时候得来,那就是整理招商局,为国家增购了海元、海亨、海利、海贞四只新船,新江天快轮废除买办,实行事务长制,各方的耳目为之一新。不过,招商局虽然每年能够勉强得到一些盈余,但也不能抵销每年债务增加。他接任时候,债务不到两千万,他离职时候已然增到了三千万元以上。这一块腐肉,千疮百孔,虽然他有一套设计,又以各方牵制,不能如愿实现。这个有六十年历史的大机构,在刘鸿生手中主持时,虽然也曾一度与日船、英船竞争,但是终于不能起死回生。他只好为了经营自己的私人事业,离开了这个老大国营机构,他自己办了一个小小的舟山轮船公司。

回溯一笔,刘鸿生在这抗战前十年中的事业,除了火柴、水泥、煤炭、招商局及运输以外,还有毛纺织、搪瓷、堆栈、码头及银行。他在一九二七年还曾抽暇到欧美游历,他能讲很流利的英语和写作清顺的西文论文,这些却不能不推重他在圣约翰大学时候的苦学。

五、毛纺织事业

章华毛纺织厂和华丰搪瓷厂都是他在民国十六年创办的,一年比一年发达。纺织厂的规模,那时只有北方的海京厂的局面可以比肩。原料几乎完全是外来的,主要是澳洲羊毛,和火柴原料一样,完全不能够自给自足。因为中国的羊毛太硬,只能作地毡之用,如果勉强使用,其中的细毛不过十之二三,颇不经济。搪瓷本是一种涂料,这种原料化学品,直到今日无法自给自足,但以成本颇轻而利润优厚,所以仍能屹立于工厂之林,处于不失败的地位。这两个工厂都没有使他受到打击。

到后来,章华毛织厂四百吨重的机件内迁,再加上战时的种种补充,使刘鸿生氏有了重庆的中国毛纺织厂和西北纺织厂。前者从三十一年起局部恢复,一月能有三万套制服呢生产,刘鸿生今年想捐赠十万青年十万套毛呢军服,便是想用三个月的力量来完成它。政府为了奖许中国毛织厂,每年有一万套供应公务人员的平价毛呢,特别允许对他的出品不平价、不议价、不限价,使他能够维持成本,能够继续不断地生产。为了原料供给,西北的洗毛厂首先创立,逐步在艰难困苦下建设新的西北毛纺织厂。到明天,刘鸿生拥有自给自足的毛原料,他可以建立无数的毛纺织工厂。在今天,他为了利用一部最好的毛,中国制帽厂——一个小妹妹在一九四四【年】元旦就要生儿育女了。

六、自助者天助之

张公权氏曾在赞叹着说:

"中国的工业,外国人来看,问化学,非找范旭东不可;问毛纺织,那就非找刘鸿生不可。"

刘鸿生的事业很少有的例外是已经不存在了,譬如在后方的搪瓷事业,譬如夭折了的建成水灰厂。但他在上海的事业,除了最少数之外,到今天仍然在由他的老弟刘吉生在那里为他看守着。他在民国二十年,"九一八"的那一年,成立了中国企业银行,这个工业资金渊泉的存在,至少对于他自己的各种事业,一时是不会感到枯竭了。在后方,扶助他的则有国货银行和江浙帮的银行,不等他要,便时常来问:"老板,可要现钱?"

"自助者,"刘鸿生微笑了,"天助之"。

这个五十七岁的老工业家已然为了他的康健,开始戒酒。他有十二个儿子,每个人都能承继他的事业。他有最好的朋友俞鸿钧和宋子文弟兄。

录自《新中华》复刊第三卷第四期,一九四五年四月。

当代中国实业人物志·颜耀秋

徐 盈

颜耀秋,江苏上海人,同济大学工科的学生。是一个五十一岁高大健壮的人,有一股强烈的正义感。当他还是血气方刚的时候,他不顾个人生命的危险,毅然为迁厂运动而奔波。他连任了五年的迁川工厂联合会理事长,现在继续主持上海机器厂。

一、一件艰苦的工作

湘桂战役的时候,中部的工业又有一次迁移运动,这一次的规模并不亚于抗战初期的迁厂运动。可是,结果全军覆没了——十多万吨物资到了金城江,只剩下四千吨,到了独山,剩下七百七十五吨半,到了贵阳,仅剩下九十二吨。

"过去我们抢运工具,后来,我们抢运蓝图账本,最后,我们抛弃了一切,只有运人,——而四十二个单位中,一天总要在沿途死三十人之多。"

听了这位主持人的话,令人不能不回忆到上一次主持迁厂工作的几位负责人。一方面是由于那时候的条件较好,另一方面也不能不说是主持得人,所以使上海比较有规模的一,二七九家厂中,主要的部分,有十四万吨机件和大部工人,辗转死亡线上,最后终于到后方恢复了工作。

这岂是容易的事,"二十余年来帝国主义的侵略炎威,只在所谓安乐窝里睡觉的人们梦境上,微微地印了些感觉。九一八事变算是打了人们一记耳光。记得那时候热心国事的人士高喊抗日,但一到局势紧张,便纷纷把家眷赶速迁到租界内逃命。上海,具有伟大吸引魔力的租界,一般自号爱国志士且不愿意离开上海,若想把已有工厂根据的企业家,从上海把工厂迁到内地去,岂是一件容易的事?"

"民国二十六年八月十一日,上海工厂迁移监督委员会在上海成立。八月十二日厂方代表公举颜耀秋、胡厥文、支秉渊、叶友才、严裕棠、余名钰、吕时新、王佐才、赵孝林、项康原、钱祥标等十一人为委员。经监督委员会认可并指定颜耀秋、胡厥文、支秉渊,为正副主席委员。指定各厂迁移机件材料,以武昌徐家棚附近为集中地点,然后分配西上宜昌、重庆,北上西安、咸阳,南下岳阳、长沙。上海南头一带的工厂机件,集中闵行、北新泾或南市起运。其在闸北虹口杨树浦一带的,则先抢拆至租界装箱,由苏州河或南市水陆起运。凡机件材料半成品工具等经审查准许迁移者,发给装箱费每立方呎三角伍分,运至武昌者五十三元,成品运费准发至镇江,每吨十二元。"

这些事情方有决定,八月十三日,上海的炮声也就响了,十五日轰炸就行开始,转眼之间,长江下游已被封锁。上海的银行全部停兑,运货的车子出入都要受检查。这一批负责迁厂的人,就是在这样的局面下,从事于这件艰苦的工作。

胡厥文表示抗战不胜不剃胡须,支秉渊氏为同业的操劳多了几茎〔根〕白发,尤其是主席颜耀秋,在几天之内,他像老了几年似的。

二、上海迁厂主持者

在抗战中间,毁灭了不少的工厂,但同时,由抗战之赐也新生了不少工厂。这就是说,中国的工业在这次大迁移运动中有的破了产,有的却发了大财——这里我们应当特别推荐第一任迁川工厂理事长颜耀秋,他为了迁川同业的成长,几乎牺牲了他自己的事业。

高大壮健的颜耀秋,是江苏上海人,现年五十一岁。五年之前,他还是血气方刚的时候,为了一股正义感,他毅然为迁厂运动奔走,不顾个人的性命。他的勇气和服务精神,深深为同业所心折。虽然他不是什么留洋的人物,他只是同济大学工科的学生,但他所主持的上海机器厂所出的机器甚至为外国洋行所推销。

说起迁厂来,颜氏说,那时候答应内迁的固然不少,但真正动手的却有限。在炮火当中,甚至于他自己都是想迁到北四川路去避一下再说的,可是他的老朋友胡厥文却在劝他道:

"你别忘了你自己是主席呀。"

颜耀秋任劳任怨把他自己的厂子和别人的,在政府的指导下迁到四川来,办地皮,贷工款,他无时无刻不在奔走。他自信一秉大公,可是还不免被人批评为想要做官。

"到今天,"他说,"过去骂过我的每个人都明白了,我颜耀秋为了大家,连自己的厂都几乎要赔个净光,我要做做样子,我自己决不能领头来囤积。"

三、上海机器厂

上海机器厂,从民国十九年成立到迁入四川以后,始终以制造农用机械为目的。入川以来,他们已造了三千具大小抽水机,三百具植物油发动机和若干套水轮发电机分布在大后方了。颜氏继续对他工作说明道:

"我们是个农业国家,如果要喊农业机械化,先得适应需要,做到机械农村化,使人人会用机器。大机器不怕复杂,小机器那就越简单越好。"

当民国十九年时,他们的资本只有五万元。二十六年时候,增至三十万元。入川以后,增为六十五万。三十三年暂定增资升值为六百五十万元。在这种机械工业不景气的时候,他们二十多部工作机只能发挥到应有能力的一半,比起上海时代来,尚不及六分之一。在这个最艰难的时候,颜氏辞谢了连任五年的迁川工厂联合会理事长的任务,用全力来整顿工厂,以期能够渡过这空前的难关。

"四川是个农产腹地,但至今仍然未脱靠天吃饭的威胁。我们想帮助四川农业,以人力来胜天然。"为了这目的,农用器械方面的出品有植物油二引擎式发动机、离心力抽水机、碾米机,近以抽价高昂,添造木炭气发动机。高地引水,特制多级式高压抽水机,不拘高度,专供灌溉。三十三年式以端压力轴承容易发热,改为推力轴承,每月平均出货七套。自动抽水的水涡轮抽水机也有出品。颜氏说:

"物价真是贵得吓人。过去二百元一套的机器,如今要卖到二十万元以上。早先最好的英国铁也不过八十余元一吨,如今土铁也卖到八万元以上。"(最近已涨到十七万了。)

为了开发川、康两省的水力资源,他们从二十八年起专业制造发电用的水轮机,有三套型式,高级的用派儿吞式,中级的用法朗西式,小水头则用旋桨式。派儿吞式系为彭县铜矿设计过一套,法朗西式装成一部时,曾请中央水工试验所试验,认为效率达百分之七十五,大型者可达百分之八十五以上,此后便给綦江制造二部,导淮委员会大常电厂六十马力自动调节角度旋桨一部,资源委员会三部,万县水电厂一部。在制造中的有西宁电厂、天水电厂、西昌电厂各一部,陕西武功水利实验处六十马力旋桨式一部,其外小马力者不计。这些发动机,全按德国伏以特厂式样设计,用者都表示满意,他们今后的工作也就以此为中心。

"法朗西式水轮机设计的特点是:一机上有三个调速器,第一个正调速器失效时,第二个副调速器可被水力自动关闭,以便修理。第三个是调剂压力器,当压力过度时,可自动将水放出。"

四、回忆黄金时代

上海机器厂在上海的黄金时代,柴油发动机销遍江浙各地,"那时恒升洋行放弃了葛娄斯莱英国牌,汉文洋行放弃了德国牌子,来改销我们的柴油发动机,用以打水、砻壳、碾米、榨油、发电"。到内地之后,发动机全都改用了植物油和木炭。

"我们是一个中型厂子,"颜氏说道,"我们最宜于造中型发动机,因为我们自信,我们的出品,到战后依然可以使用,我们既不囤积居奇,也不偷工减料。目前,也许像我们这样的工厂,是最难于维持的一种。"

多少人都和颜氏抱着同一的见解。今天的工业被控制在银行家的手中,银行家只要材料,不要厂房。这种办法逼得工业家不能不走上囤积的道路,而且一走上去,就不能自拔于泥淖。

我问颜耀秋氏在五年中,他为同业作了什么最值得记忆的事,他说:

"我提议要有自己的铁钢事业,二十八年的协和厂,是我的提议,余名钰做经理,民生公司作董事长,以后就成了风气……

"我提议要有运输,我们有了十五辆卡车走昆明,被人利用而失败了。"

最后他说:

"我也许有不少错事,——但是我却没有自私。"

录自《新中华》复刊第三卷第六期,一九四五年六月。

当代中国实业人物志·支秉渊

徐 盈

支秉渊,四十九岁,浙江人,交通大学电机系民九毕业,十四年五月在上海创办新中工程公司,艰苦奋斗,以制造内燃机,知名于世。

一、在艰苦奋斗中创造

支秉渊两手空空地在去年年底到了重庆,这一次湘桂不名誉的撤退,又把他在湘中祁阳奠定的战时基础全部推翻了。

"我是搬惯了家的,"支秉渊苦笑着说,"上海时代,'一·二八','八一三',已经毁过两次了!"

支秉渊的头发白了,衣服破烂了,但他的精神还是和过去一样。新中工程公司的创始是在"五卅"以后,学校罢课,商店罢市,工厂罢工,一群穷学生支秉渊、魏如、张延祥、黄炎、吕谟承、朱福驷等六人走出洋行,借了几万元,在上海泗泾路六号开业,只有门面房屋二间,机器二三部,到十七年春,才改为有限公司,资本仅收足五万元。

"一·二八"淞沪战役并没有使他从此倾覆,集资再干。二十六年增至三十万元,想在松江设厂,那知"八一三"跟着来到,虽未全军覆没,但已元气大伤。到了祁阳开业,增资到了一百万元。

支秉渊是热烈赞助迁厂的分子,因他受尽滨海设厂的损失,他是上海工业内迁最有力分子之一。他说:

"工业的条件,安全第一"。

二、时代的宠儿

支秉渊,是中华民国三十二年度中国工程师学会的荣誉得奖人,他的名字和他的成就传遍了中国。

支秉渊是应当获得这样的荣誉的,他默默地在机器工程界工作了十多年才被工程界同业所发现,认为是工程界的俊杰。有成就,又有谦虚,政治上固然有人给他以不少的援助,但他的确能够负起这么隆重的礼赞。

在这过去的一年里,我和支秉渊氏有过三次接触,第一次是在重庆,徐恩曾先生站在交通部的立场上来介绍他的煤气汽车,一部除了胶轮以外完全由自己设计并制造的汽车。在车里,我们谈了三小时的话(试车共走了四小时长路)。第二次在桂林开中国工程师第十二届年会,他以工程师资格来参加,每天几乎都能看到他在会场内外,但因他太忙,每次也不过只能作几十秒钟的对谈。第三次我走到祁阳他的工厂里,由他亲自陪伴着参观他的成就,这一次谈话时间最长,了解他的成就最深。

支秉渊这个名字是代表着一部民营工业的艰辛奋斗的血泪史。支秉渊的声音可以说也就是有成就的民营工业家的声音。

三、一个会笑的人

支秉渊是一个会笑的人,随时你可以从他的脸上找到温暖的笑容。

笑是一种动力,不仅对于自己同时也在推动着别人。我在中南和西南走了九省,最大的收获就是从广大人民的面孔上,发现了我们韧性的民族同时也是一个会笑的民族,就是再有多少愁苦,我们的民族也能用笑将它冲淡了。会笑的民族是不会失败的,他的心情始终乐观,他们真是在"以时间换空间",只有用笑来支撑着。

这样艰苦的年代自然是不太容易笑的。若干人的笑是假笑,而支氏的笑是天真的、单纯的、战斗的。有时由微笑变为苦笑,有时由冷笑变为热炽的狂笑,这真善美的笑,才是动力,才是疲劳之后恢复精神的一种动力。

支秉渊的笑,是代表着中国人民的笑。这个人的容貌像一个工人,但加上了知识分子的智慧和机警。

四、工业倒退了

支秉渊说,抗战中间,中国的工业是在倒退了。譬如他自己的事业吧,就不能不抽出一部时间来由自己解决原料问题。

机器工业需要大量的铁和钢,当过去的存货用光了,而新的产品质和量都不能使人满意的时候,便逼得自己不能不下手了。

湖南本来要在衡山脚下建立抗战中的第一个模范较大的炼铁厂,支秉渊也是其中的筹备人之一。但是由于种种困难,过了一年,仍然连机器都没有着落。这样才决定由支秉渊在他的新中公司的旧地上建立起一个小型的化铁炉,新中公司本来的小化铁炉也就合并在这里面。

"我参考了重庆小型炼铁炉的四套图样,只用了九个月的时间,我们的高硅生铁就产生了。"

这个炉子当我参观时正在出铁，红光四溅，火气扑人，一天可以出到五吨铁，每吨售价二万四千元，勉强可足成本，但因为铁质极好，虽在机器工业不景气的时候也感供不应求，他们想有了钱再建一座大些的化铁炉。

"我们在创办的时候，困难很多，不论炉子本身，打风机都有障碍，甚至在吊楼上加料的工人也因为不知躲避方法，中了煤毒。"

一切都是创造的，训练的，所谓"白手起家"，支氏从不讳言他的困难。他们的炉墙不是用铁皮而是用石头，打风机的样式因地制宜，大有改变，原料的来源和配置也要加以研究，特别是在化铁炉周围的一群工作者，十九都是从无到有，从不足到足够，人完全是实地中训练出来的，而机件一切是自己翻砂的。

为了自造汽车需要不少的钢料，他们还自己造了一个四分之一吨的电炉，最近为了还要碱性的钢，他们还要造一个碱性的电炉，因为前一个是酸性的。支氏很高兴地说：

"我们请了炼钢专家胡嗣鸿先生来帮助我们，他一定能给我最满意的成就。"

国营的某大钢铁厂已经是八个厂的综合，战时的工业被逼得不得不讲求自给自足。支秉渊的新中公司也不能不有三个厂，一个是炼铁的民生厂，一个是制发动机的本厂和专制汽车头的二厂。这都是抗战中间建立起来的有力工业。

五、在艰难中发展

在各地机器工业的倒闭声中，新中公司的各工厂仍在继续扩充。我问支氏是不是新中公司可以例外的逃出这不景气的厄运。

"那能有例外？"他摇一摇头说，"譬如一个母亲的孩子，有的身体弱些，也许比较容易得病，但在瘟疫流行的时候，却很难不被传染，只是有的抵抗力强一些，有的抵抗力弱一点，如果瘟疫越来越利〔厉〕害，很难保不一个接一个的病倒。"

当我参观他新成立的汽车头制造厂时，他便指着新房屋、新机器、新员工说道：

"你看，这是全新的厂子，我们正想一天出一部汽车头，可是已经感觉到过剩了。如果我造出那么多的机器，卖给谁呢？一边是运输工具缺乏，一方是机器造出来没有人要。"

这位"中国福特"在烦恼，可是嘴唇角并没有失掉那一丝微笑，他又指着那厂屋角上的一排抽水机说：

"这是我们替宝天铁路造的抽水机，到现在还请不来护照，也就运不出去，搁在那里半年了，我也不知道说什么才好，到处都是有些意想不到的困难。"

在艰难中发展，新中公司的最大成就是有了一套为达到工程标准化而定的新中工程标准，改英尺为公尺，每一件出品都要检验，都要合乎标准，才敢拿出去。将来新中公司的零件只要是指定号数定制，这一件与那一件完全一样，而这一件机器上的零件同样可以适用于另外一件。为了这件工作，他们有模型室，有检验室，有统一的磨刀间，以求新中出品标准的划一与不变。

这就是新中公司主持人的有眼光的地方，他给他的出品立下了千百年不拔的基础。"新中"二字将来要成为最辉煌的商标，实由于这个动念和这一部的创造作为基点。中国工程师年会给予支氏以奖章，在奖状内也特别指明这一点，他不仅是创造最大的发动机，也还在按着世界标准创造了新中工程标准。

支秉渊氏赞美他的朋友们的努力，从魏厂长以至每一个小工，他说：

"没有他们的共同努力，我们不会有今天的。"

六、几点新发现

在支秉渊的机器工厂里，我有几点新的发现，这是不属机器方面，却还是人事方面的。

首先是人事之间的和协〔谐〕，到处都可以看出来，当支秉渊所到的地方，他都用他的微笑来换取别人的微笑。千余职工是在微笑中过活的，这自然不能说是没有哭，但我却相信那里的人与人之间关系并不十分冷酷。

到处都是青年人，中级干部都是相当年轻的工程师，对这一点，支氏特别对我说道：

"我是喜欢用才，刚出学校的学生子，我们自己来训练，知识水平差一点不要紧，我们可以使他慢慢进步，我所怕的是那一种社会上的不良习惯。"

这几句话里，他是很断然的在喊着"我"怎么样，那么多的"我"，是说明他的主观上非要坚持这一点不可。

在下级的职工中，也完全是考来的"学生子"。他们在工厂同时在受国防训练委员会的委托，代为训练技工，一边作工，一边受基本教育，衣食住行都能给以相当的"安定"，在"微笑"的风气中受着陶冶。

"我们这里还在试着使用女工……"

在机器间时，我看到几个女工同样在工作，支氏解释着这样可以使男女真正得到平等,几经考虑才决定下来的,试用之后觉得成绩非常好。对这件事也非常缜密地防范着有任何意外发生。

汽车机器中间有一部分翻砂要用泥心,这是精致的工作,也是在使用女工。当参观时,我看到他们用砂土、白糖、桐油和白面在作胚胎,做出来的模型很像玩具。

"这种模型,"他们说,"做得非常薄,干了以后非常硬,烧了以后更是硬,但到热度更高钢汁浇下去的时候,这泥心便自然粉碎……"

这是一部新东西,令人大开眼界,没有汽车工业,也就没有什么香气扑鼻的泥心的,技术并不是当前的最重要的问题,譬如造汽车的机器六个月就可以翻出整个一套来。

"今天要的是整个工业的配合。"

七、我在为支秉渊祝福

我问他要求些什么,我可以向社会广播。他说:

"我希望国家更多扶助民间工业,不一定要把我们拉到国营工厂里去,譬如我支秉渊是会办机器厂的,国家把我接了去,我也只会办机器厂,不如让我自己办这个厂子好。机器业当前局势的打开,只有希望国家多来定货,可是目前国家最大的困难就是没有钱。经济情况一天比一天坏,民生工业也不容易发展,机器工业的销路一天比一天狭隘,国家如果再不救济,那有什么办法呢?"

"除了国家为了整个的计划向工厂定〔订〕货以外,"他说,"我们自己有了一个小的联合,我们几个单位联合起来,可以创造一个厂,有的供给发动机,有的供给发电机,有了翻砂造机器,缴了定钱,我们便可以完全包办,现在我们打算创造一个整个的纺织厂。"

这是没有出路中的出路,工业要来服务的,不够水准或不能服务于厂家,也只有慢慢地被自然淘汰了。

我希望中国工业界多有几个支秉渊,不仅是创造煤气动力机、煤气汽车和钢铁工业。现在新中的动力机和其他厂家的发电机可以配合的,但发电机方面若干零件都不能自制,支秉渊对此十分烦恼。

"靠别人不如靠自己,"听他的雄心万丈地说,"有一天我们也想自己来解决电气机器问题,譬如汽车上用的高压线圈之类……"

艺高人胆大,祝福支秉渊,在困难的重围中,给中国工业界带来更多的创造。祝福要作支秉渊第二的朋友们,急起直追,在今天工业园地一显身手。

支秉渊给我唯一的礼品是一块生铁,捏着这块冰冷的生铁,但我心头感到温暖。

如今支秉渊在重庆,默默不作一声地,在生产局协助之下,为他的又一个新厂在努力。

录自《新中华》复刊第三卷第七期,一九四五年七月。

当代中国实业人物志·李承干

徐 盈

李承干,字直卿,湖南长沙人,现年六十四岁,为中国兵工事业创立人之一。

一

兵工事业的建立史,到今天仍然是一个谜,说起来就是用"军事秘密"四个字,来笼罩着一切,使外人既然不能了解他那无边的内幕,同时也就难以掀开他们艰辛奋斗的光明面。

今天,兵工当局还在抱着一种错觉,就是兵工事业是个独立的门部,他永远是个孤立派,从原料至成品,都想自给自足,与资源当局和广大的民营工业不发生关系。第二次世界大战中,德国法西斯工业的理想,已经吃够了苦头,他们把军火工业独立起来,纵然在质的一方面极度精细,但在量的一方面却落了伍,孤立派敌不过民主的力量,法西斯作风的工业也不能与民主的兵工厂来对抗,这自然也是失败的一端。没有什么军用与民用,只要是有效率的工业,平时为民用,战时就可转为军用,这是一个前提,拥有十万技术员工的中国军火工业主持者不可不注意这一点。

中国的工业开始就是要建立兵工事业,到今天也仍然未尝认为过去。可是抗战第七年,居然有了紧缩兵工生产的命令,美国顾问来华调查,纳尔逊发现了中国兵工之微弱,竟使每名士兵在一年内分配不到一颗子弹的怪闻。今日我们特别提出兵工界老将军李承干介绍时,衷心起了莫大的感慨。

李承干于中国工业的前瞻,依其四十年的努力,作了如下的结论,他在第一次工业建设计划会议用书面发表谈话道:

"一、详细计划,慎之于始,固所应当,一经决定,不可轻易变更,即稍有未能尽善之处,只能加以调整,不宜全部推翻,天下本无易事,偶有错误,应善意扶助,不可恶意批评。

"二、凡主持事业者,应放大胸襟,不分派别,明是非,严赏罚,任贤勿二,虚怀若谷,从谏如流,不以私害公,不以感情乱理智,重职守,负责任,轻利禄,照既定方针,艰苦奋斗,身体力行。

"三、国人智力甚优,然有坚强专一之心者不多,不安于现职,以某项有深造者极少。其原因有二,一以非实学之人,以其能文章,善交际,工应付,所居地位,反较优越。一以待遇不恰当,是非赏罚不公平,使实学之士不满现状,常怀愤懑之心,以现职为过渡,抑郁而志已衰。或则悉心钻营,冀图幸进。故国家应奖励学有深造者,规定待遇,严予甄别,非有特别劳绩,或特殊贡献者,不得躐等晋升。苟不将此种愤懑抑郁之心消灭,钻营幸进之心弭除,则求学术造诣极深之士,殊为难得。

"四、凡百工业,不论轻重,均可国营、民营,互相竞争,提高效率,得以价廉物美,民生与自卫,两有利益,惟民营者须受国家主管机关之统筹计划。统制管理,应能互相配合,以防止暴利,节制资本,尤不可剥削劳工,必崇奉国父遗训。

"五、有数种日用必需品,如棉花及织品、毛、皮革、木材、纸、油漆、糖、米麦等,应规定若干年后自给自足,又如某种物品,国内产量稀少者,应加限制,并另觅代用品,少用外货,以保国力。

"六、所有国营、民营建设,均需参照国家规定,寓自卫之意,平时为民生工业,战时为自卫工业,又一切制品,力求标准化,各主要工作机器,及一切日用品均由国家颁布尺寸,规定式样,如门窗屋架之大小,亦可规定之,以求人力、物力之节省。

"七、工厂荟萃之区,宜设立专科讲座,以灌输青年工人之工业知识,引起其兴趣,充实其技能,二十岁以下之员工,应减少工作时间,由国家编定各种实用而有系统之教材,施以工余补习。又须设一检定机构,使全国无学历,有优良技能和丰富经验的技工,检定合格后,得与学校毕业人员,享受同等待遇,同等资格。

"八、按工业各制造部门分设若干组,征求对某种工业有专长,有兴趣,有志愿之专门人员,分别登记,现时仍于原机关服务,一旦需要,征其担负,应不致每举一事即有才难之叹。"

二

"兵工界有几个李承干呢?"一位熟悉六十年来工业史的人感叹道,"谁能像他那样,六十多岁不娶老婆,永远是穿着一套蓝布工服和工人们一起作息呢?"

他是湖南长沙人,第一批老留日工科学生,抱着工业的志愿研究科学,回国以后，在军阀混战中过日子，所需的军火自有引线的帝国主义供给，所以也没有自己扩大军火工业的必要，多少清末的大工业全此反而消灭了。他在金陵兵工厂工作了多年，等着机会的到来。

北伐成功之后，给多少人都抱着加紧建设的热望。民国十七年，兵工署成立了。李承干那时便告诉第一个署长陈仪两件革新兵工最重要的事，第一，兵工厂不是养老院，要有生产，要有工作，非想法子减低单价不可，别人用一块钱的，我们至少要减低三分之一才有办法来竞争；第二，不要用不懂工业的军人来做兵工厂长，使外行人来干涉内行人做事。这两点，直到今天都在奉行，××个兵工厂中间只有一个工厂因为特种原因是由纯粹军人来负责。

革命军后来又做起内战的工作来了，军火也就又有了来源，军火工业部门的技术人员却又再度苦闷起来。孔祥熙院长风尘仆仆地东一笔借款，西一笔举债，这些钱多半是买成军火。那时，李承干已经升任金陵兵工厂厂长了，他就去问新到差的俞署长道：

"我们的军火为什么非买外国货不可呀？"

"因为外国货比自己造的便宜。"

"你新订的这批外国子弹多少钱一颗？"

"外国货只要七分，我们的汉阳造到要九分以上。"

"我来承造，"李承干要肩起这重担，"我只要五分钱一颗。"

"你——"署长摇着头道，"你不要开玩笑。"

俞署长在德国学数学，头脑是仔细非凡，他深信贱钱没有好货，好货却不会贱钱，尤其是其中要有工业的累积经验。

"我有绝对的把握。"

"那么，你试一试看——"

金陵兵工厂于是便开始以"六分一颗"的单价来制造步枪子弹，由于他的一批干部领导得法和准备有素，便胜任愉快地完成了定〔订〕货，而且又续定〔订〕了合同。这样不只使金陵兵工厂有钱来逐步扩充，且刺激了兵工署，一年经费不限二万元，有能力在汤山建立新武器和弹道等研究机构，想要追上时代。

不幸得很，直到抗战撤退前夕，李厂长派人接收这新建筑的名贵器材转进时，才发现这里有洋顾问的精舍，华丽的跳舞厅，种种非工业上的浪费，用了几十职员若干卫兵，而五十万元买来的机器连动都没有动。有一位随员比李厂长更加感慨地说：

"我们不应当再作靠老子过日子的大少爷了，我们有什么心情来享乐。我就是不佩服这些大人物,因为他们有的只是政治的权力,最缺少的则是个人的能力。"

李承干厂长承认这意见,但表示得却非常温和,他说:

"我们做厂长要多多负责,做厂长不是来享乐的,而是要来想法子生产的。不然,我们有再多的厂又有什么用,有再多的只会排场不会出货的厂长又有什么用,还不是为国家更多浪费一些金钱?"

三

在李承干指挥下的工厂到了后方很快地便恢复了,一面盖着厂房,一面便开始工作。他的口号是"开工第一,出货第一",他批评别人的作风道:

"我不赞成等山洞开好,机器进洞再开工的办法。我们的抗战不能等我们呀,我主张事先有重建准备,敌人给我炸了,我再盖新的。只要我的人不死完,我总会有办法来复工。"二十八年,二十九年,三十年,重庆天天都在躲警报,炸了之后,最久的一次一个月他便修复了。

有一位老朋友用一种幽默的口吻对我说道:"你猜在大轰炸中间,他怎么来安慰他的职工们啊?他在飞机掷弹时,念念有词地说:炸中我们最好,炸了我们最好,炸中我们有能力来恢复的厂子,比炸中那些没有能力来恢复的厂子好;炸了我们,少炸别人。炸了我们,少炸别人。可是,他的工人不能像他一样忍受。不过,到末了由于他能以身作则,到了救火时奋不顾身,工人们受了很大的感动,很快地达到他指定的工作,他却在欣然道:照这样的工作效率,在战前,是不可能的。"

为了他不肯疏散到某地的大山洞中重建房屋,他为政府省下一百多万元的工程费,可是却得到了上级的一个不客气地评语:"该员不知建设。"这件事,我后来请问一位高级人员,他们否认有这么一件事,却半开玩笑地说:

"我们每年为他请奖章还来不及,哪里会给他记过呀!"

希望这话是真的。

李厂长认为工作必需〔须〕认真,因为欺人就是自欺。黔桂线的失败对他一点也不意外,他内心非常痛苦,为了时常要做一些违心的事。有一次,据说是这样:

"我们为三十六军验枪,在七千多支枪中间,能用的只有七只。我不主张这个部队运到前方,这无疑是叫他们去送死,可是你不叫他们去有什么办法呢,你不叫他们用坏枪,那好枪又在什么地方呢?我主张报销了完事,别人说中国就是这么马马虎虎。老天啊,这个部队运到昆仑关去,居然还打了一个胜仗。"

中国的兵士看枪的用途太广,有时候便用得作扁担,乃使辛苦削成的弹道不再准确,这属于保养一方面的问题,到今天才算引起了上级的注意。美国补给新式武器的部队,对于武器的保养,特设专人来主持。兵工人才因此才走入部队,不再是漠不相关。

"美国人好的地方,就是一个人一只〔支〕枪,他不仅有枪,而且会用枪,知道一只〔支〕枪能够怎样作最有效率的使用。"

四

只讲求经济是不行的,最重要的是效率,一个兵作一个兵的用途,不然即有五百万大军,也不能有作用。对于他的工人,也是同样的。注意福利,从柴米油盐上下手,为他们家眷想办法,使一个人进了工厂就得到安定,"你们想,到今天,我们的小工一天不过二角钱,我们职员包饭,荤腥一月不过一百五十元,假如没有福利,怎么能维系着这万多人来生产。公务员是最苦的,武官比文官又苦,我们的调整不仅赶不上物价,连文官也赶不上。再说我们的生产品又是没有市价的,全部送给国家。这些生产品的价格很廉价,因为它是最廉价的公务员生产出来的。"

李厂长到最近以少将资格一月不过支一万六千元,这已是兵工界稀有的优薪,只有他那种清苦的生活并不感到不足,但在厂长群中,有几个是像他那样的无家的六十老人啊。为了这个缘故,多少人都在担心,中国兵工界养不住年青的优秀人才,没有家在室之累的青年大学生,谁也不肯在这个机构内过苦日子。特别是抗战以来,兵工事变有归并,留学德、日的高级人才过剩,下级的人,在工业不景气声中,为了一口饭,兵工事业也并不缺人,只是缺中级的干部,使上下没有良好的联系;战时也许还可以拖过,到了战后,便不容许这个事实不再进步了。

去年在紧缩的高潮中,军火工业也不能例外,兵工经费减少了,工人要裁去五分之一。当检阅的委员们到了李承干的厂子内,这位老人便告诉来人说:我这里没有闲人,每个人都有工作,一个不多一个也不少。他捧出人名簿,个个有相片和保人。

"你说厂子要紧缩,"他说,"这事在我是办不到的,这里你们不能多给我添一个用不着的人,也不能少一个我用的。就是委员长来了手令,我也难遵守。我这里除非不工作,要工作,我的每件工作都要有专人来负责。"

来人见此情形,便告诉他这次紧缩的用意,只是想要裁去一点本地的小工,对于沦陷区的技工招致还来不及,那有裁去之理。李承干便告诉他们,这里的一万二千人中,有八千人是共过多少年患难的基本队伍,他负责了全部某项兵工生产的总额二分之一,他的工厂不能与一般工厂做同样的看待。

李承干是生就的湖南倔强脾气,他口心如一,如到他要唱挽歌的时候,却绝不会改为赞歌,而且,他倔强到对于一位活人来面致挽词。

难怪多少人都说:

"中国有几个×××厂呢,有几个六十多岁不讨老婆,一心工作的李承干呢?"

录自《新中华》复刊第三卷第九期,一九四五年九月。

当代中国实业人物志·胡厥文

徐　盈

胡厥文，江苏嘉定人，今年五十一岁，民国七年毕业〔于〕北京大学〔北京高等工业专门学校〕，即从事工业活动，民国十五年曾至日本考察。抗战以后，坚主内迁，中南区工业协会成立，曾为主持人之一。三十三年在湘桂大撤退中返渝，继颜耀秋为迁川工厂联合会理事长，现正筹划成立迁川工厂复员联合会。

一、民主、民主

抗战胜利之后，我看到胡厥文氏。他在胜利的中国战区签字日的前夕——八日下午八时把从"一·二八"后留起来的尺许长髯，一刀割去，以践宿诺。

"这样快的胜利，在我是没有想到的"。

一个最坚决从事抗战的工业家，当胜利到来的时候，不仅他自己的厂子打得精光，而且整个工业界也跟着"发国难财，亏胜利本"的人群后，而奄奄一息了。我问他对此做何感想。

"我到今天都不明白，"他说，"是鸡生蛋呢，还是蛋生鸡？这也就是说，是这样的政府产生这样的人民，还是这样的人民产生这样的政府。"

他习惯地抚一抚长髯，但今天却已不再飘飘然了。他指出战时的畸形太多了，过去汉阳铁厂一家生产五百吨铁、一百吨钢，如今大后方对十多吨产量，就感到过剩了。兵工厂在三十三年减产，把很好的工人迁散回籍，而民营厂却在用很大的价钱到下江找人和训练新人。贪污的乐得不得了，拼命的苦得不得了，到处皆然，也不仅是工业界一部门的现象。

"抗战给技工带来一个坏风气，"他说，"二分之一的技工成了商人，下余的五分之三，没有心情来好好地工作，下余的五分之二，若做点工，仍然一样地不负责。"

这样怎么得了？抗战中工业又怎能进步？

"中国人本质上是很好的，聪明才智，手脑的灵活，吃苦耐劳，都是第一等，所坏在政治太坏，不能有一个安定。所以我主张：为了中国工业，也必需实行,真正的民主,什么都由一个人做,是要不得的。"

而且,也不能太迟了,对于垂死的人,药石是应在还有一口气的时候来下。

二、一个人的经历

胡厥文氏有一次闲谈他这二十年来的经历,他的事业几乎全部打光。

"民国七年我从北京工大出来,就抱定两个志愿,一个是不做官,一个是不摸粉条。可是,正因此也就没有事情作,民国八年我到汉阳铁厂做小工,这话我说给陈辞修听,他绝不相信。"

他佩服张之洞的远见,为中国建立一个大钢铁机器事业。如果不然,我们这批年青的干部又从何地得到训练与经验。他入汉阳厂做工时候,厂长已是老博士吴任之。全厂只有两个外国人,一比一德。中国人的能力,那时已然表现出来。

虽然,他在这个大铁厂的时间并不长,同济大学走了一个德国工程师,他便被介绍到那里管理工厂,于是民八下半年到民十上半年他都留在吴淞。他在那时奠定了半生事业的基础,决定自办一所工厂,那就是新民机器厂。

新民机器厂在欧战结束后成立是不曾赚钱的,他尝试过各种工业生活。那时,大上海逐步兴建,法国人的机制砖瓦,非常有利。他于十一年便成立中华第一窑厂,制造空心砖。十一年受聂云台及穆藕初兄弟委托,办理恒大纱厂,与日纱对抗。十三年为了自造工具仪器,建立合作五金公司,十七年新民机器厂在虹口设第二厂。十八年与上海电力公司合作,利用每日煤渣四百吨为原料成立长城机器制砖厂。十九年,在黄渡试办小小的发电厂,二十年发展到南京,成立石城窑厂,为大南京生产建筑材料。

"到今天,这些厂子已荡然无存,连祁阳的湘厂在抗战者中也消灭了。"

三、抗日生活

胡厥文为人公平而正直,对日商战时候,却又不惜钩心斗角,以达到目的。

"对付日本,我是在十七八年内,由棉布市场开始的。那时上海每天有五六万匹自由布上市,但因受日纱压迫,每匹布只能赚二角钱,织户太苦痛了。同时,纱业的纱也无对象。那时以理事长资格主持这件事,实行以纱易布,荣宗敬的厂子所产纱全由我们分配。这次商战我们失败了。

"拆我烂污的是我们自己人,我们织户有些不道德的行为是逐渐加深,重量不够,便加石灰水,信用已坏,后来便交一位庄源初来接办,但已然全为营利,失掉了对日本纱业对抗的作用了。

"其次可以说的，就是抵制日货。抗战前夕，我们上海机器业同业公会有一整年是不用日本铁，而改用六河沟的。这一年，六河沟销了十三万吨，而日铁在码头搁了三年。虽然这次我们却只成功了一半，蒋委员长有令不许抵制日货，我们只好又把日铁搬回来。

"'一·二八'，我们一度兴奋，但结果却使我灰了心。我抛开那些停造的水溜〔榴〕弹水雷到西北去。我认为邠阳是一个工业区，交通便利，有一丈五尺的煤层，有渭南的大棉区，有牧场，一人四条狗可牧千羊五百牛，可是这里却找不到老百姓，好容易找到一些，他们听懂了我的计划之后，却不肯相信我们是工业家，一口咬定说我们是红军，不然，哪里会想起替老百姓谋利益？

"抗战全面爆发了，资源委员会使我们迁厂，慢慢三个星期，大件的机器不能到后方来，炸出云舰联毁了长城厂，南京中华门之战，百城厂又没有了，黄渡厂也烧掉，合作五金厂几乎全陷。到后方来，为了前方需要，我在桂林设大中厂，祁阳设新民分厂，重庆只有最少的一部分，想不到今天也就是只剩了这一点。"

他是嘉定人，他很欣幸四川也有个嘉定。抗战之初他便把家庭都迁到四川的嘉定来，他说："这一点就给我以胜利的预感。"

四、战后工业

我问他明天迁到哪里去，未来的工业中心在哪里。他的回答使我很意外："滨海——过去我是主张在两湖的。"

他跟着便这样解释，四川工厂原料上坡的费用，将来也许比从美国到中国的运费还要多，这怎么可能。日本投降了，二十年的和平有望，我们不能不到沿海争取市场。

对于后方厂矿救济，他对于五十亿工贷用工协名义承兑表示满意。他更希望把这将来还不起债的工厂，即由政府收卖改组合并为一个大厂作有计划的生产。要利用这批民营工业家到前方去接收，租给他们使用，不要一心只想国营，而人才反而不足分配。

对于工业经营，他说新民厂目前的做法是落伍了。我问他外传他独资经营是否确实，他说，他的股本只占二分之一以上，不完全是独资。

"这是有原因的，纱业失败了，一些人都退了股，我除了自己的股之外，有一部分给了工头。"

他指出他们的特点是工人少，出品精，职员少，手续简单，而效率高，注意个人，多少且有感情作用。这种个人主义的作风，已不是今日大众化的时代所需要了。这种坦白的说明,表示出他追求进步的心境。

"办机器厂是不可能赚钱,这是吃力而不讨好的事,但我还是想努力办下去。"

对于政府的协助,他的希望甚微。他说:

"今天能办机关业务的已是第一等,能办自己的事情的第二等。谁来管民主疾苦呢?那就不必谈了。"

这就是胜利给工业家带来的感想吗?

录自《新中华》复刊第三卷第十一期,一九四五年十一月。

当代中国实业人物志·李烛尘

徐 盈

李烛尘,湖南永顺县人,年六十四岁,日本留学生,民国五年加入天津久大公司,历年从事盐业。三十三年,中国工业协会重庆分会成立,李【氏】被推为理事长。三十四年秋,抗战胜利,李氏被推为华北工业复员区负责人。

一、和善老人

范旭东氏最得力的臂助,在永利公司为侯稻〔德〕榜,在黄海化工社为孙颖川,在久大公司则为李烛尘。

入川以后,他曾主持川盐的改进,开发西北声中,他又以化工业代表随林继庸氏遍历西北工业处女地,从事研讨,并曾赴新疆沃野,驰骋了一番。

李氏所到之处,都是为化工业作请愿,根据他工作二十多年的经验,他认为这些桎梏不解除,就算胜利铁定,但仍然不能乐观。

二、解除这些桎梏

"自上次欧战至'七七'事变前,我国制酸工业,毫无基础。制碱工业虽有较大规模,唯因无酸,各种化学工业即不能配合而起。

"考制酸之原料为硫黄与硝石,而制碱之原料则为盐,硫黄与硝石在中国列为军用品,禁止人民自由使用,纵使制成硫酸,仍不能脱离军用范围,重重管制,令人望而却步;盐则课税太重,不免税即不能供工业原料之用,以其成本太昂。中国在满清时代,因恐人民革命,对于军火原料,管制太严,硫黄、硝石,可以制成黑火药,故悬为厉禁。在科学未发达武器不进步之时代,容有必要。自无烟火药出世后,此物在军需上已失其价值,而尚故步自封,不徒可笑,且未免自甘落伍。骑射弓箭,昔时亦为重要之武器,今骑兵虽在兵种上仍占相当之位置,而弓箭则只能作为一种游艺品,再不能视为禁物,此与黑火药之作火花与爆竹同一玩艺〔意〕儿之性质,诚不解吾国军事当局,何以顽固如此,而头脑之冬烘,令人可叹!须知此一阻碍不除,几于断送国家生命。盖化学工业与国防民生关系太重,前者如无烟火药之制造,其原料虽为棉花,而其最重要之药品,则为硫酸、硝酸与碱三种。中国硫酸工业不发达,自然谈不到硝酸。以前硝磺归陆军部管理,后因课税改归财政部,旋因盐与硝有关联,最后隶属盐务管理局。假使税款有相当之收入,为充裕国库计,尚有可为,而历年硝磺税之收入,不抵开支,勉强为之,不乃徒便吏员作弊之机会,给苦头予人民吃。今闻硝磺因收购之价太廉,人民不够工本,相率停止采炼,硝磺即无法供给制酸厂之用,兵工署某厂,即常因此停工,作茧自缚真是何苦!再如毒气弹之制造,主要毒气为绿〔氯〕气,绿〔氯〕气来源旧法系用硫酸作用盐,新法则用电气解离盐液,两法均可利用。中国硫酸既不发达,因盐税关系国课,政府既不思大量生产盐,战时为保全食用,工业用盐亦不易取得,此不过就以一般习知者言之耳。

"硝磺禁例之应该废除,学化学工程人士最为关心,无论私人及学术团体,向政府呼吁取消者不止一次。差不多每一次工程师及化学年会,都有请求取消硝磺管制之诉愿。不过诉愿自诉愿,而主持其事者毫无所动于其中,谓其麻木不仁,则未免冤枉,因其实不知阻碍化学工业之重要性也。唯此更有令人难以谅解者,律以忠公谋国之议,知之为知之,不知就应该采纳人言。人知爱国,谁不如我。果废除硫黄禁例,而于国家有莫大之损失,工程界人士,岂均丧心病狂?

"更有不能已于言者,硫酸之原料来源,普通分为三类:(一)硫黄;(二)硫化铁;(三)其他硫化矿,如硫化铅、硫化锌、硫化锡、硫化铜等。中国硫黄矿既少,将来硫黄来源一大半需仰给于硫化矿。最近经济部,又呈准行政院将铅、锌、硫、镁、铝五矿,列入保留矿产之内,不准人民随意开采,有将来划归国营之规定。须知各国之硫酸厂,均伴铅、锌、锡、铜等矿厂,大规模生产。今硝磺之禁例未除,再将重要原料之各种硫化矿,一律保留,质言之,实不啻将硫酸原料全部封禁。然则中国真正不要化学工业,而办化学工业者,应有变戏之本能,从无中而生有乎?真令人难以索解。或者谓中国之物资不够,政府从事保留,实有深心,不过中国物资不够,仅就现在已知者言之耳。以幅员如此广大,尚有许多区域为人迹不到之处,政府何以不训练大批地质调查人才积极地从事发见〔现〕,开发物资,而仅作消极的保留。保留即无进步,是岂计之得者。更有甚者,政府既管制硝磺,收购时不予产硝磺者以合法利润,致采办硝磺者,相率停止采运,存储无多,故制造硫酸厂业即不能领购得充分原料,比如中国制碱公司,每月可制硫酸四百箱,因硝磺局限制供给,仅能月产约三百箱。产量减小,自然成本加大,而硝磺局收购硫酸,既不能照产量全收,而又压价收入,亏蚀成本,且更不能如期付款,如此层层剥削,故硫酸厂之生产,即陷于不可能。而硫酸公卖,手续之麻繁〔烦〕尤为余事,因其不能尽量购收硫酸于前,即不能供应市面之需要,故对轻重工业之购用硫酸者,遂加以无理之限制,如购用五箱,只准售半箱,使各需用硫酸之化学工厂,咸有原料不足之叹。阻止生产,而硝磺局则乘一般物价上涨之时,在硫酸售价提高之前虽有大量存货,只以少量供应各工厂以期获得涨价之暴利,利用公家机构,居奇自肥,诚令人痛心。且硫酸为化学工业之原料,根本不能视为商品,设局公卖,而且硝磺之产量有限,硫酸之产量更为微不足道。今设局公卖,以如此少量之产品,而养许多公卖人员,国家之给养有限,开支不易维持,就不能不在压价收购高价卖出上打算盘,造成两方饿中间饱之现象(见中国制酸厂呈经济部文)。局之费用如何,未见公报,无从推测,而硝磺局设在盐政局之内。盐之业务庞大,开支当然不小,以盐之专卖利益每担为百元,而盐之专卖管理费则为每担一百五十元推之,硝磺局之管理费用,当然亦有惊人之数字也,诚不解国家何必定要作此得不偿失的事?实则国家在金钱上之损失,其事尚小,而阻碍基本化学工业,致其他一般化学工业无从发展,其关系实太大也!年来中国朝野,都提倡工业化,对于基本化学工业之认识如此隔膜,工业化云乎哉?真不啻相隔十万八千里了!且硝磺局因硝磺、硫酸之事业甚微,而开支又相当之大,乃变本加厉,更扩充管制范围,遂将普通化学用品,如绿〔氯〕化钾,因其可作为炸用之药,亦划归硝磺管理,凭空与制造家添一麻烦,马牛及风将来不知产生何种怪物!

三、碱的问题

"碱业在'七七'事变前已略有根基,因中国原料用盐丰富而价廉,又得民国初年民间改良盐政诸贤达之奔走呼吁,促使政府将工业用盐税免除,其时正值欧洲第一次大战,英、美碱不能运来,敌人亦自顾不暇,致中国碱价奇昂,遂刺激一般企业家之创造欲,永利制碱公司(今改为永利化学工业公司)适于该时创立。因当时中国尚无硫酸工业,故不能用罗卜郎法较简单之设备制碱,一开始即用安母尼亚新法。所谓迎头赶上,新法制碱,比旧法用机器较精细,在化学方面之技术与管理亦较复杂。以中国各种工业无基础,工程人士亦乏修养,竟大胆从事此繁难工作,真是'初生牛犊不怕虎'。然回溯永利公司自开建设迄于制造,中间曾经十余年长期困苦,几经改造、改良,始能如愿出货,已经吃尽了工程上无限之辛苦。然工程上之辛劳,尝之有味,而人事上之辛苦,则足令人酸心。此无他,即制碱之盐税虽然免除,而政府派员住厂监视,遂横添无数麻烦。照理此等任职人员,只在监视盐斤有无走私之弊已耳。然中国人只要是官,就有权管事。所有住厂员,到后都要使用管理之权威,比如盐自存盐处运来,本经当地盐官秤放,到厂后必经【住】厂员复秤。当时每月用盐四百余吨,系用火车运来,而火车到厂无定时,住厂员办公时间不变动,故住厂员不到场,即不能卸车,公司遂不能不担负延车费,而用盐时复须经住厂员监视。碱厂工作,开工后即终年不能停工,而监视员则有种种休息时间,可以停止工作。此等小事,为工厂增麻烦,即所以减少工作效能而减少生产量也。此在文明国家中想象不到之事,望政府以后将此腐败制度剔除之。

"盐税免除,在民国初年北京腐败政府,较易见诸实施,因一则有外国人势力,外国人知工业用盐非免税不可,决然许之。而当时北京为军阀政府,军阀头脑简单,既认为于国家基本工业有益,遂毅然行之。不料工业用盐免税行之已二十余年,今政府改行盐专管制度,可谓在盐政上为破天荒之改革。独对于工业用盐,则规定每担盐仍需缴一元之专卖利益。譬如已经理入棺材之人,硬要把一根小辫子扯住,未免无聊。一般科员,卖弄小聪明,长官不假思索,而即用其谋。硝磺管制之撤销实际无碍于天地之大,想系受一知半解之科员及冬烘军官之阻扰所致。

"中国碱业市场以前是操英商卜内门之手,自永利公司大量生产后,全国销量与卜内门秋色平分,卜内门乃自动与永利公司协定,中国销碱市场,永利占百分之五十一,卜内门占百分之四十九,而价格规定完全由永利做主。中国碱业市场,从此不受外商把持,而永利亦绝不抬高市价便利外商,挽回外溢之利权不少。不过战前中国销碱数量约十万吨之谱,而用作为工业原料者除少数用在矿业、玻璃、制皂、制纸、洗濯、染色外,几完全为面食中和之用,中国人之口味真大,而工业之不发达,亦太可怜!

"回顾中国'七七'事变前,硫酸之产量不过年产千数百吨,而且生产过剩。碱之产量,不过年产六万吨(苛性碱变称成纯碱)与美国之产四百余万吨比,其微末真不足挂齿。战后硝磺仍未解禁,硫酸工业当然不振,较战前更劣。新法制碱即不可能,用旧法则无硫酸可用,只能仰给于有限之天然芒硝,一碗水大家争饮,且不足以解渴。然闻永利公司日产纯碱六七吨,市场上即不能消化,酸碱工业,未能同时发达,致一切化学工业,即无基础。关于各种化学工业之技术与设备,夙未问津,人才亦未培养出来,况战后器材,购置不易,遂更无法兴起。化学工业,包罗既广,与国防民生,息息相关,更为当务之急,而对于化学基本之酸碱工业,政府中人尚无彻底之认识,阻碍不除,从何谈起?"

硝磺禁例与盐税废除,这就是中国未来化工事业的转捩点。

录自《新中华》复刊第三卷第十二期,一九四五年十二月。

当代中国实业人物志·束云章

徐　盈

我和束云章（士方）的第一次长谈，是当他就任中国纺织建设公司总经理半个年头以后，这个六十一岁的溧〔丹〕阳老人，一身青绸裤褂，线袜布鞋，头发向后梳，长瘦的面孔上略有一些风霜的皱折。他过去曾替中国银行奠定下工农贷款的基础；抗战中将中行津地的人向西北移植，又奠定了开发西北的初步局面；到胜利以后，应宋子文的邀请，出来主持一个空前未有的国营纺织企业单位。这老人一开口就朗朗说道：

"这是一个中外少有的机构，我在不求有功，准备失败。"

失败，永远是不到准备失败者这一方面来的。国营中国纺织公司在举国生产事业的不景气中，宛如"天之骄子"，而束云章的一生，也恰如"时代宠儿"。一九四五年九月，束云章本来决定随着四联的接收职员同返平津，临时因事脱班，不想这架飞机中途火化油煎，而他却安然度过了。这说明了一个人的幸运。

"我也不会再活多少年了，"他却在一本正经地说，"我真的希望能把这件事情作好。我不见得比别人更有能力，但我却比别人有较少的私心，我要以公诚待人。我没有把这国营事业弄得特殊化了，我们很少有例外，一切都和民营同等待遇，出品该上税者就上税，借款一样付息，但我们生产成本比他们都低，美棉贷款三千三百万美元，若按锭子的数目，中纺应分得一千三百万美元，但中纺只分得一千一百万美元，其余都归民营纺织业分配了。"

束氏在上海曾陷入舆论围攻的重围中，他似在答复外人对官僚资本的非难："我仍然是中国银行的人，我在公司中没有一文资本。"他叹息舆论不应操纵在几个人的手里，与他们有利的便是"是"，无利的便是"非"。如果说，"台湾"糖的被批判是因国家资本与糖商的对立，那么中纺与商人间的绵绵不断的短兵相接，也就不足为奇了。"我只要求公正一点，不要把私心放在第一位。"这一句话他在频频地说。

代替日本的纺织工业，是中国纺织工业家多年来的一个金色的梦，我不能不急于要问："日本的纺织工业未复兴以前，我们的棉纱棉布争取不争取南洋的广大市场呢?"束云章苦笑了一下,他便举了一个例:中纺机构如此的大,有细纱,有粗纱,不能不作有配合的生产。可是当他们筹划到南洋时,立刻便遭遇到批评,说是"与民争利",因为南洋这个市场上的确利润很大,而且已有不少民营厂家去了,"我们便只好放弃了这原订的计划"。

像中纺公司这么庞大的生产机构,东西两洋都没有第二家,美国最大的纺织业,不过只有一百万锭,而且是集中的。中纺公司拥有大小日伪工业六十余单位,上海十九个纱厂八月中两班开到七十五万锭,九月份可将九十万锭子开足;青岛九个厂已开足四十万锭;天津七个厂共有四十五万锭,尚难开足。除了这一百六十余万锭子之外,还有毛织和染整,以及机械修理厂。东北方面的三个厂子,已接了二个,辽阳的七万锭,营口及锦西的各五万五千锭,辽阳区开工七千锭,营口开工五千锭,锦西区在军政部手中开工了一万五千锭。束氏说:"十几万锭子,只开了十分之一,笑话。"他对于东北的现况有不少难言之隐。

就在举办中纺半周年的时候,他视察了北方的各厂。"在天津八天,我闭门和他们讨论管理问题,我是天津中国银行的副理,我要是花精神去酬应,就不能办任何事了。"在天津,还要谈应付东北的需要,军用二十万匹,"我希望他们自己接收的厂子也努些力,一个月若能产一百件纱,三个月也就够他们的需要了"。对于东北进行民用五万匹布,"虽然平津的厂子只够平津区内的需要,但我们却也得筹划一些供应他们"。他称赞北方各厂的主持人"能使他放心"。他批评上海一些厂子的主持人"把神经病者也给我介绍了去",所以不能不以总经理的身份来传见每一个低职的小职员,"越来越不能放心"。

与中纺公司有关的纺织机器公司及棉花问题,束云章也用很多的时候加以解释。"纺织公司宋院长还是要我来兼董事长,我实在没有精力,现由黄伯樵负责,我只作了一名不兼常务的董事。对于中国棉花,北方正是经过我的手作棉贷的,我又怎能不注意。只是棉花的品质已然退化了,产量也由年产一千五百万担减到五百万担,我们今天还有四百多万锭子,若是全部开动了,则不能不差六百余万担棉花,而且细纱的棉花也不能不由外国来进口。"对纺织机器也许一时不会有生产,但对棉花改进却已有了初步结果。

束云章在西北打出来一个新天地,他替中国银行在抗战中增加了一份新的产业,那就是属雍兴公司的各厂,其中有各种工厂,旧有的豫丰纱厂也逐渐扩大为三个分厂。束氏以这些"靠山"被选为纺织机器工业联合公会的理事长,那时候正是胜利前的四个月,他们已订了推广棉产的计划。如今就是把那个计划扩大,以二十亿元为基金,中纺担任的八亿元已缴了,此外由各民营纱业分担。这二十亿元每月运用,"利息可以有一亿元,以此来作推动华中及华北两棉业改进处的试验与改进的补助费,外人说我不用国产棉花,那是一个很大的误会"。

说到中纺已为国库赚了很大一笔收入的事,束云章很自负地微笑了,这真是国营工业中唯一能赚大钱的单位。"我们开办时,算一算流动金非要一千二百亿不可,可是政府只拨给我们六十亿,幸而是得到了美棉,才能从中想法维持。按政府规定七月份起到十二月底为止,应当拨缴国库七百五十亿元,我们到九月止,已拨去三百亿元,实际的盈利已到一千亿元以上,自然除了原拨六十亿外,其余可谓都是赚的。"中纺公司的机构之大是空前的,这次盈利之丰也是国营企业史上的空前杰作,这个六一老翁,没有一点胡髭,他慨然而言道:"我不相信有比我做得更好的人。"

跟着他又自谦魄力还是不够,各地的管理更是不行,他不希望长此做官。"我不懂政治,也不敢问政治。右派的看我有点左,我主张对工人不应太苛,要像战前那样不可能;左派的自然又会骂我是折中派,我并不彻底。"结果两面不讨好,他坦白承认今天的问题重心在管理,而一切都缺人才,从管理到技工,"我们不能不作有计划的训练"。

束云章有一种蛮牛似的自信。"不管物价如何,应拼命生产。"我问他是否这仍然是一种在顺境内的看法呢?譬如今天在内战的局面下,通货膨胀,水涨船高,使生产成本日益高涨,中国的生产事业本来有个便宜事,就是人工甚廉,如今一变而为最高,这样的大洪水冲破了堤防,再加上外货的倾销,中国的"天之骄子"的生路是否将被窒息呢?束云章这样答道:"我不这样想,如果不打下去,物价自然会平稳,工价也就会低落下来了。纺织工业不会过剩,只有不够。"

我又问道:

"国营的轻工业与国营的重工业有没有进一步求配合的可能呢,一个拼命赚钱,一个拼命赔钱,有没有通盘的调整求呼应适度呢?"

"总的配合一时还不可能。"他摇摇头。

"宋院长声明,中纺国营二年后,即改归民营。到一年半后,将以什么形式过渡到人民的手中?"

束云章立刻答道:这问题他还没有精细考虑过。不过政府既然如此宣布,一定不会失言。"只是不要把这种胜利的代价,交给一二个发国难财者所有。"束氏这样坦然对于发国难财者的指摘,显然是对于"官僚资本家"的批评的反击。"如果纺织业不由国家接管,人民能有力量来集股经营吗,还不是仍然落到一二人的手中？"

纺织业界曾在猜测今日不把敌伪纺织事业贷给民营，则民间今后即永无庞大的资金来接办的可能。到了两年期满，仍然是转移到一些"半官半商"的名下。为抗战努力而人穷财尽者是不会轮到的。惨胜就是一个这样的悲剧。我把这种看法说给束氏听，他听了不否认也不承认，只沉默了一刻，深深地吸了一口烟。

"美国看我们不行，"束氏转换了话题道，"已经在扶助日本纺织业，现在开了二百二十万锭，不久就被保证开足三百万锭，日本没有破坏，恢复便很容易，拆迁日本的纺织工厂作赔偿，恐怕不是一件容易的事。"

我们于是又陷入为国运的叹息中。我想着这位六十一岁的非凡工业管理家曾有的非凡遭遇，他有没有力量挽回国家的不幸命运呢？中国银行的创始者张公权曾在三十二年七月对星五聚餐会同人说道："吾人希望将来之工业能为一界，为国家组织中之一组织，国家非有此一界不能生存，就以往银行发展史看，成功并非难事。"我们的"工业界"里有几个这样的束云章呢？

这个被人骂为"官僚资本"的代表人，有一天愤然作色道：

"照大家这样不顾法令，任意走私，就是四万纱锭都开，也没有用。政府固然有缺点，人民也未必好。不好的人民，也就产生不出好的政府。"

由纺织业"一叶知秋"，暗示着中国工业的前路。

录自《新中华》复刊第四卷第二十期，一九四六年十月。

工 业 复 员

当前的经济复员问题(一九四五年十月)

施复亮

一、抗战胜利与经济复员

谢谢美国的原子弹和苏联的参战,迫使日本提早投降,减少我们生命的牺牲和物资的损失。这种事实的突如其来,颇出于人们的意料之外,转变了国际国内整个政治经济形势,推翻了我们原拟的逐步推进的复员计划,令我们一时手忙脚乱,不知所措。这是表示我们的被动地位,同时也是表示我们的落后性。

日本投降,抗战胜利,这是中国有史以来从未有过的最光荣的事情。八年多来,全国人民,出钱出力,流血流汗,艰苦奋斗,总算有了美满的成果。看到这里,想到这里,的确令人十分高兴。但是一想到日本这次投降,主要并非由于我们中国的力量迫其接受,欢乐的情绪便不知不觉地减少了一大半。再看到日本军阀至今还不承认军事失败,日本政府至今还不承认侵略罪恶,依然保留着专制的天皇制度及整个反动的政治经济机构,并公然以勾践沼吴的故事激励其臣民,以图重建日本,待机复仇的情形,更令人深抱忧虑。如果盟国这次解决日本的办法,不能像解决德国那样彻底,不能废除日本的天皇制度,摧毁日本帝国主义和军国主义的政治经济基础,不能扶助日本人民建立起真正的民主政治,那我敢断言,以日本民族的性格,凭借天皇的偶像,利用原有的政治经济基础,全国一致卧薪尝胆地拼命努力,不到二十年就可以恢复其强国的地位,又要拿我们作它的侵略对象了。这是一种可能的而且是必然的趋势,每一个中国人都不能不严加警惕。

只要日本的天皇制度不废除,日本的政治经济基础不改变,日本将永远是中国的仇敌。日本帝国主义要向外发展,首先必然是向中国大陆侵略。这不仅从其本质上看是如此,而且有五十多年的历史所证明。中华民族为着生存和发展,都应当防止日本的侵略,击溃日本的侵略。这,首先必须把我们的国家建立为一个强大的工业国家,因为只有强大的工业国家才有防止并击溃侵略的力量。但是在现存的经济基础上,日本是比我们进步而且有利的;我们只有比日本加倍卧薪尝胆地拼命努力,才有赶上或超过日本的希望。不然,前途将不堪设想。

所以抗战虽然已经获得了胜利,但是怎样保持并充实这一胜利的果实,依然是一个很大的难题,而且是比抗战更艰难十倍的难题。抗战还可以依靠盟国的援助,依靠美国的原子弹和苏联的参战而突然得到胜利,建国却无此种机会,主要决不能依靠别国的援助,更无突然成功的道理。因此,在抗战胜利以后,我们的努力不但不应当松懈下去,而且还应当格外加紧。在我们的一切努力之中,经济建设的努力是一种最基本的工作。我们要有效地进行这一基本工作,首先必须合理地进行经济复员。没有合理的经济复员,决不能有合理有效的经济建设。

从经济复员到经济建设是一个有连续性的过程,其期间的长短,主要〈被〉决定于政府的政策及其努力程度。我们希望尽量缩短复员期间,以便早早进入建设时期。每一个中国人,都有督促并努力的责任。

二、经济复员的意义及其重要性

我们的经济复员,决〔绝〕不是要把我们的经济生活恢复到战前的原状,即落后的畸形的不合理的半殖民地的半封建的状态。那种经济生活,决不应该恢复,也不可能恢复。战争已经改变了整个国际形势,也已经改变了国内的政治经济形势,尤其是在国内人民中已经生长出强大的进步力量。进步的力量,推动着世界前进,同时也推动着中国前进。所以我们的经济复员,绝不是恢复战前的原状。

我们的经济复员,第一是要使我们的战时经济设施改变为平时的经济设施,一切战时经济设施不合于平时经济者应当全部取消;第二是要迅速普遍救济那些受战争破坏或打击的经济事业以及受战争损害的人民;第三是要调整战时所发生的种种不合理的经济现象;第四是要替今后工业化的经济建设事业准备着必要的前提。这便是我们所说的经济复员的意义。

这种经济复员,是一切复员问题中的基本问题。倘使经济复员做不好或不能顺利进行,则其他复员问题也必不能得到圆满的解决。经济复员与每个人的生活都有密切的关系,所以其政策和办法为每个人所关心。有些人不关心政治复员(其实我们的政治问题在本质上不是复员问题)、军队复员或文化复员,但决〔绝〕没有人不关心经济复员的,穷人固然关心,富人更加关心。所以经济复员问题,在一切复员问题中是最重要的。

三、经济复员的政治前提

上述那样重要的经济复员,要想能够顺利地进行和完成,必须具备下列四个政治前提:

第一是和平。抗战胜利,国际已经可以和平,国内也必须和平。只有和平,才能保障胜利的果实,才能进行经济复员。世界和平是不可分的,所以盟国都希望我们和平,八年抗战和多年内战的痛苦是受够了,所以人民都要求和平。和平是今日全中国人和全世界人的共同需要,也是这次战争所要实现的共同目标。除了只知欺压人民的反动分子,谁也不愿再有战争,尤其不愿从事内战。可是事实上,我们的内战危机却随着抗战胜利而日益严重,大规模的公开的内战几乎有一触即发之势,而小规模的地方性的冲突则早已存在。这是一种极不幸的极不祥的事情,违反全国人民的意愿和利益,也违反全世界爱好和平人士的愿望,甚至违反同盟国的共同利益,尤其违反美国人的投资愿望。所以全世界人尤其是全中国人都应该一致起来表示自己的意志和力量,共同制止内战的爆发,借以保持中国的和平因而保持世界的和平。这是我们进行经济复员绝对必需的政治前提或先决条件。

第二是团结。要得到和平,必须先做到团结;不团结就分裂,分裂是不会有和平的。武力统一的时代是早已过去了,不仅民国三十多年的历史已经证明它的失败,而且为今天国际国内情势所绝对不许可。今天谁也应该明白:谁也统一不了别人,谁也不能造成清一色,包办一切。任何政党,都应该承认异党,尊重异党。任何现有的势力,都不能把异己的势力消灭;谁要做这个梦,谁就会失败。任何个人或集团,都不可存有以自己为中心去统一别人的念头。任何成见、偏见和教条主义,都应该及早抛弃,都应该拿客观的态度平心静气来考虑问题。大家都要设身处地替对方想一想,力求了解对方的立场和主张,根据整个国家的利益和多数人民的要求来解决问题。只有这样,才能谈到团结,做到团结。也只有这样,才能符合全国人民的要求。只有团结,才能避免内战,达到统一,保持和平,顺利地进行经济复员。

第三是民主。要做到和平与团结,必须根据民主的原则,采取民主的方式。民主是解决目前中国一切问题的基础,解决政治问题固然需要民主,解决经济问题也一样需要民主。民主是中国革命的主要目的,也是当今世界的主要潮流,谁也不应而且不能违反或违抗。中国革命了四五十年,到今天还没有实行民主,这是全中国人尤其是革命者的耻辱。原因虽多,其主要的原因之一,就是"中国的老百姓太好了"(这是就统治者对老百姓的赞美词),好得像绵羊一样。正因为如此,所以历来的统治者总认为老百姓"诚实可欺",骑在老百姓的身上,任意欺压,任意剥削。可是人民的忍耐力也有一定的限度,超过了他们所能忍耐的限度,也还是要"铤而走险""揭竿而起"的。这是今天掌握权力的人所应了解的问题。八年多的抗战,人民的牺牲是够惨重了,今天所得的胜利果实应该属于人民。杜鲁门总统所说的"光荣归死者,胜利属人民"的话,对我们也应该适用。孙中山先生在民国元年的约法内力争"主权在民"的主张,更应该在抗战胜利的今天来兑现。"中华民国"的招牌已经挂了三十四年,始终没有实现"主权在民"的民主政治,如果在这千载难逢的空前有利的国际环境和国内形势之下,还不能真正"还政于民"(人民是要真的,不是要假的),实行民主,精诚团结,共同建国,那我们的执政者将成为千古的罪人,不但对不起祖宗,而且对不起子孙。所以我们要求政府立即实施民主改革,保障人民身体、居住、信仰、言论、出版、集会、结社等自由,取消一切妨碍人民自由的法令,承认各党派的公开合法地位,释放一切爱国政治犯,邀请各党派代表举行政治协商,成立举国一致的真正代表民意的国民政府,实行复员与筹备普选,定期召开真正具有完满代表性的国民代表大会,制定宪法,实施宪政。这是解决中国当前政治问题的唯一正当的可行的民主的方法,也是保障和平与巩固团结的唯一的途径,同时,也是保障经济复员顺利进行的最重要的基本条件或政治前提。

第四是裁军。抗战结束,裁减军队是最迫切的需要。为着保证国际和国内的和平,为着巩固国内的团结,为着保障并促成国内政治的真正民主化,都非尽速大量裁减军队不可。如果我们的国内政治已经具备了和平、团结和民主这三个条件,那么裁军也就不难顺利实行。裁军不仅是政治上的需要,而且是经济上的绝对需要。不裁军,便不能保障和平、团结和民主,更不能减轻人民负担,实行经济复员,因而也就不能从事经济建设。我们的国家,只有加速度地进行工业化的经济建设,才有前途和出路。要进行这种经济建设,必须先实行经济复员,先把我们的经济从战时状态转变为平时状态。要实行经济复员,绝对必需迅速大量地裁减军队,把我们的军队裁减到十分之一,平时全国陆军至多保留五十万人。这些军队只供国防之用,绝对不许用于内战,不许压迫人民。所有军队一律不许有党团活动,现役军人绝对不许干预政治,更不能主持政治。同时,必须优待一切抗战有功的官兵:对于被裁的五十岁以上的军官,可以给与终身年金;对于未满五十岁的军官,可以给与五年至十年的年金,或给与一次优待金以助其改业;对于退伍的士兵,应以一切有效方法助其获得职业。只有这样,中国的政治才能走上正轨,中国的经济才能从复员到建设都能顺利地推行。

假使我们的经济复员,能够在上述的四个政治前提之下来进行,我相信,可能在一年以内顺利地完成。

四、经济复员的基本原则

在没有谈到经济复员的个别问题以前,我以为还应当先谈一谈几个基本原则。据我个人的意见,我们的经济复员应当采取左列五个基本原则。

第一个原则是应当以发展民生经济和改善人民生活为一切经济复员的指导方针。孙中山先生指示我们:"建国之首要在民生。"这一原则可以毫无保留地适用于经济复员。在这里,我们可以提出"民生第一"的口号。这个口号包含两个意义:第一个是民生经济重于国防经济,有了繁荣的民生经济才会有强大的国防经济;第二个是发展民生经济的主要目的是减轻人民负担,调整分配关系,改善人民生活。具有这样意义的"民生第一"的口号,应当成为我们的经济复员的指导方针。

第二个原则是应当实行"生产第一"的口号。"建国之首要在民生",而民生之首要却在生产。有了生产,才有能分配、交换和消费。一切财富和价值,都只能在生产过程里生产出来,绝不能在流通过程里生产出来。在复员时期,一样地需要大量的财富和价值,将来的经济建设,更需要以现在的经济复员为基础。我们在战时的财政经济政策已经犯了严重的错误,我们在战后的经济复员时期决〔绝〕不可能再犯同样的错误。所以我们应当扶助一切民生必需的生产,大生产固然应该积极扶助,小生产也应该尽力扶助,至少不应该加以摧残。有些人主张那些制造成本超过国外工厂或国内其他工厂的不经济的小工厂,"对国家是一种负担",在复员时期"只得听任其消灭"。也有些人一味依赖外国(主要是美国),只希望从外国输入价廉物美的商品来满足自己的需要。这两种都是绝对错误的思想和念头,忘记了整个国家的利益。从私经济的立场来说,成本高的不赚钱的工厂当然应该关门,与其购用价高物粗的本国货当然不如购用价廉物美的外国货。但从整个国家经济的立场来看,情形就不相同:中国自然要努力建设大生产,但在大生产没有建立起来的当前,依然要尽力扶助并发展小生产,因为小生产总胜于不生产;中国也需要从外国输入价廉物美的生产器材,但同时却绝对需要鼓励或强制人民暂时尽量购用价高物粗的本国货。不然,我们的经济将永远不能脱离殖民地状态,永远不能独立发展。总之,我们的经济政策,决不能完全采取营利主义,在战时及复员时期尤其应当如此。我们在战时缺乏物资,在复员时期也一样缺乏物资。我们所缺乏的物资,应当尽可能地由自己生产出来。我们固然要从事价值高的成本低的生产,同时目前也不能放弃价值低的成本高的生产。在不能通行轮船的地方,我们还不能不乘坐木船;在不能通行火车或汽车的地方,我们还不能不骑马坐轿或步行。我们主张在复员时期尽量扶助小生产,就是这个意思。由小生产进到大生产,需要一个很长的过程。大生产决不能在一夜之间出现,也不能在复员期间完成。因此,我们主张在复员期间同时扶助大小生产,力求物资产量的增加。

第三个原则是对于抗战有功的经济事业,应当加以适当的扶助或救济;对于附敌的经济事业,应当加以严格的惩处。在政治上,必须辨别忠奸,认清功罪,在经济上也应当如此。对于人民,则应当首先扶助或救济那些最有功于抗战的人和受牺牲最大的人(例如抗战军人及其家属,无家可归的难民)。

第四个原则是对于民族资本与官僚买办资本,必须分别待遇。民族资本是发展中国民族经济的主要的进步力量,必须加以扶助和培养。官僚资本代表最自私的最腐败的封建势力,买办资本代表毫无民族观念的媚外自私的买办势力,它们都是阻碍中国民族经济发展的反动势力,必须加以抑制和取缔。战时错误的财政经济政策,既然不能削弱甚至还加强了官僚资本和买办资本的势力,战后必定要尽可能地纠正过来。今后必须引导一切资本去从事生产事业或扶助生产事业,在复员时期便应如此。有了进步的生产事业,我们的经济才能独立发展起来。

第五个原则是对于大后方和收复区,应当同等重视,同等待遇。大后方人民饱受战争的直接损失,虽然少于某些收复区,但他们所负担的战费却多半超过收复区。大后方人民对于争取抗战胜利的贡献,也决不下于收复区。大后方的经济状况,一般地说,也不见得怎样胜过收复区,而最近由抗战胜利、物价狂跌所引起的经济恐慌,也许还超过某些收复区。所以我们在实行经济复员时,对于大后方和收复区的经济问题,必须给以同等的重视和待遇。

以上五个原则,就是我们所认为在实行经济复员时所应当采取的基本原则。

五、经济复员的个别问题

根据上述的基本原则,对于经济复员的个别问题,应当采取如下的原则和办法。

（一）交通复员

我们的交通本来就不发达，在战时更是困难万分，以致加重整个经济活动的困难情形。现在复员开始，首先要恢复并加强交通。一切交通工具，不论旧的或新的，都应当尽速尽量加以利用。特别是要赶快租用或输入美国的轮船、汽车和飞机，接收并利用敌人的一部分交通工具，修理那些被破坏了的铁路和公路。同时，还应当尽速兴修急需的新铁路，例如全川人士所渴望的成渝铁路。为着使经济复员能够顺利进行，为着使我们的经济建设能够迅速地进展，都应当把交通复员放在头等重要的地位。

（二）稳定物价

战争结束，后方各地物价普遍狂跌，威胁着工商金融各业，形成当前最严重的经济问题。我们的物价，过去既然有了过分的畸形的上涨，今天自然也会有突如其来的狂跌。以重庆、成都两地的批发物价来说，八月初平均都已经比战前上涨两千五百倍左右。因而那些物价上涨程度超过两千五百倍的，自然要狂跌，过去涨得最凶的，现在也跌得最厉害。过去物价上涨的主要原因是通货膨胀、需供失调和囤积操纵，现在抗战结束，通货虽然还在继续膨胀，但其流通的区域却扩大了；需要已经减少（至少暂时在后方），供给却可能增加，而且不久必然要增加（主要从国外输入）；囤积操纵也已经消减或无能为力。所以物价必然要下跌。这种趋势，任何人都无力量阻止，阻止也只能暂时发生作用。不过我们的通货，今后还必然要继续膨胀。最近物资的供给也还不可能大量地增加，因而在相当时间之后物价还可能回涨。再者，物价狂跌对于工商业最为不利，因此也就影响到金融业及整个经济界，造成严重的经济危机。这种危机，我们必须想法加以挽救。在目前，阻止物价下跌虽然是不可能，但是缓和物价下跌或阻止物价狂跌是可能的，在一定的时间和条件下稳定物价在相当的程度也是可能的。到了前后方物价的不合理的差别，各地域间物价的过大的距离，由于交通复员及其他原因而得到自然调节以后，便可以采取稳定物价的政策。这里还要注意：缓和物价下跌或稳定物价，需要一整套的财政经济政策，决〔绝〕不是单从物价本身所能解决。一切单从物价本身来管制的限价、议价、核价等办法，过去已经证明其失败，今后也绝对不会成功。所以我们虽然也主张稳定物价，但决不主张单从物价本身来找稳定办法。

(三) 财政复员

我们的战时财政,主要是靠通货膨胀来解决的。通货膨胀的结果,第一是把战费转嫁到广大人民的身上,尤其是直接生产者的身上,使得一部分能够负担战费的人逃脱负担责任或仅负担小额战费,甚至还使一部分投机囤积的人乘此发了大量的国难财;第二是使多数工商金融业都陷入"虚盈实亏"的境地,从货币看虽是赚钱,从货物看却是蚀本。在相对的关系上说,诚然是有幸有不幸,但在绝对的意义上说,即就全社会的财富来说,却是绝对地减少了,完全是不幸的。有些人认为通货膨胀只有薪给生活者受到损失,农工商业都一致繁荣而得到利益,这完全是一种皮相之见,而且是一种错到经济学常识以外的皮相之见。因为薪给生活者多半是"非生产者",难道庞大的战费能够靠这些"非生产者"来生产出来的吗?这当然是一种海外奇谈,可是我们的经济学者居然有人公然这样胡说。这种认识的错误,已经由最近暴露的经济危机明确地给予事实的驳斥。最近半个月来后方各地所发生的经济危机,主要就是通货膨胀所引起的另一结果。通货膨胀这一政策的好坏,我们在这里不愿加以讨论,不过在这里我也想指出一点,就是时至今日,政府还只好采取通货膨胀政策,直到币制改革为止。在复员期间,政府如果不能举借大量外债,不能获得敌人的大量赔款,不能从解决土地问题上开辟新的财源,不能采取得罪有钱人的财政政策(例如动用在美三万万美金存款),那还只有继续膨胀通货之一法。不过复员期间的膨胀通货,与战时颇不相同,如果运用适当,可能发生进步的建设作用。但是膨胀必须有一个限度,必须能加以合理的控制,必须尽速开辟新的不妨碍生产的财源以求国家收支的平衡。同时必须尽速停止田赋征实、棉田征实等办法,以减轻人民的负担,减少财政上及粮政上的弊端。一切不利于生产运输的及过分加重人民负担的捐税和设施,都应迅速取消或加以修正。要想政府的财政有办法,首先必须人民的生产(包括运输)和生活有办法。生产减少,民不聊生,政府的财政是绝对不会有办法的。政府实行财政复员时,首先便应注意这一点。

(四) 币制改革

我们的币制,必须改革;我们的法币,必须变更。废弃现行法币,改用新的法币(假定其含金量若干的虚金本位),以一定的比率(例如千与一之比),用新法币换回旧法币,这是今后唯一可行的币制改革。要实行这种币制改革,必须有两个前提:第一,必须前后方物价经过自然的调节之后达到自然的水准,这样才可以合理地规定新旧法币间的兑换比率;第二,必须国家的预算收支能够做到平衡,这样才能保证币制改革以后不再膨胀通货,即不再让法币贬值。要具备这两个条件,据我看来,至少要在半年之后,但至迟应在一年以内完成,太迟了便会使我们的经济建设受着极大的阻碍。币制改革是经济复员中的基本问题,对于全部复员工作都有极大的影响,改革的方法和时期都不可不慎重决定,其准备工作更应及早进行,务须做到周密而充分,以避免种种不良的影响。

(五) 金融复员

战时通货膨胀,法币贬值,正当的金融业无不遭受重大的损失。"虚盈实亏"的情形,实以金融业最为显著,因为它的主要资产是法币。过去许多银行钱庄或明或暗地兼营商业,随后经营房地产以及尽量建造自用房屋,最近一年多来竞购黄金外汇,这一方面固然是为赚钱牟利,同时也为着要尽量保存原有资产的价值。个人固然要求生存,资本也一样要求生存。银行钱庄的直接从事商业活动,可以说是资本的生存斗争。谁开银行钱庄,谁都要被逼从事这种活动。不然,就只有等待关门。所谓资本支配了资本家,就是这个意思。由于资本的绝对命令,多数银行钱庄才能苟延到现在(自然也有少数发了国难财)。可是抗战结束,物价狂跌,工商业遭受严重打击,影响金融业放款收不回来,存款却被挤提,造成空前未有的银根奇紧的现象。这种现象,不仅出现于重庆一地,后方各大城市莫不如此。八月半的小比虽然已经勉强渡〔度〕过,八月底的大比能否平稳度过,却颇成问题。假使由这种金融危机爆发为整个经济恐慌,其前途将不堪设想。政府对于这种危机,决不能坐视不救。况且这种金融危机,有一部分原因(有些且是主要的原因)是由政府自己的错误的黄金政策所造成的。解铃还须系铃人,最好由政府自己来设法来补救。政府官价规定黄金每两十七万元,扣除四成捐献还有十万二千元,在这银根奇紧的时候,至少也应该以十万二千元的价格收回黄金,借以救济市场,安定金融。物价已经上涨二千五百倍,黄金市价跌到七万余元(即上涨七百多倍)绝不合理。政府自己规定的价格,自己都不承认,也不合理。所以我们提议,政府应当维持黄金市价在十万二千元的水准,无限制地以这一价格收购黄金。美钞跌落到一千一百余元,也极不合理。根据八月二十五日《商务日报》美国通讯所述:美钞贬值至战前百分之六十五,即美钞一元约合战前中国法币二元一角六分六厘。以一千倍计算,美钞一元也应值法币二千一百六十六元。除去零头不算,美钞价格决不应跌至二千元以下。美钞跌至二千元以下时,政府就可加以收购,以维持二千元的汇价为度。同时政府应当开放外汇,改订外汇比率(例如规定美金一元合法币二千元），以市价供给外汇。这样，我们的金融复员才能逐渐走上正轨。

（六）对外贸易

战时海口被封锁，交通受阻隔，对外贸易几乎衰退到不足轻重的地位。现在抗战结束，不久交通可以恢复，对外贸易自然可以逐渐开展。在这里应当注意下列几点：第一，应当立即取消统购统销制度以及一切不合理的管制贸易办法；第二，应当尽量奖励桐油、猪鬃、生丝、茶叶等特产品出口，其价格若低于战前一千倍时，应由政府以等于或高于战前一千倍的价格收购；第三，有计划地奖励重工业及轻工业所必需的生产器材进口，竭力限制非民生必需的消费品及奢侈品进口；第四，审慎制定并严格实行有利于本国工业化的关税税率，废除国内一切类似厘金的通过税以及阻碍"货畅其流"的检查制度（这对于国内商业也绝对必需）。假使我们能够注意到这四点，我想我们的对外贸易便能顺利地展开。

（七）工业复员

抗战发生后，政府曾经竭力鼓励战区工厂内迁，并鼓励在后方各省设立新的厂矿，以应战时国防民生的需要。这些厂矿对于抗战多有或大或小的贡献，多为战时所需要。靠着它们，我们的国防民生必需品，才能得着大部分或一部分的满足，才能勉强渡过我们的战时难关。可是近几年来，由于通货膨胀的打击，使得它们面临着"虚盈实亏"的现实，随时感到流动资金的不足，经常靠借债度日，不但不能进行扩大再生产，甚至连维持单纯再生产，也感到十分困难。这次日本突然投降，引起物价狂跌，对于它们可以说是一个致命的打击。货价狂跌，卖不出去，开支不能减少，债务不能不还，结果只有关门大吉一条路。这是一个极严重的问题，不仅关系着少数厂矿的利害，而且关系着整个经济的前途，甚至有关于政治的民主和进步。从经济上看，这些厂矿是我们目前仅有的民间工业，经过千辛万苦迁入内地或设立起来，是我们今后发展工业的重要基础。从政治上看，这些厂矿的主持人，是今日中国唯一的最可宝贵的民族资本家或企业家，是八年抗战的积极拥护者，是中国民主政治的积极支持者；他们有热烈的爱国心与坚强的事业抱负，是今后中国最需要的进步力量之一。因此，我们认为政府对于这些厂矿必须立即加以有效的扶助和救济。第一，对于成绩素著的贡献较大的厂矿，立即贷与大量必需的款项，继续定〔订〕货或收购其制成品，并暂时免除一切税捐，以扶助其存在和发展。第二，对于成绩较差、贡献较少但为后方所必需的厂矿,助其改组与合并,使其提高效率,减低成本,并给与一切必需的援助。第三,对于要想迁回收复区而无法迁回的以及暂时不为后方所需要的厂矿,则由政府以适当的价格收购其现有器材,加以适当的处置,或交给地方政府经营,或实行官民合办,或改作其他用途。总之,对于这些有功抗战的厂矿,决不能袖手旁观,听其自生自灭。同时在别方面,对于敌伪经营的厂矿,固然应该予以没收,就是对于与敌伪合作的在经济上支持敌伪的"中国人"所经营的重要厂矿,也应该予以没收,至少也应该剥夺其主持者的经营权,或由国家直接经营,或由政府委托有功抗战的企业家(例如内迁工厂的主持人)去经营。对于有功的厂矿主持人,必须给以优厚的奖励;对于有罪的厂矿主持人,必须给以严厉的处罚。这是实行工业复员时应守的基本原则。

(八)农业复员

农业是今日中国最重要的生产,它在整个国民经济中的比重,只要看下面一个简单的例子就可以明了。据翁文灏部长所报告,三十三年国营事业全部产品(注意:今日后方国营工矿事业已比民营工矿事业占着优势)约达一百七十二亿元,而同年四川一省稻谷的产量便已达一亿零四百四十五万市石(注意:这仅仅是四川所产粮食的一部分,四川有过半数人口是吃杂粮过活的,其他农产品更没有计算在内),以平均每石谷价三千元计,便已达三千一百三十三亿元,超过国营事业全部产品十七倍余。即此一端,便可以明了农业在我们国民经济中的重要地位。至于农民对于抗战的贡献,则更是占全国人民中的第一位,而且其重要是占有绝对决定性的。出兵、出工、出粮,都靠他们。一切税捐和摊派,最后多半都落在他们头上,甚至直接由他们负担。通货膨胀的恶果,多半也辗转落在他们身上,他们所付的物价超过他们所得的物价,就是最明显的事实。农业在中国经济上的地位如此重要,农民对于抗战的贡献如此巨大,所以我们在经济复员时要特别注意农业复员,要竭力减轻农民负担,增加农业生产,改善农民生活。在这里,特别要注意改革土地制度,改善租佃关系,稳定农产价格。

(九)赔偿问题

我们在这次抗战中所受的有形无形的损失,简直无法计算。敌人的直接破坏、直接掠夺,庞大的战费支出,以及二三千万直接间接为抗战而牺牲的人员和无数受苦受难的同胞,这些都是敌人所加给我们的损害,我们必须向它要求赔偿,尤其要索取实物赔偿(特别是生产器材)。赔偿问题在复员问题中也是一个极重要的问题,我们的经济复员,至少有一部分要靠敌人的赔偿来解决。

(十)救济失业

在复员期中,由于调整事业、裁减军队以及其他种种原因,必然要发生失业问题。我们认为无论从经济上或政治上看,都必须妥善解决失业问题。解决失业问题的主要方法,第一是积极发展或恢复工矿交通事业,尤其要兴筑铁道,修建公路,疏浚河道以及建筑码头;第二是移民实边,从事垦殖;第三是对于一切有专门技能的人以及复员的士兵,在未获得适当的职业以前,给与必要的扶助和救济;第四是普遍设立短期职业训练机关及职业介绍机关,使一切有志就业的人都能获得适当的职业。至于"战士授田",自然很好,但我们要问明田从哪里来,怎样授法,才知道有无实行的可能性。在这里,没收汉奸田产,自然是一个重要来源,但这并不能解决失业问题,因为汉奸的田地,通常也一定有人耕种,战士得了田,别的人就会无田可耕,被迫失业。所以解决失业问题是一个积极的问题,不是一个消极的问题。

六、从经济复员到经济建设

以上所说,都是当前经济复员的主要问题,应当赶快求得解决。自然,经济复员是一个极复杂极广泛的问题,上文没有论及的地方还是很多。这,一方面是为能力所限,同时也是为篇幅所限。

为着国家的前途和人民的利益,我们热忱地恳切地希望我们的政治问题能够迅速获得合理的解决。我们希望赶快获得和平、团结、民主、裁军这四个政治前提,以便顺利地进行经济复员乃至实行经济建设。经济复员是替经济建设从事必要的准备工作,建立必要的前提条件。经济复员如果不能顺利进行,经济建设也就无从顺利开始。要有合理的经济建设,必须先有合理的经济复员。

我们的经济建设,应当是一种容许自由经济与计划经济并行发展的工业化的经济建设。因此,我们所要建立的经济社会,应当是一个实行大量生产、合理分配、公平交易、自由消费的经济社会。只有建立起这样的经济社会,才能使我们的国家富强,人民康乐,才不致辜负五十年来的革命和八年多来的抗战所付出的重大代价。

抗战已经胜利地结束,建国应当及时开始。目前我们的国家正是处在一个千载难逢的空前有利的时机,我们绝对不可轻轻地放过这个时机。良机不再，稍纵即逝。全国人民尤其是各党各派爱国人士，都应当紧紧地把握良机，一致地团结起来，为实现民主政治、和平建国而奋斗。建国的基础在经济建设，所以我们今后要用全力来完成经济建设。这是今后中国唯一的正当出路。

加速从事经济复员，就是加速推动经济建设。在目前，无论政府或人民，都应当以最大的努力从事经济复员，以便很快地走上经济建设的大道。（卅四年八月廿五日于新桥）

录自《四川经济季刊》第二卷第四期，一九四五年十月一日。

四川工业复员问题（一九四六年一月）

刘　敏

一、工业复员中的主要方针

抗战结束已快四个月了。在抗战胜利到来的初期，复员问题，曾高倡一时，可是因为国内政治局势的混乱，竟随着胜利的到来而日趋严重，复员问题不但事实上随之搁浅，而且由于无从谈起，大家都不大肯谈了。其实我们的一般经济，均因抗战结束而一落千丈，尤其是工业生产，大部分都跟着战神的安息而停止了活动。因为如此，所以复员的停顿，就是整个社会经济的停滞，是工商业的极度衰落与破产，是人民生活的愈益贫困和不安。老实说，离开生产的恢复与发展，绝无任何奇迹可以复兴商业与金融，可以安定社会经济，把人民从贫困中拯救出来。然而在目前，因抗战的停止而停顿的工矿业，正等待着复员的实现来进行有秩序的生产，要继续生产和发达生产，非立即复员不可，要从新繁荣工商业，安定一般社会经济，减轻人民贫困的生活痛苦，均非立即复员不可。积极地复员运动，是挽救目前工商业的衰落、破产、社会经济的紊乱和危机的唯一道路，我们万不能把这一问题放着不管，而让他停顿拖延下去，来加深经济乃至政治的危机。不过所谓复员，也不是可以茫无计划任意去进行的，尤其是在中国的现实环境中，我们的复员实另具有他的特殊意义，我想我们应该事先加以充分了解，以求避免在实践复员工作中可能发生的错误。

第一，在中国目前的情形下，所谓复员，自然不是说把我们的一切经济状态，仅仅只还原到他的原来状态了事，但亦不是说我们的复员，不是在要求恢复我们的生产。在中国的现时经济情况下，恢复我们的一切生产，仍然是复员中的第一方针。很显然的，在抗战期中即已逐渐衰落下来的中国经济，到抗战停止以来是更加衰落了！特别是工业生产，几乎全部归于停顿。在广大的收复区，一切均仍在混乱中，大多数工厂尚未整理复工，自不待言，即后方的一般工业，也已愈益衰落停顿了。例如煤矿业，陕西同官的三十多家煤厂，除官办者外，已全部停工，失业工人达数万人。四川的嘉陵、岷江、蒲河三区煤厂数百家，亦均极端困难，嘉陵江区煤矿，除天府等数大厂外，多有停工的危险。钢铁工业方面,《新民报》十一月二日称停倒者达十分之九,第九区二十八家钢铁厂全部停工,而著名的中国兴业公司钢铁厂,亦已于最近停炉。最严重的是纺织工业,据《新民报》十一月二日称纺纱厂停倒者超过了半数,最大的豫丰纱厂,也曾于九月七日公开声明停工。织布工业则九月九日与二十二日的《新华日报》,九月二十七日《大公晚报》,九月二十九日的《世界日报》,均一致报道"江北小织户停工","纺织业有全部停工可能","织布厂停工"及"织户停工破产"的消息。就是川南的各丝绸厂,其生产亦难维持。四川纸厂也在纷纷倒闭了,手工造纸业停去十分之六。总括各报纸一般的报导,不是说昆明轻重工业纷纷倒闭,机器业全停,化学工业停闭十分之九,即是说磐庙溪许多工厂业务萧条,维持不下去,或者说渝郊工厂多行停顿。就是重庆社会局自己的估计,也说厂矿停工的结果,失业工人达数万人之众。这样,我们可以知道,抗战结束后,是工厂停闭,生产锐减的现象,日益加深和普遍了。生产的极度萎缩,使得一般民生日用品更加缺乏,使得商业金融日趋凋敝,使得社会上失业人数大量增加,造成了社会的贫困与不安。所以在目前中国的经济情形下来谈复员,最重要的,就是如何迅速恢复全部破产的生产,来维持一般经济和社会生活的常态和安定,救济这一崩溃。离开这一如何恢复目前生产的现实问题,而在复员中空架些美妙楼阁,其于事实是完全无济的。

第二,复员在目前的主要方针,固然是在恢复生产,但所谓复员,的确也不应该只把他当作还原看待,尤其是在中国的社会经济情况下,绝不能只以还原为目标,而把复员工作当作还原工作做。我们的复员,应该密切地联〔连〕接到建设工作上去,应该由复员来奠立一种可以使一般经济和人民生活向前发展进步的基础,应该包含着提高人民生活,发达生产,适应新的建设需要的意义于其中,这是复员运动中的第二方针。理由是很明白的,中国的经济是很落后的,我们的工业组织与生产技术及其设备,虽说比我们几千年来的传统生产方法已算进步了,然而就现时飞速进步的新生产方法来讲,我们这些工业设备和组织,我们的生产技术,都是落伍的过时的,在新的生产比赛中是要归于淘汰的。假使我们的复员仍只是还原于旧的基础上,其意义就是说自己走回没落的旧路上去。所以我们的复员,一定要在能够适应于未来的新的建设,改进生产组织、设备和技术的基础上来复员,而不是保留在旧形式与本质上来还原。如果这样,我们不但不能迎头赶上,建立一个近代经济的新国家,甚至也不能保存我们的一切工业,使他在竞赛中不被消灭,这样的复员将是白费气力的勾当。从人民生活上讲,也是一样。今天的复员,不能不以改善人民生活为目标,他应该以回复并提高人民生活水准为复员工作的设计对象。人民生活水准应予提高,以及提高人民生活水准,又在于发达工业,都是不待言的,但同时亦应知道,要发达工业,也不能不提高人民的消费购买能力。如果我们在复员工作中,对于一切经济部门的变革和计划,不注意以改善民生为指南,则复员工作必然会失掉推进生产发达生产的作用的。

第三,我们中国的经济,在根源上,就是从官办实业和买办商业基础上起家的,自抗战以来,不但更加深了这种经济形态的发展,而且更由于战争的需要,愈使他军事化,愈对他加重了政治权力的控制,愈偏重到官办性质方面去了。因为如此,所以在抗战结束前的中国工业,便表现出以下三个特点,即由于军事化的结果,便表现为以国防需要压倒了民生的需要;表现为以统制主义压倒了自由主义;表现为以国营形态压倒了民营形态,但这都是和近代的经济的民主自由原则背道而驰的。既然如此,则我们的复员运动,如果仍只是复原到这旧路上去发展,不但是不合理的,而且也会绞杀了中国工业发展的生机,过去的事实已经这样昭告过我们了。所以在今日的中国来谈工业复员,在原则上必须从国防的单面性的需要上,转到以日用民生需要为主的路上去(至少在这几年内必须如此);必须从一切统制和干涉形态上,转到自由经营的形态上去;更必须从单重国营方针上,转到放任和扶持民营的方针上去。当然,在一切经济领域中,我们又都得要预防到违背那不虞匮乏的经济平等原则。一句话,我们的复员是要以经济的自由民主化为原则,不能回复到远离民生和统制包办的买办官僚资本的旧路上去,这是复员问题中的第三方针。在这一意义下,一切生产的复员,应复员到以生产足以满足和提高人民生活,发达生产事业的必需品方面去,军需品的生产须大大减少,改变军事工业为一般工业;应复员到取消一切足以滞碍工业发展的各种管制政策,恢复自由营业的常态;应放弃抑制民营工业发展政策,采取扶助民营工业的积极措施。因为必须如此才能谈得到恢复和发展生产,走上建设的道路,推进中国的经济,改善人民的生活。

第四,的确,复员是要我们使中国经济在新的面貌下复员,是要使复员能成为具有进步性的和能提高生产能力的复员,更是要使复员能照顾和衔接到新的建设,构成新的建设之有利基础,而不是让他去障碍未来建设的复员,所以复员在现存的经济机构上、设备上和技术上,都不能不有多少改变。这种含有革新意义的复员,虽在器材和技术的补充上,我们不可避免地要借用外国的帮助,但在主要的方面,我们应当积极地依靠自己的力量去进行。除掉自己不能生产的原料机器外,在资本及自己可以生产的原料和器材上的补充,都得大家立刻努力来自己设法。因为如此,所以我们觉得坐待和依赖外力来帮忙

〔助〕我们复员,是极其错误的观念。所以在自力更生的原则上进行复员,便是复员问题中的第四方针。但是,目前,我们看到许多人的观念,特别是负责的人,就一方面只注意在今日进行中国人民所最苦恼的政治军事活动,而把战后的经济复员工作置诸度外,一再拖延下去,以延长与加深中国的经济危机和人民生活的痛苦;另一方面,并且把一切复员工作完全寄托在等待外人的帮助上,真是一种不合理的想法。比如对于四川建设成渝铁路问题,后方钢铁业家就慨乎言之,说当局不谋恢复我们的钢铁业,自己生产该路所需的路轨,而只等待从外国购买钢轨来。又如纺织业,我们听任后方大批纺织厂减产停工,却坐待美国布匹内运,都是显明的例证。我们复员所需的交通工具和缺少的资金器材,即使可以由自己设法解决的,亦均未见积极地去设法筹集补充,一切皆有坐待大借外债和租用的物资来解决问题的趋势,这都是与自力更生的复员原则背道而驰的。此种依赖外力和等待外人来帮我们复员的观念,不但不能迅速完成复员工作,而且这样复员的结果,必须会阻碍与绞杀我们民族工业发展生机,甚至只有加深我们的经济殖民地化——这是我们在复员运动中所必须注意和警惕的。

第五,未来的建设,将是长期性和大规模的,因而他和目前的复员确有性质的不同。但是,今日的复员,就是明日建设的基础与起点,今日的复员,不能不预计到未来的建设。我们应该寓建设于复员之中,不使复员与未来的建设相矛盾。比为说,在今日复员时,我们草率地把许多工业搬到不适宜的地区去,或作了不正当的配合,到将来建设时却感觉到和建设计划相矛盾了,则我们是不是又来牺牲或搬迁那些刚复员的工业呢?因为如此,所以我们在寓建设于复员中的原则下,对于资源、资金、工业部门分配,规模大小设计,以及工业区域分布等等,均应早作全国性的通盘计划,予以很适当的分配,务必使复员的工业能普遍、均匀,不致互相矛盾互相妨碍,且很能适当地互相配合和联系着去进行,这是工业复员中的第五方针。老实说,此种联系与配合,还不仅立足于将来的经济建设上非常重要,即在今日复员的一般工作上,也是非常主要的。比如说交通运输的问题,各地金融的平衡发展与统一的问题,当前原料人力之适当分配和处理问题,均会牵涉到复员工作是否能顺利进行的。至于各个区域,省份、工业部门等等的孤立复员,各自为政地无联系与配合的复员,不但不能达到适应未来建设的目的,而且将造成经济界的混乱,复员工作必至无法顺利进行。今天的所谓复员,大约就已有此种病态的表现了。

综上所述,可知中国抗战结束后的复员问题,是和欧美先进资本主义国家的战后复员情形不同的。他们是高度生产发达的国家,其生产向来即只有生产过剩而无不足的问题,各部门的产业均有历史悠久的良好配合,一般的经济也没有大的混乱现象。所以他们的复员,不过是生产物品类的转变,从军事工业生产回复到一般工业的生产而已,没有大量地改组生产机构与创建生产机构的必要,这些在他们是在常态的经济发展法制下进行的。他们复员的困难,最多只在由于战争而高度发展了的生产力一时难于消纳,构成失业问题而已。在我们中国的今日,复员问题便复杂得多。我们的复员,由于我们战时的生产衰落,一般生产极感不足,所以我们在复员中不但应注意恢复生产,同时还须力求发达生产,以满足当前的需要,适应新的建设。我们不但要从战时军需工业,转到一般民生工业,而且要放宽经济自由尺度,取消一切战时管制,使一般民营工业也得自由发展。我们更应该在复员中使中国经济转向经济民主化的道路,以便利未来建设中的自由民主经济的发展。所有这些,都是我们今日工业复员问题中的精义和要点,是和别的国家的复员问题不同的,我们必须予以严格的注意。

二、如何由一般经济复员到工业复员

社会经济是具有他的整体性和联系性的,各部门间存在得有互动作用,某一单位和部门的变动,常会影响到别的部门,别的部门的变动,也会牵连着他自己。所以要谈工业复员,仅单从工业本身来谈或提出解决方案,是无济于事的。因此我们谈工业复员,便不能不对一般的经济复员问题,作一概略的整个考察,以明工业复员所必须依据的各种条件。换句话说,要进行和完成今日的工业复员,必须在一般的经济问题上采取许多必要的复员措施,才有可能。因为这些都是工业复员上的具体办法,如果不能同时进行,则单独的工业复员是不可能实现的,将不过是纸上谈兵而已。

第一,工业复员与农村经济复员 我们在前面已经指出过,中国今日的工业生产已达到衰落的极境了,几乎有全部停顿的危险。所以我们的复员,其最急迫的第一要务,不能不是恢复生产。可是恢复生产又不能不努力设法恢复工业生产品的销售市场。我们的工业过去所以日趋衰落,其由于生产出来的有限的产品都找不到销路,至少是其中主要原因之一。如果不把工业生产品的市场问题予以解决,那么我们空喊使生产复员都是不可能的,事实上将不会是生产复原而是停顿!但是,要谈到工业产品的市场问题,在战时还可以从军事消耗上,找得部分的出路,战后这一出路都将是日趋窄狭的了。所以工业生产品的销售市场,始终是以广大的农村为对象,只有从农村经济的繁荣与进步上,才能增加农民的购买力,开辟工业品市场。然而事实告诉我们,今日中国的农村经济,因为战争的破坏、人民的流亡,使生产也衰落了;因为捐税负担之极端烦〔繁〕重,因为物价高涨,地主剥削过甚,土劣贪官的百般敲诈,农民生活也日趋困难而穷困了;因为兵役与义务劳役的大量征调,连农村劳力都枯竭了。一切一切都影响到农业的生产退减,农民贫困,降低了购买力,使工业产品失去了广大的销场,形成了工业的衰落。既然如此,那么要做到工业复员,即要使工业恢复生产,则在农村经济上,也得采取紧急措施,来改善农民生活,恢复并提高其购买力乃至农业生产力,才有可能。要达到这点,其较为永久的根本办法,自然是在设法改进土地关系,但若要求得在目前即能见效的政策,便只有立刻实行农村复员,迅速废除战时苛重的捐税,实行减租减息,止战时的征实政策,并要设法减低田赋征收税率;立刻停正〔止〕国内战争,实行裁军,使被征调的广大农民群众解甲归田,并停止一切非生产性的义务劳役的征用,借以复员农村劳力,恢复农业生产。如果我们不能急切地做到这些农村的复员工作,即不能恢复农村经济,提高农民生活及其购买力,工业产品的销场始终无法打开,工业即无法完成复员。

同时,我们早已知道,中国目前工业衰落的另一原因,便是工业原料的缺乏。例如纱厂缺乏棉花,因而也使得布厂缺乏纱线,糖厂有时也缺乏甘蔗,酒精厂亦有缺乏高粱和酒的事实。但这些成为工业原料的农产品,或则因为战时粮食生产,比工业原料的生产更为有利,或则因为战时统购统销限价等政策,过分剥削了农民,使他无有利可图而减产的。如此则工业原料的缺乏,正是战争持续及战时经济政策之所赐。要解决这一问题,就不能不取消战时的统制和限制,使农业能够回复到平时的生产和出卖工业原料品的自由,开辟农民对原料之有利的生产途径,增加工业原料的供给,以恢复工业。如此看来,在农业上扫除一切战时的障碍,使他复员到平时的状态,正是工业复员的条件之一,就在工业原料的供应上说,也是一样。

第二,工业复员与交通复员　交通问题与工业发展的关系,是非常密切的。我们前面说过,工业生产需要有销〔消〕纳他的产品的市场,也需要有供给他从事生产的原料。但这两件事都是要依赖交通上给以便利的,只有在很便利的交通条件下,工业原料才能运输得来,工业产品才能运输得到市场上去,更才能活泼商运,繁荣商业,由此诱导和刺激起工业发达。在抗战期中,我们的工业衰落原因之一,就是由于交通运输的梗阻。例如陕西的棉花原料运不来重庆,重庆钢铁生产品运不出去,有些工厂且因煤的燃料运不进厂而降低生产,都是已经表现出来的事实。所以要繁荣工业不能不繁荣交通,要恢复工业与复员工业,也不能不恢复交通和复员交通。此其一。其次中国这次抗战中的后方工业,大部分都是迁移来的,即使战争结束不会全部迁回原地,也必然有一部分不能不再迁。又根据我们在第一节中所指出的复员原则,说复员不可听任各种工业随意迁移复厂,应该根据原料、交通和市场等等条件,作全国性的地区上的当适〔适当〕分配与指定,至少要做到不再蹈以前偏在沿海一带的覆辙,那么有些工业恐怕还是被规定的要迁移的。事实上,目前已确有好些工厂把机器停放在那里等待迁移,盼望迁移了。迁移是需要大量的交通工具才行的,然而事实是太不幸了,大家眼巴巴望着抗战停止,可以集中水陆空的全部运输能力,未〔来〕帮助复员,却又马上爆发了内战,竟至将一切交通工具全部调用到军事的运输上去了,即抗战期中所能分配给工商业使用的运输量,都已大见减少,这自然会使得工业无法复员。此其二。由上述的两个理由与事实看来,则要做到工业复员就不能不做到交通复员,否则所谓复员不过是一句空话而已。交通怎样复员呢？交通本来是以便利人民贸易,活泼物资流通,发展经济为其主要任务的,至于便利军运,只在一个反侵略战争的特殊时代,才是第一义的事体。在抗战已胜利结束的今天,国内的问题应走政治解决的道路,交通的军事第一的原则,必须让位于民生和经济第一的原则,在目前即应该位于复员第一的原则。因此所谓目前的交通复员,就是要集中一切交通工具,不分水陆空运,都以装载义民还乡,迁移后方工厂机器,帮助政府机关还都,载运各地互相流通的货物商品为主。应把这些运输当作第一重要的事业,让他们有使用交通工具的优先特权。实在说,我们再不能拿出抗战期中的理由,动辄以军事第一,强拉军差,甚至动不动以"延误军机"为理由,而独占了交通运输。只有这样,才算是做到了交通复员,也才能达成工业复员的任务。现在任何政治军事的理由,都没有人民要还乡,要生活,要有东西用,要恢复工业生产,繁荣商业贸易,救出经济于行将崩溃的危境中的理由重要,我们必须立刻做到交通复员,然后才能达成工业复员的使命。

  第三,工业复员与财政复员　　中国由于产业不发达,整个经济是落后贫乏的。为了应付八年抗战的战费需要,我们的财政政策原即走入了束缚一般经济发达的歧途。比如说,我们在战时以空前无比的高度税率,实行田赋征实,而榨枯了一般农民(大地主当然除外)的经济,降低了他们的生活水准与购买能力;以特别烦〔繁〕重的各种捐税,压榨在正当工商业者和一般平民身上;也以统制专卖方式来为国家营利(结果且部分地为贪官营利),去剥削广大消费者乃至生产者,豪夺去工商业营业的门路与利润,以大量的通货膨胀政策抬高物价,使得正当工商业的经营发生困难,人民生活痛苦,而鼓励了游资走上囤积居奇的歧途。所有这些,都会成为使经济衰颓,给工商业以破产致命打击的原因，我们是无法否认的。不过那时因为我们在抗日的神圣战争中，因为我们国家的经济原不发达，所以我们自认晦气，尤不能不忍受这样不合理的财政政策。可是到了今天，客观情势已经改变了，抗战已经结束了，过去的战时财政政策，既然是阻碍我们的经济发展，使工商业衰落的原因，则我们实在不能不加以改变了。如果现行的财政政策不能即时改变，不能复员到平时的合理政策上去，我们只空谈恢复生产，空谈工业复员，是绝无补于实际的。然则我们现时所应采取的财政复员办法，又将如何呢？我们以为在抗战结束了的今日，首先须立刻大裁军，立刻停止战争，从占到预算最大部分的军费缩减到最少的程度，以期相对平衡国家财政收支。必须停止征实，降低田赋税率。必须立刻废除苛捐杂税，减低乃至豁免一部分捐税。必须放弃与商争利，和剥削农工生产者的利润的专卖统购统销政策。更必须停止通货膨胀，并着手整理法币，以逐步降低物价，堵塞住游资走入囤积居奇之途。所有这些财政上的复员措施，虽似乎与工业无关，但这些或则可以间接开辟工业品的市场，增加工业生产的原料、资金，或则直接可以扫除工业生产的困难，减轻工业的负担，如此去恢复衰败的工业，完成工业复员的任务。老实说，国家若不立刻作一般财政上合理的复员措施，工业的复员是不可能的。

第四，工业复员与货币金融复员　在前段中，即已提到战时通货膨胀和工业兴衰的关系，这里我们要紧接着指出，通货膨胀本是战时所难于避免的现象，在中国产业落后的国家，既不能采取进步的财政政策，则通货膨胀发展至恶性边缘，亦是很自然的结果。此种通货膨胀，大大降低了货币价值，降低到了战前三千倍左右，当然会引起物价狂涨与游资充斥。物价狂涨，他会使工业产品出售价格，常常落在再生产的原料和工缴费之后，亏蚀着工业资本。同时，因为物价狂涨，所以市面上虽有游资充斥，但游资却因此只徘徊于商品囤积之商业投机圈内，对于无利可图的工业圈，则裹脚不前。这两种原因互相渗透，遂共同地造成了工业资金日趋短促，终至山穷水尽，达到不能维持的险境。因此，在目前要达到恢复生产和工业复员，则货币复员，是绝对必要的。我们应立刻停止通货膨胀；立刻设法使物价不是狂跌，而是有计划地逐步抑低，借以抬高币值，达到逐渐整理通货，稳定币制与币值的目的。另外，如立刻采取紧急措施，以合理方法收兑各种敌伪货币，使货币趋于统一，也是很重要的。只有这样，才能真正安定货币、安定物价，使工商业进入正常发展状态，恢复生产，完成工业复员。同样，战时的金融方面，会有许多畸形现象。首先是政府的管制政策，从外汇到放款的限制上，从不能适应金融市场随时变化的利率的限制上，一方面使得金融业无法接收存款，无法从单纯的正当营业来取得利润,维持自己的事业,他方面又以此造成外汇比率及市场存款放款利率的黑市,而诱导金融业脱离正常营业轨道,走入投机途径,踏进黄金、美钞乃至商业投机之门,以及黑市高利贷的逐利市场。这样一来,工业资金遂更不易取得,更不能不为高利贷的重压所苦了。由此看来,则战时的金融管制政策的改正,外汇汇率的相对修正与黑市的扑灭,存放款利率的适宜调整等等,是金融复员的必要措施,同时也是达到工业完全复员的步骤。总之,工业复员不是单从工业本身可以完成的,亦同样需要在货币金融方面,采取紧急的复员步骤,才能达到目的。

第五,工业复员与商业复员 工业的兴盛与发达,在现社会中,不能不联系到商业(当然是正当的商业)的繁荣。老实说,在抗战的最后几年,尽管投机囤积仍然是很活跃的,然而一般正常的商业,都是日见衰落了。商业因社会购买力的下降而成交甚为萧条,这就使得工业品的市场也趋于窄狭了。同时,抗战期中的商业,因于物价的狂涨,遂脱离了正常的商业轨道,走入畸形的囤积投机歧途。所以即工业生产所需要的原料品,亦受到投机家的扼掣,不能得到正常而又均匀的调剂和供给。工业产品也是一样,经过囤积投机者的操纵,使他不能在社会上找到正常消纳的出路,全由囤积者的吞吐,来决定工业生产品的盈缺和价格升降。这就大大妨碍了工业生产上的计划性的规律发展,无从对他的产量和产品成本与价格,作有利的平衡的和常态的估计,使工业经营发生极大的困难,甚至使他亏本。这样说来,那么要使工业复员到他的常态发展,便不能不同时使商业能够复员,由衰颓回复到繁荣,由畸形的投机商业,回复到正当的常态的商业了。怎样使商业走上这样的复员途径呢?最重要的措施,当然是立刻从交通与国家管制政策各方面加以调整,使商业恢复他的自由贸易和运输,尽量便宜和帮助商货的自由流通,使各地区的物资达到有无平衡的充分调剂。同时,立刻稳定物价,并使他的价格慢慢地下落,设法制止物价的狂涨与狂跌。尤其重要的,是要在经济财政政策上,甚至在政治上,设法制止囤积居奇和种种投机商业,扶助正当商业的发展。总之,目前所要求的商业复员,就是要使商业恢复他的繁荣,使商业回复到自由贸易的阶段,使商业回复到正常发展的途径。只有这样的商业复员,才能便利于工业的复员,使工业恢复和发达他的生产。

第六,工业复员与工业重编 我们在第一节中,已经从原则上指出,我们的工业复员不是只图还原,而是要做到由恢复生产进而改进和发达生产的,由复员预立未来新的建设的基础,必使复员衔接和关联到建设。但要做到这一点,作者以为主要的是一个工业重编的问题。在欧美先进国家的工业复员,可以不必积极注意工业重编问题,但在我们的工业复员中,就必须积极注意这一问题。因为我们的工业是落后过时的,我们要在复员后立即开始新的伟大建设,假使我们在复员中仅是还原,不在复员中注意工业重编,则一达到正式建设的开始,岂不是又要将许多刚复员的工业重新扰乱翻造过吗？至少在今天的复员中,也必需〔须〕将现有工业,改编成为新的建设所能利用起来作为开步走的东西,这才是一种能预立建设基础的复员。当然,这种工业复员中的工业重编,应该是配合未来建设而重编的,应依照建设的新方向、新布置、新需要去重编。

关于这一复员中的工业重编问题,作者想在大的方面提出以下几点:(一)从生产组织到生产工具,应在复员中向着大规模和近代化的方向予以重编。从工业组织上说,我们的工业组织和管理经营方式,都是落后的,有许多尚具有半封建性的色彩,我们在复员中应加以彻底改革,使他成为近代化的公司制度和科学方式的经营管理组织。同时,我们的工业组织比之先进国家,可以说还是小型工业组织,因此在复员中,不管是国营或民营,凡在各种条件上可能合并的,都应将其资本、工具和人才合并起来,组织成大型工厂,使工业向着大规模化路上走。在生产工具上,我们的机器大半都是失时陈旧的,在这次复员中也应予以重编,将较大较新生产能力强的机器,从分散的工业组织中,随着组织的合并,尽量地合并起来,组织成进步的工厂。当然,在这里还有工具不足之感时,即需向国外购买,务使我们复员后再建的工厂,能够淘汰去过时的生产工具,成为新式的工业机构。(二)尽量利用大规模工业重编后剩余下来的生产工具,去改进普遍存在于乡村中的手工业,发展偏僻区域和乡村的小型工业。作者始终有一个认识,即在我们工业不发达的今日,就梦想立刻将全中国到处都大工业化,一下子能完全由他来满足人民的生活需要,并提高人民生活,那是过于夸大的幻想。因此一方面我们在复员中,固应积极作发展大工业的设计与准备,但这不是说我们应立刻扫除一般中小工业,倒一样还得扶持一般手工业,使他走向小型工业路上去。老实说,以中国土地的广大,人口之众多,一二十年内,新的大工业恐怕还只能建立在各大的经济据点上,且不能完全靠他的产品供给这样多的人的生活需要,中小型工业,在远距大经济据点的落后区域,还有他的生存余地。可是,我们所说的中小工业最近的将来可能生存的那些区域,在现时是更为落后的,完全停留在原始的甚至少量的手工业阶段,等待我们去改进他。所以作者以为在这工业复员中,在工业重编下,一方面合并许多进步和新式的组织机器,在大的经济据点上,竖立起近代化的大工业,他方面亦应注意将编余的机器人力,推移到大的经济据点以外的广大乡村和落后区域,去改变那些地方的手工业,对那些区域加以初步的开发,这也是工业重编的一面。(三)产业部门的重编,亦是很重要的。在抗战之前,中国工业即是零乱的,缺乏各部门的系统化和均匀化。中国经济是买办性的,在买办性和半殖民地性的经济下,工业自身也略为染上这种色彩。他因为要仰承帝国主义经济的鼻息,要在帝国主义经济统治的空隙中去发展,所以即缺乏了系统性和均匀性。这也就是说,工业的各部门,不能让他从基本工业到一般工业,都匀称普遍地发展起来,构成一个完整的可以独立发展的系统。比如说,我们可以有铁路,却没有制造机关车的工厂,我们可以有电气工业,却没有制造马达的工厂,就是一例。老实说,中国许多工业部门,都是有了这样又缺少那样,不曾有完整齐全系统的工业。这种散乱零星的工业,自然也不会由基本工业到一般工业,依着全盘工业自身的需要,依着国民经济和人民生活的需要,在各部门工业间,做成工厂数量的适当分配,免去某些工业极其冷闲,某些工业则极其拥挤的毛病。既然如此,所以在复员中的工业重编上,必须严格地注意这点,注意摆脱零乱和无系统及不均匀的现象,应按照各工业一步一步的衔接系统去重编,按照客观的需要量去重编,以期奠定一个完整的可以独立发展的民族工业基础。(四)最后的所谓工业重编,就是按照中国客观环境的可能和需要,从地区的配合上加以重编的问题。像过去把工业完全集中在沿海一带,自然是要不得的,同时工业的建立,也必定要配合资源、交通等等条件,去选择他的适宜地区,不能很近视地随便去复员开厂。总之我们必须要顾到每一工业未来可能发展的适宜地区,作全国性地域上的配合去重编工业,并依此去复员,否则不能使复员后的工业普遍到全国,诱导着全国经济的平均发展。

  以上所述六点,是从广泛的整个经济联系来看工业复员的,要使工业复员,要使工业能够完全复员,能够成为合理的复员,并且能够由恢复生产到改进与发达生产,能够寓新的建设于复员之中,则不单是一个工业本身的工厂搬家迁回原地的问题,而是要有上述各点的复员措施,才能实现的。当然,这些复员措施的实现,在根本上还要从政治复员这一总问题上求得解决才能成功。至所谓政治复员,概括言之,也就是说要在政治上求得民主、和平、团结、统一,立刻完全终止一切军事战斗行为,实现和平的生活。假使没有这一政治复员,则所谓农业、交通、财政、金融以及商业的复员都不可能,工业的复员也万万难以实现。

三、四川工业复员应注意的几点

前两节所论到的复员问题之一般方针与应有的措施，自然也同时是在指示四川工业复员所必须注意和遵循的途径，但就四川的地区和现时环境的特殊性言，工业复员，在四川亦有其暂时应行注意的特殊处，兹特略述如下：

第一，就一般问题来讲，目前中国整个大局不能达到政治复员的安定状态，自然是无法使工业复员得以完善进行的，甚至在战祸蔓延的区域，根本就谈不到复员。可是在四川究有若干特殊优点，可以立刻进行局部复员。因为四川在抗战时期以至现时，都还算得是一个比较安定的区域，除略遭轰炸损失外，一切的破坏都是较轻微的。同时，至少现时尚无战乱来破坏社会的安宁和秩序，这便给予了我们以很大而又幸运的优厚条件。所以四川的工业复员不但是可以局部进行的，而且比任何地方都要较易进行些。因为如此，所以别的地方要等待复员，而且也不能不等待，四川则不需要等待复员，复员工作立刻可以进行。并且许多迁川工业，既必然要将他们的产业留些在四川，则他们的复员，还会要等待四川工业复员先行开始，才能给予他们以方便。因为他们需要四川有接收他们遗留下来的企业的复员计划，才好计划他们自己的复员，四川的复员过于迟延，一定会妨碍他们的复员的。然而就现时看来，无论是省市当局，也无论是四川的一般企业家，到今天对于复员工作还是一声未响，还没有作开始行动的打算与准备，这是要不得的。多延长一天复员工作，四川经济就多衰落一天，人民生活就多痛苦一天。因此我们要指出，四川不应等待复员，四川应该首先复员，应该立刻复员，这是特别重要而应注意的。

第二，假使我前面所说的，工业复员有赖于农业复员的道理是对的；又假使说，工业所需的农业原料，不能不靠农业来生产，没有农业原料生产的准备，工业复员是困难的，即使复员了也难于维持他的生产，也是一个千真万确的事实，那么就必须要注意在开始工业复员时，立刻同时计划推动四川的农业复员，首先努力设法生产四川工业所需的一切农业原料。我们还必须注意下述一件事实，即国内政局若一时不得安定，交通的困难也要随之延长，如果四川所能自行生产的原料，亦不努力去生产，只静待从外面运进原料来维持四川的工业，则其结果必会妨碍工业复员的完满实现。因为如此，所以在四川进行工业复员，首先就得在农业上准备可能自足自给的工业原料，至少对于四川的棉花、甘蔗、烟草、蚕桑之类的工业原料，应立刻有计划地去加强他的生产。要是不然的话，如像现在的纱厂缺棉，布厂缺纱的现象继续下去，还能谈什么工业复员呢？

第三，工业复员需要交通复员，在目前交通全为军事需要所占据的情形下，我们对于四川货品的外运，及工业必需原料器材的输入，固然是难存过分的奢望的，不欲多所论究。但为了四川工业的复员，至少在四川一省范围内，我们必须立刻要求政府整理和统一四川公路与水路的运输系统，概由四川交通机关负责指挥、调动、分配，严行制止随便拉差破坏运输系统的现象发生。同时，我们以为必须暂将川省所有的交通工具，留归四川自己供民运、商运之用，并尽量设法加以补充，至少期能达到在本省内的物资可以自由流通，以便利四川的复员工作。假使不能办到这点，则四川的工业生产必难恢复，复员工作亦不易进行。

第四，复员是需要巨额经费的，好在现时四川的公款方面，已有一部分的款存在那里，就是政府发还给四川三十年度的粮款。此款目前既有一部分存在四川省经济建设基金临时保管委员会手里，作为全川建设之用，则作者以为工业复员中，既包含得有工业改建与重编的意义在，目前的建设和复员两项工作，是可以互相配合和同时并进的，这笔经费即可以移为川省公营事业的复员基金，以便马上积极进行复员工作。当然，要使一切私营事业也和公营事业一样，能配合着进行复员，事实上亦是需要巨大的私人资金的。关于这一点，我们要积极呼吁川中的企业家和一般有财力的人，自行团集和组织起来，筹划复员工作，并努力筹集资金，以解决复员的经费问题。实在说，像现在大家都采取静观的消极态度，对于复员工作不闻不问，复员工作愈拖延得长，你们的现有企业就愈会在这不生不死的状况中，被损耗殆尽的，对此你们不能不有所警惕！

第五，关于四川工业复员中的工业重编问题，是非常重要的，我们在复员中不能不予以特别注意。四川是一个经济特别落后的地区，虽抗战以来许多工业内迁了，但严格说来，在广大农村和偏僻区域，那种原始的手工业形态的生产方法，依然没有很多的变化，特别是在农业生产技术上是如此。又四川的资源分布，虽样样都有，但也都不是很优厚的。这两个特点，他将成为四川最近的将来工业发展形式的决定条件，我们在工业复员的工业重编中，就必须针对着这种情形来加以适应。依于上述的理由，我们在工业重编中，第一要注意的，是根据四川资源的状况，在主要的方面，应着重于发展四川的轻工业。自然，关于重工业也当注意，但四川恐在将来只能发展些中型重工业，要想构成一庞大体系的重工业区域，在煤铁及一般矿产的质量均不甚优的状况下，恐没有可能。所以我们在复员的工业重编上，似即须按照这一方针去进行。第二，我们一方面应将现有工业加以从新组合，把较大较新的机器，依各个业别，组成大规模的近代化的新式工业;另一方面也将大工业编余的较小较旧的工具,转移到更为落后的地区和乡村中去,去普遍改组那些地方的手工业生产,发展中小型的工业。至于在组织和管理上,我们必须扫除一切带封建性的落后形态,使他近代化和科学化。第三,四川为一多山的农业区域,我们在复员中应特别注意针对着推进四川的农业,依着四川农业技术改进所需要的水利、耕作等等工具的制造方面,去重编工业。自然,这不是说即不注意一般机器工业,而是说在重编机器工业时,必须特别注意这点。第四,四川的特殊环境既是不得不以发展轻工业为中心,那么,我们在工业重编上,尤其要注意四川的特产工业,如棉、丝、麻、纺织工业,制盐、制糖工业,制茶和提炼桐油与制油漆工业,制皮革及猪鬃工业等,都是我们在工业重编中所当注意去发展的。第五,四川特别便利于发达水电工业,因此在复员的工业重编中,亦特别要留意这种基础的建立。第六,四川因四面环山,交通问题非常重要,对内对外的交通问题,都应从早得一相当解决。老实说,想封闭在这笼子里来发达工业,是不可能的,并且如果不把对外交通弄好,则将因抗战结束,政府及许多工业复员了,现有的四川经济,亦大有再行衰落的可能。因此发达省内及省外的交通,虽是较长期的建设工作,可是目前万不容再拖延下去。对于省内的公路、铁路和水运的整理与修建,对于通连省外的公路、铁路和水运的整理与修建,乃至交通工具的制造等等工业,也必须在复员的工业重编中预为准备,并期其早日开始工作。第七,工业的建设和发展,都是有整个联系性的,我们在论到复员的一般原则和讨论工业重编时,曾经说过要作全国性的适当分配去处理这一问题,这在四川的工业重编上也是一样。在复员中重编四川的工业,首先必须注意将附近省份的工业分布和发展的可能条件,加以致密的权衡,凡在邻近省份可能发达的某种大规模工业,我们在四川工业重编中,即应避免和他重复与冲突。以免将来不能发展。其次是在四川省以内,一样要照资源分布,交通情形,市场条件等等,加以适当的分配与配合。这些虽是在工业建设中所必须注意的,但亦是在复员的工业重编中所应注意的,因为我们不能在复员后又来全盘改编翻造。

　　工业复员,在今天是迫不及待的事。抗战结束已将四月,工业大半被迫停顿了,如再拖延下去,则将使他们不能生产,生产出来的东西也找不到销场。在资本方面则因通货膨胀,物价作各样反常的波动,也折耗殆尽了,大有全体崩溃之势。所以复员就是给中国工业一条逃生之路,真可说是急如星火的。在全国复员的急切需要下,四川以现时社会稍称安定,没有战祸的蔓延,所以亦可以立刻开始局部复员,我们希望川中人民立刻起来作种种复员的努力,为全国复员运动的首倡。同时因为要达到完满复员，自然不是四川一省的事，全国政局的澄清，乃是先决的条件，所以我们也应一致努力于和平的实现，以完成工业复员的任务，立足在中国今天的经济情形来讲，复员才是第一件事，我们要求立即复员，要求把一切力量都用在复员上。

录自《四川经济季刊》第三卷第一期，一九四六年一月一日。

后　　记

  感谢河南大学出版社筹划出版《抗战大后方工业史资料丛刊》,使这个早就着手的资料汇编经过调整、完善得以出版。本资料集也是国家社科基金项目"抗战大后方资料数据库"(15ZDB047)以及刘志英教授主持的"抗战大后方经济发展与社会变迁研究"(SWU1709122)项目的一个阶段性成果。

  近二十年来,我主要从事抗战大后方经济史,特别着重工业史、企业史的研究,深感这一时期工业史研究的薄弱。这一情形是多方面原因造成的,其中资料整理环节的薄弱无疑是一个重要的原因。值得庆幸的是,学术界、出版界现在对历史资料的编纂和出版日渐重视,国家出版资助方也充分顾及这方面。在此情形下,本资料集的出版才有了可能。

  在选题、出版等方面,陈广胜副社长、靳宇峰主任给予了大力支持。在文字校核方面,展文婕、胡玲霞两位编辑认真负责,保证了本资料集的出版质量。对上述各位的帮助和辛勤工作,谨致衷心的感谢之意。同时,也祝愿母校河南大学及河南大学出版社越办越好。

张守广

二〇一八年十一月